海上絲綢之路文獻集成

總主編 陳支平 陳春聲

歷代史籍編 8

主編 范金民

海峽出版發行集團
THE STRAITS PUBLISHING & DISTRIBUTING GROUP

福建人民出版社

本册目次

裔乘八卷

〔明〕楊一葵撰

《裔乘》八卷，明楊一葵撰。一葵字翹卿，號致吾，福建漳浦人。萬曆二十年（一五九二）進士，官至雲南布政使。乃感於國家承平日久，武備闊略，蒿目時艱，遂於萬曆四十三年撰成此書，記述邊疆少數民族、四裔各國之起源、風俗、歷史，及與明朝之交往等。書凡八卷，卷一東夷，記朝鮮、日本、渤海、新羅、百濟、霄等；卷二南夷，記安南、占城、真臘、爪哇、暹羅、三佛齊、滿剌加、討來思、沙哈魯、答兒密等；卷三西夷，記西番、哈烈、天竺、天方、白松虎兒、阿速等；卷四北夷，記北虜、兀良哈、室韋、鬼國等；卷五東南夷，記琉球、忽魯謨斯、蘇祿、彭亨、古麻剌等；卷六東北夷，記女直；卷七西南夷，記蘇門答剌、佛菻、覽邦、婆羅門、呂宋、錫蘭山、渤泥、祖法兒、柯枝等；卷八西北夷，記哈密、赤斤蒙古、罕東二衛、曲先、安定阿端等。所記皆先述歷史起源、地理方位，再述與明朝之關係，多涉封賜、朝貢、貿易、征討等事。據明刻本影印。

3

裔乘序

蓋余嘗橫襟而窺大宇之寥
廓欵窮無窮極無極希躒于
人所不到之區而哇步自畫
不能為域外之曠觀猶井蛙
之于東海適適然驚睨睨然

自尖也夫夫也食君食而走
疆場可無張騫傅介子之選
思乎乃吾年友魏鄉楊公饒
為之公嘗治兵西垂大展雲
中籌畧以上功晉秩今且控
越海之三郡而兩要區屹然

藉保障也東西之觀彼跂之
矣
國家承平日久武備潤暑公時
萬目以憂邊計乃慕裔乘之
以志先憂凡懊為梟瞩之邦
幃籍堯幕之長標杭琛賣解

韉蹶甬以至山川阻深隔闊
聲教者靡不別其種類肖其
風俗悉其所為制馭之筴余
固是而穫窮無窮極無極也
夫以三代摹隆越裳三譯受
令于國之黃裔以滄海不波

為盛事祖歉撫山海粮焉啓

疆而周自促其世漢天子以

尖人行媚虜而廣宗焉覬櫃

食憾國于漁陽之聲敷則未

有如我

朝威震三韋控弦萬里窮髮焉

編戶者此年以末粗于養寇

滿雖作易靡之戰氣而恃易

靡雖固之歉心普之歉虜挾

其戰以要我今之歉又挾我

之不得不歉以制我戰而歉

則歉之權我操之不戰而歉

則歉之權彼握之且名以利

餌虜而倭亦以利餌我國人

我失其柄御以餌虜而又失

其柄御以受倭之餌

主上出金錢于塞北而奸民牧

之于海東出之者可必其不

末而收之者不可必其不去

至于建州海西砌肌剝膚不

能戰不能歉以徼倖其不至

築京訊醢無足懾我心而白

山木葉之間有隱疹焉温禺

戶逆之境有伏阱焉邐觀前

代四裔何嘗不亟漢能戰以

懾單于故亟固而末世猶事

亟塞之利唐不能以戰懾實

厥然左不忘戰故亟雖不固

亦無金繒歲幣之患宋則戰

亟兩失之而卒貽靖康之禍

我

國家有漢唐之全盛而無漢唐

室之弱

之強無宋室之偏安而有宋

穆清之暇試取裔乘展卷披閱

彼東西南北當墅距銳如猛

戰爭彈在在思淵四面環向

窺伺為我敵國而吾所以制

駁之惟在葉合腹心之元氣

以潛消四肢之癥結顧自權

鑒四紛採樵疊出西寧東爰

播州茂林之役瘡痍未起則

憂在內地時情水火議論嘩

沓緩四夷之捍禦而急固室

之戈矛則憂在

內廷此其為腹心之患形見勢

彰將蕪枯散為庄解彼四封

之伺隙雖未履及皇劍及門

車及市而識者已廢色而節

步慮在四夷先矣昔郭玉之

療貴人也承以怖懼而意不

盡曰貴人之難療也在自用

意而不用臣如其用臣則吾

必以四裔考進

天子有道以四夷為內守有警

則釋四夷為外懼蓋不戢為

張騫傳介子之驚遠功而茅

如史佚之告成王者曰使之

以時而敬順之忠而愛之希

令信而不食言則越裳三譯

序　七

將稽顙

闕下而東海波臣得當咻太平

之盛矣

萬曆乙卯孟夏朔日

賜同進士出身嘉議大夫瀨江

等慶提刑按察司按察使前

以軍功陞職

守資奉

勅提督湖廣通省學校副使年

弟王在晉稽首拜譔

序　八

國無民何以書
九七日美

裔乘東夷卷之一

閩漳浦楊一葵翹卿父著

朝鮮

朝鮮東夷也為箕子封國其初國俗未聞及箕
子教以禮義田蠶其風乃稍稍淳厚與三方異
烏傳四十餘世為戰國時朝鮮侯見周衰燕自
尊為王將東畧地遂亦稱王欲興兵擊燕其大
夫禮諫之乃止使禮西說燕燕亦遂不束後燕
遣將秦開攻其西方取地二千餘里朝鮮稍弱
及秦幷天下使蒙恬築長城朝鮮王否畏秦襲
之佯服屬秦然不肯朝會否死其子準立會陳
項兵起燕齊趙民多亡歸準漢初燕人衛滿亡
命詣準準封之百里命守西邊滿因擊破準而
自稱朝鮮王至孝惠高后時遼東太守奏約滿
為外臣保塞外以故滿浸兵威財物侵降其旁
小邑凡穢貊高句驪沃沮真番辰國皆屬焉傳

至右渠負固不服元封初襲殺漢使漢遣楊僕
荀彘誅右渠以兩將不相能師久無功頓之尼
谿相參使人殺右渠来降先是穢君南閭等二
十八萬口降置蒼海郡及定朝鮮瀕直為真番
臨屯樂浪玄菟四郡而以高句驪沃沮為縣昭
帝時罷臨屯真番二郡而併於樂浪玄菟高句
驪者其先夫餘種也夫餘嘗浮河伯女因閉於
室為日影所照遂孕生一卵大如五升破而浮
一男及長字之曰朱蒙儕言朱蒙者善射也王
令養馬蒙私以馬駿者减食令瘦駑者善養令
肥王以肥者自乗瘦者給朱蒙王狩給朱蒙一
矢殪獸甚多王謀殺之朱蒙遂棄其母與馬遂
等二人東遇河難濟追者且至朱蒙曰我日之
子河伯外孫也今奈何俄而魚鱉成橋朱蒙浮
渡遂至訖升骨城居焉號曰高句驪因以高為
氏朱蒙死傳至孫莫来其人性凶急習戰鬬沃

沮穢貊皆屬焉雖已置為縣後稍强驪不服玉莽
初發句驪兵伐胡不行强迫之遂亡出塞寇令
嚴尤誘驪侯騶斬之傳首長安於是冦遼愈甚
及光武興罷两郡都尉官仍以穢及沃沮地封
其渠帥為侯而遼東太守祭肜威信著於
高句驪穢貊倭韓夫餘諸國来獻倭即日本另
有志韓有三種曰馬韓國五十四曰辰韓國十
二曰弁辰國六十二合四千餘里皆古辰國也
而馬韓為最大初朝鮮王準為衛滿所破遂將
餘衆千人次入馬韓為王準辛韓人復自立辰
韓者老自言秦之亡人避苦役遑韓韓相呼有
似秦語風俗尚禮勝於馬韓弁辰國近倭故頗
有文身者三韓自漢晋以来朝貢不絕後為新
羅百濟所併夫餘東明之裔也東明母為新
索離國侍兒東明長而善射王忌欲殺之東明
南奔至掩淲水以弓擊水魚鱉皆聚浮水上東

朝鮮　東夷之一

與因渡至夫餘為王漢晉以來朝貢及阿保機
臧夫餘改東丹府遂絕後高句驪王宮勇壯數
犯遼元興初寇遼東耿夔擊破之元初建光時
報與穢貊馬韓穢甲人入寇圍玄菟殺掠吏民
毀干人遼東太守蔡諷戰沒夫餘王乃遣子尉
仇台將兵來援并力討破之東垂稍安宮死傳
于遂成孫伯固時桓靈失政復入寇掠玄菟太
守耿臨討之伯固屬玄菟云伯固卒子伊
夷模立建安中公孫度擊破之有其國夷模
作新國於丸都山下居為伊夷模死子位宮立
有勇力便鞍馬善獵射芝晉擊公孫氏有功勢
遂滋盛魏正始初冠遼西安平幽州刺史毋丘
儉擊走之儉使王頎追之絕沃沮千餘里至肅
慎南刻石紀功而還顧問其耆老海東復有人
不著老言國人嘗乘船捕魚遭風至一島語言
不相曉俗常以七月取童女沉海又一國在海

四

中純女無男撒地而孕胷前無乳項後生毛中
有汁乳子百日餒行三四年則成人笑又海岸
邊有兩面人項中復有面生浮之與語不通不
食而死又浮一布芝海中出身如中國人衣
其兩袖長三丈蓋沃沮東界之極也晉時立宮
五葉孫釗為王慕容皝擊破之掠萬餘口焚其
宮敗九都城釗尋為百濟所殺於是遂徙都宮
壞即樂浪也及慕容寶以句驪王安為平州牧
安時安孫高璉獻赭白馬晉封為高麗王凡四
傳而湯立自東晉宋至於齊梁後魏周其主
皆受南比兩朝封分遣貢使其後國漸大湯
不至煬帝遂親征之高麗嬰城固守隋遣食盡諸
辛子元立元率蘇鞬兵冠遼西煬帝徵元入朝
軍多敗績乃班師還然而高麗嬰城亦困獎遣使乞
降元死子遼武嗣唐高祖初兩遣使入朝唐拜

朝鮮　東夷之一

三

建武為上柱國封高麗王頔之新羅百濟上書
言高麗王建武閉道不浮朝且數侵入高祖詔
使朱子奢諭和是時太宗已擒頡利建武懼請
與二國平且賀威突并上封域圖復遣太子
桓權入朝獻方物帝厚賚詔使者陳大德持
節答勞且觀其釁大悉忌浮其纖曲還報太宗
大喜於是遂有征高麗之意笑遣高麗有蓋蘇
文為東部大人殘凶不道諸大臣與建武議誅
之蓋蘇文覺詔殺諸大臣及建武而立建武弟
之子藏為王自為莫離支專國柄莫離支即唐
聽謂兵部尚書中書令也太宗聞建武為下聽
殺遣使吊孫乃拜藏為高麗王會新羅遣使者
上書言高麗百濟來攻太宗以書讓高麗使者
至而蓋蘇文已取新羅二城矣李勣勸上討之
帝意遂決乃遣將李勣宗孫伐音張亮契
苾何力等浮上親征又發契丹奚新羅百濟諸

君長兵悉來會於是勣拔年城以其地為蓋州
孫伐音援白崖城以其地為嚴州勣遂圍遼東
城帝至見士卒填塹以進因乘風縱火城潰以其
地為遼州遂引軍次安市城會高麗南北部傳
薩高延壽高惠真率靺鞨之眾十五萬來援上
夜召文武自指麾大破之延壽惠真陷上悉
授其酋長以戎秩命還平壤靺鞨三千人盡坑
之因名昕幸山為駐驆山命許敬宗為文勒名
紀功時貞觀十九年也太宗崩高宗立藏遣使
奉慰後新羅訴高麗靺鞨奪三十六城詔程名
振等擊勝之無何蓋蘇文死子男生代為莫離
支與弟男建男產相怨男生入朝求援而蓋蘇
文弟淨土亦請割地希乃遣李勣率契苾何力
薛仁貴龐同等討之會侍御史賈言忠計事還
帝問軍中云何對曰必克高麗秘記云不及九

百年當有八十大將滅之高氏自漢有國今九
百年勦平八十矣虜仍饑饉人相掠賣地震裂
狼狐入城蚡穴於門人心危駭是行不再舉矣
未幾勦圖平壤藏遣男產率首領遂入火其門
固守大將浮屠信誠遣諜約內應而男建猶
執藏男建等所收凡五部百七十六城戶六十
九萬獻俘昭陵凱而還高宗敕之各授以職分
其地為都督府九州四十二縣百濟置安東都
護府擢首豪有功者為都督剌史而以薛仁貴
為都督總兵鎮之藏以永淳初死高氏自是絕
王矣武拱中以藏孫寶元為朝鮮郡王唐末中
原多事遂自立為君長至後唐明宗時權知國
事王建代高氏尹有新羅百濟地益廣東徙松
岳以平壤為西京遣使朝貢封為高麗國王建
卒子武立武卒子昭立王氏三世終五代常承
朝貢其立必請命中國常優答之周世宗時高

嚴王昭進別叙孝經一卷越王新象八卷皇靈
孝經一卷孝經雌圖一卷別叙者叙孔子所生
及弟子泛學之事新象者以越王為問目皇靈
述延年辟穀雌圖載日食星變皆不經之說也
宋太祖建隆初昭遣使朝貢昭卒子伯卒伯
弟治立先是高麗遣國人金行成崔罕王彬等
詣業國學後俱登第於是朝貢不絕無何遣使
言契丹寇境宋以夷狄相攻回其常不可輕動
干戈為國生事由是高麗受制於契丹朝獻中
絕矣治卒弟誦立誦卒弟詢立會契丹攻陷高
麗六城詢徙居遼之尋結女真擊殺契丹始
勢稍稍振遣使入貢宋為置館於登州海次以
待使者詢卒後其後不通中國者四十餘年至詢
孫徽立復遣使入貢表求醫藥盡愍之工詔許
之高麗俗不知醫有病惟呪咀厭勝自此始有
通醫術者宋以其國尚文每賜書詔必選詞臣

著撰昕遣使者必試以文乃往而高麗之待中
國使亦甚恭薇在位政尚仁恕為東夷良主然
其俗王女不下嫁臣庶必歸之兄弟宗族責臣
亦然次子運諫以為既通上國宜革故習不浸
及運嗣遂稍稍變其夷風運仁賢好文每賈客
市書至則絜服焚香對之貢使至輒市太平御
覽文苑英華并諸書甚眾運卒凡四傳而楷立
貢使接踵賞賜不貲而郡縣供頓騷然煩費民

朝鮮

始稱困烏高麗自王徽以降雖累年通使中國
然受契丹封冊奉其正朔歲凡六貢契丹而契
丹猶誅求不已常曰高麗我奴耳南朝何以厚
待之使至其國尤倨暴館伴及公卿小失意初
行捽箠我使至必假他事来覘分取賜物云初
女直奴事高麗及其強也高麗反臣事之高宗
初恐高麗通金人遣胡蝨等使高麗反金亦憂
高麗為我用遣王楛持冊往彼此相持蠱回復

募能使絕域者於是楊應恍奉詔請行言由高
麗至女直路甚徑請身使三韓結鷄林以圖迎
二聖詔可遂由杭州浮海三月抵高麗諭王楷
以往女直意楷有難色具言金人見造舟將往
二浙若引使者至其國異時欲假道至浙何以
荅之應恍番兩月餘不得已受其拜表而回浚
高麗亦遣使入貢然勢逼於金其奉中國不及
元豐以前時矣及元初契丹人六哥等領眾九

朝鮮

高餘竄入其國元太祖遣哈只吉劉刺等征之
高麗王奉牛酒出迎遣將趙冲共討戕六哥劉
刺與冲結為兄弟冲請歲輸貢賦自是後從高
遣使趣其入貢而後進方物為元太宗時從高
麗王瞰瞰請和許之置京府縣以達曾花亦七
十二人監之遂班師頃之瞰畫殺元所置監以
叛率衆竄居海島元命福源領其衆瞰渡攻之
福源遂遷居東京而元賜佩金符命同將唐古

攻皦皦於是再入貢憲定間歲貢不入凡四命
將徙之皦遣世子植入朝皦卒元命植歸國嗣
王植以元冊封故終世祖三十一年入貢凡三
十六馬是時元遣兵侍黑的等使遣徃日本以高麗
與日本隣令為嚮導植遂遣使遣徃日本不至
而還元與高麗自此隙矣然歲貢如故後植世
子愷入朝奏言本國邪臣林衍廢植立淐事元
大怒發兵从之而淐王植故位詔西京內屬改
朝鮮
為東寧府植死子愖立後更立淐以尚元公主
故賜以駙馬高麗王印而加號特進上柱國開
府儀同三司从東行省左丞相駙馬高麗王
云成宗時哈散使高麗還言昛不能服其衆宜
遣官共理之遂渡立从東行省命潤里吉思為
高麗行省平章政事未幾罷渡羅昛卒凡三傳而
王暠嗣王氏自建立國至暠凡二十八王歷四
百餘年矣我　朝洪武二年王顓表賀即位遣

符寶郎偰斯齎金印　諭文封顓高麗國王而
祭其境內山川使者入謝　上深容問王居國
何為使者頓首言東海之波臣朝夕禮覺王甚
恭他未遑也　璽書諭王佛法非所以治國王
其妥感王國北接屬而南鄰倭虜創于此恐將
逸于彼倭校而貪旦窺王虛實惟王念哉因
賜以經史諸書中書省臣言高麗使者徃來為
朝鮮
市非溢請从其入而禁其出不聽五年顓遣吳
季南等貢方物請徙遷羅國弱留蒙古言人及您
蘭秀山之逋逃者防其為冦
詔遷羅國乃
附庸蒙古亦人也蘭秀山遁冦示以朕詔傳檄
可致耳勿用兵便七年諭中書省臣以高麗貢
使煩數使者溺海幾不還甚失朕意丞相其明
諭論王八年顓弑死禍嗣禍國人弒立非顓子
也貢不如期卻之覊其使周誼仍　勑遼東守
臣絕勿通十七年請謚及嗣封不許十八年許

之明年貢馬千匹布萬延謝請易冠服不許項
之㧑揮高家奴等市馬高巖還言高巖王禑表
請不受馬直　上令償之時遼陽潘城民之避
亂於其國者甚衆勅高巖送還禑遂遣使以遼
潘流民索朶里不友等戸四十五口三百五十
人来歸二十一年國相李仁人廢禑昌立瑤表
兩請入朝皆不許仁人子成桂復廢昌立瑤未
幾而廢瑤自立五代至今數百傳而始
成桂更名旦從屋漢城道使請更國號　詔仍
號朝鮮二十八年入貢表語設遠撰表者鄭晃
羈留之既而旦請老子芳遠嗣永樂元年請晃
服經籍　詔許之芳遠聞朝廷欲廣屯田遼東
遣使貢牛萬頭　命戸部賜布四萬延絹如其
牛數又　賜其王文綺表裏名百延十三年芳

（朝鮮　十四）

遠表立子禑為世子是年請老子禑嗣宣德元
年遣使　賜禑五經四書及性理大全綱目通
鑑四年禑進海東青　制詔珍禽異獸非朕所
貴其勿進方物效誠而已毋金玉器禑再進再
諭之已請遣子弟入學不許　賜諸書俾學
于國中正統四年建州夷酋凡察童倉適居朝
鮮歸建州彼此相購　詔解之且　諭慰禑
察界上別酋李滿住以為言　詔問禑七何凡
國家以王為東藩如凡察直夷酋之何敢望王
彼其懷鳥獸心太留王第善自備母與較
景泰元年　賜禑世子珦服禑卒珦嗣三年
卒子弘暐嗣稗而屢遷其叔璟天順三年邊
疏璟私通建州夷酋董山又殺毛璘酋郎卜兒
詔戒諭之成化三年進海青白鵲郤不受
時方征建州璟遣中樞府知事康純等率兵捕
哈
斬李滿住及其部茇使来獻俘　賜重書褒嘉

（朝鮮　東集之一　十五）

之明年璨卒子晼嗣六年晼卒浚子娑嗣復出
兵助擊建州堤聞遣中使賚王金幣并及其將
士弘治八年婆卒子嶧嗣懌病風遜其弟懌嘉
靖二十三年懌卒子嶧嗣未踰年卒子嶧嗣時
日本入寇舟漂至朝鮮及姦民往來海上私與
倭市峘輒捕以獻　上亦厚賜予荅之隆慶元
年峘卒浚子盷嗣萬曆二十年日本關白平秀
吉遣將攻朝鮮直抵王京盷逃太一國為墟遣
人上表請援　上命侍郎宋應昌往經畧之諭
年相持不退兵部尚書石星輕聽沈惟敬言令
以遊擊往諭日本罷兵惟敬陰許和且許復寧
波貢道事泄擒惟敬下石星獄寘重典于是再
命劉綎總督邢玠代應昌調總兵李如松如栢
劉綎陳璘等五道兵伐之遂克平壤平秀吉盤
據釜山大撐城郭宮發為父駐計二十六年會
秀吉病卒彼國多事敕兵撤歸我兵量當付經

朝鮮

畧使者統領鎮守朝鮮復國如故今十餘年朝
貢不二奉正朔惟謹邊陲無事中國始得息肩
夫李氏自成桂以來事　朝廷恭歲時朝貢慶
慰報謝無常期王嗣立則使者往封有事則領
詔其國他夷不敢望也始成桂立　高皇帝
雖置不問然心惡其篡而傳者復以成桂為仁
人子故會典載其父子先後弑王氏四主其弑
嗣當永樂正德嘉靖間累表自白言恭愍之弑
由嬖臣倫仁諒倫立禍禍既立則遣兵侵遼
東先臣成桂懼干上國返其兵禍遂位于子
昌而恭愍妃安氏以禍昌皆非王氏不當立乃
黜昌立瑤瑤復不道國人請命　高皇帝立先
臣贍瑤別邸終其身先臣實未嘗為弑而盧豪
此聲又家世出新羅司空故以為仁人子皆寃
甚乞下史館昭雪今　上初乃得請云其地東
西相距二千里南北四千里分八道中曰京畿

朝鮮

東日江源本穢貊地西日黃海古朝鮮馬韓舊

地南日全羅本下韓地東南日慶尚乃辰韓地

西南日忠清皆古馬韓域東北日咸鏡本高句

驪地西北日平安本朝鮮故地分統郡府州縣

其忠清慶尚全羅三道地廣物衆州縣雄巨最

為富厥俗尚詩書人才比諸道信多平安咸鏡

二道境接蘇鞨俗尚弓馬兵卒精強東西南瀕

海北鄰女直西北抵鴨綠江其設官畧倣中國

以田制俸刑法不苛俗柔謹崇釋尚鬼惡殺茅

居学衣知文喜讀書上下咸儀儼然可觀為其

山川九都 神嵩 王建都此依北嶽山為都馬

大山 祖國地海鴨綠江為大產金銀鐵水晶塩

細学布白硬紙狼尾筆果下馬長尾雞貂貊

豹皮八稍魚昆布杭枲麻榛松人參茯苓其貢

道由鴨綠江歷遼陽廣寧入山海關達京師成

化中苦女直邀刧請改道職方郎劉大夏持不

可讒遂寢

外史氏曰朝鮮蓋箕子之遺也其後凡四易姓

然粢馴好禮風固存焉至如漢之右渠晉之宮

隋之元唐之蓋蘇文背逆猖獗何其橫也廼臣

服我 明奉朝請惟謹至今不絕焉是豈不誠

卓越前代乎

日本

日本古倭奴國也居大海之東國有五畿三島
七道六十五州附庸國百餘小者百里大者四
五百里各自專擅不相統攝漢滅朝鮮通使稱
王者三十餘國初王都筑紫日向宮名御天中
主其次為天村雲尊累傳皆稱尊傳二十三世
神武天皇遷都太和州疆原宮自稱天王其後
遂以天皇稱建武初奉貢朝賀光武賜以印綬
至桓靈間國大亂無主有一女子名早彌呼能
以妖術惑人年長不嫁國人共立為王侍婢千
人少有見者惟一男子傳令而已曹魏既平公
孫氏倭女王遣大夫難升米等來貢獻魏封卑
彌呼為親魏倭王難升米等並拜中郎校尉自
是貢使往來不絕女王死更立男王國人不服
相攻擊不休渡立早彌呼宗女壹嗣為王亂遂
定壹立朝獻如初後復立男王並受中國爵命

歷晉宋齊梁朝聘不絕隋開皇中倭王姓阿每
字多利思比孤遣使詣闕上令所司訪其風俗
使者言倭王以天為兄以日為弟天明出聽政
跏趺坐日出便停云委我弟文皇曰此大無義
令改之大業初復遣使朝貢使者曰聞海西菩
薩天子重興佛法故遣朝拜兼沙門數十人來
學佛法其國書曰日出處天子致書日沒處天
子無恙云云帝覽不悅謂鴻臚卿曰夷書有無
禮者勿復以聞明年遣裴世清使倭度百濟
歷有秦王等十餘國惟秦王國其人與華夏同
蓋即秦所遣方士徐福將童男女數千人入海
求蓬萊仙不得懼誅止夷澶二州號秦王者其
國世屬倭王聞世清至使數百人設儀仗鳴鼓
角來迎既至國王大悅曰我聞海
西有大隋禮義之國故遣朝貢今清道飾館以
待大使冀聞大國維新之化世清曰皇帝德並

二像澤流四海故遣行人來諭王命使商清入
貢唐貞觀中遣使朝貢唐亦遣刺史高仁表往
諭之與王爭禮不平不肯宣命而還久之其王
孝德立獻琥珀大如斗瑪瑙若五升器時高麗
百濟救侵雲新羅高宗令出兵往援孝德死二
傳而天智立遣使者與蝦夷人偕朝蝦夷人亦
居海島中其使者鬢長四尺髮上指善弓矢珥
箭於首令人戴瓠立數百步射無不中者天智
死子天父立天父死子總符立咸亨初遣使賀
平高麗後稍習夏音惡倭名更號日本使者自
言國近日所出以為名云長安初遣朝臣真人
栗田貢方物朝臣真人者猶唐尚書也冠進賢
冠頂有華蘤四披紫袍帛帶其國初無冠於隋
得賜冠始服之初無文字刻木結繩於百濟
國得佛書始為文字栗田好學能屬文進止有
容武后授以司膳卿官還之開元初栗田復朝

請從諸儒受經詔四門助教趙玄默即鴻臚寺
為師後悉賞物貨書以歸其副朝臣仲滿慕
華不肯去易姓名曰朝衡擢接以官稽留不
該識乃還後復入朝擢接元初遣真人
興能來貢善書其紙如繭兩澤人莫能識也時
王名白龜元末王栢武遣使者入朝其臣曹子橘免勢
傳笑貞元末王桓武遣使者入朝請免勢
顏留諸業歷二十餘年使者首來請免勢詔
泆之大中日本王子來朝獻寶器音樂王子
善圍棊出揪玉局冷煖玉棊子如揪木
琢之為局光潔可愛其玉棊子不由制度黑白
自然冬溫夏暖故名家雍熙初日本僧奝然與
其徒五人浮海而至獻銅器十餘事并本國職
員令年代紀各一卷奝然善隸書而不通華語
問其風土但以書對書言國王世以王為姓文
武官僚亦然所載世次名號甚詳與本史阿每海

氏者不同奝然之來也持有孝經一卷越王孝

經新蓋各一卷皆金縷紅羅襯水晶為軸孝經

即鄭氏註者越王乃唐太宗子越王貞新義者

記室參軍希古等撰也奝然來印本大藏經詔

給之渡隨台州商人船還其國數年遣弟子奉

表來謝顒工其畧云傷鱗入夢不忘漢主

之恩枯骨合歡猶充魏氏之啟望落日而西行

十萬里之波濤難盡碩信風而東別數千里之

山嶽易過浮觀宇內之瓌奇敢辭荒外之跋涉

遂使蓮華迴文神章出於北闕之北貝葉印字

佛詔傳於東海之東伏惟陛下惠溢四溟恩高

五嶽世超黃軒之古人真金輪之新在彼在斯

只仰皇獻之盛越山越海敢忘帝德之深緲粉

百年之身何報一日之惠染筆拭淚伸紙搖魂

表奏上賜貧遣歸咸平初達州海賈周世昌遭

風飄至日本凡七年得還與其使至世昌以其

國人倡和詩來其詞彫刻膚淺無足取也景德

初僧寂照至興寧閭僧誠尋至宋待之加厚賜

紫方袍自是連貢方物而卿遣皆僧為淳熙以

後明州秀州泰州等處往往有日本海船飄風

而至者無口食行丐塗中上詔給常平米來贍恤

之候便風遣歸元世祖時遣黑的趙良弼往詔

之不至遣忻都范文虎等將十萬兵徃征至五

龍山暴風破舟軍盡沒遂終元世不通云　明

興初方國珍張士誠既滅諸豪悉航海糾島夷

入寇洪武二年寇山東薰松䝮諸郡明年再

入掠閩浙　上遣同知趙秩　諭其王良懷宣

言中國威德責其入貢良懷以元嘗使趙良弼

誘而襲我今使者趙姓得無襲其後欲及秩秩不

為動語益世良懷氣沮乃遣僧祖義隨秩奉表

稱臣入貢　上亦遣克勤仲猷往諭之黽其為

寇掠自如濱海郡縣始苦倭矣於是造海舟防

倭德慶侯廖永忠請名輕舸以便追逐之七
年來貢無表文却之九年表貢語悖慢　詔詰
責之十三年再貢無表以其征夷將軍源義滿
昕奉丞相書來書甚倨留其使不遣明年復貢
命禮臣為檄數而却之十五年明州指揮林賢
交通遣逆臣胡惟庸令日本使僧如珪詐稱貢獻
伏兵貢艘中計以表裏挾　上即不遂掠庫物
乘風兩遁會事露卷誅而發僧使於陝西四川
繇寺中著　祖訓戒後世母與日本通於是遣
都司擒民為兵戍之犬牙盤錯防禦甚周烏永
地自南直山東浙福廣東西築城設衛所置行
信國公湯和江夏侯周德興等行海上視要害
樂初遣太監鄭和齎　詔下西洋諭諸海國日
本首先歸附遣使入貢　上賜冠服文綺給金
印其王源道義又稍捕諸島冦之犯邊者二十
餘人來獻　賜賚甚豐封其鎮山曰壽安鎮國

山為文勒石予勘合百道令十年一貢八年道
義死子源義持立　遣使往封頂之我兵獻海
上俘其酋皆倭人　上釋不誅下　璽書切責
之義持奉表謝罪未幾渡冦遼左都督劉榮大
破之所殺捕甚眾是時我方招揀諸島夷而倭
乘為冦海上驛遂戮論功封榮寧
伯自是不敢復大為冦而出沒海中伺間侵掠
不得閒則陳其方物詐稱朝貢以為常云蓋自
宣德以後逓貢逼掠反覆不常而我亦取羈縻
示寛大而已於是倭益肆無忌正統中入桃渚
犯大嵩焚倉庾民舍刧殺百姓無筭縛嬰兒竿
上沃以沸湯視其啼號以為樂卜孕婦男女剖
視賭勝負行酒其慘毒尤不可言成化時廷臣
議却其貢而竟格不行正德四年王源義澄遣
宋素卿來貢素卿者鄞人朱縞也遶入倭有寵
於王易姓名充貢使其族人相與百目為奸利

守臣白發之禮臣恐失外夷心置不問素鄉厚

賂闕理　賜飛魚服遣歸嘉靖二年右京兆大

夫高貴復遣宋素鄉至是時國王源義晴辱諸

島爭貢以邀利左京兆大夫內藝興亦遣宗設

貢先素鄉至俱留寧波故事夷使以後先至為

序市舶中官賴恩受素鄉財先素鄉宗設大怨

攻敗素鄉指揮劉錦袁璉大掠寧波奪舟公

御史以聞禮臣仍右素鄉以給事御史言乃

日本

下素鄉獄論死沒其貲絕貢者十七年至嘉靖

十八年其王源義晴復貢乞易勘合還素鄉貲

不許仍申約貢必如期舟三百人不者却勿受

然倭終不肯聽嘯聚益繁而內地奸豪往往為

之嚮導覘我虛實以故敢於深入於是有善王

直徐海毛海峯之徒亡命跳海變服稱王絣合

倭舶行賈射利高奸猾民私為市又不償直

夷索逋急則啣嗚官府陰藉兵驅逐迤兵出則

又陰洩之倭將以樹德倭于是大恨因盤據島

中我無賴小民迫於飢寒困苦者咸相率逃亂

東南遂涇此多事矣乃以朱紈為閩浙巡撫紈

日夜勒兵嚴斥察上童暴執豪而中以擅殺被逮

竟為論死繫獄乃罷迤撫而舶主王土豪

指揮俞鐙皆論死繫獄乃罷迤撫而舶主王土豪

益自喜為奸愈甚三十一年犯台州碳黃岩象

山明年犯太倉破上海嘉善諸邑遂更設

日本

提督御史以王忬為之忬經署摘發頗有所斬

獲賊遂移犯蕪松無何忬移鎮大同以李天寵

代而將則盧鐙湯克寬俞天寵也是時倭至無

虛月屯據拓林川沙窪青村陸涇壩諸處四出

流刼而拓林賊最劇鐙孟宗之窯戰

衛天寵合諸將兵鬥烏程縣之窯墩別將李逢

時率山東兵戰新涇橋皆不利三十三年以張

經總督其事計調廣兵未集而工部侍郎趙文

華以海道猖獗請禱海神　詔即以文華往文
華素黃綰太學士薦貴華顧指經經不為下文
華遂勅經養寇幷及天寵　詔逮訊經時已大
破賊於王江涇斬首千九百有奇又敗之陸涇
壩斬首二百七十有奇焚其舟三十餘艘科臣
言室留經以賊平自效不聽與天寵皆論死於
是以周玳代經胡宗憲代天寵玳未幾去以楊
宜代屬文華督其師倭益熾大掠江北焚漕舟
文華戰於陶宅敗績應天巡撫曹邦輔再戰舟
敗其別部自日照登掠贛榆自上虞登掠高埠
皆不滿百人官兵莫能禦高埠賊轉掠浙西南
直破南陵溧水橫行數千里殺傷無筭至蘇州
乃燬諸將大獸等逐賊海上頗有斬獲而閩廣
倭大至三十五年楊宜罷去宗憲代已而又以
阮鶚代宗憲時海賊徐海入與浙賊陳東合眾
將宗禮率師部河朔兵與戰於崇德三敗之進

喻搞橋陷兵潰禮死烏賊遂進圍鶚於桐鄉鶚
固守不能拔乃解去宗憲乃以計厚賂海使執
東自贖海遂擒東及其黨麻葉等百餘人以獻
而自率泉管梁官兵盡殲東黨兩攻海梁庄
海死別部據舟山擁柵自固俞大獸進攻繼火
焚之斬首百四十餘級餘悉死兩浙平明年誅
王直王直者徽人也以事走海上能號召諸夷
治大舶巢五島中奸商王澂葉宗滿等共集泉
相與署置倭之來皆直等導之宗憲欲招直乃
迎其母妻至杭供待犒慰甚厚直高先是鄭諸生
蔣洲者上書督府言能說直使禁諸夷毋內犯
宗憲許之以生員陳可願輔行既說直直頗歸
服乃遣養子毛臣同可願還報宗憲而傳送洲
至豐後島其島主稍為傳諭諸島居二歲乃遣
僧德陽及夷目四十八人隨洲入貢宗憲又遣
人羅隆文再往所以遊說百端直乃與俱棄御

史王本固翳言不宜招直直懼有悔意宗憲與
約誓且遣指揮夏正為質直乃入見頓首言死
罪且陳其與洲殺力狀宗憲慰藉甚至即具狀
聞　詔誅直始宗憲本無意殺直以本固爭之
強兩謀者且謂其受直金故宗憲懼不敢為請
直既誅餘黨王澂毛臣等殺夏正率餘衆據丹
山征之踰年乃解三十八年倭分數道入寇江
北巡撫李遂與諸將策曰賊分道過如皋必且
日本
合合則道有三自泰州過天長鳳泗即　皇陵
最要自黃橋逼瓜儀擾南都兩梗漕次之若泛
富安兩東海濱荒涼擾掠無所得至廟灣絕矣
於是下令毋過天長瓜儀而分兵綴賊
後賊果走廟灣遼通政唐順之以視師至促戰
斬獲甚衆無何賊自三沙至副使劉景韶紹將
丘陞督兵與戰陸陣兇景韶乃併陸衆遂又餽
諸路兵合擊賊大敗走劉莊裨將劉顯與景韶

彌其後遂搗劉莊賊潰追及白駒場賊無一人
得脫者江北倭患悉平其寇福建者張甚窒濾
福清永福諸邑殘破不能支宗憲檄參將戚繼
光往援時賊據寧德之橫嶼阻水為管路險隘
官軍坐守踰年莫敢進繼光至則令軍中人持
東草填河進力戰大破之生擒九十餘人斬首
二千六百餘級焚溺死者不可勝數所擄三
千七百餘人歸乘勝勦福清牛田倭又破之繼
東樓記
光初至福清邑令及父老請師期繼光曰吾兵
疲且休矣姑緩圖之賊偵者歸告繼光益肆
督兵行三十里黎明破其巢邑尚未知兵出
也其溪謀秘計如此繼光歸賊益肆四十一年
陷興化復　命繼光往討賊聞繼光至欲遁為
俞大猷所拒不得遁繼光督戰大破之殲其巢
其支黨方竄仙遊連江諸慶盡討平之當是時
巡撫如王詢劉畫游震得相繼撫閩不能立尺

寸功總兵如劉顯遇敵怯不敢戰繼光幾無
閩矣未幾廣東倭亦為官軍所敗逃至甲子門
將奪舟入海暴風盡溺淖脫逃者僅二千餘留屯
海豐俞大猷湯克寬追之擒斬殆盡倭患遂息
自東南中倭以來十餘年間中外綘騷財力俱
詘而倭亦大傷嗂時海上通寇吳平曾一本
等渡稍稍勾引入犯閩粵我亦嚴為備旋至旋
戚非如嘉靖之季矣萬曆二十四年倭奴平秀
稱關白即丞相云遣平行長及清正等率眾
智字秀吉性最黠襲取諸島擅政倭國山城自
攻朝鮮直抵王京朝鮮王眪走遣使告急遂
命侍郎宋應昌為經畧往援之副總兵楊元等
師久無功乃命蓟遼總督邢玠率總兵李如松
如栢劉綎陳璘等五道兵往征之時倭渠首分
屯三路東曰清正中曰石曼子西曰行長而行
長尤狡獪鎧甲全羅築順天曳橋諸壘關白渡

營南海城陸扼塞軍不敢前劉綎與監軍士
琦謀誘行長出營疾擊之馘倭級千餘行長亟
遁歸土舍楊道通尾而馳及城埋門半開行長
閩入道通以槊刺之中其肘甲不入竟遁道通
門闔死我軍乘勝逐燔奪其壘又誘關白親信
鄭六同為內應同係中國被擄者於是水陸夾
攻行長營中益恅亂我兵因奪門入遁石曼子
舟師來援陳璘力戰焚其舟於露梁六破之馘
石曼子行長乘間晚遁鄭六同急焚其火藥為
內應我軍以矢砲戲之秀吉遁去遂克平壤二
十六年七月秀吉病死倭眾以內亂撤兵朝鮮
遂浮海國烏二十八年倭寇福建禽事五在晉
以舟師擊破之論功進一秩自是邊患稍戢云
其地北跨朝鮮南盡閩浙其主居山城故稱山
城君山城南為和泉又南為沙界沙界東南為
紀伊紀伊西為伊勢山城西為丹渡左為攝津

日本

左之西為播磨右為但馬右之西為因幡丹波
之西為美作左為備前左之西為備中右為因
幡右之西為美作之西為備後之北境出
雲之南境備後之西為備後之西為石見
安藝石見之西為出雲之西為備後之西為石見
山口之西為長門關渡在烏渡此兩西北為筑
其南為豐後又其南為日向豐前之西為豐前
前西南為筑後筑後之南為大隅大隅之西為薩
摩豐後東南縣海為土佐為伊豫為阿波阿波
相近懸海為淡路土佐豐後之間為佐加關薩
摩之北為肥後又其北為肥前肥前西縣海為
平戶平戶之西為五島北為肥前西縣海為
則對馬諸島皆有首長山城君弱空名耳倭
不稟其號令內相攻強則役屬而豐後最大其
入貢必由博多歷五島而行回則徑趨長門每
歲清明後至五月重陽後至十月常多東北風

日本

利入寇故防海者以三四五月為大汛九十月
為小汛其入寇多薩摩肥後長門三州人次則
大隅筑前筑後博多日向豐前豐後和泉諸島
土氣溫煖宜禾稻桑麻無牛馬虎豹羊鮮喜盜
輕生好殺每戰必單列緩步為蝴蝶陳前一人
揮白扇為進止兵有矛有木弓竹箭或以骨為
簇為婚不漁不妬男子魁頭斷髮黥面文身婦
人被髮跣足間用屨俗不竊盜少爭訟犯法者
沒其妻子大者瘛其門戶其死喪無異中國灼
骨以卜吉凶用中國古錢唯不用開元永樂二
種信巫好戲重儒敬佛其接見以蹲踞為恭以
搓掌為悅飲食藉以櫚葉或用邊豆編草為荐
文皮為表席地坐卧無几案牀帳渡海時令一
人不櫛沐不食肉不近婦人名曰持衰若在途
吉和則予以財物如疾病遭害則以為持衰不

謹發之所產金銀琥珀水晶硫黃水銀銅錢白
珠青玉藕木胡椒細絹花布漆器扇刀劍鎧甲
貢道故由寧波達於京
外史氏曰倭之狡猾彊狼所浸来矣漢晉以還
猶不敢逞至我　明而賊臣倡亂遂啟戎心即
廣寧一撓華夏之氣黯終不能使之抑心
弸志豈慶置之失宜抑盛衰之遞乘耶頃者王
京不守弱主奔竄　天子赫然震怒命將出師

日本

平壤之役天奪其魄屬國無恙東土以寧然
後而徵兵轉餉中外繹騷矣邇来　國家威德遠播
海波稍恬而愚猶不能無杞人之憂為餉匱於
漏卮防弛於積弱勾引之風日熾而交通之
禁不行百孔千瘡莫可究詰即三令五申何裨
實政也嗟嗟天下豈少　王直之徒我借箸之籌
吾日暮遇之矣

渤海　即靺鞨

渤海姓大氏本粟末靺鞨附高麗者高麗滅率
眾保挹婁之東牟山地在營州東二千里築城
郭以居高麗殘眾稍歸之南比接新羅以泥河
為境東窮海西際契丹萬歲通天中契丹
忠攻營州都督趙翽反有舍利乞乞仲象者與
靺鞨首乞四比羽及高麗餘種東走度遼水保
太白之東北阻奧婁河樹壁自固武后時詔封
乞四比羽為許國公乞乞仲象為震國公赦其
罪不治乞四比羽不受命后乃
詔將軍李楷固等將兵往擊斬之時仲象已死
其子祚榮引殘痍遁去楷固窮躡度天門嶺祚
榮遂用高麗靺鞨兵拒楷固等大敗還祚
榮因并有乞四比羽之眾恃其地荒遠中國不
能至遂建國號震國王於是遣使交突厥其地
方五千里戶十餘萬勝兵數萬頗知書契盡湣

夫餘沃沮弁韓朝鮮海北諸國地中宗時俊侍
御史張行岌招之祚榮遂遣子入侍睿宗先天
中拜祚榮為左驍衛大將軍渤海郡王以所統
為忽汗州都督自是始去靺鞨號專稱渤海云
玄宗開元七年祚榮死其國私謚為高王子武
藝立王宇益擴東北諸夷畏服之改元仁安帝
賜典冊襲王幷所領未幾黑水靺鞨使者入朝
帝以其地建黑水州置長史武藝召其下謀曰
黑水始假道於我與唐通異時請吐屯於突厥
皆先告我今請唐官不吾告是必與唐腹背攻
我也乃遣弟藝及舅任雅相發兵擊黑水門
藝嘗質京師知利害謂武藝曰黑水請吏而我
擊之是背唐也唐大國兵萬倍我昔高麗盛時
士三十萬抗唐為敵可謂雄強唐兵一臨掃地
盡矣今我眾比高麗三之一王將遽之不可武
藝不從兵至境又以書固諫武藝怒遣從兄壹

夏代將召門藝門藝懼來歸詔拜左驍衛將軍
武藝使使暴門藝罪請誅之詔處之安西報曰
門藝窮來歸我詎不可殺巳投之惡地幷留
使者不遣別詔鴻臚少卿李道邃往諭肯武藝
上書語不遜帝怒後十年武藝遣六將文休
率海賊攻登州帝遣門藝發幽州兵擊之遣太
僕卿全思蘭使新羅督兵攻其南會大寒雪士
凍死過半無功而還武藝望其弟不已募客入
東都刺榜道門藝榖之得不死遂捕刺客悉殺
之武藝死私謚武王子欽茂立改元大興詔以
嗣王天寶末欽茂徙上京在舊國三百里忽汗
河之東詑帝世朝獻者二十九寶應元年詔以
渤海為國欽茂為王進檢校太尉大曆中屢貢
以日本舞女十一獻諸朝貞元時徙東京欽茂
死私謚文王子宏臨早死族弟元義立一歲猜
虐為國人所殺推宏臨子華璵為王復還上京

31

改元中興死諡成王欽茂少子嵩鄰立改元正

曆有詔授右驍衛大將軍嗣王建中貞元間凡

四来貢嵩鄰死諡康王子元瑜立改元永德元

瑜死諡定王弟言義立改元朱雀並襲王如故

事言蒙死諡僖王弟明忠立改元朱始立一歲

死從父仁秀立改元建興仁秀頗能討代海北

諸部拓大境宇詔檢校司空襲王元和中凡十

六朝獻長慶四寶曆太和四年仁秀死諡宣王

子新德蚤死孫彝震立改元咸和明年詔襲爵

終文宗世来朝凡十餘次彝震死二傳至玄錫

咸通時三朝獻初其王數遣諸生詣京師太學

習識古令制度至是遂為海東盛國焉其地有

五京十五府六十二州以肅慎故地為上京曰

龍泉府領龍湖渤三州其南為中京曰顯德府

領盧顯鉄湯榮興六州獩貊故地為東京曰龍

原府亦曰柵城府領慶鹽穆賀四州沃沮故地

為南京曰南海府領沃晴椒三州高麗故地為

西京曰鴨綠府領神桓豐正四州曰長領府領

瑕何二州夫餘故地為夫餘府領常屯勁兵捍契

丹領扶仙二州鄚頡府領鄚高二州挹婁故地

為定理府領定瀋二州安邊府領安瓊二州率

賓府領華益建三州拂涅故地為東平府領伊

蒙沱黑比五州鉄利府領廣汾蒲海兼歸六州

越喜故地為懷遠府領達越懷紀富美福邪芝

九州安遠府領寧郿慕常四州又卑銅涑三州

為獨奏州涑沫江蓋所謂粟末水

也龍原東南瀕海日本道也南海新羅道也鴨

綠朝貢道也長領營州道也夫餘契丹道也

謂王曰可毒夫曰聖主曰基下其命為教王之

父曰老王母太妃妻貴妃長子曰副王諸子曰

王子官曶不一大抵皆倣中國而其俗與高麗

契丹畧同為自營平距京師盖八千里而遠泝

32

開平元年王大諲譔遣王子來貢方物以後累
貢不絕後唐同光二年遣姪學堂親衛大元瑱
試國子監丞天成元年又遣使入貢進兒女口
先是契丹大首領邪阿保機兵力雄盛東比諸
蕃多臣屬之以渤海土地相接常有吞併之志
是歲率諸蕃部攻渤海國夫餘城下之改為東
丹府命其子倍為人皇王居之未幾阿保機死
命其弟率兵攻夫餘城不克而還長興清泰間
渤海
俱遣使貢方物顯德元年渤海國烏思羅等
三十人歸化其後隔絕不通宋太平興國四年
太宗平晉陽移兵幽州其首帥大鸞河率小校
李勳等十六人部族三百騎來降以鸞河為渤
海都指揮使六年賜烏舍城浮渝府渤海琰府
王詔畧曰蠢玆北戎犯我封畧令歛鼓行溪入
大蛻醜顝素聞爾國宼通慝暬勢迫吞力不
能制因而服屬因招寧割當靈旗破虜之際是

鄰邦雪憤之日所宜盡出族帳佐予兵鋒俟其
剪滅沛然封賞幽薊土宇復歸中朝朔漢之外
悉以相與朂乃恊力朕不食言時將率兵大舉
北伐故隢是詔云

新羅

新羅即魏新盧國其先本辰韓種也辰韓初有
六國後分為十二新羅其一云其國在百濟東
南五百餘里東濱大海魏將毋丘儉討高麗破
之高麗奔沃沮其後復歸故國留者遂為新羅
馬其王本百濟人自海逃入新羅遂王其國國
小不能自通使時其王樓寒遣使衛頭朝貢
武帝普通二年王姓慕名秦始使人隨百濟獻
方物其俗呼城曰健牟羅其邑在内曰啄評在
外曰邑勒即中國之言郡縣也國有六啄評五
十二邑勒土地肥美宜植五穀多桑麻果菜鳥
獸物暑與華同隋文帝時遣使來貢其王姓
金名真平文帝拜為樂浪郡公新羅王其先附
屬百濟後百濟人多歸之漸至強盛遂襲加羅
任那諸國滅之其西北界大牙出高麗百濟之
間其地多山俗無文字刻木為信語言必待

濟而後通好祠山神族自相娶食用柳杯若武
銅尾男子褐袴婦長襦見人必跪以手握地為
恭婦女貨販冬作灶堂中夏則以食置冰上畜
無羊少驢饒多馬但馬雖高大不善行初百濟
伐高麗新羅往援之自是相攻不置後破百濟
殺其王結怨滋深唐武德四年王遣使入朝後
三年拜柱國封樂浪郡王新羅王貞觀五年獻
女樂不受真平卒無子立女善德為王國人號
聖祖皇姑十七年為高麗百濟所攻使者來乞
師會帝代高麗詔率兵擒角善德使兵五萬入
高麗南鄙援水口城以聞善德卒妹真德襲王
明年遣子文王弟子春秋等來朝因請改章服
從中國制詔以珍服賜之又請國學觀釋奠講
論高宗代永徽元年改百濟破之遣春秋子法敏
入朝王真德織錦為頌以獻曰巨唐開洪業魏
巍皇猷昌止戈成大定興文經百王統天崇雨

施治物體含章溪仁諧日月撫運邁時康幡旗
既赫赫鉦鼓何煌煌外夷逖命者前刃覆被天映
淳風凝顯邈遍乾呈祥四時和玉燭七羅延
萬方維嶽降宰輔維帝任忠良五五成一德照
我唐家唐帝美其意攉泆敏太府卿五年真德
死帝為發哀贈開府儀同三司賜綵段三百遣
使吊祭以春秋襲王明年百濟高麗靺鞨共代
取其三十城使者来請救帝命藉定方援之以

新羅

春秋為嵎夷道行軍總管遂平百濟龍朔元年
春秋死法敏襲王以其國為雞林州大都督府
授泆敏都督咸亨五年納高麗叛畧百濟地守
之帝怒詔削官爵以其弟右驍衛大將軍仁問
為新羅王詔劉仁軌等發兵討法敏上元二年
二月仁軌破其泉于七重城以靺鞨兵浮海畧
南境斬獲甚眾法敏遣使入朝謝罪詔復法敏
官然多取百濟地遂抵高麗南境矣置尚良康

熊金武漢朔滇九州州有都督郡十或二十郡
有太守縣有小守開耀元年法政死子政明襲
王遣使者朝乞唐禮及佗文辭武后賜吉凶禮
及文詞五十篇政明死二傳至興光玄宗開元
中數入朝獻朝霞紬魚牙細海豹皮又獻二女
帝日女皆主姑姊妹遠本俗別所親朕不忍留
厚賜還之又遣子弟入太學學經術興光
瑞文錦五色羅紫繡紋袍金銀精器興光亦獻

新羅

異狗馬黃金美髢諸物初渤海靺鞨掠登州興
光擊走之進與光寧海軍大使攻靺鞨二十
五年興光死帝允悼之贈太子太保命使吊祭
子承慶襲王邢璹怪使帝詔璹曰新羅號君子
國知詩書以卿惇儒故持節往演經誼使知
大國之盛又冊其妻朴為妃承慶死詔使者弔
臨以其弟憲英嗣帝往蜀遣使泝江至成都朝
大曆初憲英死子乾運立甫卬遣金隱居入朝

詔遣使弔祭冊命之會其宰相爭權相攻國大

亂三歲乃定于是歲朝獻如常建中四年乾運

死國人共立宰相金良相嗣良相死其從父

弟敬信襲王十四年死無子立嫡孫俊邕明年

遣使持冊未至而邕死子重興立永貞以後至

太和間屢入朝貢而朝廷亦數遣使致冊命焉

至開成五年鴻臚寺籍質子及學生歲滿者一

百五十人皆還之有羯保皋鄭年者皆善鬬戰工

用槍而年勇健過于保皋保皋以齒年以義常

不相下後保皋歸新羅謁其王曰中國人以新

羅為奴婢願得鎮清海海上無掠新羅人者保

皋既貴年飢寒容連水一日謂戎主馮元規曰

我欲東歸乞食于張保皋元規曰若與保皋所

負何如死其手年曰饑寒死不如兵死快況死

故鄉即年遂去至謂保皋保皋飲之極歡會聞

大昱殺其王國亂無主保皋分兵五千人與年

持牟泣曰非子不能平禍難年至其國誅反者

立王以報王遂召保皋為相以年代守清海唐

先元年王金朴英遣使來朝貢長興四年權知

國事金溥遣使來自晉以後不復至焉其地多

山甚陰險俗無文字刻木為信言語待百濟而後

通好祠山神族自相妻食用柳柸或銅瓦男子

襦袴婦人長襦

百濟

百濟即後漢末夫餘王仇台之後馬韓五十四
國之一也初以百家濟因號百濟後盡併諸小
國遂漸強大其國東西四百里南北九百里南
接新羅北拒高麗東西四百里西限大海自晉代受
蕃爵自置百濟郡又照中以百濟王夫餘腆為
使持節百濟諸軍事宋齊並遣使朝貢自王餘
映閃傳至年夫皆遣使詣江南請命俱授以鎮
東大將軍都督百濟諸軍尋為高麗所破遷居
南韓地自梁至周皆遣使通貢隋開皇初拜其
子餘璋立大業時遣使入貢請討高麗煬帝許
之然餘璋內與高麗通和以闚中國後隋亂貢
使遂絕唐武德間數遣使入貢璋卒子義慈立
義慈孝友時號海東曾子明年與高麗連和伐

新羅取四十餘城又謀取黨項新羅告急詔諭
解之時聞帝計高麗乃取新羅七城父之又
奪十餘城因不朝貢高宗立乃遣使來帝詔令
還新羅諸城不聽永徽六年新羅訴百濟高麗
靺鞨取北境三十城顯慶五年乃詔左衛大將
軍蘇定方等發新羅兵討之虜大敗王師進趨
新都城渡破之斬首萬餘眾慈隆挾大子隆走
北鄙次子泰自立為王率眾固守定方令士超
堞立幟泰開門降定方執慈隆及小王演酋
長五十八人送京師平其國五部三十七郡二
百城戶七十六萬乃析置熊津馬韓東明金連
德安五都督府擢酋渠長治之命郎將劉仁願
守百濟城左衛郎將王文度為熊津都督九月
定方以所俘見詔釋不誅兼慈病死贈衛尉卿
授隆司稼卿文度濟海卒以劉仁軌代之璋浚
子福信常將兵乃與浮屠道琛據周留城反迎
子豐

故王子夫餘豐於倭立為王西都皆應引兵圍
仁願龍朔元年仁軌發新羅兵往救道琛奔入
壁爭梁墮溺死者萬人道琛保仁孝誠自稱領
軍將軍福信稱霜岑將軍遣人告仁軌詞甚倨
仁軌以眾少乃休軍養威請合新羅圖之既而
福信殺道琛并其兵豐不能制二年七月仁願
等破之斬首八百級仁願請濟師詔右威衛將
軍孫仁師為熊津行軍總管發齊兵七千往王
豐斬福信與高麗倭連和仁願與新羅王全法
敏進趨周留城焚其舟四百豐走偽王子夫餘
忠勝忠志率殘眾及倭人阽諸城皆復帝以夫
餘隆為熊津都督俾歸國平新羅故憾招還遺
人麟德二年與新羅王會熊津城刑白馬以盟
仁願等乃還隆亦歸京師儀鳳時進帶方郡王
遣歸藩是時新羅強隆不敢入舊國寄治高麗
死武后又以其孫襲王而其地已為新羅渤海

蘇韓所分百濟遂絕其地下濕多山居官有十
六品俗重騎射解屬文以建寅為歲首尚奕蓍
僧尼寺塔甚多而無道士賦稅氣候溫煖出黃
漆樹五穀菓蓏多于內地唯無駱蓄等物大姓
有八族島居者十五將皆有城邑其衣服男子
略同高麗拜謁以兩手據地為敬婦人衣似袍
而袖澂大在室者編髮垂于後一道出為婦者乃
分為兩云

霫

内附

霫匈奴之別種與靺鞨為鄰理黃水比亦鮮卑
故地隋時始通中國有兵萬餘人習俗與突厥
略同亦臣於頡利其渠帥號為俟斤唐貞觀中

裔乘南夷卷之二

閩漳浦楊一葵翹卿父著

安南

安南即交趾所謂義叔居南交者也秦時置桂
林南海象郡以慶所從民與越雜慶後為趙佗
所擾漢高帝遣陸賈封為南越王使和輯百越
毋擾邊呂后時佗號南武帝發兵攻長沙邊閩
越西甌皆役屬焉東西萬餘里乃乘黃屋左纛
稱制與中國侔文帝即位復遣陸賈往諭之佗
恐乃謝去帝制黃屋左纛復書稱蠻夷大長老
夫臣佗而其居國竊號如故武帝初佗孫胡
嗣胡甍子嬰齊嗣嬰甍子興嗣興太后即
郢即摎氏女也内行不修國人不附太后欲倚
漢立威上書請比内諸侯三年一朝除邊關武
帝許之而丞相呂嘉不欲内屬遂發兵反攻殺
太后王及漢使者終軍等而立嬰齊子建德為

玉漢遣路博德楊僕等四道兵出擊擒之南越
平遂以其地為儋耳珠崖南海蒼梧鬱林合浦
交趾九真日南九郡而儋耳珠崖二郡在海中
元帝時從賈捐之謀罷二郡諸郡雖屬中國而
言語各異習俗頗惡男女同川而浴後從中國
中興錫光任交趾任延守九真教民耕種嫁娶
罪人使雜居其間乃稍知言語漸見禮化光武
制為冠履建立學校於是嶺南有華風焉建武
初改為交州桓靈以後蠻徼又擾象郡象林縣
應之畧六十五城自立為王馬援討平之建安
中交趾女子徵側徵貳反甚雄勇九郡諸蠻皆
置州煬帝復置郡唐改交州總管府俄復改安
南都護府至五代時土豪曲承美擾之初唐末
有封州剌史劉隱有功于嶺南朱梁朱梁封為
南海王隱卒弟襲立多智畧悉平嶺南諸州遂

即皇帝位國號漢項之遣兵攻交州擒曲承美
襲卒三傳至璉交州大亂驩州丁璉舉兵擊破
之璉授璉交州剌史璉號大勝王宋太祖與論璉
使稱臣不從遂擊之璉俟封恩救俟初丁璉内
附封為交趾郡王自是交趾代稱王矣璉弟
璿嗣年尚幼大將黎桓擅權劫遷璿於別第代
總其衆太宗遣將孫全興等討之不克而桓亦
時遣使入貢遂封為交趾郡王桓死子龍挺殺
叛逆然不敢大與中國抗而中國亦以蠻俗不
殺龍挺自稱留後遣使奉貢黎恒公蘊雖相繼
兄龍鉞而自立苛雲不涂國人不附李公蘊遂
足責問封公蘊襲王號如故蘊卒數傳至乾德
奚聽偏校言以為安南可取大治戈船絕交人
來五市者於是乾德大舉入寇連陷欽連邕三
州屠其民五萬餘神宗怒遣將郭逵趙高等大
破之乾德懼遂奉表乞再修職貢還所奪州縣

尋約歸三州官吏千人父之方選民二百二十
一口男子皆剌額年十五以上剌曰天子兵二
十以上曰投南朝婦人剌左手曰官客悉載以
舟向泥其戶牖中設燈燭日行三十里則止而
偽作更鼓凡數月乃至蓋以示海道之遠也其
狡黠如是自是朝貢不絕乾德卒無子以女昭
聖主國事而其壻陳
日奠遂盡有其地矣元時遣將兀良哈台攻諸
夷之未附者先遣二使往諭交趾陳日奠縛二
使者禁諸獄中元大怒遣將徹徹都等分道進
兵討之日奠敗走海濱遂歸附元元封其丁光
禺為交趾郡王終元世貢獻不絕我
元年遣漢陽知府易濟頒　詔安南明年國王
陳日煇遣使來朝貢請封　上命侍讀學士張
以寧典簿牛諒齎　詔封日煇為安南國王給
鍍金銀印至安南界日煇卒姪日熞嗣請授

詔印以寧拒之吾受命封先王何以得擅予若
日熞乃遣陪臣杜舜卿等來請而以寧留安南
侯　命教安南人行三年喪及拜謁等儀　上自
閩之大喜　賜詩獎以寧明年舜卿等　上
製祭文遣編脩王濂吏主事林唐臣往封日熞
拜　詔甚恭卑未幾陪臣陳叔明殺日熞明老弟
戒安南占城母相攻敗死弟煓代先是
煓代已而煓殺日熞明老弟　上常
歲遣人來貢　上令三年一貢母後方物進犀
象以勞吾民二十一年國相黎季犛遂大誅殺
陳氏更姓名曰胡一元子蒼曰胡查備號紀元
國曰大虞永樂元年表言陳氏世絕奎為陳甥
求署國事從之已真封為王會陳氏故臣裴栢
者走闕下乞師而老撾亦傳送故王孫陳天平
來朝安南使者見天平多泣下　詔詰季犛季
犛詭請迎天平歸還以國命廣西都督黃中呂

毅前大理卿薛嵓等率兵五千送之至入境季
犁遣黃晦卿等迎侯禮甚恭具牛酒犒師中等
不為虞行至芹站伏發殺天平薛嵓亦遇害中
等引還　上大怒四年以成國公朱能為征夷
將軍率新城侯張輔西平侯沐晟等二十五將
軍出廣西雲南兩道討之而以尚書劉儁督師
上幸龍江誓師能行至龍州卒　上命輔盡護
諸將兵代能輔蔣進破隘留雞陵等關傳檄數
發犁罪二十師次新福縣晟亦自雲南至白鶴
江遇人與輔會是時安南恃宣洮富良諸江為
固綠江北岸樹柵更築土城城柵相連亘九百
餘里備禦甚嚴輔下令軍中先登者賞不次於
是將士踊躍期夜襲城以舉火鳴角為號四鼓
都督黃中等銜枚畢攻與越重濠薄城下都指
揮蔡福先登眾繼之火舉角鳴安南兵倉皇矢
石不浮發皆散走師悉入城賊驅象巷戰遊擊

將軍朱廣晝夜獅象馬以神機銃翼而前象奔賊
大潰亂殺其帥梁民獻祭伯樂等追至傘圓山
宛者不可勝計三克東西都賊焚城遁連戰萬
枊江木九江悶海口皆大破之前後斬首四萬
餘級溺水宛者無筭諸郡邑相繼來降輔徧宣
上意令安業窮追季犁父子於高羅海口都督
柳升以舟師至悉擒之安南平淨戶三百一十
二萬象馬牛羊舟糧器械甚眾捷聞　詔求陳
氏後無有者乃郡縣其地置交趾布按都使司
一府十七州四十七縣一百五十七衛十一所
進輔英國公晟黔國公升安遠伯其餘各陞賞
成求交趾有行能學藝者以聞輔等班師論功
有差時永樂六年七月也八月交人簡定勅悉
反晟討之失利　命輔往擒簡定磔于京簡定
既死諭年而季擴復叛稱大越皇帝季擴者即

安南　南蠻二　七

42

簡定之從子自言我陳氏後請立不許請降許
之以為交趾右布政使輔歸復反復遣輔往轉
戰連年始獲之自輔之下交南凡三獲偽主威
震西南夷中遂留鎮其地而尚書陳洽偽有威惠交
人懷之彈伏莫敢動十五年召輔還以豐城侯
李彬代久之福亦歸尚書陳洽代時中官馬騏
墨而殘交人怨之三年之間叛者四五起彬俱
討敗之而黎利連結老撾縱橫出沒彬不能制
不相能彼此章製師遂敗事聞　章呈帝命成
宜丞誅向中官山壽力主撫諸將陳智方政復
籠州諒山府守臣琴彭易先炮之洽力言利詐
山侯王通往通戰寧橋大敗尚書洽危之已復
戰交趾城下賊敗諸將欲乘勝戲之通不從賊
乃益聚眾攻掠昌江守將李任福日夜拒戰焚
其攻具賊眾益起土山以飛鎗射城中任福率敢

先士夜開門殺守土山者襲破其營賊為地道
入鑿橫溝應之從溝中躍石擊殺賊無數賊益
攻圍不休相拒九閱月城中力竭將士死已及
半城遂陷任福自刎死中官馮智指揮劉順知
府劉子輔俱自經死宣德初年上遣安遠侯留
黔國公晟分道往援以尚書李慶列柵拒守
關利具書遣人詣軍門乞罷兵立陳氏後不
啟封遣人奏聞時利於官軍所經慶至臨
升等連破之直抵鎮夷關心易敵前至倒馬坡
獨與百數十騎先馳渡橋壞後隊不得進賊
伏兵四起升中鏢炮慶及副總兵梁銘相繼病
沒斂將崔聚被執時尚書福在行交人得福環
跪泣曰公在我曹不至此竟送之歸而晟兵竟
不出成山侯通懼大掠遺利與盟兩旋師群臣
劾通并騏下　詔論炮通後竟脫利表言前
國王遺嗣高令在老撾請嗣封　上集大臣議

43

英國公張輔尚書褰義夏原吉皆言交南本中
國地勞苦而浮之不宜陳成功示賊弱大學士
楊士奇楊榮言兵興以來天下無寧歲且求立
陳後者　太宗皇帝心也求之不浮而後郡縣
叛亂相尋至深壓　先帝憂令因其請撫而建
之以息吾民於計大便漢弃珠崖前史榮之安
往爲示弱乎時　上亦厭兵從士奇榮言　命
禮部侍卽李琦工部侍卽羅汝敬齎　詔徵回
安南文武吏士并覈陳氏後當立者利遣使送
還官吏百五十七人戌卒萬五千一百七十人
馬千二百匹其陷沒不浮歸者無箕且言高死
陳氏種絕　上心知其妄賦業置之乃　詔利
權置安南國事而利稱帝矣利苑子麟　詔
代正統初以麟事　朝廷恭　詔封爲安南國
王　諭令還所侵欽州地及遍民二百余户麟
卒子濬嗣遣兵攻占城執其王摩訶貢該瀋旋

爲庶兄琮所弑弟灝嗣輒侵我土司地攻殺老
撾宣慰使巳復攻占城倂其國中官錢能鎮雲
南復私與灝通關結諸夷姦宄繹騷幾危雲南
巡撫王恕發其姦亂乃弥弘治十年灝苑子暉
嗣使者入貢乞改兩賜常服從王制不許十七
年暉卒弟誼嗣阮种之立灝庶子暉兄子暉
羣小擅政盜起國亂正德十一年陳暠弑暉自
立僞武川伯莫登庸逐暠立暉專其國
竊安南國號大越　王其子方瀛而自稱太上皇
萬奔擾諒山死諡爲登庸兩迫奔清化登庸逐
讟竟憤悒苑故臣共立譓子寧居木州漆馬江
倚老撾登庸屢遣兵攻之不能克嘉靖十
六年寧遣使鄭惟憭來乞師　上以登庸弑逆
父不庭　遣咸寧侯仇鸞經畧尚書毛伯溫等討之
伯溫等至交趾與諸將經畫既定兵衆漸集馳
檄交人懸重賞購登庸登庸父子懼請束身待

罪歸欽州四峒故地世世奉職貢乃率其屬繫

頸徒跣北面匍匐上表降伯溫等以聞　詔赦

登庸歸廓勿王以爲安南都統使世其職從二

品別給銀印仍覊縻黎寧果黎後則昇以所擾四

府境土否則巳制下登庸巳妧其子方瀛亦死

伯溫疏請授其孫福海　詔從之二十六年福

海妧子宏濚嗣萬曆間莫茂洽爲都統使茂洽

妧國大亂數年鄭惟憭子鄭檢立黎維統邦爲主

保樂州未幾莫敬璋爲黎兵所殺維潭遣使浮海

學莫敬用寠居高平府敬璋敬恭寠居東海府

維邦黎暉後也維邦妧子維潭嗣逐莫氏遺

詰督臣請款關輸貢因與約必以高平居莫氏

如黎氏漆馬江故事維潭心難之逐不款頃之

復自言其恢復之义歸附之城但高平乃其故

土莫氏墓臣不宜以漆馬江爲比守臣謂莫氏

先世雖篡臣逆令今日乃　國家外臣也尔安浮滅

之且彼必此分定誰敢黨亂以遺尔憂于尔何不

剡馬而愛此尺寸之地維潭乃許二十四年夏

四月受其降督臣陳大科疏聞言莫之篡黎其

事遂先朝猶赦其懲黎之復讎其名正令日宜

南復定其地東至海西至老撾南接占城北連

都統使予莫敬用以高平令維潭毋得浸害安

思明衛二千八百里縱一千七百里夷獠雜居

許其順　下兵部議如大科言　詔以維潭爲

儻好謀驍演人淳秀好學一年三稻一歲八蚕

僄悍喜鬪其君長尢校徇自黎氏以來雖奉貢

稻藩默自帝其國中如趙佗時其俗交爱人個

地多魚塩之利其山川佛跡勾漏傘圓安護艾

山上有仙艾春開花漂落至水龍門江魚色綠

能化龍其産金珠珊瑚玳瑁丹砂蘇合油鷄舌香

紅魚吞之至龍門江化爲龍可口含不入衣服

都梁香烏木蘇木浮沉藤蘭子藤人

子藤千歲子蔲羅石栗生山石鑷中花方結寶九層皮開三年方

脫去九層方見
肉其味類栗

度樹木綿槵木樹　訶羅勒〔皮中肉相著交州者佳〕
　楓樹子古

沙樹由梧竹

臨溪洞人〔牧蟻卵之〕醬甚珍貴之　象牙簟〔織成者綠抽牙綠成者絲〕
赤絮也　膝竹　蟻子鹽　程程佛佛

蛇大蜈蚣〔皮可乾鼓鼙肉可為醢〕　白紅飛鼠〔雄毛肉翼每雄雉伏花蕉〕
碙珠〔能鈝銅鐵竹木不損謂之聖鐵〕

髮見人則笑〔被人則〕長臂黑身　白鹿白雉犀角兕羚羊角翡翠蚺蚺蛇

間得一則辟寒犀〔色黃如金〕其一不去

外史氏曰安南自趙陀以來世為藩臣溪武盡

取其地列為郡縣至疆盛矣徵側以一女子傾

動諸蠻幾搖九郡迄至五代以還叛逆相尋嘗

非地廣而難制俗黠而易爭耴我　朝神聖迭

興屢誤獨蓮既夷而復棄之舍所巳有之利而

不以遠方勤我中國迄今海有安瀾村無吠犬

夫非不貪小利之明驗扎若乃奸閹喜事逐至

生心倘非劉忠宣之主持不幾啟邊釁乎鳴呼

忠臣謀國其慮遠矣

占城

占城古越裳氏漢象林後為林邑唐為環王宋

元以來為占城周成王時越裳氏重九譯而獻

白雉以後罕通及溪定南越之後為象林縣屬

交趾者數百年漢末大亂縣人區連殺其令自

稱林邑王世相承其後王無嗣外孫范椎代立

椎死子逸嗣逸死文纂立文初為日南夷帥范

稚家奴嘗牧牛山澗得二鱧魚化為鐵因以鑄

刀刀成咒曰若斫石破者當王此國因

斫石如斷芻藁文私心自喜范幼嘗使之商子

邑因教林邑王作宮室及兵車器械王寵任

之後乃諸王諸子各奔他國及王宛無嗣遂脅

國人自立後稍攻破旁國并有眾四五萬又陷

日南襄九真勢漸強盛文宛子佛立晉日南太

守灌邃帥兵討之佛際其後五傳而至文敉為

扶南王子當根純所殺大臣諸農平其亂自立

為王諸農宛子陽邁立宋初遣使貢献封為林
邑王陽邁立雖貢献如常而冠盗不巳
文帝遣宗慤蕭景憲等伐之破其城乗勝克林
邑咄遁所獲珍寶皆異物又銷其金人浮黄金
數十萬斤隋文帝既平陳天下無事群臣言林
邑多奇寶於是遣將劉方等撃之林邑王梵志
率衆乗巨象而戰方軍失利乃多掘小坑與戰
佯北梵志逐之其象隘軍大亂王兼城走獲其
廟主十八枚皆鑄金為之蓋其有國十八葉矣
故地遂空梵志牧合遺人別建國邑更名環王
唐觀初王頭黎献馴象鏒鎮五色帶朝霞大火
珠頗背護敖不問又献五色鸚鵡詔卻之頭黎
死子鎮龍立献通天犀後鎮龍為其臣下所殺
大臣共立頭黎女為王諸葛地頭黎之姑子也
既向以女王不能定國復共迎諸葛地為王妻
以女天寶中献火環大如鶏子状如水晶正午

時以艾藉珠輒火出云得之羅刹國者自後罕
通周顕德中占城遣使来献有通犀帯菩薩石
又有薔薇水灑衣経歳香不歇猛火油浮水愈
熾國人用以水戰終宋世朝貢不絶其地與交
趾常為所攻每以討交趾為請宋俱不許淳熙
間占城以舟師襲破真臘慶元以来真臘大舉
入占城俘其主勤殺幾無噍顕更立真臘人為
王元至元中遣右丞唆都即其地立省以撫安
之既而王太子補的専國常拘執元之使遏國
及馬八児國之経占城者拘是占城行省遣將
陳仲達劉金等率國王孛由補剌者吾逃入大
州西比鴉侯山元兵攻大州王陰聚兵三萬餘
遣使往交趾真臘闍婆等國借兵期與元兵交
戰而陽遣其舅寶脱禿花等詣行省献方物乞
降行省覗知之遂遣百戸張顕等往攻鴉侯山
山故険隘不能進占城人旁出截歸路顕等不

利向還頃之江淮省遣萬户忽都虎等至占城
助唆都見巴班師令百户陳奎招之王遂奉表
歸款元自是亦不復加兵馬我　朝洪武二年
遣吳用顏宗魯楊載等使占城巴哇日本等國
賜王璽書于是遣使朝貢　詔遣使者往封阿
荅阿者為占城國王未幾占城與安南相攻
命編修羅復仁主事張福諭之二國皆聽命羅
兵四年占城復遣使奉金葉朝貢言安南數侵

尚書陳洽在南交軍中馳奏占城王占巴的賴
占巴的賴浮黎賊父子及其黨惡即械送京時
四年使至以臣弒君故絕之永樂四年　勅王
樂十六年遣子賀　聖節　賜勘合文冊二十
曉中國人不可遣遣爾國人能習華音者來習
南故賜爾使有助汝名樂器有觳律夷不能通
地不敢欺凌　詔諭兵器不爾吝但不可以安
境乞賜兵器樂人安南知我乃觳教所及之

奉　命討安南陰懷二心愆期不進又肆掠化
州以金帛戰象資季擴亦以黎蒼女遺之
復約李擴勇陳翁挺等三萬餘人侵升華府隸
四州十一縣地請發兵討之　上以交趾初平
不欲窮兵遠夷遣使　諭王歸我侵地　命三
年一貢正統六年國人請封其嗣王成化中遣
使冊封弘治中遣使來告安南侵擾狀乞命官
往正其罪　上欲從之徐溥等言春秋王者不

三山金花玲瓏冠衣白號足乘象或黃牪車每
祭天地殺牛祭鬼驅象逐邪粒食亦鮮食王冠
癸舟順風可八日至俗獷悍敢戰尚釋教焚衣
閩長樂五虎門西南行順風可十日至自廣州
惟謹之其國南距真臘西距交趾東北際海自
聽乃止自是以後朝貢如故正德以來奉約束
大必執迷抗命置之損威擊之貽惠尤大宜勿
治夷狄令若遣使往至安南彼小必撟過飾非

侍朝以美女三十人侍從官屬皆膜拜臣茭葉冠男蓬頭女後椎結民衣紫衣衣玄黃者罪至死出入乘象馬所居茅茨不得過三尺市用金銀性好潔日三五浴以腦麝塗躰以諸香熏衣地不產茶惟以檳榔止渴釀酒甕中俟熟賓王繞甕坐而咂且咂且注水味盡而止文書用羊皮及黑木皮無閏月晝夜各分五十刻其刑罪輕者以四人拽伏於地藤杖鞭之當死者以繩

占城

係于樹用梭槍齊喉而殊其首犯姦者男女各八一牛以贖罪負國王物者以繩拘於荒塘物克而後出之王當賀日以膳汁將領獻人膽為賀弟不用中國人膽傳云往年有用華人一膽者是日一甕之膳皆腐王即病死故戒之云王在位三十年即令子姪抑自入山茹素顒天誓曰我不道當克虎狼食或病死期年無恙復入為王若民入山為虎所噬或舟行被鱷魚之

南卷之二

厄其家訴於王王命國師作法誦呪書符投名死於虎魚即自投赴請命殺之若訟曲直難辯者令過鱷魚潭曲者魚出食之國中人非日午不趣非夜半不眠有婦人號屍致魚目無瞳夜飛頭入人家食小兒穢氣頭迄合體如故失其體不得合則死笑昔漢武時因埋國使者云南方有解形之民躰使頭飛南海左右手飛東西海至莫頭還肩上兩手遇疾風飄于海外即此也

山有金山夜則出飛狀如炊火不勞山犯罪小地產奇南香吉貝野牛海棗水五年犯罪

觀音竹千步草佩之香聞千步婦人魚狀如婦人出沒

一實波中東海海鏡如蚌聞中有紅蟹子小如令送此山則自死

波中狀如蚌石皆赤其中產金則蟹出食蟹飽則歸腹則海鏡飢海鏡波赤有之寶母以置海邊可集諸寶

外史氏曰越裳氏重九譯而來朝稱萬里云奴文以牧豎崛起卒平諸國而倔然南面豈非天

49

我其後雖已易姓而疆土無恙世稱外臣帖服
不敢與中國爭亦其分量然矣記稱其俗王在
位三十年輒入山受戒悔罪自砭夫夷狄固亦
有人心哉

占城

南卷之三

真臘

真臘本扶南屬國溟武帝時獻萬年蛤夜光珠
後遂絕不相聞至隋始復通中國唐初真臘王
質多斯那扶南者其先有女人為王號曰柳葉
年少壯健裸體披髮不制衣裳其南有徼國事
鬼神者字混滇夢神賜之弓乘賈人船入海混
滇晨起即詣廟于神樹下浔弓便依夢乘船入
海至扶南外邑柳葉人衆見船至欲取之混滇

即張弓射其船穿度二面矢及侍者柳葉大懼
舉衆降混滇乃教柳葉穿布貫頭形不復露遂
治其國納柳葉為妻生子分王七邑其後王混
盤況以詐力間諸邑令相疑阻因舉兵攻并之
乃遣子孫分治諸邑號曰小王盤況年九十
餘死立中子盤盤以國事委其大將范蔓盤盤
死國人舉蔓為王蔓勇健有權暑復以兵歲攻
伐取旁國自號扶南大王乃作大船窮漲海攻

南卷之三

城旁十餘國開地五六千里後為其婦子蒔慕
立慕死時有乳下兒名長在民間至年二十乃
結國中壯士襲殺蒔大將范尋又殺長而自立
吳時遣中郎康泰宣化從事朱應出使其國國
人猶裸惟婦人著貫頭尋始令國中男子著橫幅大家
人藝露可怪貫頭泰應謂曰國中實佳但
截錦為之貧者用布晉武帝穆帝時俱遣使來
貢其後王憍陳如本天竺婆羅門也有神語曰
應王扶南憍陳如心悅南至扶南舉國欣戴迎
而立焉復改制度用天竺法憍陳如死其後王
梁書具載有世次名號歷宋齊梁朝貢不絕梁
大同初遣使獻生犀又言其國有佛髮長一丈
二尺詔遣沙門釋雲寶隨使往迎之其髮青紺
色以手伸之隨手長短放之則旋屈為蠡形按
僧伽經云佛髮青而細宛如藕蓮絲袄三昧經
云我昔在宮沐頭以八量髮長一丈二尺放已

右旋還成蠡文則是真為佛髮也頂之其國有
人持一碧玻璃鏡來貿易者鏡廣一尺五寸重
四十斤內外皎潔置五色物于其上向明視之
不見其質問其價約置百萬貫舉國不識莫有
酬其價者以示杰公杰公曰是上界之寶也當
為國王及大臣所藏爾胡客何由浮之必竊盜
至此胡人逡巡不能對俄而其王姓古龍遣使貢獻
如所言隋時其王遣使貢獻唐貞觀中
貢白頭國二人素首白身如畏脂胭末幾真臘
滅之擾有其地扶南逐亡真臘自武德至聖曆
間九四來朝至神龍中分為水陸二國大曆中
其副王婆彌及妻來朝獻馴象擢婆羅試殿中
監賜名賓漢是時德宗初即位悉縱珍禽奇獸
裔蠻夷所獻馴象苑中元和中水真臘亦遣使
来貢宋政和至紹興間通中國如故于是封其王
與占城等淳熙間占城襲破其國後十餘年真

51

腊人大舉入占城更立真腊人為王於是占城
逐為真腊屬國矣我　朝洪武六年國王忽兒
那逍使獻方物賜大統曆文綺自後朝貢不絶
其國王夜臥一金塔上有九頭蛇精化女身與
國王同榻二鼓方去若此精一夜不見則王死
期至矣若王一夜不往亦必獲禍又有儒釋道
三種呼儒為班詰於頂上以白線掛之呼僧為
八思其國中道教少亦不甚尊呼僧為苧姑其
　　真腊
教最盛民家養女至八九歲必命僧去其童身
名曰陣毯刑無絞斬無牢獄重罪則坑之次則
斷手足耳鼻次則罰金而已其土地靈人多術
法如辯盜真偽窴其手油鍋中真為盜者手即
腐爛否則皮肉如故又辯訟曲直令兩家各坐
一小石塔三四日其理曲者必獲證候直者
無恙謂之天獄婦多淫國多兩形人每日十數
成群行于墟場間常有招来唐人之意人死則

擲野曠中鷹犬来食頃刻而盡則謂父母有福
否則謂之惡報其後乃有焚者以五香木舉火
以金銀盆盛之貯之水中資者乃用九男女椎
髻以去髮為服制國王仍用塔墖交易皆婦人
又皆兩水高十丈巨樹盡没民移入山居至十
愛呼曰佛云其國地無霜雪自四月至九月日
唐商人到彼必先納一婦其見唐人亦頗加敬
月不雨民乃復還耕種王三日一朝坐五香七
　　真腊
宝床上施宝帳以文木為竿象牙金鈿為壁其
冠履服制大都盡華飾也民俗亦修靡以錦圍
身故諺云富貴真腊官名與占城同與暹半朱
江二國和親而材邑陌陌二國數與爭戰國人
行止皆持甲杖王初立時凡至戚兄弟皆刑殘
之令不淂仕進畨殺漢人即償其死漢人殺畨人
罰金而已其載在周達觀風土記及通與異域
志諸書甚詳其地南際海西接蒲甘南連加囉

希比抵占城其鄰有西棚國天隅有一竅極明
主人稱為天門云其山川陵伽鉢羅山其產嘉
杲建同　噴高五六十丈四足　浮胡　鸚鵡也形如　大
魚　堂之如魚也鼻如象吸水上　胡魚　鸚鵡八足
　以白猪　臭即浮風不復生矣浥　風母　猿似
　打死浮　之不照其歲災流行即　後似
　則死矣　惟以菖蒲塞其竅乃有之　却塵獸　其皮
金顏香　香乃樹脂有黃白黑三色　毗野楮實似
　白者能聚眾象香用塗身　染塵故不
婆田羅　實似　歌畢佗李實似　鰐魚美人酒　美人口
　　　　　　　　　　　　　　　　　　中含而
顛臚　　南卷之二

外史氏曰余讀禪宗有載真臘者言其國極富
貴不通中國心竊恥之乃令觀周達觀記可其
馬其所領聚落至六千餘地方亦不下七千餘
里自漢以來朝貢不絕華風所被其尤有向化
之心乎至於辯盜辯訟事誕謾不可信然書所載
西南諸國亦往往有之又非特真臘矣

瓜哇

瓜哇漢晉以前未聞唐為訶陵宋為闍婆元以
後為瓜哇東抵古女人國西抵三佛齊南抵古
大食國比抵占城所屬有蘇吉丹打板打網底
勿等國其地在海外為東南諸番之衝自泉南
登舟道必經占城唐貞觀中貢金花等物至上
元間女王悉莫威令嚴肅道不聚遺大食君聞
之置金其郊三年無敢取著太子過之以足蹴
其金悉莫怒將斬之群臣為請悉莫曰罪本于
足可斷趾群臣復為請乃斬指以徇大食聞而
畏之不敢加兵大曆中使者三至元和中獻五
色鸚鵡頻伽通中獻女樂又獻金花帳溫
床龍鱗席鳳毛褥玉髓香瓊膏乳宣宗陳之
凉以迎仸骨自後罕通焉宋嘉中復通中國後
絕淳化初國王木羅茶遣使貢方物詔賜金幣
甚厚又請良馬戎其從之大觀以後朝貢不絕

53

桑以南郊事授中國官職封闍婆國王食邑二

千餘戶自是每遇大禮報加闍婆王官邑以為

常矣元至元中詔史弼高興等征爪哇水陸並

進會船中無水海水鹹不可食士飢渴死史高

拜天祝之尋以鑿撓海灘中清泉涌出因名聖

水遂大奮擊殺傷甚衆尋諭降之王我　朝其

國分東西二王洪武三年王昔里八達剌遣八

的占㲲奉金葉表貢方物及黑奴三百人納元

所授宣勅巳而殺我使之往三佛齊者置不問

十三年復遣使入貢　上遣還　詔諭責王絕

其使永樂三年東王字人之達哈齋遣使請印與

之五年西王都馬𣸣滅東王時我使過東王城

西王殺我百七十八後俱遣使謝罪　勅令償

死者黃金六萬兩已而遣使貢萬兩　上曰朕

刺金即令遠人知畏尔彌其金　賜鈔幣十六

辛酉王楊維西沙獻白鸚鵡正統八年　令三

瓜哇

南卷之二　三十

年一貢其地無霜雪四時常熱王居不甚麗民

用茅茨國有四鄉王無常居往來其間一曰杜

筏約千餘家二人為長一曰新村原沙灘地中

國人居之遂成村落村主廣東人番舶貿易民

甚殷富半日至淡水港一曰蘇魯馬益自淡水

至此二十餘里亦有村主港傍大洲林木蓊茂

有長尾獮猴數万惟一老雄猴為主一老番人

倚其傍凡婦人求嗣者以酒肉餅果禱老猴老

猴喜則先食其物衆猴隨分食之尋有雌雄二

猴前來交感為驗此婦歸家即有孕否則無孕

又能作禍故人家多備物祭之世傳唐時有僧

家人男婦五百口恣行竟惡忽一日有僧至其

家取水噀之五百人俱化為猴惟一老嫗未化

今舊宅猶存亦奇事也一曰漳者伯夷自爪哇

馬益至此百餘里民數百家有頭目七八人輔

其主云四鄉中有西番胡人唐人土人之種胡

瓜哇

南卷之二　三十一

人父居服食雅潔唐人尚回回教持齋受戒土
人有名無姓猱頭赤腳顏色黝黑好聞信鬼無
几榻匙筯啖食蛇蟻虫蜈與犬承同寢食刑無
鞭朴罪輕者許以物贖重者藤繫殺之市用中
國古錢量衡重于中國民不為盜道不拾遺諺
云太平闍婆是也書同璅里無紙筆惟以尖刀
刻菱蕉葉上亦有字法病不服藥但禱神求佑
人死不朽有水葬火葬犬葬惟死者所歆女人
人聚眾成隊一婦為首眾婦隨行月下首婦唱
草木即枯其俗四季每月望夜前後番婦數十
有毒中國人與之交則若瘡或至死若涎液著
則眾婦皆和至親友富貴家則贈以錢帛等物
每十月有竹槍會其國王及妃各乘一車至會
所令男子二人為偶各執竹槍妻各執短木列
其旁及交敵三合妻各以短木隔之曰那剌郎
刺則退設中槍死王令勝者與死者金錢一個

死者妻即隨勝者而去舊傳鬼子魔于此地與
一圍象相合生子百餘啖人血肉一日雷震石
裂中坐一人眾異之奉為國主即領兵驅逐囬
象而不為害其後文書一千三百七十
六年考之乃漢初時也其旁為蘇吉冊國裸躰
號足俗甚醜惡其東則女人國又東則尾閭之
所洩非人世矣亦有飛頭食人者眾祠之名
曰蟲落因號落民地自閩泉州發舟一月可至
鹽之屬
鸚鵡倒挂白鹿白猿白猴榔极蚕吉柿蝦蟆蟓冊
其山川鸚鵡山八節澗其產有綠鳩綠鳩紅白
外史氏曰卷莫威一女子耳南面稱王而令竹
禁止至使道遺金三年而無敢收者革面之化
可謂甚盛然斷太子之指而不少假借法行自
近宣不信乎
成祖初興邀殺我使假令當時以犁庭之威加

此么麼小醜何所不靡爛也者而罪止罰金且
却之曰令遠人知畏也大犬　王言不殖貨財
不勤遠畧至令數百年間戎心自戢好音是懷
其所觀感有自来矣

暹羅

暹羅本暹與羅斛二國暹為漢赤眉遺種土瘠
不宜耕種羅斛土腴多種暹人歲仰給焉元至
正間暹為羅斛所併乃合為一國成宗貞元
年進金字表歆元遣使至其國比至元使已先
遣矣大德初暹國主上言其父在時朝廷嘗賜
鞍轡白馬金縷衣乞循舊例詔予金縷衣不予
馬我　朝洪武初遣大理間良輔往　諭之國
衡為國中式從之頃之其國使與琉球修好舟
被風漂至福建布政司籍記船物請命　上曰
番邦修好美事也柰何利其物令布政司給谷
食之仍為修理其舟遣還暹人感甚自是朝貢
不絶而我亦輙遣使封其嗣王成化間國王遣
美亞入貢美亞乃汀州人謝文彬因販鹽至暹

羅更名而仕其國者嘗至南京織殊色錦綺貿
易番貨加靖中國貢自象及方物隆慶時為
東牛國所攻失所　賜印信奏請另給禮部謙
往彼國取印篆字樣并精通番字人員赴京教
習後使者來遂　賜冠服留教習萬曆二十年九
月經畧侍郎宋應昌奏暹羅國正使握扒喇等
願督兵蕩倭巢至今朝貢不絕云其國由廣東香
朝廷德意益　詔行兩廣總督遣官往諭
山登舟順風四十日可至遇東風舟狹可登岸
若飄至萬里石塘山則十無一存矣故後來貢
必五六月南風比去則用十一二月北風過此
則不敢行矣王宮殿壯麗民樓居上聯梐栿片
或陶瓦覆之坐臥即于樓上藉以毡及藤蓆無
牀几王番髮臣及庶民俱剪髮婦人留髮插簪
于後無姓有名為官者稱偓其為民上者稱臨
其最下者稱臨其有鳥塟火塟水塟王及貴人

死亦火化以骨塟于塔下貴人亦賤小罪枷桎
遊市中大罪殺而投之河好誦佛經字皆橫書
橫誦俗頗趨利敬富輕貧言語多類廣東俗浮
澆習水戰好鬥喜寇掠市物少則用海貝多則
周銀銀必以王鐵印為記每百兩八稅六錢方
可通行無印紋即私銀也婦人多智凡事決于
妻妻與中國人交不為禁反以多為榮婚姻用
僧取女紅帖男額氣候常熱無霜雪物產景饒
羅斛香奇术白鼠奇龜酒之屬
民多載舟往他國商販所產有金鋼錐薔薇露
之歸自是畏威懷德輸誠納款者數百年不衰
至閩守臣籍其所有而　聖祖特選其貨且遣
余觀其與琉球脩好自揣不敢誠畏之也舟飄
外史氏曰暹羅在東南海中益景稱恭順云賦
暹羅
魅謂夷狄不可以信義服犱

三佛齊

三佛齊即舊港國本南蠻別種又名淳淋東南
海中大國也居真臘爪哇之間距占城五日耳
所管十五州所屬有單馬令凌牙斯蓬登牙
儂細蘭等國宋建隆初國王號詹卑其人多姓蒲唐天祐
初始通中國宋建隆初國王悉利胡大霞里檀
嘗遣使入貢淳熙乾道間貢不絕元世祖遣使
招之不至我
朝洪武時國王怛麻沙那三遣
使朝貢　賜大統曆文幣怛麻沙那死　賜王
子麻那者巫里三佛齊國王印有廣東陳祖義
者脫罪遷居其國久之得為將領暴掠蕃商永
樂中太監鄭和至三佛齊國祖義鄉人施進訴於
和和擒祖義獻俘　闕下以進代之進沒女二
姐嗣嘉靖四十一年廣東大盜張璉林朝曦黃
啟荐等築城紀元建官　上命都督劉顯俞大
猷往剿之以捷聞萬曆五年中國人有至三佛

齊者歸言見璉等列肆為蕃舶長泉蓮人多主
之如中國市舶官體統語具續文獻通考中其
地自廣州發舟南行半月可至自泉州行月餘
可至蕃舶輻輳土沃宜稼穡諺云一稔可種谷三
季生金言米谷盛而為金也習水戰遇敵敢死
鄰國畏之水多土少惟將領陸居民率架筏水
中不輸租賦有事隨時調發語言如爪哇市用
錢布并燒煉五色珠字用梵書以其王指環為
印王出入乘船身纏花布衛以金鏢俗稱王為
龍精不尖食食則大荒不水浴浴則大潦惟食
生牛數萬人取食之後用竹木室其穴乃絕穴
貢物有水晶火油象牙乳香薔薇萬年棗偏朴
白砂糖水晶指環琉璃瓶珊瑚樹崑崙奴崑崙
奴者能踏曲為樂者也
外史氏曰邏来海濱亡命多入于夷其梲巧變

訐足以聳動夷人而浮其用若陳祖泰施進其
彰彰較著者也當聞中國之人自夷歸者莫不
漢津以為樂士夫孰知非句引之意耶彼其于
中國之虛實知之稔矣令日句華而入于夷他
日必且句夷而入于華邊徼之患將有不可勝
言者是以六經之治貴于未亂可不慎哉

三佛齊

蒲剌加

蒲剌加
國傍海距三佛齊十日山狹人少服屬
暹羅歲輸金四十兩以為常我
王西利八兒速剌遣人朝貢七年遣太監鄭和
賜印誥封為王暹羅自是不敢復擾云九年嗣
王拜里迷蘇剌率其妃子及陪臣五百四十人
來朝　上御奉天門宴王　賜王并王妃及子
侄賞各有差十二年拜里迷蘇剌死王子母幹
撒于的兒沙來告　詔令嗣封宣德天順成化
間朝貢不絕成化末給事中林榮行人黃乾亨
奉使冊封其王溺海死其地瘠鹵舊名五嶼俗
淳朴尚回回教王白布纏頭身穿細花番布如
袍出入乘轎男方帕包頭女人撮髻腦後身層
黑如漆間有白者唐人種也民舍如暹羅婚喪
大顆瓜哇地瘠少牧人以魚鰕為業國有一山
泉成溪民從溪中淘沙取錫煎銷成塊及織茭

葦篦以通市有龜龍四足長牙嚙人又有黑虎
觟變人形入市其山鎮國西山其產火雞黑熊
黑猿白麂波羅蜜做打麻茭蓽蔞靉靆沙孤樹
之屬

滿剌加

外史氏曰余嘗橫襟而觀前代之君疲敝中國
以事遠夷至于兵草相連禍亂相尋而猶不知
止也欸而重譯稽顙之風邈為罕聞子輿氏曰
以力服人者未有愀服人者也旨哉言乎　明
興德化淪決旁益四塞舉光天海隅雕題鑿齒
之緄被髮左袵之鄉纍日諸君之旰不能致者
無不遵道遵路開啟二心如討來思哈兒密剌
撒唄喃諸國可數也乃潚刺加虔極南之地視
諸夷尤遠而攜其妻子觀光上國不事干戈而
寓內熙靖鳴呼盛矣

討來思

討來思古赤土國也隋煬帝大業三年遣屯田
主事常駿虞部主事王君政賚物五千段賜赤
土王駿等至界其王遣婆羅門鳩摩羅以舶三
十艘來迎吹蠡擊鼓為樂更進金鎖以纜船禮
待甚恭至王宮駿等奉詔書上閣王以下皆坐
宣詔訖引駿等坐奏天竺樂事畢駿等遣婆羅
門就館送食以草葉為盤其大方丈因謂駿曰
會是大國豈非復赤土國矣後數日請駿等入
宴儀衛導從如初王前設兩床床上並設草葉
盤方一丈五尺食百餘品延駿升床從者席地
各以金鍾置酒女樂迭奏禮遺甚厚遣那邪迦
隨貢方物并獻金芙蓉冠龍腦香以鑄金為多
羅葉隱起成文以為表金函封之令婆羅門以
香花奏蠡鼓而送之駿與那邪迦歸報帝大悅
授駿等執戟都尉那邪迦等賞各有差以後不

通中國我　朝更名討来思宣德六年遣人朝
貢其國近山山下有水赤色望之如火杜氏通
典載其王姓瞿曇氏俗皆穿耳剪髮無跪拜禮
以香油塗身尚釋敎佛敎重婆羅門婦人作髻
于頂後富家之室恣意華美唯金鑲非王賜不
得服用男子旣娶即分財別居幼子與父同
慶俗用火葬冬夏常濕雨多霽少其產甘簾酒
龍腦香之屬

附長恩
南卷之二
四一四

沙哈魯

沙哈魯古投和國隋以前無聞唐貞觀中遣使
奉表盛以金函又獻金槎金鑲寶帶犀象海物
等數十品自後遂不相通我　朝更名沙哈魯
永樂間來貢者七十七人其地物產豐饒甍屋
以尾城內有王宮室城外人居可萬餘家王宿
衛之士百餘人官屬有將軍功曹參軍州郡縣
等官刑法盜賊多者死輕者穿耳臬鼻及鑽髩私
鑄銀錢者截其腕國無賦稅唯隨意貢奉不拘
限繁以農商為業淳而無恥鬪國人秉象及馬一
國之中馬不過千匹但無騣彎惟以繩穿頸為
節制音樂則吹汞觱鼓死喪則祠祀哭泣又焚
屍以麂盛之沈于水中若父母之喪則截髮為
孝昨用銀錢小如榆莢有佛道有學校文字與
中夏不同物產甚多交易海中諸國西域賈胡
輒以麤價浮竒貨云

沙哈魯
南卷之二
四一五

答見客

答見客古名丹眉流自古不通中國史咸平二年
國主多須機始遣使來貢木香鈴鑷胡黃連紫
緋紅氊花布蘇木象牙等物召見崇德殿賜冠
帶服物又賜多須機詔書戒　朝永樂中遣使
十八人來貢方物　詔優禮之其俗以竈為屋
洗足衣布無紳帶以白紵纏其首貿易以金銀
其主所居廣袤五里無城郭出則乘象刑用箠

其產犀象硫石紫鑌鐵木之屬

巴喇西

巴喇西國在南海甚遠我　朝正德辛未年遣
使沙地白入貢在洋舶行凡四年半被風飄至
西瀾海面舶壞唯存一腳艇又八日至浮吉零
國又至秘得乃遵陸行二十六日至暹羅附番
八桼林船入廣其所貢木匣六枚內金葉表文
袖婊絲一泥珊瑚四株琉璃瓶四把玻璃盞四
個及瑪瑙珠胡黑丹等物

交欄山

交欄山小國元時高興史弼征闍婆國遭風至
其山下有病卒百餘留居其地生育至今皆其
裔也　戒　朝永樂中鄭和至其地米穀稀少射
獵爲業男女椎髻短衫其產有豹熊五色絹銅
器青碗之屬

大呉喃

大呉喃小國也洪武初國王遣使入貢風俗醇
朴男女俱纏頭長衫產青白磁器爲佳

小唄喃

小唄喃小國也永樂七年太監鄭和至其國國
王遣使来貢其地田瘠而穀少歲食榜葛剌米
男少女多睁用金錢其產有麝香胡椒波羅蜜
之屬

剌撒

剌撒小國其地傍海不生草木田瘠少收有麥
歷年無雨鑿井絞車以羊皮袋水墨石為城屋
男女奉髮長衫婦人裝點兜頭略與魯忽謨斯
同其產有龍涎乳香駱駝磁器戎　朝永樂中
鄭和魯至其國

九州山

九州山與滿剌加隣其山產沉香黃熟香永樂
七年鄭和往諭諸番遣官兵入山採香有徑八
九尺長六七丈者香味清遠黑花細紋其山人
咸驚嘆　天朝之兵威力若神云

馬八兒諸國

馬八兒在南海中南海諸番惟馬八兒與俱藍
足以綱領諸國而馬八兒最大自閩泉州至其
國約十萬里元世祖至元間咦都等奉璽書招
諭諸番占城馬八兒俱奉表稱藩獨俱藍諸國
未下十六年遣廣東招討司楊廷璧往招俱藍
其國主必納的即書脐表附廷璧以進言來歲
遣使入貢尋即遣使與廷璧再往宰相馬因的
與不阿里屏人謂廷璧我一心願為朝廷奴使
札馬里丁入朝我大必闍赤赴算彈告變算彈強
籍我金銀田產妻孥又欲縶我我詭辭得免今
算彈兄弟五人聚謀與俱藍交兵此間諸國皆
有降心若馬八兒既下我使人持書招之可使
盡路莫彈華言國主也廷璧還以聞即復遣廷
璧往十九年抵俱藍國主及其相馬合麻等迎
拜詔書隨遣使入貢俱藍既下餘諸國曰馬八

兒曰須門那曰僧急里曰南無力曰馬藍丹曰
那旺曰丁呵兒曰來禾曰急蘭亦解曰馬穌木都
剌皆遣使貢方物

賓童龍國

賓童龍小國也隸占城其地有雙澗水極澄清
佛書所云含衛乞食即此也目連兩居遺址尚
存人物風土草木氣候與占城畧同惟袈裟能
持孝服設佛以度死者其王則占城選人為之
王出入桑象馬張紅傘從者百人歲貢方物于
占城有尸致魚為害視占城尤慘民多置廟牲
血祭之其產有苛楠香象牙貨用金銀花布之

重迦羅

重迦羅與爪哇相接高山奇秀有一石洞前後
三門可容一二萬人田谷氣候與爪哇畧同風
俗頗淳淳國無酋長推年高有德者主之風俗頗
淳煮海為鹽釀秫為酒地産羚羊鸚鵡木綿椰
子綿紗貨用銀花緺又去數程曰孫陀羅琵琶
施田毋童曰圓嶠曰彭里不事耕作專尚寇掠
與吉陀崎諸國相通商舶少至焉

裔乘西夷卷之三

西番

閩漳浦楊一葵翹卿父著

西番古吐番地其先三苗氏之裔也凡百餘種
後為西戎又曰西羌散處河湟江岷間舜時徙
三苗於三危杰蕭州數百里南接蜀漢徼
外蠻夷西比接高昌諸國昔成湯伐呋夷武丁
伐鬼方季歷伐西洛余無始呼翦徙諸戎在文
王時六伐羌戎辛𠤳會於牧野宣
王時戎殺秦仲秦莊公破之幽王時申侯與戎
共攻殺王秦襄公伐之及平王遷都洛邑避犬
戎難於是戎逼諸夏自隴山以東及乎伊洛往
往戎夏雜居故有狄貆戎卻冀戎兼渠戎大荔
戎驪戎陸渾戎陰戎蠻氏戎伊洛間有楊拒泉
皐戎春秋時間在中國與諸夏盟會後卻冀戎
為魯莊公所戚驪戎為晉獻公所戚唯伊洛戎

最強侵曹魯入王城秦晉伐之後二年復與襄
王弟叔帶謀伐襄王齊桓公使管仲平之其後
趙咸北夷秦咸大荔其遺脫者皆逃走西踰汧
隴於是中國無戎惟義渠存焉義渠勢力強悍
築城稱王秦輒為其昕敗秦昭王時義渠王來
朝與昭王母宣太后通生二子後宣太后誘殺
義渠王因起兵伐殘之始置隴西北地上郡云至
漢而西戎之種復盛先是戎人有爰劒者為秦
屬公奴隸後亡歸偶與劓女遇於野遂為夫婦
女恥其狀被髮覆其面羌人因以為俗相與七
入賜支河湟間諸羌推以為豪於是教羌田畜
依附日衆爰劒死四世有曰忍曰舞曰印者各
有子十餘人自為種於是苗裔漸熾至有百五
十餘種或在賜支河西或在蜀漢徼北其名號
難以盡述而中惟燒當先零鍾羌參狼為強燒
當者忍第十四孫也最豪徤故其子孫世以燒

當為號後始皇築長城及漢武築令居塞置張
掖（古張掖郡今甘州衛）酒泉（古月支地漢置酒泉古肅州衛）燉煌（地漢置燉煌郡古沙州衛）武威（古休屠地漢置郡今涼府）四郡隔
絕羌胡於是累世服從西陲得安獨先零馮位羌
羌數數為寇盜不絕及趙充國降先零羌奉世
降多姐諸羌四夷賓服者數十年王莽輔羌
隴西扶風三郡中元初燒當羌滇吾與弟滇岷
復入寇建武中來歙馬援等破降之徙置天水
初寶固馬武等大破之無何滇吾詰闕略
而滇吾子東吾東吾子東吾號東號子麻奴俱入
居安定世世奉約束如故獨東吾諸弟迷吾號
吾等結諸羌為邊患永初中麻奴逃出塞而諸
亡羌轉相彌聚遂附滇零鍾羌諸種大肆寇掠
揭木為兵負柴為械勢倡獗甚郡縣不能制更
招集參狼上郡西河諸種東犯趙魏南入益州

遂冠三輔斷隴道破郡縣滇零自稱天子鄧隲

任尚任仁段禧段崇等討之兵輒挫益馮陵若

斯之熾也已而滇零死子零昌年幼而

同種狼莫為之畫策輒入冦漢兵久不利任尚

以輕騎擊之而張裔招誘叛羌稍稍有降者頃

之種名號封者以殺零昌封王全無種名雕何

者以殺狼莫封侯而諸種之掠巴漢者程信等

大擊破之於是諸羌尾解而三輔益州無冦患

世次莫可浔而考云晋懷帝時爰劍之後赤亭

姐諸種相繼入冦叛服靡常自是而後其種號

吳永寧以返東西羌大合而燒當先零沈氏牢

及羌俱豪邁多勇暑弋仲病謂其子襄中原無

主汝亟歸晋無為不兼及卒而襄遂率衆来歸

詔屯誰城會毅浩惡其強盛屢遣刺客刺之不

諧又潛遣魏憬襲之不克襄已心銜之無何浩

伐秦以襄為前驅襄偽邀伏甲邀之反攻浩於

山桑浩大敗乃以桓溫督諸軍討襄襄連戰敗

退奔平陽招納叛民于是有圖關中之志矣秦

遣兵攻斬襄襄弟萇以衆降秦先是燕慕容暐

陥秦秦遷暐并鮮卑四萬餘戶於長安及莫

容泓起兵攻集鮮卑衆勢甚盛秦遣毅擊泓

以姚萇為司馬萇諫毅曰鮮卑皆有思歸之志

故起而為亂宜驅令出關不可遏也毅不淫果

餘萇堅大怒欲殺萇萇奔渭比斜扇羌衆五萬

餘家自號大秦王羌胡降者十餘萬會秦符堅攻

西燕敗奔五將山萇遣人縊殺之遂取長安稱

帝而勢愈昌熾萇卒子興立興卒子泓泓兵劉裕

遣王鎮惡討陥之裕至長安斬泓而姚秦氏七

吳初魏晋時西羌為吐谷渾昕併至隋而吐谷

渾衰西羌地有党項有大羊同有鄧至有宕昌

有悉立有章求拔有泥婆羅有蘇毗有白蘭有

吐蕃諸種而惟党項吐蕃為大唐初吐蕃遂併
諸種而盡有其地焉吐蕃祖曰鶻提勃悉野南
涼禿髮利鹿孤之後也二子曰樊尼曰傳檀傳
檀為乞佛熾盤所滅樊尼率衆歸沮渠蒙遜
以為臨松太守及蒙遜滅樊尼率兵西濟河逾
積石遂撫有群羌云其後數傳而至棄夫曰
昔故號君長曰贊普贊普妻曰末蒙贊又名
棄蘇農亦號弗夜氏其為人慷慨才雄西域諸

吐蕃之三　六

國皆附之太宗貞觀八年始遣使者來朝帝遣
行人馮德遐持書撫諭棄贊聞突厥吐谷渾並
許始有以聞我乎棄贊怒率羊同共擊吐谷渾
吐谷渾敗走青海之陰又攻党項白蘭羌破之
勒兵二十萬入寇松州命使者貢金甲且言迎
天子遇我厚幾浮公主會吐谷渾王入朝遂不
浮尚公主乃奉幣求婚帝不許使者還妄語曰
公主曰公主不至我且深入遂敗都督韓威屬

西部

羌皆叛應之唐乃遣侯君集執失思力牛進達
劉蘭等四道出兵討之斬首千級棄贊始懼引
太遂遣使謝罪固請婚許之乃獻黃金五千兩他
寶稱是以為聘十五年詔以宗女封文成公主
妻之江夏王道宗持節護送棄贊至柏海親迎
見道宗執婿禮甚恭自以其先未有婚帝女者
乃為公主築一城立宮室以誇後世因遣諸豪
子弟入國學習詩書又請儒者典書疏永徽初

吐蕃之七

棄贊死無子立其孫器弩悉弄棄贊幼祿東贊相之
既而破吐谷渾莫容諾曷鉢與弘化公主引殘
落走涼州踰年祿東贊死其子曰欽陵曰贊婆
曰悉多曰勃論祿兄弟並當國自是歲入寇
破有諸羌羈縻十二州渡入羈縻十八州率于
闐取龜茲撥換城於是安西四鎮並廢遝認遣將
薛仁貴阿史那道真等率兵十餘萬往討并護
吐谷渾還國至大非川為欽陵所敗吐蕃遂威

吐谷渾而盡有其地高宗上元初遣大臣論吐
羅渾彌來請和且求與吐谷渾修好帝不聽明
年攻鄯河芳疊扶六州唐遣將李敬玄李孝
逸劉審禮等擊之皆無功黑齒常之率士五百
夜斧其營虜驚自相轕藉而死者甚眾乃引去
儀鳳初大首領贊婆素和貴率兵三萬攻河源
屯良非川黑齒常之擊走之遂擢常之為河源
經畧大使乃嚴烽邏開屯田虜謀稍折初敕南
度茂州之西築安戎城為障俄為生羌導取
之因幷西洱河諸蠻盡臣羊同黨項諸羌其地
東與松茂嶲接南極婆羅門西取四鎮北抵突
厥幅員萬餘里漢魏諸城阸無也則天時遣韋
待價閻溫古岑長倩等討之皆不克又詔王孝
傑唐休璟阿史那忠節大發兵擊破其眾復取
四鎮更置安西都護府於龜茲以兵守未幾
合突厥兵南侵王孝傑敗之明年攻臨洮又攻

凉州殺都督遣使者請和約罷四鎮兵求分十
姓地武后詔通泉尉郭元振往使道與欽陵遇
元振曰東贊事朝廷誓好無窮今忽自絕歲掇
邊父通之子絕之孝乎父事之子叛之忠乎欽
陵曰然然天子許和浮麗二國戍使十姓突厥
四鎮各建君長俾其國久居中制事而
贊婆專東境幾三十年為邊冠兄弟皆有才畧
元振執不可后浸之欽陵專國久居外
為眾所憚贊普器弩悉弄既長欲自浮國漸不
平乃與大臣論嚴等圖之欽陵方提兵居外
贊普託言獵即勒兵執其親黨二千餘人殺之
發使者召欽陵贊婆欽陵不受命贊普自討之
欽陵兵潰自殺贊婆遂率眾降唐封為王未幾
贊普死諸子爭立國人立棄隸蹜贊為贊普始
七歲其大臣彊遣使求婚中宗以雍王守禮
女封為金城公主遣楊矩持節送之即拜矩鄯

州都督吐番外雖和而心實叵測即厚飾矩請

河西九曲為公主湯沐矩表與其地九曲水甘

草良與唐接攘自是虜益近邊勢入寇玄宗開

元初其相坌達延將兵十萬寇臨洮入攻蘭渭

掠監馬楊矩懼自殺唐遣薛納王晙等擊之斬

首萬七千級虜大敗相枕籍死洮水為不流贊

普及金城公主俱遣上書請盟脩好帝謂向贊

巳和親只尋前盟不許復誓禮其使而遣之且

厚賜贊普自是歲朝貢不絕父之寵右節度使

王君㚟襲擊吐番㴑洄啟寡于是攻甘州入陷

底州毀其城執刺史田元獻會君㚟為回紇所

殺乃以蕭嵩為河西節度使克平底州㴑城之

時張守珪張志亮杜賓客等皆戰有功多所斬

獲贊普懼復遣使請和皇甫惟明勸帝送之勅

惟明及中人張元方往聘以書賜公主惟明見

贊普言天子意贊普大喜因悉出貞觀以來書

詔示惟明遣使名悉臘隨使者入朝是時崔希

逸為河南節度使鎮涼州故時疆畔皆樹壁以

守希逸謂慶成將乞力徐曰兩國不廢朝廷未

皆罷之乞力徐曰公忠誠無不可恐朝未皆請

信脫掩吾不俗其可悔希逸固邀乃許即共刑

白犬盟而悉撤障壁明年儻史孫誨奏事安言

虜無備可取也帝即詔內侍趙惠琮同往按狀

二人至涼州因共矯詔希逸發兵襲破吐番青

海上斬獲不貲乞力徐遁走吐番恚不朝大入

河西希逸拒破之鄯州都督杜希望又拔新城

州攻振武軍皆為臧希逸銳皇南惟明哥舒等

更號威戎軍頭之節度蕪瓊拔安戎城更號平

戎城而吐番攻維州不浮志又攻承風堡襲廓

破其勢稍却明年贊普乞黎蘇龍臘贊死子㰒

悉籠臘贊嗣遣使者脩好詔京兆少尹崔光遠

持節往吊時安祿山亂哥舒翰悉河隴兵東守

潼關而諸將各以其所鎮兵勤王始號行營邊

侯空虛故吐番浮乘間暴掠至德初取巂州及

威武等諸城入屯石堡其明年取廓霸岷等州

及河源莫門軍復遣使請和虜雖欲和而實懷

二心帝固知之而以天下多故未可絕乃詔宰

相郭子儀蕭華裴遵慶等與盟寶應初虜又陷

臨洮取秦成渭等州明年大入震關涇州降刺

洮等州於是隴右地盡亡虜邊進圍涇州降刺

史高暉又破邠州入奉天副元帥郭子儀禦之

又以吐谷渾党項二十萬東略武功渭北行營

將呂日將戰藍屋破之又戰終南日將走代宗

幸陝虜入長安是月光祿卿殷仲卿率千人壁

藍田選二百騎渡滻或詭虜曰郭令公軍且來

吐番大驚夜遁子儀入長安其將危志誠任數

谷渾兵攻邠州入奉天郭晞攻之吐番引去圍

涼州河西節度使楊志烈不能守跳保甘州而

涼州亡矢時兵馬使渾日進屯奉天吐番逼奉

天日進以單騎馳之左右擊刺射皆應弦而仆

虜大驚辟易日進捷虜一將躍出舉軍望之勁弩

無一矢著身者明日虜薄城日進發機石勁弩

虜兵多死馬斃凡三日夜斫其營斬千餘級生擒五

百又戰馬斃凡七日夜破賊萬人斬首五千獲馬

橐駝幟械甚眾會懷恩死虜謀無主遂與回紇

囘紇怒詰諸子儀請擊吐番自效子儀許之

使自充光合兵攻吐番於靈臺西大破之降僕

固名臣帝乃班師自是數寇靈邠涇隴黎雅諸

州唐將馬璘白元光郭子儀報攻破之吐番皆

不浔志而還及德宗即位以歲與虜確亡獲相

當頗厭兵乃遣太常少卿韋倫持節歸其俘五

百厚給衣褚勅邊吏護高障無報侵虜地時吐

番乞力贊為贊普尚結贊為相咸畏郎發使

73

西番

者隨倫入朝結盟境上朱此之亂渾瑊用論莽
羅兵破沘將韓晏於武亭中初與虜約浮長安
以涇四州畔之及沘平虜求地天子薄其勞
弟賜詔書賞結贊奉羅等帛萬疋於是虜以為
怨貞元初犯涇隴邠寧掠人畜復攻鹽夏奪其
地刺史杜彥光拓拔乾暉南奔詔駱元光經畧
鹽夏未幾結贊復來請盟唐使渾瑊及崔漢衡
往虜以伏兵擒城瑊遂奔漢衡等六十人皆被
執虜戍鹽夏春大疫思歸乃火其廬舍引兵
結贊歸漢衡等而郚其使結贊乃以兵犯鳳翔
入寶雞焚掠而去又剽汧陽掠平亭男女牛羊
率萬計涇隴邠之民蕩然虜復遣詩羌曰吾數
冦涇邠寧慶鄜麟等州率皇輩報大破之西南以
安不三年盡浮巂州地而虜猶時時為冦不絕
是時可汗可足贊普立幾三十年病不事事邊
侯晏然死以弟達磨嗣開成初遣使來朝獻玉

西番

器馬羊會昌中達磨贊普死無子以乞離胡為
贊普其落門川討擊使尚恐熱叛吐番部多歸
之贊普不能制唐遂得乘隙收復故地已而鳳
翔節度使李沘復清水涇源節度使李季榮復
原州取石門等六關靈武節度使朱叔明取安
州詔為威州邠寧節度使張欽緒復蕭關取秦
州山南西道節度使鄭涯取扶州群臣奏言王
者建功立業必有以表于世今不勒一卒血一
刃而河湟自歸請上天子尊號詔上順憲二廟
謚號誇顯遂世明年沙州首領張義潮以瓜沙
伊甘肅等十一州地圖來獻擢兼潮沙州節度
使未幾恐熱為僕固戰敗斬之傳首京師唐末
中原多故甘州并於回鶻而歸義諸城亦逢絕
於鹽末然吐番亦自此衰弱族類分散無復統
一矣自儀渭涇原環慶及鎮戎秦州暨于寧夏
各有首領凉州雖為兩隔然其地自置牧守或

諸命中朝五代時其首領朝獻不絕宋時部落甚衆而中惟潘羅支唃廝囉最為雄傑潘羅支者西涼府六谷都首領也咸平初羅支貢馬五千匹願效力討李繼遷繼遷攻西涼府羅支詐降遂率衆擊繼遷大敗之繼遷中流矢死詔授封羅支武威郡王以其弟廝鐸督為鹽州防禦使唃廝囉之後而宗哥部李立遵為論逋（佐之論逋華言相也）二人甚有威名諸部畏之祥符中入貢請討夏人自效宋以戎多詐不許也項之夏主元昊強侵暑唃廝羅地唃廝羅堅壁不出間浮元濯河挿幟志其淺乃潛使人移植溪嶺及大戰元昊潰而歸士視幟渡溺死十八九鹵獲甚衆有是元昊不敢復窺其境及元昊取西涼府羅支舊部多歸唃廝羅又浮囬訖種人數萬徙居鄯州地鄯州即今西寧衛漢金城郡破羌縣也時通青海高昌國蕃商皆趍附之以故日益富強然

亦受宋朝官爵治平初唃廝囉死少子董氊立母曰喬氏而唃廝囉別有二妻皆李立遵女也生子曰瞎氊曰磨氊角立遵死李寵裒斤為尼鋦遂撫有其衆瞎氊逃居龕谷亦據其地於是唃氏地分為三而董氊最強歲入貢宋皆授以刺史元祐初董氊送宋討夏有功封武威郡王元豐初董氊卒子阿里骨嗣阿里骨本于闐人董氊養為己子阿里骨死子瞎征嗣項之宋王瞻邈川青唐置湟鄯二州瞎征徙來歸國人遂共立瞎氊孫隴拶為主夏人助之攻破青唐據之宋遂并棄邈川而以隴拶為河西節度使封武威郡公世世襲職而加瞎征檢校太傅懷遠軍節慶使崇寧中王厚使湟鄯二州遂建熙河一道郡縣而置之功雖記成邊患不息後金人取熙河復求唃氏子孫立之及元滅金盡并

吐番之地置為郡縣而以吐番僧八思巴為大
寶法王帝師領之嗣世弟子號司空司徒國公
佩金玉印　明興洪武二年冠臨洮守將章正
禦之時河水未合師不浮濟天祝天賊右平則
令河水頃之有氷如巨屋自上流而下風隨之
氷合即渡河橋其營賊大驚請降自是諸部相
繼來歸六年令諸酋舉故官授職以攝帝師置
都指揮使同知宣慰使元帥招討等官以其地
為烏思藏等都指揮使司三朶甘等宣慰司三
朶甘思等招討司六沙兒可等萬戶府六剌宇
等千戶昕十七而以章正為使統二番自渡封
番僧為大寶大乘闡教護教闡化贊善等王各
給印誥約此歲或閒歲一貢八年川藏族紋我
使輦哥鎖南等　命鄧愈沐英討之覆其巢追
至昆崙山俘男女一萬口馬五千匹牛羊十三
萬十二年洮州十八族叛渡　命英討之賊皆

遁太遂築城于南川留兵戍之踰聞　上以洮
州為西番門戶命置洮州衛十五年勅諸番計
戶出馬充賦名為差發二十五年建昌衛指揮
使月魯帖木兒叛　命藍玉討之送京師伏誅
玉因言四川地曠山險控阨西番連歲變夷梗
化蓋由軍衛少而備禦寡也宜增置屯衛從之
其明年製金牌信符遣使頒給諸番立茶馬司
於洮河二州令番人循差發出馬易茶必合符
為信民母浮私市違者罪死遣李景隆至番市
馬以茶五千餘斤浮馬一萬三千五百餘四分
給衛士復令禮部橔長河西打煎爐番責以納
賞格四年迎番僧尚師哈立麻至京封為大寶
遣使賜番首及諸國師白金鈔幣定番族來朝
馬脩貢諸番咸稱首奉約茶法大行永樂元年
汰王厚　賜遣歸五年遣指揮劉昭等往西番
設驛通使洪熙時曲先安定二衛酋邊殺中使

朱英討破之國師宛卜格剌思巴等皆以番兵

逞征功晉秩給　詔命銀印宣德元年遣太監

俟顯等使諸番三歲方歸正統四年生番隨粜

等八百二十九寨寨首曲吾巴等各遣僧入貢

者為生番所阻松潘守將趙淳遣人諭之逐相

率貢指揮趙諒與番僧商巴有隙因與淳執

之而掠其財其弟小商巴率眾入犯遣都御史

王翱都督李安討之翔察其柱出商巴于獄具

以聞諒伏誅淳調戍復　命商巴為國師十四

年停西番金牌歲遣行人四人視茶改景泰間

黑樓等三十一處男婦一百餘人朝貢天順五

年番冠涼州圍都督毛忠總兵宣伯衞頎戴

都之八年西寧番族把沙作亂頎與巡撫具琛

討破之追至駱駝山俘斬二千餘人畜產無筭

初番僧入貢不過三十四人景泰漸增至天順

遂至二三千人前後絡繹賞賜不貲所至馹騷

矣成化元年　詔諭闡化王三歲一貢妥多人

毋雜用國師禪師等印未幾番僧劉巴堅粲等

以秘密怯進　天子憂章之洺王封號至累數

十字道從用執金吾伏　賜予駙番王及長

王食至數千人十七年給烏思藏諸番王

河西魚通寧遠等宣慰司　勅書勘合令朝貢

在西寧黃河北者自四川驗入在岷州黃河南

者自陝西驗入十九年歲運四州茶于萬斤至

陝給　賜番僧逞都御史勤言也以御史一

人巡茶罷行人自景泰後茶政稍弛番馬多不

至弘治末　命撫臣楊一清理其事一清請復

金牌信符舊制疏曰臣考前代自唐時回詑入

貢已以馬易茶宋熙寧間行之所謂摘山之產

易廄之良無害而有利計之淳者我朝納馬謂

之差發如田之有賦身之有庸必不可關非交

使于番也因納馬而酬茶體尊名順非互市交

易之心也且非獨以馬故也盖西番之為中國

藩籬久矣自漢武帝表河西列四郡斷匈奴右

臂而漠南無王庭今金城之西綿亘數千里北

有狄南有羌狄終不敢越羌而南者以羌為世

讎恐謀其後也不然河洮岷隴之區能無戎馬

之跡乎夫羌夷之人本非孝子順孫徒以資茶

于我絕之則死故俛首服役此制番抗虜之上

策前代墨之而我朝獨得之者也項自金牌制

無資于我跳梁自肆將生意外之憂撤藩籬之

函其非計也請下所司申明舊制昭示番族使

利重六十年豈惟遏方之騎乘之用將来遠夷

廢私販盛行雖有巡茶之官卒莫能禁坐失重

知　朝廷修復信符各供差缺其不受約束者

徵兵問罪以警其餘　詔如謀行之正德初番

僧復肆法王綽吉我些見者烏思藏使也以術

得幸出入禁中請授其徒二人為國師還居烏

思藏如大乘法王例入貢禮部尚書劉春言烏

思藏遠在西方性極頑獷雖設四王撫化而其

来貢必為之節制令毋患邊而已今無故遣僧

往萬一詐誘羌胡妄有所求請因以冒利不遂

便為失異俗意浸之則反生事端其室甚大請

罷之不聽尋遣奄劉允入番取佛禮部尚書毛

紀及臺諫連諫俱不聽是時北虜小王子太師

亦卜剌殺其王阿爾倫遁居西海暴掠西番無

寧歲十年調朝方兵勤之虜避走松藩旋歸故

巢費以萬計竟無成功嘉靖元年西番反鎮守

都督鄭卿討之不克八年洮岷番賊數入鞏昌

龐右騷動兵部疏言西番為患皆因茶禁廢弛

虜置失宜且聞番眾為亦卜剌侵告因以役屬

番胡交通盖因狌獗謀乞專任老成假尚書王

瓊以便宜浸之瓊徵集大眾開諭諸番示以福

禍惟若籠板爾二族及剌卹等族不服乃分兵

78

蕩若籠板爾巢刺卿等族震慴稽首聽命凡斬
首三百六十餘級路七十餘族諸番復定十二
年烏都鵡鴿番為亂四川巡撫楊守禮討破之
是時金牌為海虜所掠盡散失二十八年劉燾
以為言兵部議番族變詐不常比虜抄掠無已
脫給而再失之而又失之如國體何宜
給勘合如成化故事泛之四十二年烏思藏闡
化等王請封遣京寺番僧遠丹班麻等為正副
使以通事侍班朱廷對監之班麻庄途騷擾廷
對歸白其狀禮部議自後請封即以　勑付其
瓊既定諸番亦卜剌亦為虜所收西陲稍寧隆
慶末虜儉答以迎佛為名復駐牧西海贊蓋食日
其番人大困萬曆七年俺答因攻尾剌數敗部
下多離叛乃謀回巢而烏思藏僧鎖南堅錯亦
諭以作善戒殺宜早歸蓋僧為虜所敬信稱活

佛者於是屬鎖南堅錯轉乞通貢西番遂脩貢
如初按西番地薄氣寒其受差發者為熟番不
者為生番其俗質朴椎魯而添令嚴密者為甲門
心君臣為友一歲一小盟三歲一大盟懷恩重
利尊釋信詛貴壯賤弱以累世戰沒者為
敗懦者垂狼尾于首以為辱重浮屠政事必以
桑門參決其吏治無文字刻木結繩為約其刑
雖小罪必抉目劓鼻其樂尚琴瑟食酪衣氈務
耕牧好狼鬥居必以毛帳雖有成郭而不處其
生物交易用𧊿鎖其地都指揮使司二曰烏思
國君贊普所居號大佛廬部人號小佛廬喜啖
藏曰朵甘指揮使司一曰朧答宣慰使司三曰
朵甘曰董卜韓胡曰長河西魚通寧遠招討使
司六曰朵甘思曰朵甘朧答曰朵甘甘州曰朵
倉溏曰朵甘州曰磨兒勘萬戶府四曰朵甘
曰乃竹曰羅思端曰別思麻千戶所十七曰朵

甘思曰剌宗曰亨里加曰長河西曰多八參孫

曰加八曰兆曰納竹曰偏荅曰果由曰沙里

可哈思的曰亨里加曰思東曰徹里兒干曰參

卜郎曰剌錯牙曰泄里壩曰泗側魯孫皆洪武

間酐置其後時有增設族種曰繁不可勝紀云

山則崑崙水則可跋海黃河析支湟河為大物

產犛牛頯羊草上飛（形大如大身似班貓性純不惡獅麑等獸見之即伏）

於地是黑驪虎一蹄而虎斃（一名碧犀）骨馬犀皆消毒丹

如鹽沙棠樹　金剛鑽（水產盤石上）

五色　妻藥　馬價珠（一枚與馬同價故名）銅佛　天鼠皮　璊璵

辯諸

外史氏曰余讀秦風至小戎未嘗不廢詩而嘆

也夫西戎殺秦仲攻幽王卒使宗周播遷為患

甚烈迨其後罕羌附覬覦滇零蹢三輔姚萇犯

關內吐蕃據長安抗命稱制猖獗曰甚宋雖入

貢授官然熙河之役禍亦不小矣明興

太祖封建其地裂土分爵俾自為守復設茶馬

以示羈縻數百年來酉陲綏輯軼于前代豈戎

性殊犬羊無厭不可訓誨合之則強分之則

弱其勢然也皇皇　聖謨規模宏遠矣迨德靖

間河湟失守亦卜剌為梗而俺荅又乘之鑑據

日久浸溢不靖夫以羌之種類曰煩我已不勝

其奔命倘以慶合羌將無有不可測者耶嗟嗟

蔥菁可以救曰蟻穴可以決堤桑土之屬是在

借箸者哉是在借箸者歟

哈烈

哈烈大國漢之大宛元魏之洛那隋之蘇對沙
那及石國皆其地也昔漢武帝遣張騫往說月
氏共伐匈奴道經匈奴為昕得留十餘歲張騫
有子後與其屬亡鄉月氏西走數日至大宛大
宛聞漢饒財乃遣使道送至月氏喻二年張騫
還漢具為武帝言大宛城郭兵衆及汗血馬其
先天馬子也帝即遣使者持千金請宛善馬宛
王以漢遠兵不能至遂殺漢使太初元年拜李
廣利為貳師將軍期至貳師取善馬率數萬人
攻郁城不下引還往來二歲至燉煌士卒存者
十無一二帝怒不許入王門貳師因留屯燉煌
已又遣貳師率六萬人牛十萬馬三萬匹驢橐
駝萬數天下騷然益發戍甲卒十八萬置居延
休屠以衛酒泉貳師至宛宛人斬王首獻馬漢
軍取其善馬數十匹中馬以下牝牡三千四而

立宛貴人昧蔡為王約歲獻蒲萄首蓿
種而歸貳師再行徙逾尺四歲云後漢明帝時
宛獻汗血馬後魏洛那國數獻馬隋時名蘇對
沙那國其王姓蘇色匿字底失盤陀而其傍為
石國亦故大宛地也隋大業初遣使朝貢唐武
德貞觀間數獻方物顯慶三年以瞰羯城為大
宛都督府授其王都督開元初封其君長為石
國王頃之其王上言今突厥已屬天可汗惟大
食為諸國患請討之天子不許天寶初封王子
那俱車鼻施為懷化王賜鐵券父之安西節慶
使高仙芝劾其無藩臣禮請討之王約降仙芝
遣使護送至開遠門斬之於是西域皆怨王
子走大食乞兵攻怛邏斯城敗仙芝軍自是遂
臣大食矣寶應時遣使朝貢宋時未通元時內
屬戎　朝名哈烈一名黑魯元駙馬帖木兒之
子沙哈魯居其地國人稱為速魯壇猶華言君

王也洪武二十五年遣使詔諭　賜金綺永樂
七年頭目麻麻養等朝貢命吏部陳誠魯至其國正
統二年指揮哈只等貢馬王石其地城方十里
居平川川廣百里四面大山在肅州西一萬一
千餘里東北至撒馬兒罕一千七百里東有俺
都淮北剌墨等城皆隸焉其王居東北山疊石
為屋無棟樑墻壁窗牖皆金碧琉璃民土房或
氈帳以雨少故君臣相見但行跪禮國無刑法
有罪罰錢而已上下相呼以名無正朔不用甲
子以七日為一周婚室多以姊妹謂為至親衣
服尚白有養易以青坊市不設斗斛惟用權衡
無亡著以手取之以蒲萄為酒數十年不敗其
良馬有肉角或有解人語及知音舞者人死無
棺槨八多善走日行三百里氣候常熱磁器及
紈綺精巧過于中國田多收穫宴會豐厚大抵
西域城郭諸國哈烈俗最鄙陋然有學舍生徒

講習經蒙好施于務農桑猶有可觀者烏物產
有鎖伏花銖獅子水晶鹽酒林藤之屬
外史氏曰哈烈距中國萬餘里自悺望之言一
入兩李廣利連年出師徵調無暇日天下蕭然
煩困矣夫靡天下之物力以從事于一馬而
萃亦何益於漢也後之謀國者其母輕言異物
也歟

天竺即漢身毒大國地方三萬餘里南至西海
東至盤起分中東南西北五天竺國即所謂五
印度也國各有王地各數千里東印度一名榜
葛剌首長居爲國最大與扶南占城隣僅隔小
海南印度際大海西印度與罽賓波斯接四面
皆山惟南通一谷爲國門其中印度則據四印
度之中有別城數十皆置長別國數十皆置王
即金剛座國爲釋迦浮圖道之所曰婆黎等國皆
黎曰斤施利曰摩伽陀曰婆羅門曰沼納樸見
曰舍衛曰伽尸即波羅奈也曰伽毘黎曰蘇摩
屬中天竺而四天竺亦各有屬國數十難以盡
紀總之皆身毒也自漢張騫見蜀布邛竹杖身
毒之名始通中國後爲大月氏賈霜王所滅遂
屬月氏月氏殺其王而置將統其人烏漢武帝
遣使十餘輩出西南求身毒爲昆明所閉莫能

天竺

通至和帝時數遣使入貢後西域叛乃絕桓帝
延熹二年浛何南繳外來獻明帝妻見金人長
大頂有光明以問群臣或曰西方有佛其形長
大而色黃武帝乃遣使之天竺求佛於是佛教
遂傳中國笑楚王英始信其術而桓帝好神數
祀浮屠老子百姓稍有奉者後遂轉盛魏晉時
天竺絕不復通吳扶南王范旃易至其
國天竺王驚曰海濱極遠猶有使者來乎即遣
陳宋等以月氏馬四匹報四年方浮還國是時
吳遣中郎康泰使扶南及見陳宋等具問天竺
土俗言其人淳土沃習尚靡嚴大有華風云宋
文帝元嘉時天竺屬國伽毘黎國王月愛遣使
奉表獻金剛指環摩勒金環寶物赤白鸚鵡各
一明帝時復遣使至以其使爲建威將軍自後
蘇摩黎國斤陁利國婆黎國俱入貢烏梁武帝
監初天竺王屈多遣長史竺羅達奉表獻琉璃

噯壺雜香吉貝等物魏宣武時南天竺遣使獻
駿馬言其國出獅子貂豹罷橐駞犀象有火齊
如雲母而紫色列之則薄如蟬翼積之則如紗
縠之重沓有金剛似紫石英不練不消可以切
玉其餘玳瑁琅玕諸物不可勝紀常與大秦安
息扶南交趾貿易往來蓋西番之一大都會也
隋煬帝遣裴矩通西域諸國惟天竺佛蒜不至
帝以為恨天竺王姓乞利咥氏亦曰剎利世有
其國不篡殺唐武德中國大亂天竺王尸羅逸
多勤兵戰象不馳鞍士不釋甲因破四天竺皆
為人玄裝其言大宗神武四夷賓服狀王喜
北面臣之會唐浮屠玄裝至其國尸羅逸多召
見曰而國有聖人出作秦王破陣樂試為我言
遣使上書帝命衆騎尉梁懷璥持節慰撫尸羅
逸多驚問國人自古亦有摩訶震旦使者至吾
日我當東面朝之貞觀十五年自稱摩伽陀王

國乎皆曰無有摩訶震旦者華言中國也王出
迎膜拜受詔書戴之頂復遣使者隨入朝詔
臣李文表報之大臣郊迎王東面受詔書復獻
火珠鬱金菩提樹二十二年唐遣長史王玄策
使其國會尸羅逸多死國人亂其臣阿羅那順
自立發兵拒玄策時從騎纔數十戰敗皆沒玄
策奔吐蕃西鄙檄召鄰國兵吐蕃以兵千人
來泥婆羅以七千騎來玄策部分兵進戰於茶
鎛和羅城三日破之斬首三千餘擒阿羅那順
俘送闕下擢玄策朝散大夫浮方士那羅邇婆
娑寐自言壽二百歲有不死術帝改館使治丗
遣使者馳采恠藥異石徧擣竟不驗死長安是
時摩伽陀隨國獻波羅樹那揭國獻方物烏茶國
獻龍腦香天竺屬國多遣人入貢烏茶國者
方五千餘里人工禁術其國有神化為土蟒以
瀵饒渴又與孔雀啄滄泉以愈瘲疾高宗時烏

茶有盧伽逸多者亦以術進，拜懷化大將軍。乾封三年，五天竺皆來朝。開元時，南天竺獻五色能言鳥，乞師討大食吐蕃，且名其軍。玄宗賜名懷德軍。使者曰，蕃夷以袍帶為寵，遂以金帶錦袍賜之。北天竺亦來朝。及乾元末，河隴陷沒，遂不至矣。周廣順初，僧薩滿多復入貢名馬。宋乾德三年，滄州僧道圓自西域還，得佛舍利一、水晶器、貝葉梵經四十夾來獻。自後天竺僧以梵夾來獻者不絕。云天竺之法，國王死，太子襲位，餘子皆出家為僧，不復居本國。于是其王子曼殊室利至中國，太祖令館於相國寺，善持律，都人傾繇之，財施盈溢，眾頗嫉焉，以其不解唐言，即偽為詔下，曼殊室利不得已，附南海賈人歸，其後不知所終。為太平興國間，益州僧先遠至天竺，以其王浸徒襄表來上表，稱唐天子為支那皇帝，云近聞支那國有大明王，

至聖至明，威力自在，每懾薄幸，朝謁無由，遙望支那趨居聖躬萬福。光遠來，蒙賜金剛吉祥無畏坐釋迦聖像一事，已披掛供養。伏願支那皇帝福慧圓滿，壽命延長，常為引導一切有情，生死海渡諸沉溺。令以釋迦僧舍利附光遠上進。自是後，僧密怛羅、僧善稱等凡四來朝，獻或貢佛骨、銅牙菩薩像，宋皆賜以束帶紫方袍。元太祖西征，戕回回國，其王走死，逸進次西印度國，遇大獸，高數十夾，角如犀牛，作人語，曰此非帝世界，宜速還。耶律楚材曰，此名角端，旄星之精，靈異不可犯也，遂班師。戒　朝永樂初，榜葛剌國王靄牙思丁亦遣使來，賜紵絲羅絹等物。九年遣太監侯顯賷詔往諭諸國沼納勞之。十三年遣太監侯顯賷詔往諭諸國沼納，模兒王一不剌金遣金銀柱杖各二人奉迎王，拜詔甚恭。柱杖者其國大臣名也。又賜榜葛剌

王錦綾及其頭目有差已而榜葛剌國王霭黎彌國王穆辇

丁遣使奉金葉表及貢麒麟正統三年榜葛剌

又來貢以後朝獻不絕

外史氏曰世言佛教始於天竺至漢明帝始入

中國而詆佛者遂以明帝為亂首夫以佛之崇

尚虛無滅絕人紀固誠不可為訓然而以懲惡

而勸善弗可少也傳稱其俗淳美不相殺伐夫

非慈悲之驗與

黙德那

黙德那與天方接壤即回回祖國也初國王謨

罕驀德生而神靈臣服西域諸國尊為別諸援

爾華言天聖也國中有佛經三十藏凡三千六

百卷書蟲篆草隋開皇中國人撒哈八撒阿的

幹葛姶傳其教入中國其地城池宮室田園市

肆大類江淮間寒暑應候地宜五穀亦有陰陽

星曆醫藥音樂諸技藝人俗重殺不食豕肉織

文彫鏤器皿極精巧土産猫睛祖母綠獅子棧

南撒哈剌西洋布押不廬　藥名人少火失剌把

外史氏曰回回　都諸疾之屬宣德初遣使隨天方使來貢

重回回而回回好生重殺益其教黙令中國人

行詐巳寢不追其初矣記稱黙德那俗近中國

而宮室市肆大顆江淮宣其立國之初為華人

耶則其故不可曉矣

天方

天方古筠冲地在海西之畫慶舊名天堂又名
西域地多曠漠風景融和四時皆春土沃稻饒
民不為盜酋長不事刑罰亦無科擾男子削髮
婦人編髮國有禮拜寺寺分為四方方九十間
共三百六十間皆白玉為柱黃玉為地中有黑
石一片方丈餘日溪初時天降也寺層次高上
如塔狀牆壁皆薔薇露龍涎香和水為之馨香
不絕有二黑獅子守其中門每歲十二月十日
各畨回回人雖萬里之外亦來禮拜日色極熱
故以日落為市月初生時酋長率其民拜天號
呼稱揚以為禮所產金銀寶石珍珠獅子駱駝
豹麂名馬珊瑚犀角之屬其國有回回曆與中
國曆前後差三日我 朝宣德七年國王臣溪
遣臣沙獻以獅子麒麟来貢

白松虎兒

白松虎兒初名速麻里兒後有白虎出松林中
遇獸不食遇人不傷父老云此西方白虎降精
故更令名云我 朝永樂中遣使十六人来貢
山川古蹟物產無奇

阿速

阿速在西海中為大國其地多撒馬兒罕天方
諸國人俗歆佛畏鬼好施惡爭物產頗饒氣候
均適我 朝永樂中遣百十二人來貢

納失者罕

納失者罕去失剌思數日皆舟行國饒水艸產
馬俗敬僧僧所至必飲食之尚氣喜爭物產無
奇永樂中遣使來貢

忽魯思思

忽魯思思在西徼外小國也或曰在東南海中
土瘠產檀香速香胡椒我　朝永樂三年其王
遣臣巴即丁等入朝貢

詔納樸兒

詔納樸兒地在西天居印度之中即佛國也永
樂中奉貢常遣使　詔諭之

榜葛剌

榜葛剌地在西天即五印度國之一也國最大
永樂初奉貢以後鮮至

失剌思

失剌思永樂間來貢時遣內外官以綺幣磁器
市馬於撒馬兒罕失剌思諸國宣德中復來貢

哈失哈力

哈失哈力一名阿力馬力宣德中來貢

西卷之三

卅八

阿哇

阿哇小國也永樂中國王昌吉剌入貢

外史氏曰夷狄之為中國患自昔然矣以彼
驚狡譎難以理諭倘非德威所懾戢所被惡
能使之頎首歸化未享秉王乎我　明文命單
數西戎即序旃裘之長閭風而來者直達于萬
里之外即或叛服不一而旋勢旋戢卒無損於
國家之威重嗟乎日月光華星陳燦眹是非廟
堂之上慶置得宜惡觀此乎余讀西方諸夷傳
不覺躍然

阿哇

裔乘之三

卯九

西夏

西夏其地即赫連國也本魏拓拔氏遠祖思恭
唐賜姓李至宋李繼遷始大擾夏銀綏宥靜五
州綠境七鎮東西二十五驛南北十餘驛繼遷
初臣宋賜姓趙已而叛宋附遼授夏州都督渡
姓李自後連年三貢妻以文成公主封夏國王
定難軍節度使定難功臣連來貢繼遷有子德
推忠效順啟聖定難功臣連來貢繼遷有子德
明曉佛書通律法嘗觀太乙金鑑訣野戰歌製
蕃書十二卷繼遷死德明立妻其子元昊興平
公主以為駙馬都尉德明死元昊立歲來貢已
因納黨項之叛興兵攻之元昊服罪乃罷兵元
昊死子諒祚立為夏國王初與遼絕尋稱臣奉
貢如故諒祚死子秉常嗣為王秉常死子乾順
嗣復尚成安公主遼亡臣于金天眷二年乾順
死子仁孝立後其臣任得敬專國政欲分夏國

仁孝分西南路及靈州囉龐領地與得敬自為
國上表為求封延臣謀許之上曰此必權臣逼
奪非夏王本意況稱藩歲久一旦逼於賊臣朕
為四海主能容此耶不許其靖已仁孝誅得敬
及其黨與上表謝初以仁孝靖復攜詔仍置綏
德權塲使人止許留都亭貿易仁孝請置蘭州保安
權塲未幾罷至是仁孝弟仁友子安全廢純
渡置蘭州保安權塲仁孝子純祐立
祐自立純祐母羅氏表言純祐不能嗣守安
宜立遂封安全為夏國王安全死族子遵頊立
遵頊先以狀元及第充大都督府主時金兵敗
績于會河堡夏人乘勢侵掠邊境巳郤延路奏
夏人牒報用彼國光定年號遂與金絕亡何與
金相繼而亡矣
外史氏曰西夏為國其傳最久至繼遷始駿扈
作逆與宋遼金為國相終始彼其稱藩尚主世有間

奚而脈則臣叛則侵夷性之常無足怪者夫綏
服禦叛所羈縻勿絕則王者治夷之長策歟

回紇

回紇匈奴之苗裔也俗多乘高輪車元魏時號
高車部或曰勅勒訛為鐵勒其部落曰袁紇曰
薛延陀曰契苾羽曰都播骨利幹曰多覽葛曰
僕骨曰拔野古曰同羅曰渾曰思結曰斛薛曰
奚結曰阿跌曰白霤凡十五種皆散處磧北袁
紇亦曰烏護曰烏紇至隋曰韋紇其人驍疆無
首長善騎射臣於突厥突厥常資其財力大業
中處羅可汗攻鐵勒集其渠豪數百坑之韋紇
乃并僕骨同羅拔野古叛去自為侯斤稱回紇
云回紇姓藥羅葛氏居薛延陀北婆陵水上距
京師七千里衆十萬勝兵半之地磧鹵有時健
俟斤者衆推為君長子曰菩薩材勇有謀戰必
身先所向輒摧故下皆畏附為時健所逐時健
苑部人立菩薩母曰烏羅渾性嚴明能決平部
事回紇縣是寢盛興薛延陀共攻突厥破頡利

十萬衆追北至天山俘獲甚多震北方縣是
與薛延陀相唇齒唐貞觀三年始來貢方物突
厥已亡惟回紇與薛延陀最彊菩薩死其酋胡
祿俟利發吐迷度與諸部滅薛延陀并有其地
遂南踰賀蘭山遣使者獻款太宗為幸靈州次
涇陽受其功於是鐵勒十一部皆來言延陀不
事大國以自取滅亡其下酋駃鳥散不知所之
令各有分地頡利命天子請置唐官乃以回紇
部為瀚海多覽葛部為燕然僕骨部為金微拔
野古部為幽陵同羅部為龜林思結部為盧山
皆號都督府以渾為皋蘭州斛薛為高闕州阿
跌為鷄田州契苾羽為榆溪州奚結為鷄鹿州
思結為蹄林州白霫為寘顏州其西北俱羅勃
為堅昆府北骨利幹為玄闕州東北俱羅勃獨
龍州皆以首領為都督刺史長史司馬即故單
于臺置燕然都護府統之六都督七州皆隸屬

為以李素立為燕然都護其都督刺史給玄金
魚符黃金為文天子方招寵遠夷作錦袍珍器
賜之帝坐秘殿陳十部樂賜回紇飲千人飲羜
領其言生荒陋地歸身聖化天至尊
為百姓依唐若父母燕然請於回紇突厥部治大
徐參天至尊道世為唐臣乃詔磧南鸊鵜泉
之陽置郵六十八所具群馬湩肉待使客歲內
貂皮為賦乃羜吐迷度為懷化大將軍瀚海都
督燕然自號可汗署官吏吐迷度後為烏紇所殺
子婆閏嗣婆閏死子比粟嗣龍朔中以燕然都
護府領回紇更號瀚海都護府以磧為限而北
諸蕃悉隸之比粟死子獨解支嗣武后時突厥
黠戞方彊取鐵勒故地故回紇與契苾思結渾
三部度磧徙甘涼間黠唐常取其壯騎佐赤水
軍云獨解支死子伏帝匐立明年助唐攻殺黠
啜於是別部移健頡利發與同羅霫等皆來歸

詔置其部於大武軍北伏帝崫死子承宗立涼
州都督王君㚟誣暴其罪流死瀼州既而族子
瀚海府司馬護輸與眾共殺君㚟梗絕安西諸
國朝貢道久之奔突厥死子骨力裴羅立脅突
厥亂天寶初裴羅與葛邏祿自稱左右葉護助
拔悉密擊走烏蘇可汗遣使三年襲破拔悉密斬
頡跌伊施可汗遣使上狀自稱骨咄祿毗伽可
汗天子以為奉義王南居突厥故地徙牙烏德
鞬山昆河之間南距西城千七百里西城漢高
關塞也比盡磧口三百里悉有九姓地九姓者
日藥羅葛曰胡咄葛曰㕡羅勿曰貊歌息訖
日阿勿嘀曰葛薩田斛嗢素曰藥勿葛曰奚邪
勿藥羅葛面紀姓也與僕骨渾拔野古同羅思
結契苾六種總十一姓並置都督號十一部落
裴羅骨咄祿毗伽闕懷仁可汗明年裴羅又攻

殺突厥曰眉可汗遣頡啜羅達於上功拜裴羅
左驍衛員外大將軍斥地愈廣東極室韋西至
金山南控大漠遂盡得古匈奴地又裴羅死子
磨延啜立號葛勒可汗剽悍善用兵遣使者
入朝肅宗即位可汗自將與朔方節度使郭子
儀合討同羅蕃破之又令其太子葉護將四千
騎渙上破賊收長安進復東京回紇大掠東都
廣平王令耆老以繒錦萬足賂回紇乃止不剽
葉護還京師帝宴賜甚厚詔進司空爵忠義王
歲給絹二萬足乾元元年回紇使者多彥阿波
與黑衣大食首閣之等俱朝爭長有司使異門
並進又請婚帝以幼女寧國公主嫁之冊磨延
啜為英武威遠毗伽可汗詔漢中郡王瑀攝御
史大夫為冊命使送公主既至可汗驕倨不拜
瑀折之乃起拜受冊望日尊王為可敦瑀還獻
馬五百足及貂裘白㲲等物仍遣王子骨啜特

勅宰相帝德等率騎三千助討賊明年骨啜與

九節度戰相州王師敗績帝德等奔京師帝厚

賜乃還俄而可汗死葉護太子前導罪死故次

子移地健立號牟羽可汗明年使使入朝代宗

邸位以史朝義未滅遣中人劉清潭往結好約

其襲兵擊史朝義使者未至朝義詒回紇曰唐

有喪國無主且亂請回紇入收府庫其富不貲

可汗即引兵南回紇已諭三城見州縣偹馳有

輕唐意數以語凌清潭清潭密白帝回紇兵十

萬向塞朝廷震恐遣殿中監藥子昂迎勞且視

寧遇於太原密識其兵裁四千懦萬餘馬與

可敦偕來可敦僕固懷恩女也帝令懷恩與回

紀會回紇遂遣使上書請助天子討賊詔以雍

王為天下兵馬元帥進子昂與魏琚為左右廂

兵馬使中書舍人韋少華為判官東會回紇于

陝州王往見可汗責王不舞蹈庭詰至再子昂

等固拒之回紇君臣庭廢不傚屈即引子昂少華

琚榜之一百少華琚一夕死官軍以王見辱將

及誅回紇王以賊戰未滅止之於是懷恩於回紇

及賀天子其兵留河陽悉平初回紇至東京恣

與朝義戰斬朝義河北三月僕固懷恩至東京恣

意攘剽至是益橫詔加可汗敦冊命其尊

菁長而下封賞有差來秦初懷恩反誘回紇吐

蕃入寇俄而懷恩死二虜爭長回紇首領潛請

涇陽見郭子儀請歸順子儀詰其甞遣以纏頭

綵三千且讓之酋長醳服曰懷恩詭我唐天子

南走公見廢是以來今天可汗在公無恙吾等

願還擊吐蕃以報厚恩懷恩子可敦弟也顧

故死於是子儀持與盟共擊退吐蕃俘獲甚眾

令胡祿都督等二百人來朝賜與亦甚厚大曆

三年可敦卒遣使吊祭明年以懷恩幼女為崇

薇公主繼之冊為可敦賜繒絲二萬時財用頗
詘而回紇之留京師常掠女子至引騎犯含光
門暴物於市有司不敢詰自乾元後益頁功每
納一馬取直四十練歲以數萬求售使者相踵
而馬翁不可用帝姑厚賜羈縻之十年回紇
人縛送其首領刼囚殘獄吏去都人苦之十三
年回紇襲振武攻東陘入冦太原河東節度使
可汗入冦可汗歆悉師向塞見使者不為禮寧
乃去德宗立使中人告喪且修好時九姓胡勸
鮑防敗績代州都督張光晟戰羊虎谷破之虜
原取羊馬數萬比及國亡耗略盡令舉國遠聞
有如不捉將安歸可汗不聽頗莫賀怒因擊殺
之并屠其支黨及九姓胡幾二千人即自立為
合骨咄祿毗伽可汗使長達達於送使者入朝

建中元年冊頓莫賀為武義成功可汗初回紇
至中國常參以九姓胡往往留京師至千人居
覺殖產甚厚至此首長突董醫嘗施大小梅錄
等還國留振武三月供其軍使張光晟陰
伺之皆殺女子以橐已兩聞頓莫賀新立多令
九姓胡人懼不敢歸回紇非素彊助之者九胡爾令
奄光晟即上言回紇兵方相加兩虜利則合無財與
其國亂兵方相加兩虜利則合無財與
利一亂不振不以此時乘之渡歸人與幣是謂
借賊兵資盜粮也遂勒兵盡殺回紇收橐
宕馬數千繒錦十萬且告曰回紇謀取振武謹
先誅之部送女子還長安帝召光晟還以彭令
方代之遣中人源休等與回紇使往言其端因
欲與虜絕敕源休侯命太原明年乃行因歸突
董等四喪突董可汗諸父也源休至可汗令大
臣具車馬出迎其大相頡干迦斯坐責休等殺

突董事休言彼自與張光晟圖死非天子命灭

曰使者皆貢罪死唐不自戰何假手於我耶良

又罷去休等幾死留五旬卒不見可汗可汗傳

謂休曰國人皆欲爾死我獨不照突董等已亡

今又殺爾猶以血濯血徒益污吾以水濯血不

亦善乎為我言有司所頒馬直一百八十萬可

遂償我遣散支將軍康赤心等隨休來朝帝隱

忍賜以金贈送三年使使者獻方物請和親帝

回紇

西卷三二

怒未釋謂宰相李泌曰和親待子孫圖之朕不

能也泌曰陛下宣以陝州故憾乎帝同照天下

方多難未能報且毋議和泌曰同辱少蒐等乃

羽可汗也即位必償怨乃謀死寇邊照

兵未出為令可汗所殺矣令可汗新立遣使者

告雲髮不前待天子命而張光晟殺突董等雖

幽使人照卒完歸則為無罪令其請和必舉

部南望陛下不荅怨益深頗聽婚而用開元故

事如突厥可汗稱臣使來者不過二百市馬不

過千不以唐人出塞亦無不可者帝迋之乃許

婚回紇亦請如約詔咸安公主下嫁明年可汗

遣其宰相等來迎時可汗上書甚恭言昔為兄

弟令婿半子也陛下若患西戎子請以兵除之

又請易回紇為回鶻言捷鷙如鶻然詔冊拜可

汗加號并冊為回鶻公主為可敦貞元五年可汗死子

多邏斯立遣使冊為可汗既而吐蕃陷北廷葛

西卷三三

祿又取溪圖川回鶻大恐遂南避之可汗死其

弟自立為國人所殺以可汗幼子阿啜嗣是歲

回鶻擊吐蕃葛祿於北廷勝之來獻之十一年

阿啜可汗死無子國人立其相骨咄祿為可汗

遣使來詔冊命如故事永貞元年骨咄祿可汗

死遣使弔祭冊所嗣為可汗元和初再朝獻三

年死其子立遣使者來請婚禮部尚書李絳言

比狄西戎素相攻訐故遣熱鷹令回鶻不市馬

若與吐蕃結約解仇則將臣閉壁悍戰邊人拱
手受禍又淮西吳少陽毋兄若無比顧憂可乘
其變發諸道討平之或曰隆主費多臣謂不然
我三分天下賦以一縣賦為婚貲非損實寘得大乎帝不
十萬婚以一事邊又東南大縣賦歲二
聽穆宗立回鶻又固請婚許之俄而可汗死遣
使冊嗣為可汗可汗乃遣使來逆女部渠二
千人納馬二萬橐駞十四夷之使中國未有多

於此者詔許五百人至長安餘留太原以太原
公主行冊為可敦主憲宗女也時裴度方代
鎮回鶻以兵三千佐天子平河北賊謀者懲創
前惡不聽敬宗元年可汗死其弟立文宗太和
六年可汗為其下弒殺芷子胡特勒立開成四
年其相掘羅勿作難引沙陀共攻可汗自
殺國人立廅馺特勒為可汗已而渠長句錄莫
賀與黠戛斯合騎十萬攻回鶻城殺可汗誅掘

羅勿焚其牙諸部潰其相馺職麗特勒十五部
奔葛邏祿殘眾入吐蕃安西於是可汗牙部十
三姓奉烏介特勒為可汗南保錯子山黠戛斯
已破回鶻得大和公主又自以李陵後與唐同
宗故遣使者達于奉主來歸烏介特勒追擊達於
殺之刼主南度磧進攻天德城振武節度使劉
沔屯雲伽關拒郗之宰相李德裕言回鶻襲有
功且饑且亂可汗無歸不可擊宜遣使者贍安
之帝令兵部郎中李拭行邊刺狀於是其相赤
心與王子嗢沒斯特勒那頡啜將其部自歸而
公主亦遣使者來言烏介已立因請命又大臣
頡干伽思等表假振武居公主可汗帝乃詔右
金吾衛大將軍王會持節慰撫其眾輸糧二萬
斛不許借振武明年回鶻奉主至漠南入雲朔
剽橫水殺掠甚眾出入天德振武間盗畜牧自
如乃召諸道兵合討之嗢沒斯密約天德戍將

田午誘斬亦心那頡啜殺其衆七千帳東走振
武大同南闕幽州節度使張仲武破之那頡啜
走烏介進而殺之然烏介兵尚彊號十萬駐牙
大同北閭門山而其餘四部及將軍曹磨你盡
三萬因仲武降嗢沒斯亦附使者來欺帝欲使
助可汗復國而可汗已攻雲州敗劉沔嗢沒斯
遂率三部及特勒大酋二千騎請振武降詔拜
為右金吾衛上將軍爵懷化郡王酋阿歴支

等皆拜郡公嗢沒斯請留族太原率昆弟為天
子扞邊帝令劉沔為列舍雲朔間慮其家可汗
遣使者藉兵欲還故廷且假天德城帝不許可
汗憲進屠大同川轉攻雲州詔發諸鎮兵屯太
原以北嗢沒斯等既朝俱賜姓李氏陂嗢沒斯
同思忠於是詔劉沔為回鶻南面招撫使思忠
為西南面招討使顧之沔思忠笑麾破烏介烏
介可汗波餘衆往依黑車子沔思忠等嗢黑車

子以利逐殺烏介其下又奉其弟遏捻特勒為
可汗思忠等入朝擢為左監衛上將軍分其兵
隸諸節度遏捻可汗襄殘部五千仰食於奚大
首石舍郎大中初張仲武討奚室韋破之回鶻
羈致可汗遏捻懼西走室韋章七姓收其衆黠戛
斯怒與其相阿播將兵七萬擊室韋取回鶻
還磧江遺帳伏山林間盗諸蕃自給稍歸回鶻
鶻困遣人隨使者至京師帝即冊拜嗢祿登里
宣宗務綏柔荒遠遣使者抵靈州省其首長回
勒是時特勒巳自稱可汗居甘州有磧西諸城
進泪沒審施合俱錄毗伽懷建可汗波十餘年
一再獻方物懿宗時六酋僕固俊自北廷擊吐
蕃斬論尚熱盡取西州輪臺等城使達於米懷
王朝且獻俘因請命詔可其後王室亂貢會不
常昭宗幸鳳翔回鶻請率兵赴難英州節度使

韓藶以聞翰林學士韓偓曰虜為國仇舊矣自
會昌時伺邊羽翼未成不浮逞今乘我危以冀
幸不可開也遂格不報然其國卒不振時以
王馬與邊州為市鳥梁乾化元年都督周易言
等来拜易言等官爵遣還唐莊宗時王仁美遣
使者来貢馬自稱權知可汗莊宗遣使来冊為英
義可汗天成二年國主仁裕遣使来朝貢不
化可汗晉高祖又加冊命五代時常来朝貢不
總云其地宜白麥青穄麥黃麻蔥菲胡荽以橐
駝耕種其可汗常樓居妻驕天公主其國相號
媚祿都督見可汗則去帽被髮而入以為禮頒
人撮髮為髻高五六寸以紅絹褁之既嫁則加
氈帽其物產有玉犛牛綠野馬獨峯駝白貂鼠
羖羊角碙砂膃肭臍金鋼鑽紅塩剝鼲駒騍之
屬
外史氏曰回紇之於唐也為中國大患中國力

不能制而後議和親烏夫夷狄禽獸人類不齒
而廿以帝女侍其巾櫛此天地間一缺陷事漢
唐諸君失策甚矣乃李泌賢相不能勸其君以
內治之為競競而輒稱開元故事以贊成婚議
宣不惜我又觀史稱懷恩之叛也諉回紇入
疑乃子儀親詣其營而後聲服曰乃公無恙懷
恩誑我請立功贖過世皆稱子儀忠勇能制
虜彍余以為此子儀累卵時也幸而免其蓋其
平日之威信固已令之心悅誠服故一旦出其
不意而使之智不及謀勇不及運子儀其真能
將也玆要之一時之機權非制勝之長策也

党項

党項三苗後在右折支之地漢西羌之別種也
有宕昌白很皆自稱獼猴種魏晉以降西羌澆
弱自昔周威宕昌鄧至而党項始強晉以降西羌澆
費聽氏往利氏頰超氏野律氏房當氏米禽氏
拓跋氏毀族惟拓跋最為大其人多壽年至百
五六十歲其地東接臨洮西平西拒葉護南北
數千里處山谷間每名別為部落大者五千餘
時三年一會殺牛羊以祭天有琵琶橫吹擊正
食其俗澆穢甚于諸夷無文字但以草木記歲
騎小者千餘騎俗尚武力不知稼穡以牛羊供
為斷魏周之際數來擾邊隋時大為寇掠開皇
元年有千餘家歸化五年拓跋寧叢等各率眾
諸旭州內附授大將軍十六年復寇會州詔發
隴西兵討破之遂降自是朝貢不絕唐貞觀三
年其酋細封步賴舉部降以其地為軌州即授

步賴刺史其後諸酋悉恐內屬以真地為嶍奉嚴
遠四州即以首領為刺史後拓跋赤辭等又舉
部降以其地為懿嵯麟可三十二州以松州為
督府擢赤西戎州都督賜姓李於是自河首積
石山而東皆為中國地矣後吐蕃浸盛拓跋畏
偪請內徙詔慶州置靜邊等處之其地遂入吐
蕃其留不內徙者皆為吐蕃役屬更號弭藥至
德末吐蕃使為鄉導寇邊儆悔之來朝乾元間
寇邠寧二州蕭宗詔郭子儀等討之子儀
至党項潰太上元元年涇隴部落十萬眾詣鳳
翔節度使崔光遠降二年合渾奴剌寇寶雞焚
吏民掠財寶焚大散關入鳳州殺刺史蕭俛斯
度使李昌追擊走之明年又攻梁州刺史李勉
走進寇奉天大掠華原同官而卻詔藏希讓代
勉為刺史於是歸順乾封歸蒙順化和寧和眾
保善寧定羅雲朝鳳凡十州部落詣希讓獻款

節即詔可僕固懷恩之叛也誘党項渾奴剌
入寇衆数萬掠鳳翔盭屋大酋鄭廷郝澄入同
州節度使周智光破之登城閔月又入同州焚
官私室廬郭子儀遣兵襲之退保三堡子儀以
党項吐谷渾部落散慶監慶等州其地與吐蕃
濱近易相脅即表徙靜邊州都督夏州樂容等
六府及党項于銀州之北夏州之東寧朔川吐
谷渾徙夏西以離沮之召靜邊州大首領左羽
林大將軍拓跋朝光等五剌史入朝厚賜資遣
還先是慶州有破丑氏族三野利氏族五把利
氏族與吐蕃姻援贊普悉王之因景擾邊凡十
年子儀表工部尚書路嗣恭為朔方留後將作
少監梁進用為押党項部落使置行慶州且言
党項陰結吐蕃為變可遣使者招慰散其謀因
令進用為慶州刺史嚴邏以絕吐蕃往来道代
宗然之又表置靜邊芳池相與三州都督長史

永平旭定清寧寧保忠順靜塞萬吉等七州都
督府於是破丑野利把利三部及思樂州刺史
拓跋乞梅等皆入朝宜定州刺史折磨布落芳
池州野利部五徙綏延州大曆末野利剌兔都
與吐蕃叛子儀擊斬兔羅都而野利景庭野利
剛以其部数千人入附雞子川六州部落曰野
利越詩野利龍兒野利厭律兒黃野利海野利
慶州者號東山部夏州者號平夏部永泰後
稍徙石州後為永安將可使邪思睐賦索無極
遂亡走河西大和中党項漫疆数盜掠器械
鈍苦畏唐兵精則以善馬購鎧善羊購弓矢廊
場道軍糧使李石表禁商人不得以旗幟甲冑
五兵入部落者舉罪人財畀之至開成末種
愈鷙富賈人齎繒寶鬻羊馬於戎鎮乗其利疆市
之或不得直部人怨相率為亂至廢塩道不通
武宗遣使招之不就宣宗大中四年招邪寧詔

鳳翔李業河東李拭合節度兵討破之餘種竄
南山後唐同光二年其首領簿香來貢馬天成
二年河西黨項如連山等來朝進馬四十四牽
相秦黨項之眾競赴都下賣馬常賜食禁廷醉
則連袂歌其土風而又馬無驚良並云上進國
家雖約價以給之而計其館給賜資不帝倍
價耗蠹國用請止之上以為國家常事不足言費
今番官自來中國錫賜乃朝廷常苦馬不足
自是番部羊馬不絕於路矣長興元年二年俱
入貢授其首領以官三年西路黨項部族刼掠
以府州黨項泥也等之族大首領為德將軍宋
等率步騎七千討之所斬獲甚眾周廣順二年
使臣及外域之進奉者詔邠州節度使藥彥稠
時其族帳有靈夏綏麟府環慶豐州振戎天德
振武等軍建隆二年代州刺史折也埋來朝也
埋黨項之大姓也世居河右有捍邊功故授以

方州開寶元年直蕩族首領啜悕偌等引并人入
寇府州為王師所敗遂降太平興國六年府州
豐州黨項族首領俱來貢雍熙初諸族渠帥附
李繼遷為寇詔判四方館事田仁節及閤門使
王侁等領兵討擊并賜麟府夏銀豐州及日利
月利族敕書招諭之二年四月侁等於銀州北
破悉利諸族斬首三千餘級俘獲人畜錙重不
可勝計梟偽署代州刺史折羅遇并弟埋乙獲
追奔二十餘里斬首八百餘級埋乙
已等五十七人生擒四十九人係其老小三百
餘人獲牛羊馬驢四千餘又破保洗兩族俘三
千人降五十五族獲牛羊八千計侁等麟州及
三族寨羌人二千餘族皆降蕃官折審軍七等六
十四人獻馬謝罪願改圖自効為邊討賊遂與
部下兵濿輪川斬賊首五十級酋蒙二十八李
繼遷及三族寨監押折御乜皆道去命內客省

使郭守文與王侁等同領邊事其後侁等又破

銀州浪悉訛等族及夏州岌伽羅膩等族又招

降銀麟夏等州三族寨諸蕃一百二十五族合

萬六千一百八十九戶乃賜敕書撫之端拱二

年夏州趙忠言準詔市馬已獲三百匹其宥州

御泥布等族黨附繼遷不肯賣馬臣已領兵掩

殺二百餘人其族即降詔撫諭之四

年鄭文寶獻議禁青鹽蕃族四十四首領引騎

萬千人入寇環州石昌鎮知環州程德言等擊

走之詔弛鹽禁由是部族寧息朝貢不絕景德

元年麟府路言附契丹戎人言泥族拔黃太尉

率三百餘帳內屬拔黃本大族居黃河北古豐

州前數犯邊阻市馬路其首領勇點難制契丹

結之署為太尉今悉衆欵塞詔府州厚賜茶綵

給公田依險居之計口賦粟毋浸擾三年府

州祈堆昌言兀泥族大首領名崖浸父盛佑族

為趙德明白池軍主竊遣使來諭名崖雲德明

雖外託修貢之名而點閱兵馬尤急恐必劫掠

山界名崖以告上嘉之降詔撫諭就賜錦袍銀

帶十一月鎮戎軍曹瑋言叛太蕃官蘇尚娘遷

乘歸附詔報瑋曰尚娘反覆無信特恐狙詐以

誤邊吏又使德明緣此為詞不可納也由是記

天禧之末蕃族來歸者者不絕至興宗重熙

十一年黨項等部渡叛附西夏乃命將攻西夏

元昊伏罪執其二部酋長來降自後不復聞云

外史氏曰黨項無足道者乍服乍叛然士卒雖

強而不足當中國之精銳故屢入屢挫卒不能

有加于中國顧兵革煩興亦厭苦之矣以唐之

盛而計馬授直毋論駑良耗蠹國用漫云羈縻

夫唐其真無人也扎

烏孫

烏孫國大昆彌在赤谷城去長安八千九百里
戶十二萬口六十三萬勝兵十八萬八千八百
人東至都護治所千七百二十一里西至康居
蕃內地五千里地莽平俗隨畜逐水草與匈奴
同國多馬富人至四五千匹民剛惡貪狼無信
多寇盜最為強國云初服屬匈奴後盛大不肯
往朝會東接匈奴西北接康居西接大宛南接
城郭諸國本塞地也大月氏破走塞王據其地
後烏孫昆莫擊破大月氏大月氏他徙而烏孫
昆莫居之故烏孫民有塞種大月氏種云始張
騫言烏孫本與大月氏共在燉煌間令烏孫雖
彊大可招令東居故地妻以公主為昆弟以制
匈奴乃令騫賫金幣往賜昆莫見騫不拜謂昆莫曰天
子致賜王不拜則還賜昆莫遂起拜初昆莫有
十餘子中子大祿彊將萬餘騎別居大祿兄太

子太子有子曰岑陬太子蚤死謂昆莫曰必以
岑陬為太子昆莫哀許之大祿怒謀攻岑陬昆莫
與岑陬萬餘騎別居昆莫亦自有萬餘騎以
自備國分為三而總屬昆莫騫既致賜諭旨曰
烏孫能東居故地則漢遣公主為夫人結為昆
弟匈奴不足破也大臣皆不欲徙昆莫年老國分不能專制乃發
使送騫并獻馬數十匹報謝其使見漢人眾富
厚歸言其國其國乃益重漢匈奴聞其與漢通
怒欲擊之烏孫乃使使獻馬願得尚漢公主
為昆弟以馬千匹納聘元封中遣江都王建女
細君為公主妻之賜乘輿服御物為備官屬宦
官侍御數百人贈送甚盛烏孫昆莫以為右夫
人匈奴亦遣女妻昆莫昆莫以為左夫人公主
年老言語不通公主至其國別治宮室而居歲
時一再與昆莫會悲愁作歌天子聞而憐之間

歲遣使者贈遺。昆莫自以年老，欲使其孫岑陬尚公主，公主不聽，上書言狀，詔從其俗，岑陬遂妻公主。昆莫死，岑陬立。岑陬者，官號也，名軍須靡。漢復以楚王戊孫女解憂為昆彌，號曰肥王，復尚解憂。季父翁歸靡立為昆彌，上言匈奴連歲侵。宣帝初，公主及昆彌上言匈奴發兵擊，欲發國中精兵擊匈奴，唯天子出兵為援。本始三年，漢發十五萬騎，五將軍分道並出，遣校尉常惠持節護烏孫兵，昆彌將五萬騎從西方入，至匈奴右谷蠡王庭，獲四萬級，馬牛羊驢橐駞無數。元康二年，昆彌上書，願以漢外孫元貴靡為嗣，得令復尚公主。詔下公卿議，蕭望之等以為不可。上以烏孫有破匈奴功，難重絕業，許其婚。而翁歸靡死，國人共立岑陬子泥靡代為昆彌，元貴靡不得立，乃不復予婚。泥靡既立，號狂王，復尚解憂公主，生一男鴟靡。王既與主不和

又暴惡失眾心。漢使衛司馬魏和意、副侯任昌送侍子。公主言狂王為烏孫所患苦，易誅也，遂謀置酒，使士拔劍傷狂王，王馳去，其子細沈瘦會兵圍和意、昌及公主於赤谷城，數月，城中困急。會都護鄭吉發諸國兵救之，乃解。初肥王翁歸靡有胡婦子烏就屠，見狂王被傷，去居北山中，揚言母家匈奴兵來，故眾歸之，後遂襲殺狂王自為昆彌。宣帝詔立肥王之子元貴靡為大昆彌，烏就屠為小昆彌。元貴靡沒，孫雌栗靡立，國亂，段會宗立其季父伊秩靡為大昆彌。哀帝元壽二年，伊秩靡入朝。自烏孫分立兩昆彌後，漢用憂勞，且無寧歲，後數為蠕蠕所侵，遂西徙葱嶺外。

史氏曰：漢無禦夷之策，兩恃和親耳。高帝厭兵，誤聽劉敬，逐為千古之羞，照亦當時不得已之計，不意後世遂以為常也。烏孫之謀蹇實倡之。夫甘以女子媚夷，而求其援，其畏匈奴不亦

之罪可勝誅扎

之大分遂使金屋之嬌復合在王之苞唯呼騫

康之初蕭望之等能言其不可而不能明華夷

于別館而孫復為婿中國之體統凌夷極矣元

甚找既而女孫奪於龜茲而置不敢問悲愁歌

烏孫

吐谷渾

吐谷渾本遼東鮮早西晉時酋帥徒何涉歸有

二子長曰吐谷渾少曰若洛廆代統部落別為

慕容氏吐谷渾庶長廆嫡而少父在時分七百戶與

渾渾與廆二部俱牧馬馬鬭相傷廆怒遣使謂

渾曰兄弟異部牧馬何不相遠而令馬鬭渾曰

闘在於馬而怒於人耶乖別甚易今當去汝於

萬里之外耳於是擁馬西附陰山度隴西止於

抱罕而後子孫據有甘松之南洮水之西其地

四時常有氷雪唯六七月雨雹甚盛若晴則風

飄沙礫有麥無穀其青海周廻千餘里海中有

小山每冬氷合後以良牝馬置此山至來冬收

之馬有孕生駒號曰龍種吐谷渾嘗以此浮驪

駒能行千里故時稱青海驄焉至其孫葉延以

王父字為氏遂稱吐谷渾云葉延曾孫視羆有

子阿豺自號車騎將軍辜河州刺史部內有黃沙

周廻數百里不生草木因號沙州阿豺無併氏
卷地方數千里國遂強大一日上西疆山觀墊
江源問曰此水流更有何名由何國入何水
也其長史曾和曰此水經仇池過晉壽出宕渠
始號墊江至巴郡入江渡廣陵會于海阿豺曰
水尚知歸吾雖塞表小國而獨無所歸乎乃遣
使南通宋獻方物宋少帝封為澆河公文帝元
嘉申又遣使入朝貢阿豺有子二十八阿豺病
謂其母弟慕利延取箭一隻折之復
命取十九箭折之慕延不能折阿豺曰汝曹知
不單者易折眾則難摧戮力一心社稷可固也
既而卒弟慕瑣立擊走乞伏熾磐擄有其地其
時赫連定擄長安為後魏太武破之慕瑣昕敗擄秦雍戶口十
餘萬西次罕开慕瑣拒擊大破之於魏
後弟慕延立魏太武帝遣軍擊延大破之慕延
率部落西奔白蘭攻破于闐國南依劉賀七年

乃還舊士慕延死阿豺兄樹洛于子拾寅立始
邑于伏羅川至玄孫夸呂立自號為可汗理伏
侯城在青海西十五里地方數千里其西北諸
雜種謂之阿貲虜其南界龍涸城盆成都千餘
堅犬戎有四一在清水川一在赤水一在澆河
有黃沙南北百二十里東西七十里不生草木
一在屈真川皆子弟所轄其主治慕賀川西
部中等號其主椎髻毛裘於後首國無常
夾夫衣服略與華同兵器有弓刀甲稍國無常
賦有所需則稅富屋商人以充之父兄亡妻後
母及嫂等與北狄同性貪婪忍殺後周明帝武
成初夸呂寇涼州詔賀蘭祥率兵討破之又攻
援其洮陽洮和二城置洮州而還武帝天和初
其龍涸王莫昌率眾降以其地為扶州二年復
遣皇太子攻走夸呂擄其餘眾脩開皇中夸呂

侵洮州遣上柱國元諧擊之賊悉發國中兵自
曼頭至於樹敦甲騎不絕諧頻擊破之夸呂遁
其名王十三人各率部落降夸呂已在位且百年
死子伏允渡以慕容為姓煬帝初伏允遣子
順来朝帝令鐵勒襲敗之伏允東走保西平帝
復令觀德王雄掩之降其部落十萬餘口伏允
懼南遁柭山谷間其故地皆空自西平臨羌城
以西且末以東祁連以南雪山以北東西四千
里南北二千里皆為隋有置郡縣鎮戍發天下
輕罪徙居之於是留順不遣伏允無以自資率
其徒數千騎客於党項大業末天下亂伏允及
順復其故地唐武德初順以兵助擊李軌自號
為太宰王太宗時遣使入朝未還即冦鄯州又
掠岷州冦涼州乃命段志玄等討之得牛羊二
萬九年渡命李靖侯君集等擊之伏允遠遁為
左右所殺子順降於是重建其國封順為西平

郡王加號趉胡呂烏可汗旋又為其下所殺十
年立順子諾曷鉢為河源郡王主其國自是衰
弱而吐蕃強盛與相攻俱来請師詔不許遣大
將軍蘇定方為安集大使平兩國怨後吐谷渾
有其地咸亨元年以薛仁貴郭待封等總兵五
萬討吐蕃且納諾曷鉢於故廷王師大
敗而吐谷渾地皆入于吐蕃矣三年乃徙浩亹
水南諾曷鉢以吐蕃盛熱不能抗而鄯州地狹
又徙靈州帝為置安樂州即拜為刺史諾曷鉢
死子忠立忠死子宣超立聖曆三年拜左豹韜
員外大將軍襲故可汗號餘部詣涼甘肅瓜沙
等州降宰相張錫與右武衛大將軍唐休璟議
徙其人於秦隴豐靈閒令不得畔太宗州都督
郭元振以為吐谷渾近秦隴則與監牧雜處置
豐靈又邇黙啜假在諸華亦不遽移其性也前
日王孝傑自河源軍徙耽爾乙句貴置靈州既

而叛乃入牧坊掠群馬癈夷州縣是則還中土
無益之成驗往素和貴叛忞於我無損但失吐
谷渾數十部宣與句貴比邪今降屬非殫服皆
突矢刃棄吐蕃而來宜當循其情為之制也當
甘肅瓜沙數州而即其昕授之因昕之勢而居情易
安磧數州而勢自分順其情分其勢不得於人
可謂善奪戎心者也歲遣鎮遏使者與宣超兄
弟撫護之無令相侵奪生業固矣有如叛忞何
損中國詔可宣超死子曦皓立曦皓死子兆立
吐蕃復取安樂州而殘部徙納方河東語諮為
退渾貞元十四年以朔方節度副使左金吾衛
大將軍慕容復為長樂都督青海國王襲可汗
號宋時世系無可考至遠太祖天贊三年攻掠
其城天顯至統和無歲不貢興宗重熙十一年
以吐谷渾鬻馬于夏詔沿邊築築障防之
外史氏曰吐谷渾因閼墻之變適居陰山篝并

氏羌國漸強大至阿豺而憬然內附觀折箭數
語其亦悔襄者鬪馬之事而有無聊之情也乎
吾不知隋煬唐宗何以見阿豺于地下也

木波

木波其初西番也西番既衰其苗曰董氈其子
曰巴氈角內附賜姓趙改名忠順忠順子永吉
永吉子世昌皆受宋官為左武大夫遙領來州
防禦使襲把羊族長金定陝西世昌改忠翊校
尉既而鬼蘆族長京藏殺世昌金遣兵執京藏
斬之以世昌子鐵哥為把羊族都管大定四年
宋破洮州鐵哥弟結什角與其母走入喬家族
避之喬家族首領播逋與降族木波龐逋龐拜
丙離四族耆老大僧等立結什角為木波四族
長號曰王子其地北接洮州積石軍其南與龐逋
族南限大山八百餘里不通人行東南與疊州
羌接其西丙離族西與蘆甘羌接其北龐拜族
與西夏容魯族接其疆境共八千里合四萬餘
戶其居隨水草畜牧遷徙不常結什角念金為
其父報讎欲棄四族歸朝四族不許移剌成至

臨洮使人招結什角乃率四族來附進馬百四
仍請每年貢馬詔曰遠人慕義朕甚嘉之其遣
餘吏往撫其眾厚其賞賜後木波苦邊將貪暴
相率為寇同知臨洮尹楊仲武入其營
曉諭羌人喜悅羌逐息後木波復侵熙河熙河
主帥使人諭之曰楊總管來我乃解公熙河其
奏金復遣仲武往責以貢約對曰邊將苦我今
辛見公願終身不復犯塞乃舉酒酬天折箭為
約必用兵矣羌人乃羅拜而去
外史氏曰木波故西番之喬一么歷耳夫既恭
順稱外臣矣患苦邊將旋復為亂此其情豈得
已者及楊仲武撫之而翻然歸命至于舉酒酬
天折箭終身不復犯塞是何異武侯之
于孟獲汾陽之于回紇扰將貴得人語不虛矣

阻卜

阻卜不詳其始遼時歲來朝貢聖宗時嘗置阻
卜等落節度使其七部太師阿里底殺本部節
度使以叛沿邊諸部皆叛命化哥討之破其酋
長烏八之眾烏八尋來朝封爲王詔依舊歲貢
馬駞貂鼠等物已阻卜入冦西阻卜諸部皆叛
詔蕭惠討破之興宗之世朝貢不絕道宗時阻
卜酋長復叛以晉王仁先領禁軍擒之已阻卜
磨古斯叛襲諸蕃部兵擒之餘朝貢如故天祚
時來貢者二自後無聞焉

貢

鼻骨德

鼻骨德前代無考自遼太宗以至興宗無歲不

裔乘北虜卷之四

北虜

閩漳浦楊一葵翹卿父著

北虜祖夏后氏東至兀良哈西至庭剌皆其地云其在三代為獯鬻獫狁漢為匈奴魏為蠕蠕唐為突厥宋為蒙古我

明為韃靼種類迭熾竊據沙漠為中國患苦所浸來矣昔夏桀無道湯放之居中野士民犇湯桀南徙不齊又北徙昔士民皆犇湯桀乃徙居北荒沙漠間桀死其子獯鬻隨畜牧遷徙因以成俗謂之匈奴古公居邠獯鬻攻之遂去居岐山武王即位逐戎夷涇洛之北以時入貢命曰荒服其後數百年而至淳維又數百年而至獫狁周宣王時獫狁內侵宣王命將出征時人美之為賦六月之詩及後秦昭王趙武靈王燕昭王俱拓地築城以距胡至始皇使蒙恬將十萬眾擊胡悉收攻河南

地因河為塞築城四十四縣臨河徙謫戍充之自九原至雲陽鑿山堙谷通道起臨洮至遼東萬餘里當是時東胡彊而月氏盛單于頭曼不勝秦徙去十餘年而蒙恬死中國擾亂秦所徙戍邊者皆復去於是匈奴遂復度河南與中國界於故塞云頭曼之子冒頓弒父自立破東胡悉收復秦所使蒙恬所奪匈奴地者遂南侵燕代是時楚漢方爭中國罷於兵革而冒頓得自強匈奴諸貴人大臣皆服以為賢所畜控弦之士三十餘萬於是日益獷盛服從西北諸夷而南與中國為敵漢初徙韓王信於代都馬邑匈奴大攻圍馬邑韓王信降匈奴遂引兵攻太原至晉陽高帝自將兵往擊之至平城步兵未至冒頓縱精兵四十萬騎圍高帝於白登七日用陳平計反間冒頓閼氏冒頓乃引兵去高帝得免遂使劉敬約結和親呂后時匈奴益驕

冒頓遺書悖慢后欲擊之諸將不可乃止因復
結和親稍得寧息頃之冒頓死子稽粥立號老
上單于文帝復遣宗室女公主為老上單于閼
氏以宦者中行說往說不肯行強之說曰必我
行也為漢患者於是教匈奴以中國虛實匈奴
輒復冠邊乃遺漢書倨傲無狀漢遺單于書以
尺一寸辭曰皇帝敬問匈奴大單于無恙單于
遺漢書以尺二寸辭曰天地所生日月所置匈
奴大單于敬問漢皇帝無恙皆說教之也十四
年匈奴十四萬騎復入朝那蕭關殺都尉卬虜
人民畜產甚眾其後兵入燒回中宮文帝令張
武等為將軍往擊僅逐出塞而還不能有所斬
獲自呂后以來中國厭兵嘉與天下休息而夷
性難馴乍嗔乍喜和親或修或絕匈奴驕愈甚
稽粥死子軍臣立遂大入上郡雲中所殺暑無
筭於是漢遣將備邊胡騎入代句注烽火通於

諸泉長安數月漢兵至而匈奴亦去漢兵遂罷
景帝立復與匈奴和親或時小盜邊照無大冠
至武帝時馬邑聶翁壹者陽為賣馬邑城以誘
單于而伏兵百餘里覺有漢伏兵乃引兵還將
軍王恢不敢追漢斬恢匈奴遂絕和親攻當路
塞往往入盜邊不可勝數武帝命衛青霍去病
等連年出師斬獲甚眾遂取河南地築朔方復
冠大將軍青擊之前後得首虜萬九千餘級而
陽地以予胡是時元朔二年也其後匈奴復入
修故秦時蒙恬所為塞而棄上谷之什辟縣造
誘罷漢兵遂入上谷漁陽將軍去病等出隴西
漢亦亡兩將軍既而翕侯趙信降匈奴復教以
大擊破匈奴勢既漸衰漢將軍出絕幕擊殺無
胡冠匈奴勢既漸衰漢將軍出絕幕擊殺無數
驃騎將軍去病封於狼居胥山禪姑衍臨瀚海

而還是後匈奴遠遁而幕南無王庭矣初漢兩

將軍大出擊單于所殺虜八九萬而漢士卒物

故亦數萬匈奴乃用趙信計好辭請和親於是

漢父不擊匈奴匈奴亦不渡入邊既而漢患南

越遣故太僕賀及浞野侯趙破奴等將數萬騎

出九原令居數千里不見匈奴一人漢遂東拔

穢貉朝鮮以為郡西置酒泉郡以隔絕胡與羌

通之路又以公主妻烏孫王以分匈奴西方之

援國而又西通月氏大夏北益廣田至臨臨為

塞而匈奴終不敢有言漢之得志於匈奴可謂

極盛矣太初三年呴犁湖單于立漢使光祿徐

自為出五原塞千餘里築城障列亭至廬朐其

秋匈奴大入定襄雲中殺掠數千人遂破壞光

祿所築城列亭障其明年呴犁湖單于死國人

立其弟且鞮侯是時漢既誅大宛威震外國且

北舊　北舊之四　五

天子漢天子我夫人行也盡歸漢使郭吉路充

國等漢天子遣中郎將蘇武持節與張勝常惠等送

匈奴使之留在漢者會緱王謀劫閼氏歸漢事

覺引張勝匈奴遂殺勝留武欲降之武不泛遂

以釖自剄武持節愈堅乃徙北海上又

幽武大窖中天寒䳒雪嚙雪旃毛并咽之得不死及盛熱又

使牧羝明年漢使二師將軍廣利以三萬騎出

酒泉騎都尉李陵以步騎三千人出居北千

餘里陵所殺傷萬餘而以食盡欲歸反為匈奴

所圍遂敗降單于乃貴陵以女妻之後二歲貳

師將軍復出朔方而其家以巫蠱族滅因不歸

以眾降匈奴既而貳師兔子狐鹿姑立狐鹿

姑死子壺衍鞮立是時匈奴稍疲困以故終昭帝

世不敢犯邊及宣帝遣田廣明趙克國等出兵

護烏孫公主大破匈奴匈奴愈衰請和親矣

三傳而呼韓邪立會五單于爭立相攻擊不休

北舊　北舊之四　六

116

呼韓邪遂欵塞來朝漢寵以殊禮位在諸侯王
上贊謁稱臣而不名留月餘遣歸國單于自請
顧留居光祿塞下無何郅支單于呼韓邪單子
俱遣使入貢漢待呼韓邪獨厚郅支怨望元帝即
位呼韓邪上書求侍子漢遣谷吉送之郅支殺吉
陳湯發兵即康居誅斬郅支於是呼韓邪強呼
韓入朝自言願為漢壻遂以王昭君嫁單于昭
君妾容甚麗畫工毛延壽索錢不與毀其容遂
不得幸心怨恨甚至是自請北行帝見而悔之
誅盡工呼韓既歸上書顧保塞請罷邊塞吏以
休天下人民郎中侯應習邊事議不可遂止呼
韓邪凡四傳而為囊知牙斯單于累世來朝遣
子入侍王莽簒位遣使易單于故印曰新匈奴
單于章單于以為去璽言章與臣下無別大恚
怨遂屢屢入邊寇掠無所忌蓋遣將大討之卒
不服初呼韓邪傳囊知牙斯囊知牙斯之後尾

四傳至漗奴皆非嫡支而囊牙知斯之子比者
及不得立以大恨密遣郭衡奉地圖求內
其大父膏依漢得安故襲其號於是欵五原塞
附無何八部大人共議立比為呼韓邪單于以
顧永為藩嚴扞禦北虜詔比入居雲中是為南
匈奴時光武二年也南單于比既得志屢侵敗
北單于北單于乃却地千里亦遣使求和親不
許化死弟莫立漢遣使弔祭并授璽書冠服綵
繒等物其後單于薨弔祭慰賜以此為常至鄧
太后時北虜大亂降者選至而南單于屯屠何
新立上書言顧請漢兵破北匈奴併為一國令
漢家永無北念太后遂遣耿夔竇憲等合南匈
奴兵擊大破之北單于逃亡其弟於除鞬立南
單于屯屠何死涇子安國立為谷蠡王子所
殺谷蠡王遂自立效順如初三傳而至休利永
和五年左部句龍王吾斯車紐等背叛數數入

寇攻沒城邑中郎將陳龜以單于休利不能制
下遍責之休利自殺龜亦坐下獄死會兜樓儲
在京師漢立之送歸其國又五傳而於扶羅立
即晉劉淵祖也是時南匈奴亂共立須卜骨都
侯為單于而於扶羅詣闕自訟會靈帝崩天下
多故遂與白波賊合兵寇郡竟以不利歸國人
不受乃止河東而須卜單于亦死南庭遂虛以
老王行國事南單于於扶羅死弟呼廚泉立呼
廚泉初同於扶羅在河東及帝遷許乃得歸後
復来朝曹操因留于鄴而遣右賢王去卑歸監
其國頃之分凶奴為五部慶之內地至晉武帝
時而左賢王劉豹之子劉淵者為侍子在洛陽
王渾王濟荐之晉以為匈奴北部都尉淵幼穎
異與子聰族子曜俱博涉經史瞀力過人五部
豪傑幽冀名儒多往歸之於是稱大單于尋稱
皇帝國號漢而胡始亂華矣淵卒子聰立起兵

北虜

北虜之四　九

克京師執懷愍二帝使青衣行酒戎服前驅晉
室於是大亂自古夷狄作虐未有如此熾者
也未幾劉氏亡而石氏趙氏二世滅於
秦又有匈奴左沮渠之後沮渠氏國號北涼右
賢王去卑之後赫連氏號大夏漢將李陵之
後拓拔氏號元魏北涼大夏皆一二傳而滅獨
拓拔氏號元魏以匈奴遺種丁二晉及五季之
襄陵踐中華幾至吞併而故匈奴之地盡屬鮮
卜骨閭者為拔拓猗盧騎卒坐後期當斬乃匿
蠕蠕強盛蠕蠕者以其無知狀類蟲也先是有
甲鮮卑東胡種也詳見冗良哈考中鮮卑哀而
廣漢谿谷之間收合逋逃得百餘人至其子車
鹿會雄健始有部衆九三傳至地棄衰之子部
分為二長四侯跋居故地次縕紇提別居西邊
元魏攻走之而縕紇提之子杜崙兒狡有權畧
率其私屬襲破匹候跋恐魏之侵奪也乃遠遁

北虜

北虜之四　十

漠北俟斤爲軍破拔也稽并諸部盡有匈奴故地自稱可汗立軍法法令嚴明驕暴冦邊元魏苦之杜崙死魏大發兵襲擊其主大檀西竄山谷不敢南侵者凡十世至阿那壞立頗復驕大用齊人單于叟計借立官號擬于中國天子後為突嚴酋吐門所破阿那壞自殺蠕蠕七而西滅之興突嚴者兜年也初其國在西海鄰國滅之殺無醜顋惟一小兒未殺乃刖足斷臂棄大澤中有牝狼啣肉養之得不死及壯乃與狼交狼因貟之居於高昌西北洞穴中溽平壤茂草地方二百餘里後狼生十男各自為一姓阿史那最賢遂為君長故突嚴旗纛上建金狼頭示不忘本也世屬蠕蠕至吐門始姚蠕蠕稱可汗為吐門卒其子俟斤立俟斤卒其弟佗鉢立勇而多智威服諸國地廣數十萬里控弦數十萬中國悍之及沙鉢畧立其妻乃宇文氏女自傷宗

族滅絕陰有報隋之志以故大冦隋文帝令河間王弘高頻虞慶則實竇榮等出塞擊破沙鉢畧與西突嚴之分西北自此始也互相攻子邏便封地突嚴有隙西突嚴者侯斤之擊不休各遣使詣關求和請援隋遣虞慶則率兵往初沙鉢畧稱病不能拜慶則論之稍屈還表稱臣隋帝大悅賞賚有加沙鉢畧卒弟慶羅侯子雍虞閭相繼立兩突利可汗染于者亦沙鉢畧之子也居北方與雍虞閭相構隋和解之尋遣使求婚隋妻以蒙安公主欲離間比狄故特厚其禮云染子以尚主故南徙度斤舊鎮賜賚優厚雍虞閭怒曰我大可汗也反不如染于於是朝貢遂絕舉兵攻染于染于來奔隋拜染于為意利珍豆啟人可汗而於朔方築大利城居烏部落歸者甚眾是時雍虞閭死步迦自立尋亦大亂西突嚴泥利可汗為鐵勒所敗奚霤

五部內徙啓人并有其衆勢益強盛煬帝幸榆
林啓人朝帝大喜賦詩云呼韓稽顙至屠支接
踵來何如漢天子空上單于臺禮賜啟人盆厚
故人卒其子始畢可汗立以隋誘殺其謀臣怨
恨不朝且舉兵入寇圍煬帝於鴈門援至引去
是時隋亂劉武李軌高開道之徒雖借冒號亦
德王世克劉武李軌遂高開道之徒雖借冒號亦
北面臣之勢凌中夏盛於啓人時矢始畢卒其
弟處羅可汗立未幾而卒義成公主廢其子而
立處羅之弟吐苾是為頡利可汗又立始畢之
子什鉢苾是為突利可汗頡利承父兄之藉兵
騎強狼有憑凌中夏之志會唐高祖初定太原
未遑外畧每優容之贈賚不貲頡利愈驕大舉
入寇尋乃貢魚膠時李大恩擊虜敗沒唐帝大
怒遣太子建成秦王世民出兩道擊之頡利聞
秦王威名引去無何頡利突利合舉入寇秦王

北虜　*北菴之酉*　十三

拒之乃縱反聞二虜因自相猜懼遣使請和而
頡利抄掠如故貞觀初突利討薛延陀詎援回詎援
野古諸郡敗走頡利怒囚之十日突利怨望遂
擁衆來奔唐遣李靖擊頡利斬雅雞無算漠南遂
空至乎永淳之間突厥骨咄祿復興骨咄祿者
頡利之踈屬也先遣頡利奴唐後鳩種人剽掠
九姓羊馬遂致蕃庶自稱可汗數入寇為邊患
唐遣將崔智辯淳于慶等率兵討之俱弗克頡
之骨咄祿宛而其弟默綴更強勇攻破契丹兵
衆漸盛初遣使來朝武后冊封之默綴表請為
武后子并請和親又請突厥降戶及單于都護
府地索農器種子皆遂之而以武延秀聘其女
為妃默綴怒其非唐天子也於是入寇殺戮
大慘唐將沙叱忠義李多祚霍獻可言頊等皆
顧望不敢戰獨狄仁傑以兵追之不及默綴負
勝輕中國有驕志大抵兵與頡利時畧等地緃

北虜　*北菴之四*　十四

廣萬里諸蕃悉聽命至玄宗時點綴年老昏暴
部落稍稍畔之已而討九姓拔野古野古大敗
點綴輕之不為備道大林中拔野古殘衆突出
擊點綴斬之傳首京師而骨咄祿之子闕特勒
殺點綴子及諸弟并所親信立左賢王默棘連
為毗加可汗即蕃酊稱小殺也更召衛官瞰欲
谷為之謀主是時小殺仁而愛人衆為之用闕特
勒驍武善戰所向無前瞰欲谷深沉有謀老而
盆壯三虜協心動無遺策威名大振諸蕃畏烏
冦掠涼州官軍大敗唐遣裴光庭往諭之於是
所殺而白眉可汗立頃之回紇可汗骨力裴羅
賜帛數十萬小殺宛其後四傳可汗俱為臣下
封上其書帝嘉之詔朔方西受降城許互市歲
連年遣使入朝吐蕃以書約同冦邊小殺不逞
者殺白眉併有其地突厥遂亡而回紇盆盛矣
裴羅死其後葛勒可汗後廣平王偰郭子儀等

戚慶緒收復東京牟羽可汗涉藥子昂僕固懷
恩等戚史朝蓁悉平河北回紇頗有功於中國
照亦時縱兵剽掠唐雖累世妻以公主而猶獷
自如五代之際契丹雖據有其地至宋而蒙古
鐵木真起為蒙古者北虜輕靼部落之小者也
鐵木真其先世嘗臣蒙古部長至父也速該始強
盛宋寧宗開禧二年也速該死鐵木真立威望
隆重諸部皆降遂即位於斡難河稱帝即元太
祖也木真沉毅有大畧用兵如神平兩夏定西
域拓地甚廣所創立緯有華風大抵其臣木華
黎邪律楚材之力也鐵木真卒子窩濶台立是
為太宗遣使至宋議并力攻金許成功後以河
南地歸宋宋遂遣孟珙師會元師蔡州其擊
金金亡獨許割陳蔡為界而河南之議遂寢宋
大失望為而宋臣趙范趙葵首建收復三京
之議及一遇元帥未戰先逃攜怨挑禍自此始

矣後三傳而忽必烈立為元世祖改號曰元是
時宋理宗景定元年也理度奕世不振而權奸
賈似道怗寵賣國自樊城失守諸郡縣日危月
削雖有李廷芝之陸秀夫張世傑文天祥諸名臣
攄忠效蓋無所見功及恭帝蒙塵而益王昰廣
王昺相繼即位寄身海島執莫能支辛殞于崖
山痛哉宋亡而元遂薫有華夷威振天下夷狄
之盛古未聞也忽必烈卒其後凡八傳而妥懽

北虜　北卷之四　十七

帖木兒立是為順帝性柔少斷荒淫無度而奸
臣伯顏哈麻相繼弄權於是紅巾倡亂群雄蠭
起時韓林兒據中原陳友諒據湖廣方國珍據
浙東張士誠據浙西陳友定據福建何直據廣
東劉益據遼陽毛貴田豐據山東分割海內稱
王稱帝垂二十年於是我　明太祖高皇帝起
自淮甸剿平山東河南等郡遂議取元都元年
遣大將軍徐達副將軍常遇春統兵二十五萬

北伐達曰進師之日元主必北奔當發師追之
母貽後患　上曰彼天命厭絕自當漸戕吾第
謹守疆圍不必窮追達頓首受　命六月會諸
將發陳橋十月至元都敗其兵河西務又敗之
通州元主大懼集群臣會議決意北徙八月拔
其城元主妥懽帖木兒攜其后妃太子遜出塞
居開平而使其將擴廓帖木兒自太原來侵達
聞徑擣太原破其營擴廓遁去其明年遇春兵

北虜　北卷之四　十八

取大同元丞相也速攻通州曹良臣拒却之元
兵自是不敢復窺北平而元臣納哈出尚據金
山李思齊張思道據秦隴皆擁兵自固　上以
書諭之不聽大將軍達等師遂西李思齊降張
思道去窰大同夏其弟良臣以慶陽降項之復叛大
將寧達攻殺之是時副將軍遇春亦自鳳翔奉
命取開平李文忠副之次全寧敗也速兵攻太
與州擒其丞相脫火赤遂克開平頗有所俘斬

元主遁北適而大將軍亦悉下秦隴班師還其
年冬王保保襲蘭州王保保即擴廓帖木兒也
守將張溫固守指揮于光來援兵敗被執保保
舁至城下使招降光大呼守者無降大將軍
援兵至矣光遂遇害明年春　上以保保數擾
　命徐達李文忠等討之達出安定營沈兒
峪口保保襲敗左丞胡德濟軍達親救之立斬
裨將數人械送德濟京師遂大敗保保擒其將

達臘立李文忠擒應昌獲太子買的里八刺
日順帝以其能達變也元主既死子愛猷識理
夏元主殂于應昌國人謚曰惠宗　上遣祭謚
十八萬四千餘人馬萬五千餘足雜畜稱是
其衆五萬人元主走和林提奏封買的里八刺降
爲崇禮侯　詔諭漠北諸首長諸首長相繼歸
附獨王保保佐元主於和林　上屢招之皆不
顧五年　命大將軍徐達左副將軍李文忠征

西將軍馮勝分三路討之達戰不利勝進取甘
蕭文忠敗虜將蠻子哈剌章于土剌河追至稱
海乃還明年虜寇永平慶陽塞守將擊敗之達
文忠等復往征諸邊偵胡　上諭達等創業之初
君臣同其艱難及於事平念欲休息居安慮
危古人所慎此聞胡人窺塞射狼出沒重煩卿
等其爲朕總率諸將士鎮邊日宜先圖上方略使朕覽
盡銳以擊其惰至邊　遏塞清野以待其來

為大犹　王言視邊事如指諸掌而君臣一體
之意藹然可掬矣達等受命而行遂敗虜于答
剌海口兩鷹門守將吳均大同守將王約亦相
繼破虜　璽書諭達殘胡擾邊連歲未嘗執任
無咎之心卿等念於其冬達破王保保于懷柔
明年都督藍玉取興和李文忠率兵攻高州大
石崖克之斬宗王朵朵失里進至臚朐山斬魯

王及司徒答海俊等秋遣崇禮侯買的里八剌
北歸明年王保保卒保保屢敗屢奮　上心壯
之曰如王保保真奇男子耳因策其女為秦王
妃而猌政蔡子英亦不屈　詔有司送出塞是
時元主俎次子脫古思帖木兒立往往窺塞下
十三年西平俟英大將軍達討敗之而納哈出
猱據金山冠遼東邊將屢擊破之初大師克夔
俘納哈出至京　上遇之厚竟釋歸聚眾至二
十萬　上招之不聽二十年乃　命馮勝傅友
德藍玉等率兵二十萬往擊之納哈出知不能
勝率數百騎諸王王飲之酒歡甚酌酒酬玉王
解衣衣之納哈出不肯衣王亦不飲納哈出怒
取酒澆地頗左右呫呫語欲脫去鄭國公常茂
有庵下趙指揮解胡語以告茂茂直前搏納哈
出傷其臂遂擁以来而所部將士在松花江北
大驚潰勝遣諭庥之師還至中途殘冠伏出殺

都督濮英後以死事贈英金山俟納哈出至京
師封海西俟　賞賜慰勞甚至明年永昌俟藍
玉率兵由大寧進至慶州襲破虜脫古思迺去
獲其次子地保奴及妃主等五十九人部首二
千九百餘人男婦七萬七千餘人馬駝牛十五
萬盡焚其甲兵兩還　璽書襃玉給地保奴等
弟居京師時有言王私元主妃者　上怒妃懟
懼自經死地保奴顧有怨言　上曰是不可久
在內地者遂遣使護送居之琉球已而元主脫
古思帖木兒為也速迭兒所殺也速迭見来降
命居之全寧故丞相咬住太尉乃
兒不花等冠邊　上命英國公灷德浸獎王定
遠俟獮等送晉王征之獎王者　成祖文皇帝
也師出古北口乃兒不花脩提奏　上喜曰清
沙漠者燕王也明年　命都督劉真宋晟擊夈
兀納失里于哈梅里於是虜盡衷終　高皇帝

世不敢大為寇兩　上亦大封達諸王藩北邊

云虜自脱古思帖木兒被殺後凡五傳至坤迭

木兒亦未幾而弑不復知帝號吳永樂初鬼赤

立稱可汗擄去國號復稱韃靼初洪武時強臣猛

可帖木兒據兀剌泉分為三曰馬哈木曰太

平曰把禿字羅不肯與可汗朝會相雙殺不休

至是　上遣使勑諭之馬哈木等遂遣使入貢

仍請封兩兒力赤獨留我使不還四年　諭令

還所遣使不報頃之虜衆以思力赤非元種殺

之共立本雅失里為可汗　上遣給事中郭驥

指揮金卜夕諭令通好本雅失里殺使者西與

尢剌戰不利七年　詔封馬哈木順王太平賢

義王把禿字羅安樂王給　詔印秋遣淇國公

丘福武城侯王聰同安侯火真靖安侯王忠安

平侯李達往擊虜　上諭福勿輕敵母為虜所

詔福率千餘人先至臚朐河遇虜游兵敗之逐

渡河獲虜尚書一人問可汗安在尚書言去此

可三十里福欲疾馳時諸軍未集諸將諫不聽

徑薄虜營虜詐敗福欲深入乘之安平侯李達

諫曰將軍輕信諜言孤軍至此虜示弱狃我也

禍皆不泛諸將不念陛辭不得已泛行卒遇敵五將戰死

將軍獨不泛諸將不得已泛行卒遇敵五將戰死

全軍皆沒　上震怒遂議親征兩難轉餉用尚

書夏原吉謀以武剿車三萬輪運粮二十萬石

腫軍行過十日築一城留軍守又十日亦如之

名所築城曰平胡日殺胡明年春　詔曰朕受

天命承洪業統御萬方普天率土靡不泛化獨

北虜殘孽肆逞這暴屢使拊循輒見拘殺恩既

端背德豈可懷朕仰稽天道則其運已絕俯驗

人事則彼衆已離今親帥六師彰天討大擊小

順取逆治攻亂逸伐勞悅弔怨五者必勝之道

也蕩除有罪廓清疆宇廣幾一勞永逸暫費永

寧乃　命原吉輔皇長孫留守北京學士胡廣
侍講楊榮金幼孜送　駕行至清水源其地水
鹹鹵不可食人馬皆困　上默禱明日營西北
二里許有泉湧出　賜名神應泉頌之至長清
失里率衆拒戰大敗之本雅失里棄輜重牛羊
塞地極北兩北斗反在南云及至斡難河本雅
遯去遂班師至廣漠鎮破阿魯台　上曰虜性
貪且窺吾後乃伏兵橫林中虜衆果來急擊尽殲

之　駕還師次玄石坡上製銘刻石曰惟日月

明惟天地壽玄石勒銘與之悠久次擒胡山又
勒銘曰瀚海為鐘天山為鍔一掃胡塵永清沙
漠次清流泉又勒銘曰於礫王師用殲醜虜山
高水清永彰我武會軍士乏食　上輒供御散
給之次開平張宴大酺將士酺已　上乃食冬
至京師阿魯台遣使來納欵且請得部署女直
吐蕃諸部　上問左右多言許之便學士黃淮

曰虜狼子野心敢則易制合則難圖不可聽也
上是其言曰淮如立髙崗無遠不見諸人平地
見目前耳遂不許即歸其前捕魚兒海野俘兄
妹是時阿魯台與本雅失里君臣已各部而居
明年尾剌馬哈木等戕本雅失里
為故主復讐會馬哈木使來言戕本雅失里淂
傳國璽欲進獻恐為阿魯台所邀請兵征之且

多所陳乞　上曰虜驕矣姑待之勞其使遣歸

十一年夏虜酋伯顔不花來朝亦請誅尾剌其
秋封阿魯台為和寧王尾剌貢遂絶十二年春
哈木貢馬哈木死其子脱懽請嗣
上親征尾剌大敗之殺其王子十餘人斬首
数千級追至土剌河馬哈木遁去十三年春馬
上復封脱懽為順寧王遣使　諭祭更　賜綵
常與太平把禿孛羅自是尾剌復奉貢而阿魯
台貳初阿魯台以追于尾剌署甚乞降既封為

王稍得休息數年之閒生聚蕃富遂肆驕橫時

時冠掠塞下二十年三月大入興和　上銳意

親征召問兵部尚書方賓賓言餉不足師未可

與聞戶部尚書夏原吉吉對如賓語加切　上

不懌令吉往視開平餉遣刑部尚書吳中入對

復如賓　上益怒逮原吉及中繫掠庭獄賓自

殺禮部尚書呂震譖賓誣罔　命戮賓屍幾欲

殺原吉學士楊榮力救乃免遂　命國公張輔

偕六卿議餽運用車十一萬七千五百驢三十

四萬民挽者二十三萬有奇運糧三十七萬石

駕遂發五月次隰寧大閱將士製平胡三曲使

士歌之七月進次殺胡原阿魯台盡棄其牧畜

輜重子潤灤海側而身與其母妻北走遂班師

曰虜犯邊驅之足矣吾不欲黷武也八月還京

上親先出塞待之以寧陽侯陳懋為先鋒九月

二十一年七月虜降者言阿魯台又將入冦

（北虜之四　二十七）

次西陽河虜遁去陳懋追之至宿兒山不及遇

王子也先土干率妻子部屬來降　上慰諭甚至

雄黠自豪為阿魯台所忌既見　上慰諭甚至

封忠勇王　賜姓名曰金忠官其勞為

都督冬十月班師忠勇王數請擊　不許

二十二年春開平守將奏虜英國公張輔等諜深

討之遂親征陳懋金忠為先鋒出塞　千里至

答口關納木見河不見虜英國公張輔等諜深

入誅之而　上次開平時夜夢神人言上帝好

生者再學士楊榮金幼孜乞覆奏意敕虜罪遂

班師歸至清水源有石崖崇甚碩榮幼孜刻石

紀行曰使後世知朕征虜過此也　文皇帝凡

五出漠北三犁虜庭兩降本雅失里封尾剌服

阿魯台夷虜歸心邊境少安烏當德三年　上

親巡邊大破兀良哈五年春次陽武侯薛祿議棄

開平移城獨石始文皇帝時裹興和太寧至是

（北虜之四　二十八）

開平渡失宜遼道絕虜益迫內地矣是時阿魯

台尾剌時相攻擊兵連不解及阿魯台敗 上

勅大同守將武安侯耳虜敗部曲離散即來降

宜嚴為備未幾阿魯台攻敗兀良哈駐牧遼東

塞下遣使入貢 上曰虜貢宜自宣大入今逕

遼東非制 命守臣謹防之九年阿魯台為順

寧王脫歡所敗使使來控 上惻然遣使撫之

後脫歡併有賢義安樂之眾擊殺阿魯台欲自

立為可汗恐眾不附乃行求元後脫脫不花為

可汗以阿魯台眾歸之居漠北哈喇真等部俱

死所部阿台王子朶兒只伯窵居亦集乃路屢

捷言欲獻玉璽 上賜幣令母獻璽阿魯台既

服屬焉而脫歡仍居尾剌其冬脫歡使使來告

寇甘涼脣皇帝立累招之不應正統初屢命將

出征師屢不利二年 命都督任禮蔣貴趙安

兵部尚書王驥督師往剿明年夏禮貴大捷阿

台與朶見只伯以數騎遁逃破之梧桐林至黑

泉而還趙安出他道復破之刀力溝逐出塞千

餘里論功封禮寧遠伯貴定西伯安會川伯驥

等賞賚有差未幾尾剌破殺阿台及朶見只伯

勢益張時遣使來貢馬照亦常誘兀良哈女直

可汗脫脫不花徒寄空名雖為君實不相臨制

師者虜握兵大首號也是時虜眾皆服屬也先

窺塞下既而脫歡卒子先嗣稱大師淮王大

君臣並貢我亦各 賜勅答賞賚金帛甚厚也

先自此漸驕貢使初僅三五人後乃百人最後

至三千餘人屢 勑母過三百人不聽我亦隱

忍納之使者又暴橫往來殺掠恣要索所請財

物亦歲歲增且益誘竹篾與其使偕公私煩費

九邊驛騷已而卒攻兀良哈十一年乞糧

詔母予糧請夏絕漢寧王印 上予之時宣府

守將楊洪威名著虜所畏……之脫脫不花及也先

128

貽書與洪洪以聞　敕洪禮其使報書申國家
威德毋嚴拒失虜歡頌之也先謀入寇脫脫不
花止之吾屬受明恩何忍為此也先言王不為
吾當自為之吾以騎日躁塞下彼田不得耕民
不得息如此足逞也於是益糾結諸胡謀我貽
書兀良哈令供頓過軍兀良哈以聞故事兀剌
使歸我使送至其地因留明歲與俱來使者
往往以好語媚虜也先因為其子請婚使陽許
之　朝廷不知也十四年大貢馬為聘答　詔
語不及婚也先大愧怒遂大舉入犯脫脫不花
冦遼東知院阿剌知宣府也先自冦大同至貓
兒庄偏將吳浩戰宛永寧懷來龍門諸守將皆
槖城走羽檄紛至太監王振導　上親征遂
命郕王居守駕行軍事一聽振進次雞鳴山振
威益張成國公勇等有所請事皆膝行尚書王
佐郕墊失振意罰跪草中竟日乃解振日督進

北虜　北卷之四　三十一

師虜漸退伏塞外誘我欽天監正彭德清語振
虜勢如此脫更進致誅虜謂萬乘何學士曹鼐
亦力諫皆不聽八月至大同守閹郭敬密告振
前行正齮虜計振乃謀旋師諸將皆言宜速鼓
剗入振頌欲邀　上至蔚州幸其第恐毀廬躁
其鄉轉向宣府再越日乃發西寧侯吳克忠成
伯朱冕與虜戰陽和口敗恭順侯吳克忠
國公朱勇永順伯緩皆以戰沒次日至土木謀
敝天人馬不相見虜騎躁陣兩入我師大潰英
困甚明日虜來謀和上移營會暴風連日飛塵
保懷來振頌私重不肯行遂止營地高無水師
國公輔尚書佐學士鄺等皆死所喪士卒數十
萬內官喜寧隆虜　上遂北狩時已巳八月十
五日也報至京師震駭廷臣聚議守侍講徐
珵倡議南遷侍郎于謙議守學士陳循是于謙
言眾和之　皇太后疑未決閹李永昌極言南

北虜　北卷之四　三十二　三十三

宋事可鑒持守議益力　太后悟　勅郕王監

國晉謙兵尚書廷臣劾振奸狀當族　王令俟

慶分群臣慟哭請而振党永衛指揮馬順送

旁呵止之給事中王竑直前捽順衆共毆斃之

併礫闔毛貴玉長二十二日虜奉　上至大同

索金幣約歸駕守將郭登知虜詐拒之曰受命

守城不敢擅自啓閉竟不出校尉袁斌以頭觸

門於是劉安孫祥霍瑄出見虜索城中犒軍錢

括公私金銀萬餘兩犒虜　上遂自大同出塞

居也先弟伯顏帖木兒營伯顏俯伏駞拜執臣

軍　上嘉納建闇敬下獄敬監大同軍時與虜

子禮甚恭九月　郕王即皇帝位尊　上為太

上皇巡撫朱鑑其陳禦虜方略首請罷闇竪監

通歲造鐵鏃私遺虜至是逃還論死詔之十

月虜復擁　上皇自大同入犯破紫荆關都御

史孫祥死進薄都城邀　大臣于謙王直胡濙等

出謙和皆喜寧之謀也謙力言虜詐不可許而

以通謙諜王復中書趙榮克九卿如虜時虜益四

面剽掠焚　三陵殿寢門翰蘆溝橋分掠下邑

朝謙欲鍵九門清野以老敵尚書謙曰不戰何

以守謙乃援甲先將士出德勝門反闔其門于是

人人懦恐爭先赴敵是時謙知　上皇營遠遂

督諸軍力戰斃大砲擊虜死以萬計殺其首

頸元師愬兵石亨王通孫鏜等戰皆大提虜報

少阻而諸勤王兵亦以次集謙榜各門募蕃漢

軍能擒斬也先者賞萬金爵上公也先懼遺使

來言欲還　上皇請罷兵謙察無許遂遣都御

史楊善右侍郎趙榮使虜時景泰元年七月也

也先自土木之勝意輕中國且挾　上皇為重

要索無已尚書謙陽言社稷為重君為輕以塞

虜望而先是虜過大同郭登亦登城拆虜而袁

彬亦以計殺喜寧虜失鄉導遂稍稍悔禍事

上皇愈益恭　上皇雖在昔而意氣自如虜時
望見所居帳夜有光龍文交騰雨雪不凝大驚
異咸頓首伏詔稱中國聖人也先數以女弟入
侍　上皇却之虜愈敬服謀奉　駕歸矣時袁
斌與衛士哈銘者臥起不離晝夕薪伐氷夜則
以背承　上足卧又有沙狐狸者亦衛士在侍
御膳沙裂衣為二長帶贊頁以行至　上皇前
一日也先與以六羊曰你可持此以供　皇帝
政完者脫歡來具言欲和不得報且入冠　詔
之乃大驚欵謂中國有人大酋阿剌知院遣僉
驍悍　命佐数里取薪亦跪伏溲　命虜覘知
歡復來請脫脫不花及也先使亦至秋七月
遣禮侍郎李實少卿羅綺指揮馬顯偕完者脫
歡報使并問　上皇起居實等見　上皇泣
上皇亦泣問　三宮安否將來何物實頓首言

本以通問来無所將　上皇曰此故不足論卿
第語　朝廷圖迎我歸守陵墓足矣已而遣都
御史楊善右侍郎趙榮使虜善至也先言在北
和好父柰何拘我使臣減賞賜自生釁端善曰
爾父在　先朝貢使不過數人寡求請兩以能
長好爾使且三千八間有奸中國法潛逃非我
拘留賞賜弟褏其虜者何言減也也先曰胡
語云者默辭也善度也先意稍動因言太師爾
忘　明皇帝之恩乎而以小人言失累世歡天
道好生爾好殺宜早戢兵毋逆天生災也先曰
者者因問　皇帝歸更踐咋否善曰天位已定
不可易也也先曰堯舜禪受何如善曰　上皇
以兄傳弟正添克舜耳也先不能難第言汝迎
天子將何物善曰吾以賄来太師其將被此名
也無賄而有令名何利如之也先大黙之其曰
引善見　上皇遂設宴餞自彈琵琶妻妾前麟

頭善曰都御史坐善不敢坐　上皇曰坐善乃
坐仍起周旋也先嘖嘖羨有禮次日伯顏帖木
見餞次日駕往也先築臺設　上皇座率衆拜
辭妻姜亦拜辭也先復自送數十里慟哭辭去
又遣浮知院送至野狐嶺亦慟哭辭平章昂克
射得一獐追來獻八月駕抵京　上迎拜　上
皇亦答拜相抱兩泣遂入南宮二年也先遣人
貢馬三年又貢馬屢請報使廷臣請許之　制

北虜　三十七

曰正統間使通虜幾危宗社今朕方思與虜絕
御等第謀所以富國強兵雪讐恥母復言使虜
事金瀮胡漢等言虜向化誠不報且生釁　上
曰朕志決矣母復言於是勅可汗前者使佳小
人言語短長傷和兩國人咸罹突必朕與可汗
所共知也今請答使朕恐瓓襏襑崸不復遣可汗
使皮兒馬黑麻等朕皆慶禮厚給馬直遣歸自
今使來朝貢者聽爾六渡人少賞賜乃得厚朕

終始不食言又　勅也　先亦如之三年于謐石
亨請出塞討虜　上曰師行勞姑待之時元主
脫脫不花與也先不相能也先攻殺脫脫不花
收其妻子殺元裔幾盡自稱田盛大可汗田盛
者華言天聖也都督楊俊言也先弒逆請擒其
巢尚書諶議不可　詔諶言是是時虜使至京
門我以通好故不欲與戰虜益驕恣殺掠人畜至欲騎入長安
每幾千人出入驕恣殺掠人畜至欲騎入長安西

北虜　三十八

交哈密協赤斤蒙古往往窺塞下時景泰四年
也十月也先使來稱大元田盛大可汗致書
皇帝云云仍通慇懃　上皇下禮官廷議報書
都給事中林聰御史徐正言宜勅也先諭以順
逆母送偽稱安遠侯鄉薄言宜仍稱兔剌太師
禮官議古玉者不治貢新先爾稱固不可盡
送若可汗乃隋唐以來北狄嘗長之通稱非中
國所禁勅書宜雜用剌瓦剌可汗郭中章綸言可汗

在夷狄乃帝者位號故其上唇太宗為天可汗

元世祖為成吉思可汗也先弒主僭號若因其

稱彼以為中國　天子亦稱我可汗得誇示群

酋群酋聾服且為中國患莫若　封為敬順王

尨剌王便　詔從廷議稱尨剌可汗也先既新

立恐衆不附欲通好於我始不復深入未幾知

院阿剌殺之先併殺伯顏知院諸部分竄西北

離合不常尨剌阿剌亦失所終而孛來為

雄長稱太師復求脫脫不花子尊立之號小王

子自是虜以小王子為尊稱而毛里駭阿羅出

諸酋相繼為邊患矣　厤皇帝復辟念往虜伯

顏帖木兒有保護功遣都督馬政賫幣　賜其

妻李来留不遣而遣使入賀言欲獻璽　勅責

留馬政罪且曰璽非真秦物耳朕不貴也

獻與否惟爾馬政亦自虜中為孛来乞粮不許

天順二年春李来火篩寇陝西三年正月入大

同定遠伯石彪破走之其秋復寇大同直抵鴈

門忻代殺掠甚衆烽火達於京師遣都督顏彪

馮宗率兵判倒馬二關兵出鴈門拒之虜始退

四年寇延綏榆林守將彰武伯楊信拒卻之五

年寇河西渡河大掠關隴震動懷寧伯孫鏜兵

部尚書馬昂率京兵及河南山東兵西征會曹

欽友馬昂以討賊有功不果行而侍郎白圭都

御史王竑相繼出禦虜其秋孛来三上書求欵

乃遣指揮唐昇往撫諭孛来亦遣納阿出等隨

昇報　命且請送陝西入　詔送之未幾復紲

毛里孩入河西　詔責讓令貢道仍由大同明

年使至大同　詔守將彰武伯信虜心叵測且

有三千伺塞下其謹為備仍　勅虜使察占母

多挾人来留其餘塞下官餽餼聽與邊人交易

李来又上書求增賞送禮臣謙增幣一襲已而

小王子浚虜共立其送尨院恩稱馬可古兎吉

思王子遣使入貢成化元年王子與字來並貢
冬寇延綏歡武伯信率大同兵御史項忠率陝
西兵禦之皆無功而虜亦內爭有字羅忽者結虮
毛里孩阿羅出者結虮加思蘭各樹黨相攻出
沒河套中河套古朔方郡饒水草其外為東勝
唐張仁愿築三受降城　國初常守之兵民耕
以故避不入後以曠遠徙弗居至是遂為虜巢

北虜　四十

牧套中自東勝而外地平衍虜來一騎不能隱
孩攻殺字來又弒其可汗馬可古兒言自稱
黃岑王別酋字嘗稱齋王並遣使貢勢張甚而
虮加思蘭居哈密北山天順末始盛侵掠哈密
雄視諸番我困其貢羈縻之竟東渡河與虜合
二年夏大入延綏大掠士卒杢賢始有渡河套之
議以彰武伯信為平凉都督趙勝率兵
數萬往擊之來至某處某將禪林盛戰敗

北虜　四十一

信至虜乃退其冬渡入延綏眾將湯㽞敗死明
年春毛里孩乞通貢不許乃渡河東侵大同廷
謀信兵少不足制虜於是以撫寧侯朱永為平
胡將軍都督劉聚鮑政副之會毛里孩再上書
求貢許之　詔永駐代州時武靖侯趙輔奉
命總制各路軍馬搜河套尋以疾還葉盛行邊
上方畧言不可謀遂寢未幾有滿四之變四原
名俊故元平凉萬戶把丹孫也　國初虜隋者

北卷之四　四十一

虜以邊地名為土達俊廢原州三叁溝號滿家
營有衆數千時出行劫四年秋遂據石城為亂
石城天險即唐吐蕃石堡城王忠嗣有云非殺
數萬人不能克即此也　命寧遠伯任壽廣㷍
伯吳琮合兵三萬擊之不勝都御史項忠都督
劉玉圍其城數月不下伏羌伯毛忠指揮周圍俊
費澄俱戰死五年二月俊黨楊虎霆陥逐擒俊
磔於市俊既誅虜復入套寇邊相繼掠延慶延

寧固原諸虜其冬阿羅出紏兀良哈寇延慶撫
寧侯永都御史王越禦之以搩聞七年遣兵部
侍郎葉盛行邊條上築堡增兵諸事且云搜套
師未易輕舉尚書白圭請集廷臣議皆云套虜
不驅邊患無已第邊兵多而無統是以屢覆宜
擇遣大將軍付以閫外使專事虜乃　詔武靖
侯趙輔為平虜將軍都署諸路而以王越督之
虜大入延慶輔不能禦乃還次寧晉伯劉聚代
聚未至虜相繼掠固原延寧諸慶延綏巡撫余
子俊條上築堡增兵諸事紏制虜　詔芝之虜
自是稍稍戢毛里孩守魯乃阿羅出三酉亦漸
哀弱兩滿魯都入河套稱可汗矣九年秋滿魯
都與孛羅忽寇韋州王越偵知虜盡出其巢紅
鹽池者皆老弱乃與總兵許寧遊擊周玉率輕
騎晝夜馳三百餘里襲擊之擒斬三百餘級獲
雜畜器械甚眾盡燒其廬帳兩還虜自據套以

來無歲不犯邊所擄殺人畜不可勝計邊將憚
憚自保茍幸無事即三遣大將亦未奏有能大淂
志於虜者以故虜益横邊事且日壞至是大搗
虜乃相與悲泣渡河北去十一年秋滿魯都軏
加思蘭並遣使入貢未幾軏加思蘭攻逐滿魯
都併有孛羅忽之眾滿魯都酋首脫羅干亦思
馬因渡孜殺軏加思蘭自稱太師時大璫汪直
恃寵喜事數握兵獵伐功王越朱永附和之
都御史余子俊總制延綏寧夏甘肅諸軍王越
破之斬首四百餘級擒百七十餘人論功封越
套虜有居威寧海子者與直率輕騎乘雨雪襲
大臣無敢爭者十六年春虜又侵邊王越偵知
威寧伯黙套竟不能渡而虜益盜邊不休入六
同蕘朔諸州殺掠無數至成化末迄無寧歲兩
是時滿魯都已衰弱不知所終其入寇者渡稱
小王子或稱把禿猛可王即故小王子後也小
王子死弟伯顏猛可代為小王子弘治元年伯

顏猛可小王子奉書求貢自稱大元大可汗

下兵部議國公張懋等言虜虜借名號自其故態

不足誅即　先朝亦嘗寬假宜令守臣納其使

送之伯顏猛可年幼新立不敢作惡而兵部有

馬文升撫臣有許進皆習邊事戎備甚脩故虜

奉約惟謹不敢入寇邊患稍息云其後有脫羅

干之子火篩者雖小王子部落默狡黠善用兵

與小王子相雄長十年冬寇肅州趨至越鎮陝

北卷之四

節制諸軍明年秋越襲賀蘭山後虜破之明年

虜冠榆林寧夏大同多殺掠明年春寇威遠遊

擊將軍王杲敗績右僉將秦恭副總兵馬昇逗

留不進皆論宛其責大同總兵王璽等多

失利平江伯陳銳及侍郎許進畏怯不敢戰罷

還以保國公朱暉代之虜猖獗甚京師戒嚴分

遣文武大臣守潮河川天壽山居庸紫荊倒馬

白羊諸關以都御史史琳督師大同虜解去明

年春入延綏守臣屢告急復　命保國公暉都

御史琳統諸路兵西禦虜閣苗達監軍暉至河

套襲虜斬三級驅牛畜數百歸虜分道掠固原

寧夏諸邊輒浚花馬池入西北大擾暉等不能

禦　詔讓暉因召還以秦紘代之紘至邊大治

塹築堡虜稍靖十七年夏六月歸正人報虜有

異謀　上召大學士劉健李東陽令譯虜情因

諭以京軍當恤督將湏湣人東陽言　朝廷

北卷之四

養兵衛畿輔而工役煩多耗士氣非制宜鞏其

弊　上納之秋虜入大同殺墩軍　上遂召健

等謀出師健對　陛下每念赤子漉至厚黙兵

危事未易輕動　上意未釋遷言邊事急乃與

京師疲內以事外非完策東陽言比虜與朵顏

通潮阿川古比口去京師一日而近虜若道此

而我軍顧遠出大同東西奔走自弊之道也

上曰兵即未邊出宜蒐萊蓄備俟以需健等頓首

136

曰善已　召兵部尚書劉大夏諭如初大夏亦

力言未可　上曰　太宗時師行輙推虜令何

以不可大夏曰　太宗時兵餉足將士經百戰

足辦虜故利也令承平久人不習兵餉又乏

陛下試庶何如　太宗時師出之日非獨不能

制虜徒毒擾邊人耳　上憮然曰朕幾誤計乃

寢不發師而使都御史閻仲宇往大同通政叅

議熊偉往居庸關督餉明年春虜三萬騎圍靈

北虜　四七

州父不克觧去散掠內地總兵李祥偏將仸鉞

擊走之正德初虜大舉入寇宣府總兵張俊戰

失利遊擊張雄穆榮皆敗沒渡　命苗逵宋暉

史琳往禦之無功而還其冬虜入鎮夷所指揮

劉經死之復自花馬池毀垣入掠隆德靜寧會

寧等慶關中大震　詔陝西巡撫楊一清節制

諸兵討虜會逆瑾竊柄輔臣本兵相繼逐去一

清旋亦致仕諸閹守偹監軍紛紛四出暴蝥行

間邊事益困矣三年虜近塞　命兵部侍郎文

貴開府督師貴所請度支金錢巨萬名偹邊實

半輸珵所明年夏　命工部尚書方寬節制延

寧甘肅諸軍虜攻新興堡副總兵侯勳禦之幾

敗會救至虜引去其冬入花馬池寬敗死其年

亦不剌入西海亦不剌者小王子丞相也小王

子既攻殺火篩復欲殺亦不剌亦不剌懼擁萬

北虜　四八

眾掠涼州諸番苦之西海自是始有虜云別部

阿爾禿斯與亦不剌合日掠邊破堡寨五十餘

殺兵民雜畜無筭守臣不能制以提聞七年八

遣人至肅州求邊地住牧且請婚唅唅不許八

年又來請甘肅撫臣張翼以金幣啗之遂掠烏

思藏據之轉掠松海洮岷無筭寧夏八年夏五萬

騎由大同入犯寧武倒馬諸關以咸寧侯仸鉞

為總兵與虜戰于沙河多失亡及奏捷未幾虜

亦退明年秋小王子入宣大別部自懷安入順

聖門逆擊張勛守備田琦蘆彪死之　詔閱張
永督宣大延綏兵都督白玉為大將軍往禦卒
無功明年秋入固原塞明年夏至大同塞突入
白羊口大掠而去復以七萬騎分道入總兵潘
浩戰于賈家灣賊績指揮朱春王唐死之虜遂
犯宣府　詔奪浩三級諸將罰治有差十二年
和親部署諸將禦之虜圍總兵王勛于應州
秋虜五萬騎入大同塞屬　天子以遊幸至陽
上督兵援之泉殊死戰虜稍却明日復戰虜道
死長子阿爾倫釜死有子卜赤尚幼次子阿著
走追至朔州會大風黑霧昏晦　上乃還　命
告捷於朝是後虜雖歲犯邊點罕大入小王子
稱小王子未幾死罷立卜赤稱亦克罕克罕猶
可汗也黙亦稱小王子如故嘉靖元年入花馬
池大掠西安鳳翔三年秋大同巡撫張文錦以
鎮城孤遠迫虜築水口等五堡遣卒二千五萬

北虜　北虜之四　四九

家成之卒憚行祭將賈鑑督之嚴叛殺鑑及文
錦多走出塞降虜明年虜入陝西亦不剌渡駐
牧賀蘭山後擾邊總制楊一清謀勤尚書金獻
民謀撫會王憲代一清如一清謀已勤邢部師
待期點竟不出塞六年虜連寇宣府榮將王經
閒山戰死秋入寧夏塞王憲督總兵鄭卿杭雄
却之斬首三百餘級明年虜掠陽和至朔州指揮趙
瑛等却之已大掠陽和至朔州指揮趙源敗死
明年春入寧夏塞杭雄禦之敗績虜遂入酉海
與亦不剌結親謀內犯時王瓊已代憲未幾又
以唐龍代瓊十一年虜欵殺慶塞不納遂擁十
萬騎入冠龍請許貢　上曰虜負罪宜討大臣
當戮力振　國威乃取目前計綏虜耶龍連戰
顧勝虜遂渡河而西襲破卜兒孩卜兒孩者亦
小王子部落也十二年秋虜窺大同總兵朱瑾
謀浚濠輕過虜騎瑾素嚴初為士卒所憚至是

北扇　北卷之四　五十

遂亂攻殺瑾總督劉源清欲盡誅譖亂者衆懼
賞罰明城叛賂小王子使入寇小王子至應朔諸
州旋觧去亂亦隨定是時卜赤孫小王子不及
兒台吉最富強控弦十餘萬賑稍㕦兵其所為
連歲入犯躁西北邊者皆其別部首吉囊俺答
也二酋於小王子為浸父行皆雄黠善兵吉囊
壁河套名襖兒都司直關中俺答壁豐州灘直
代雲中吉囊俺答各九子子各萬騎其弟老把

北卷之四　五十一

都亦數萬騎壁張家口諸昆浸百十皆有分地
率盜邊迤自肥日益強盛名尊小王子實不受其
約束小王子亦徙壁東方直薊遼號曰土蠻黠
諸虜雖強而有異種黃毛為之梗黃毛兇悍不
知死生衆少于三部虜而母桑虜溪入輒浸後
畧其子女玉昂虜養之因合兵急擊大破服黃
毛以故虜溝一意入犯無內顧夏十三年春入
延綏秋入花馬池掠固原殘安定會寧二縣總

兵王效禦之斬首二百餘級虜遂東犯大同十
五年秋渡入延綏總督劉天和禦之斬首百餘
級明年春入甘州十八年秋寇宣府破蔚州諸
延綏奪總兵周文俸其秋大掠宣府雲昌諸
堡總兵白爵敗於水泉兒副總兵雲昌又敗于
馬連堡留兩月乃去時西虜渡掠固原會天雨
道潭虜騎困天和戰大勝殺吉囊子小十王提
閒　上喜其論功賞賚甚渥二十年虜遣石天

北卷之四　五十二

爵欵大同塞　詔却之虜怒大舉內犯石天
白泉口入王寧武關石湖嶺副總兵丁瑾力戰
死虜長驅而南殺掠萬計至平遙居民掊仢
擊虜虜有斃者以故却而俺答渡入越太原至
石州殺掠愈甚遂罷宣大總督樊繼祖以翟鵬
代為宣大總督二十一年虜又使石天爵再至
邊臣殺之俺答怒大掠山西殘傷四十州縣殺
掠二十餘萬雜畜二百萬衣襆金錢稱是焚公

北卷之四　五十三

私廬舍八萬區踰月乃出塞蔡將張世忠張軍

張臣以力戰敗沒時吉囊畧得代姬以荒淫死

俺答益張二十三年十月自萬全右衛深入內

地言者謂秋防撤兵方下太早　上怒逮宣大總督

翟鵬及蘄州巡撫朱方下獄枝死乃以翁萬達

代鵬萬達有計畧竟卒繕堡戍偹大脩虜甚懼

之二十四年虜犯鐵裹門偏帥張鳳戰鶴鶉谷

多所殺傷虜乃合圍殺鳳明年復來欵貢邊卒

北虜　　　　　　　　　五十三

紐前事殺其使萬達請治殺使罪許之欵不聽

陝西總督曾銑謂虜巢套中近塞下不驅之遠

患不休謀欲渡河套具方畧疏請大學士夏言

主其議　上業報可而大學士嚴嵩素與言不

相能乃乘間許言受銑金妄開邊釁而故帥仇

鸞嘗以貪暴為銑劾繫獄嵩嫉之騶銑諸不法

狀　上大怒誅銑幷誅言自是無敢言復套者

二十七年虜犯大同　總兵趙卿駐鎮安

堡虜佯攻獨石卿達制悉兵趨獨石虜遂踰長

安嶺掠隆永淂利去　詔罷卿奪萬達俸二秩

明年春虜犯宣府滴水崖萬達先謀知之檄大

同總兵周尚文曰虜且東犯二鎮相援制之檄大

兵趨滴水尚文至則督將董暘江瀚已以戰死

矣尚文大敗之曾家莊虜益兵圍尚文三日萬

達日戰久矣兵必疲不援尚文足棄師也鼓行

而前虜走出塞已復寇捍墻堡尚文以車兵敗

北虜　　　　　北卷之四　五十四

却之已而尚文卒張達代而萬達亦召還郭宗

皐代明年夏虜入大同達中伏死副總兵林椿

援達亦死二將軍驍勇敢戰邊人惜之事聞

逮宗皐以俟鸞帥大同其秋虜渡至鸞使其黨

時蒙賄虜令東窓劚劚無重關山夅即虜境所

特三衛為藩籬會三衛有叛志反陰為鄉導遂

至右北口　詔發京邊兵戡萬守要害邊兵遠

未及至京兵烏合不任戰虜遂攻古北口都御

史王汝孝力拒之稍却虜分騎間道出師後我
兵大潰虜大縱掠懷柔順義塞吏士無筭游騎至
通州京師震恐集諸營兵壯者已出邊敗死悉
老弱不過五六萬而諸內使斷徒負養在其中
倉卒遣武庫索甲使武庫闔不時發父之未能
軍兵部尚書丁汝夔始以聞　上大驚　詔文
武重臣二十六人分守九門而以侍郎王邦瑞
定西侯蔣貴總督之別募良家子蒼頭養軍畫

北卷之四　五十五

四萬登哹於是咸寧侯仇鸞保定巡撫楊守謙
俱以兵至諸勳王兵亦先後繼至　上內視稍
殭拜鸞為平虜大將軍總督諸路勳王兵分道
禦虜而以楊守謙為兵部侍郎督之虜至通州
阻白河御史王忬先已悉收舟楫不得渡越數
日乃西薄都城獲闍楊增等令持書求予幣通
貢時　天子坐西齋宮望烽火四起　召大學
士嚴嵩禮部尚書徐階闍之萬言此掠食賊不

廷憂階言耳以計緩令出塞待　命乃歎如此
往復爽少遲我兵集虜可破也　上命集廷議
廷臣相視莫敢發司業趙貞吉抗齩言北虜無
狀至震動京城柰何為城下盟第錄故帥周尚
文功出沈束獄捐帑金百萬以百金易一虜不
効貞吉言擇時束以理尚文功得逮故也
上壯貞吉言擢左諭德焦貞吉拒不受兩軍
勞行營將士大將軍鸞計難貞吉拒不受兩軍

北卷之四　五十六

不敢置之洷也號聞　上念大同卒首勳王即
獲即詐稱遼陽軍有司即明知實非遼陽軍竟
士驕縱無紀律往往辮髮冒虜掠村落及有捕
有罪以迫飢困故置勿問弟付鸞自治兩尚書
汝夔以是令勿捕有捕至反笞捕者愈益驕
甚於虜民間籍籍謂汝夔笑汝夔頗語諸將虜方盛
其鄉遂人人怨汝夔笑汝夔山東人於遼陽為庇
未易得志計無如守二兩守謙亦恐戰未必利少

挫且張虜約勒部士無輕動虜縱掠近郊至西
山中貴人園宅別業多焚蕩環海　上前謂汝
藝守謙右虜　上震怒下二人獄戶部尚書李
士翔坐徵發不給裞職冠服視事虜掠淂子女
金帛無數乃循諸陵而北欲奪自洋口大將軍
鸞以十萬眾尾虜不敢擊卒與遇潰潰鸞幾為擒
虜東循潮河川由古北口出諸將斬所遺稚弱
八十餘級詐增圍獲為功汝藝守謙竟坐誅貞
吉亦以報　命失　上意枝謫　詔鸞督京營
兵鸞議徵諸邊銳兵集京師兵部不可黙卒溪
悔鸞懼虜且復至陰使人哃以開市俺荅遂上
鸞謀鸞意氣日益盛所上疏無不即報可尚書
王邦瑞每力爭之尋罷去而總督商大節亦以
忤鸞論一死繫獄中虜既歸人畜多以疫死稍以
書求貢二十年　詔給金十萬易布幣開市五
堡漸入延寧以侍郎史道經畧其事兵部主事

北虜
五七
北虜之四

楊繼盛上書極陳不可狀且歷數鸞誣民　詔
下獄貶秩五月馬市成虜奉約惟謹而叛人蕭
芹素道虜謀中國者欲敗之謂俺荅曰中國毒
水上流伏甲市傍若將殆俺荅心動芹復賂俺
荅左右謂有異術能使城自頹俺荅乃犯左衛
史道遣人讓虜虜內愧因令芹試其術不效遂
執以與我道進尚書鸞太子太傅道復為虜請
以牛羊易谷不許其冬復大入邊殺掠遺臣詰
之謾應曰此貪虜掠食耳我不能禁即中國寧
能禁民勿盜耶已復請市都御史李逢時以非
期郤之俺荅恚益縱掠別酋把都兒辛愛破邊
東新興堡殺指揮姚大漢等議者咸咎馬市非
內怵無行意三十一年秋鸞發疽死都督陸炳
計鸞恐因請率兵出塞捕虜　上不許朕請鸞實
暴其奸　詔剖棺尸諸市籍其家悉罷諸邊馬
市而虜遂無蔵不擾邊三十二年八大同

北虜之四
五八

將史署死又入青邊口副總兵郭都死已又入
延綏副總兵李梅死其秋俺答把都兒自大同
入徑趨紫荆急攻捕箭浮圖等峪遊擊陳鳳來
王率寧夏固原兵來援却之追及於三家村虜
大敗走未幾小王子大掠赤城俺答犯山西巡
撫趙時春誤聽謀言二十騎去此兩舍遂馳
之總兵李涑諫言不聽遂行伏兵起涑與子松及
裨將馬恩皆戰死時春走免三十三年虜犯大

北虜
之四
五十九

同左衛總兵岳懋敗死逮總督蘇祐其秋數萬
騎入薊州虜將趙傾葵戰死總兵周益昌戰却
之夏入青邊口虜將李元啟被執罵虜死秋大
犖犯山西虜將丁碧戰死虜將馬芳以家人
劫之逐出塞三十五年夏入宣府遊擊張紱戰
死其冬小王子及打来孫以十萬騎寇遼東總
兵殷尚質死之奪總督王忬巡撫蘇志皋遼於
是誅叛人張邦奇呂仲佑邦奇衛舍人與丘富

周原趙全李自馨等以白蓮教捕急叛入虜虜
居之豐州號板升即華言屋也有眾千餘虜最
用事盡以中國虜實輸虜教以墾田積穀收中
國知謀士邊黠知書者多歸之虜令富試其
能者統娘騎不能者給餼脫地令史李
鳳毛言虜入犯皆富圖等謀之副使錫順擒之
詔予順虜首母母間出入乃下令購能斬富等者
賞金三百官三品副總兵田世威遣富故人王

北虜
之四
六十

勳及弟浩往招富富間儒生計安國安國曰公
取功名也奈何為犬羊用令官家方急公宜亟歸
藝人也奈何為犬羊用令官家方急公宜亟歸
怒殺浩迸歸富謀攻大同令呂仲祐為內應
邦奇挟虜至邊索呀藏倭刀識書伏甲執之併
得呂仲祐姦狀俱伏法三十六年春把都兒入
流河口副總兵蔣承勳死之酉虜犯延綏副總
兵陳鳳及其子守蒙死之夏俺答犯宣府虜將

祁勉死之冬大掠大同時俺答子辛愛有妾挑
松寨者私通部目蠻帶帶懼事露被誅遂來奔
辛愛縱騎來索總督楊順子之帶辛愛諜以殉
虜自是益輕我攻圍右衛數月不解右衛大困
議者欲棄右衛子虜　上問太學士嵩嵩意欲
棄之兩難於言間尚書許論論阿嵩意言右衛
難守　上不聽益發兵往援三十七年四月兵
大集虜乃去明年春兀良哈道虜由潘家口入

北虜

大掠近畿　詔逮總兵歐陽安論死切責總督
王忬忬恐稱疾卒為相嵩搆誅以楊博代為總
督其年俺答由鎮羌入西海大同守將使部將
王孟夏等乘間攻板升斬獲百餘級焚其居而
不得意富第其後當以掠邊中流矢死而趙全
尤殊黠為俺答所親信眾至萬餘俺答每欲盜
邊先置酒金家計定乃行全為俺答建九楹殿
督大風飄棟尾殺數人俺答懼不敢居而全等

六一

各邊堡治第擬於王者四十一年秋虜寇遼東
總兵楊照戰死四十二年虜大舉入掠順蒙三
河諸將孫臏趙溱俱敗死京師戒嚴　上怒誅
督臣楊選虜留旬日引去四十四年黃台吉入
洗馬林嘉靖以來虜諸部獨俺答最強而其子
黃台吉尤剽悍難制時土蠻亦勁敵虜興連和
而亦不剌阿爾禿斯亦為所併東西邊實以為
廳　上英察嚴明神聖天綖諸臣所條議邊計

北虜

一不當或有所喪敗輒行誅戮終嘉靖世大臣
論二死者七人群臣凜凜同敢不鞠躬盡瘁矣故
命將出時有所斬獲論勞行賞　上亦不沒其
勞照邊臣頲猶有私賄虜相與為蒙蔽著其則
掩敗以為功　朝廷不及問也以故虜益得志
四十餘年之間虜無歲不聳我內地所殺戮大
將軍五人副將軍五人裨將以下不可勝數七
論吏民輜重也蓋邊事幾不可支矣隆慶元年

六二

秋趙全導倭苓寇山西分六萬騎四道並入井
坪朔州老營偏頭關無敢敵者攻陷石州殺知
州王亮屠男婦幾盡進攻汾州八晝夜不克遂
分掠文水交城平陽介休閒所殺擄男婦復數
萬計邑里為墟時黃台吉以偏師駐宣府塞下
而總兵申維岳副總兵田世威皆以失機論
死其月三衛首董忽力勾土蠻入薊州大掠
而緫兵留內地決三旬值雨潦半乇其騎乃出
塞黎撫寧樂高李盧龍等慶京師為震緫督劉壽等
檄諸將追擊會大霧虜迷失道癥棒橋崖中崖
深十餘戈積屍為滿諸將爭取首報功而緫兵
李世忠乃濫及平民　詔譴世忠戍罷緫督劉
壽二年　上詣　山陵頤瞻塞下念劉急以譚
綸督劉戚繼光緫兵綸皆嘗用南兵倭
者相與計劉兵屢衂不足頼欲破虜非南兵不
可遂召募南兵至三萬沿塞垣夾垣為臺高數

夫於是環劉而臺者三千垣周二千餘里虜溪
避不敢入邊矣三年冬西虜吉能率精騎犯西掠
熟番畜藏等族留餘眾套中寧夏緫兵雷龍等
襲擊之斬首虜百餘四年夏緫兵犯平虜
蔡將張劉賄使攻威遠緫督陳其學諸將馬芳
等擊退之其秋虜又入遼東至錦州緫兵王治
道及蔡將郎得功皆戰沒　上方憂虜而大同
報虜酋把漢那吉來降把漢那吉者俺答第三
子青台吉子也幼孤長而懷俺答與妻一克哈
屯燮之甚聘元慎女即大成比妓也把漢那吉
又自聘金女俱未及婚會俺答有外孫女
已許配襖兒都司美俺答聞其美自取之號曰
三娘子襖兒怒且治兵相攻俺答乃奪那吉所
聘女與之那吉怒遂攜其妻及乳母之夫阿力
哥等扣關請降緫督王崇古巡撫方逢時謀曰
此奇貨可居吾豐館餼餼與馬子官爵尊顯之

以示虜偁俺答急則因與為購令蔡板升以贖

其孫不聽則脅誅那吉以沮其氣即不然因而

撫納使招其故部居近塞俺答老且死黃台吉

立我以屠著谷蠡秩秩那吉懷德黃台吉畏威安

按兵稱助推亡固存那吉彼其勢必爭我因

邊之畧母逾此美遂具疏　上聞　詔授那吉

指揮使阿力哥正千戶御史葉夢熊疏爭之謫

去時俺答方掠西畨得報馳歸欲舉兵索那吉

北卷之四　六十五

趙全教虜不困我那吉不出一克哈屯聞之哭

詈俺答曰老酋不遄死信漢叛兒反覆乃欲殺

吾孫耶俺答乃不聽全遣人來祈請崇古故不

令見那吉引夷登高閣覗涘道那吉過其下使

者訝此那吉耶胡為乎平溪威儀覗之果那吉即

歸報俺答崇古因遣鮑崇德與俱徃說俺答曰

趙全等叛逆天下所共惡也爾保之何利請受

而甘心焉為不則勿望那吉美初俺答疑中國必

北虜

殺那吉及聞無恙則大喜過望致謝使者太師

全吾孫我何敢藏叛人蓋虜稱我尊官為太師

云遂遣使定約因請稱臣貢方物開市崇古為

聞諸　朝未報屬黃台吉方以萬騎趨大同俺

答乃召黃台吉歸黃台吉出張家口宣府兵斷

其歸路黃台吉不戰而西出拒門堡曰戰則約

必敗我何以辭於太師也其見信服如此俺答

於是收捕趙全李自馨劉四吕老祖以獻械送

北卷之四　六十六

至京磔于西市　詔那吉歸俺答迎而勞之河

上嗚咽相勞使入謝且請貢市崇古為奏虜欵

堅宜聽乞　詔邊臣母燒荒搗巢生虜釁下廷

議兵部尚書郭乾言虜方求欵即要我以不燒

荒不搗巢他日者若要我以不乘塞不設俺其

將如何廷臣感言市虜　先帝昕禁柰何弛之

崇古言　先帝時虜方張又勾自逆彎故盟易

寒今虜實搏顙待命何慮何嫌而絕之歡且

146

國初嘗王和寧王順寧笑弘治間小王子三歲

三貢笑因條為八議以進廷臣言利者十三言

害者十七相持不決大學士高拱張居正力言

崇古議是　上報可崇古仍遣部下鮑崇德如

虜定約與俺答為鑽刀誓言虜中信且

憚之其詞曰天王佛祖証我盟誓兩家有違遭

此鋒利誓言畢俺答遣使稱臣頓歸附自比屬國

五年三月　詔封俺答為順義王昆都力哈及

黃台吉為都督同知把漢那吉為指揮使賞兔

台吉等十八人為指揮同知那木台吉等十九

人為指揮食事打兒漢台吉等十八人為正千

戶阿拜台吉等十二人為副千戶恰台吉等二

人為百戶昆都力哈即老把都也　賜俺答勅

曰我　祖宗受命御宇內外率育朕懷承不替

頃因爾孫來歸特命邊臣護視以禮遣還爾懷

戴朕恩稱臣奉貢俘獻叛逆惻誠用章朕遠稽

前代近覽本朝欵塞稱藩厥有舊典是用錫

王封併及子姓部落皆有常秩爾當堅守目節

約束爾眾毋為邊患朕亦勅邊吏同好棄惡爾

母食盟自干天罰俺答率所部受　詔甚恭使

使貢馬部下貢市令貢馬不過得五百匹

簡上駟三十匹進御夷使不得過百五十人設

禁街於邊城令入都市以二月至四月為期

大同初議威虜堡俺答以威虜無水改市得勝

堡宣府在萬全右衛山西在水泉營黃台吉別

市新平堡市物虜以馬雜畜皮毛我以金銀絲

繪諸貨凡得馬七千餘匹官給直六萬緡　賜

賞酒肉布昂費四千緡官市畢聽民市是年九

月報市成西虜吉能等亦請市時總督陝西王

之誥議令數歲不盜邊乃許崇古言吉能與俺

答為叔侄許俺答而不許吉能俺答必陰嗾吉

能市晉吉能亦必陰嗾俺答必陰嗾吉

市晋則物力不給窺秦則關隴驛騷是我兩害
也將旦夕生患安能數歲之諉謀非是及之諉
去戴才代才言陝西市諸番歲久不可雜虜其
聞延寧二鎮雖近虜嗜法令嚴無寸帛闌出者
柰何自馳禁使虜生心無已則令東市三鎮示
羈縻　上誚讓才而封吉能都督同知部首四
十九人授指揮千百戶有差卒許市吉能市紅
山墩切盡着力二酋市寧夏清水營方三鎮市
北虜　北卷之四　六九
畢虜更乞月一市不許明年春老把都吉能相
繼苑荅表請欲歸心佛教請經及剌麻僧
詔給遣之復請給順兼王印封諸壻市鐵鍋聽
虜使入京四事兵部議予印勿予鐵鍋即予予
銅母予鐵使者母入京止而饗諸邊諸壻稍給
財母予官浅之俺荅機變莫測嘗以身赴市凛
凛奉約而陰令其子躑躅邀索已乃浅中調停
示慮照自欺後塞下稍寧大學士拱上颺言夷

性如禽獸照順其欲順則擺尾乞憐違其頓則狂
頓反噬非可以禮樂馴浹度約者也當　先帝
時虜遣使求貢不過貪賞賜關市之利耳而邊
臣倉卒不知為謀當事之臣憚於主計斷使絶
之致撓虜多釁幾得比是大舉内犯直抵京畿三十餘
年迄無寧日使邊民肝腦塗地膏腴棄而不耕
屯塩廢壞豈惟邊事不支而帑儲蹙於供億士
馬罷於調遣中原亦且散矣此則往事失計之
北虜　北卷之四　七十
明驗也天祐　國家胡雛委命　朝廷屢置得
宜虜遂感恩請貢斯實天以安攘之機授我於
是因而受之名順兼美較之往歲呼關要索相
去千萬九夷八蠻聞風慕義孰不向化威灵所
被南洽北暢斯亦千古之一時已照臣等所為
深謀遠圖則不在是昔　先帝常切宵肝之憂
下　詔修塞者屢矣照財力俱傷迄無成效者
非徒奉行不力之過也實以虜擾應接不暇尺

寸未成而尋夫已壞矣令虜效順受封九塞晏
然出　國家什一之富以收胡馬之利招中國
携貳之人以散句引之黨沈機密畫次第舉行
即虜或背城而我歲功有月效十年無
事常勝在我矣則和可戰可寓戰于守寓守於
戰亦可矣則邊臣所當加之意者也如昧制馭
之權宜爲一時寧謐遂爾偷安卒然有變何以
應之則其患又自今日始矣臣請三歲遣近臣

北虜　十三

視塞以八事殿最邊吏積餉修險練卒鍛甲督
屯理鹽養馬招降皆以數課計治其功罪繢最
者同斬虜廢壞者儆失機　上加納爲既而俺
答宛子黃台吉立黃台吉宛子撦力克立俱襲
封順羨王市直亦稍增三娘子皆蒸爲蓋三娘
子能制服眾酋世操虜柄尊奉中國封爲忠順
夫人萬曆以來虜浸驕恣撦力克及宣府酋白
洪大至塞下有所要挾胥撫楊時寧張惴兵備

劉汝康陳尹學張我續等諭却之時承平日久
諸臣脩偹甚飭故虜雖時逞而旋就安卒不
繼有所加於中國云萬曆三十四年撦力克宛
卜石兔應嗣虜俗新王將立必先婚其前王妻
忠順夫人自以年高先歿更三世卜石兔少年
子羞與爲婚而忠順親孫素囊者點皆夫人全素
愛之素囊以爲新王未封則一切市賞皆已物
逐逞中交搆久不婚總督馬鳴鑾巡撫霍鵬汪

北藝之四　十二

可受持不爲請虜遣計虎萬筆寫氣等往來謀
不決既而馬鳴鑾故以涂宗濬代霍鵬汪可受
相繼去以石崑玉代歷數載之經管虜心始服
三十九年卜石兔與三娘子婚四十年三娘子
物故四十一年五月卜石兔率臣以聞　詔封
此妓冗慎攔腰等款塞求封督臣以聞　詔封
卜石兔爲順羨王妻把漢比妓忠義夫人其下
各有封賞四十二年諭功涂宗濬汪可受石崑

王及兵偹王士琦郭顯忠韓策王述古楊一蔡

等各

賜金增秩有差四十三年三月虜遣計

虜等貢馬其地木皮三寸氷厚六尺食肉而飲

酪隨畜荐居有徵會則刻木封箭為信挾其長

枝上下山谷飄忽如風雨其輕生好殺篡弒烝

淫盖天性然也其山川則陰山浚稽山燕然山

金溦山去塞五千餘里不而罕山撒撤兒山其產角端

貂銀鼠（毛色如銀價倍于貂）黃鼠白翎雀（雖櫰寒亦不南飛）旱

金花（金色大如掌）青蘘花花羊角（作刀範佳）豹猴麗（屬麗）柔油不滑

沙雞渾脫（開一孔旋取出殺小牛自脊上）

東牆（似蓬草實如稌又十月始熟肉皮臟皆完以肉揉歛用乳并酒漬食之）

外史氏曰中國之不可無夷狄也猶君子之於

小人也王者在宥天下宣其舉化外之種而盡

令殘滅無遺要以四夷之守不失其策乃稱盛

際耳嗟乎越裳之九繹猴狁之于襄呼韓之稽

顙突厥之稱臣豈異人任若乃劉石之亂中原

北卷之四　七十三

胡元之主華夏則昏霾之世界天地之極變也

尚忍言哉尚忍言哉我

太祖高皇帝驅腥羶蹀於塞外措天下於袵席而

文皇帝三犁虜庭掃穴銘皇皇乎回視成周

今古三快而呼韓突厥覗照下風矣及後俺

漸弛虜志寢驕德靖之際渝監盜邊歲無寧日

幸而天心厭亂假手那吉而後俺答悔禍頻首

歸心夫是以有欸貢之謀而議論紛紜雌黃不

一碩愚以為戎性叵測叛服靡常欸貢誠非上

策默而免塞上之鋒鏑全億萬之生靈省師行

之轉餉相提而論眹孰多而其中尤有可慮

者盖定紛紜于未欸之先難而狃窺伺於既欸

之後尤難逞雄心於未欸之先易而啟戎心於

既欸之後尤易則夫討軍實而謹斥堠崎饟糧

而繕城堡嚴訓練而勤謹恤治亂安危之機其

可以忽乎哉然愚尤有感焉天下不患有難為

北卷之四　七十四

國家萬萬年之計者愚惡足以知之

之事而患無任事之人天下不患無任事之人

而患無任事之人令之談任事者溺其旨矣

以脂韋為鑿斷以窺瞷為精神以容容為交歡

之媒不然則東西可以易面不必論黑白也以

苟苟為鈞譽之券不然則鹿馬可以同形不必

問真偽也旁觀者忘其成而快心于攘臂則何

抒之不可揆也脩郤者搣其短而蒲志于興戎

則何影之不可射也俗邻者相左者利其忿而幾革於

笑寅緣者吹噓可使上天無因至前則萬民之

譽以一言掩之矣嗟乎寄耳目于么麼而委邊

一死灰之復然則何簏之不可盈也工巧者到廁

自有逢迎一語不合則十年之功以一旦廢之

計于草莽夫任事者不亦難乎片紙朝入而紫

綬夕解則安得不弁髦其事而傳舍其官也數

年以來封事貢馬業已蕆緒此正桑土綢繆之

時也清明之世英哲之佐當必有許謨石畫為

北虜 比卷之四 十五

兀良哈

兀良哈古東胡地漠之鮮卑唐宋之吐谷渾契
丹皆是也昔高辛氏有才子八人其一猷越封
於紫蒙之野號曰東胡匈奴冒頓時東胡強盛
嘗索寶馬關氏於冒頓冒頓與之巳而復索匈
奴棄地千餘里於是冒頓大怒遂發兵鑿東胡
東胡初輕冒頓不為備及冒頓至大破滅東胡
王而虜其人民及蓄產東胡遺種保鮮卑山遂
號鮮卑無世業相繼百千邑落各自為部推勇
健能理決鬪訟者為大人有所召呼則刻木為
信雖無文字而部眾不敢違犯自國破後未嘗
通中國至光武初鮮卑從匈奴冠邊太守祭肜
擊破之斬獲殆盡由是震怖及南單于附漠址
虜孤弱鮮卑始通驛使於是大人偏何於仇貴
擊破之鮮種人詣關朝賀復從擊址匈奴烏桓
蒲頭等率種人詣關朝賀復從擊址匈奴烏桓
有功封侯青徐二州歲給錢二億七千萬以為

常和帝時寶憲擊破匈奴址單于逃走鮮卑因
轉徙擾其地匈奴餘種留者尚有十萬餘落皆
自號鮮卑匈奴由此漸盛桓帝時有授鹿侯者
從匈奴軍三年其妻在家常仰天視電入其口
吞之有孕生子鹿侯疑之妻私取卷為名檀石
槐年十四五勇健有知略常單騎擊異部大人
所向無前由是部落畏服推以為長東西部大
人皆歸焉鹿侯因南抄緣邊址拒丁零東卻夫餘西
擊烏孫盡擾匈奴故地東西萬四千餘里自是
冠過不休朝廷不能制乃遣使持印綬封檀石
槐為王檀石槐死不受而冠掠益甚緣邊諸郡苦之
光和中檀石槐死子達和立才力不及父眾稍
稍畔後出攻址地中流矢死兄子魁頭立魁頭
宛弟步度根立自檀石槐後諸大人遂世世相
襲矢魏文帝時初步度根遣使貢馬帝遽為王
後部眾稍弱為軻比能所滅軻比能者鮮卑小

種也公平服眾推為大人自表紹擾河北中國

人多畔歸之教作兵器鎧楯順學文字建安中

與烏桓寇邊後復貢魏封為附義王兵驕強盛

諸郡憚之青龍初為幽州刺史王雄所殺眾遂

離散在寵西為禿髮氏烏孤稱王二傳而乞伏

滅之在河西為乞伏氏國仁稱王二傳而元魏

氏滅之在燕為慕容氏其後景盛當魏初渠帥

有莫護跋率諸郡入居遼西後從司馬懿討公

孫淵有功拜率義王建國棘城以慕容為氏至

孫涉歸魏封鮮卑單于遷居遼東於是浸有華

夏之風烏涉歸有子二人長吐谷渾次慕容廆

初吐谷渾與廆閧馬而廆馬傷讓之廆怒率其

部落西遷河湟其後乃以吐谷渾為號云自吐

谷渾十五傳至夸呂始稱可汗數侵掠為中國

患隋擊走之即其地置西海且末河源諸郡大

業末夸呂孫慕容順牧復故地唐李靖擊破順

順隆封為西平郡王嗣是哀弱而吐蕃滅之併

有其地順子諾曷鉢來降高宗置安樂州封為

刺史則天時吐蕃復取安樂州而吐谷渾殘部

徙朔方河東唐復以慕容廆為青海王襲可汗

號吐谷渾自晉永嘉時有國凡三百五十年及

此封嗣絕矣而慕容廆者有命世才以大棘城

為顓頊故墟因移居焉教以農桑法制同於中

國永嘉初自稱鮮卑大單于因晉亂招撫華夷

刑政修明人皆歸之乃立營丘唐異陽城州

四郡徵碎儒生為佐而奉晉室朝貢不闕廆卒

子皝嗣益雄毅多權略自以強盛遂稱王國號

燕請命於晉許之遷都柳城皝卒子儁嗣封已

而稱帝建都鄴郡儁卒子暐立而慕容垂輔之垂

為人多智略燕太傅評忌之垂因奔秦初秦符

堅素有圖燕之志悼垂威名不敢發及聞垂至

大喜郊迎執禮甚恭孫為冠軍將軍堅乃遣王

猛等代燕燕軍大敗猛乘勝長驅入鴈門執
詰堅釋之燕遂亡識者皆曰天未絕燕必有中
興者其在慕容垂平後丁零翟斌起兵畔秦堅
使垂將兵討之垂至安陽遂與翟斌合兵進攻
斬秦苻丕退走垂入而稱帝亡何燕分為三莫
容冲在阿房為西燕莫容德在廣固為南燕皆
一傳而滅獨莫容垂三傳至熙時其餘種迸漓
中國者自此遂絕而當軻比能時其餘種迸漓
水之南黃龍之北者世代不可考至元魏號曰

兀良哈

勢丹太武時契丹有八部落各以其名馬文皮
来献皆浮交市於和龍密雲之間齊受魏禪入
貢不絕隋開皇末有闕部四千餘家来降唐武
德中其大酋孫敖曹遣使未朝而君長或時
冦邊与觀以後其君長乃亦入朝貢有常突厥
請歸唐叛臣梁師都以易契丹太宗不許无何
勢丹長窟哥率其部内屬乃置松漠都督府以

兀良哈

窟哥為都督封无極男賜姓李武后初窟哥魯
孫松漠都督李盡忠舉兵反攻營州都督趙
文翽陷營州自號可汗縱兵四掠詔曹仁張言
遇李多祚等二十八將討之唐軍敗績无何盡
忠死詔遣婁師德沙吒忠義率兵二十萬討破
之其黨遂潰附於突厥自是勢力稍弱而其長
李失活吐于李懷秀等相繼降詐唐桑乹而為都督
封以王爵故事以范陽節度為押契勢丹使自
年一會各於部内選椎勇者立為主舊主退位
冊亦鮮入冦而朝献不絕契丹俗八部大人三
至德後藩鎮擅地務自安障戍斥候益謹奚契
例以為常有阿保機者多智略善騎射是時大
人遙輦不任事衆推阿保機代之阿保機遂徙
居漢城自為一部教人耕種漸致饒足父之興
妻述律謀召諸部大人至伏兵盡殺之而侪有
其衆稍稍服旁諸小國故益強盛制文字置官

虢備稱皇帝趫東西南北比四樓極俟厫相去各
千餘里往來射獵於四樓間好甝而貴日每月
朔日東向拜日其會聚視國事亦以東向為尊
四樓門屋皆東向先與晉王李克用約共舉兵滅梁
後倍約遣使至梁奉表稱臣為向導契丹空國
來攻幽州中山莊宗擊破之契丹雖敗歸然其

兀良哈　北卷之四
目中已無中國矣巳而阿保機苑德光立益強
石敬塘反唐遣張敬達等討之敬塘求援於德
光德光曰余夜夢石郎即召我令果然也督兵來
戰敬達敗沒德光遂立敬塘為晉天子是時鳳
門以北一十六州皆屬德光遂置幽州為燕京
改元會通國號大遼百官制度一依中國晉稱
臣納輸而德光稱晉曰兒皇帝終高祖世奉之
甚謹及出帝即位不稱臣而稱孫德光怒遂傾

國入寇晉劉智遠杜重威等擊敗之德光引去
亡何趙延壽降契丹詐晉約為應兵晉遂遣杜
重威等擊之不勝被圍糧絕重威亦降于是德
光遂入京師晉出帝與太后為降表出劾迎德
光止之曰豈有兩天子相見道路即入封出帝
為負義侯遷於黃龍府德光既立數千騎

兀良哈　北卷之四
分出劫掠民被其毒漢劉智遠
多殺契丹守將降漢德光大懼遂以蕭翰守忭
而階其官屬妃妾將卒數千人比歸行至殺胡
林卒契丹破其腹去其腸胃實之以鹽載而
晉人謂之帝豝爲兀欲者東丹王突欲之子也
先是突欲亡降唐故其子兀欲立祖母述律不
欲也曰畔人之子安浔立兀欲怒遂幽述律於
木葉山竟致之宛顧述律爲人亦多智而忍阿
保機苑盡殺從行諸將妻百餘人曰我寡若安
浔有夫其懷毒如此無何鎮州戍守而兀欲被

弒遂立德光子璟璟有疾不能近婦人好畋獵
飲酒遠旦日中輒睡國人謂之睡王不與國事
以故不復南侵顯德六年周世宗發兵北征取
瀛漠定三關兵不血刃璟曰漠地還漠余何惜
即後因醉為庖人所弒國人共立兀欲之子明
記稱天贊皇帝是時宋太祖新即位保境息民
不欲生事夷狄而契丹亦或貢或寇畔服無常
至太宗時數入寇然亦輒為宋所敗明記卒子
隆緒立年幼小母蕭氏當國內行不修於是宋
諸臣請以此時收取幽薊上然之遂遣曹彬田
重進潘美楊業等三道出塞彬等兵勢甚振所
向克捷而部下諸將貪功各持所見彬不能制
遂至軍無行伍而所下諸州旋又復失弟虜主
殘雲重歛民不堪雖嘗入寇而來降者甚眾故
竟不能有所加于宋云既而宋將王繼忠戰敗
隔虜虜授以官繼忠嘗為虜言和好之利而密

兀良略　八三

奏達關下乃遣曹利用往許以歲給絹二十萬
疋銀一十萬兩虜主請以兄事宋帝自是宋遼
修好邊塞稍浮息兵烏隆緒卒子宗真立時元
昊未平中國巳稍厭兵宗真乘此敿言入寇遣
使索晉隋關南地而其指實欲邀議增銀絹
宗重用兵遣富弼報諭遼議增銀絹至五十萬
宗真卒子洪基立謀畫地先時宋遼地界止于
黃嵬山麓我可以瞰其應朔武三州至是洪基
遣使蕭禧來言必欲以分嶺水為界故相文彥
博富弼韓琦曾公亮持不可獨於是禧謀
詔從之自是虜遂浮窺我忻代蓋東西失地七
百里矣洪碁卒子延禧立虓天祚皇帝貪縱不
道諸國離心於是女真酋領阿打骨遂畔集所
部甲馬三千陷東境寧江州初州人所榷易塲女
真以金珠密蠟為市率為州人所箠謂之打女
真至是逞憾恣殺民無噍類及遼將蕭嗣先之

兀良略　八六

敗也其兄蕭奉先恐弟復罪詔延禧言潰兵不
赦將為腹心重患延禧遂詔一切勿問於是士
無鬥志遇敵輒奔曰戰則有疵而無功退則有
生而無罪云耳頃之女直陷東京延禧懼即日
夾山時遼國無主張琳李慶溫共立延禧叔淳
出居庸關率禁衛五千奔雲中趨漠陽嶺入陰
為主稱天錫皇帝未幾淳卒而契丹之地盡為
金有矣延禧詐窮乃遯走小翰韓未幾與金將
婁宿遇逮俘以還吳乞買封為海濱王慶之長
白山東踰歲兩苑遼自阿保機至延禧凡九代
而亡及元滅女直即奚都地置大寧千戶所我
朝洪武中東夷遼王惠寧王朵顏元帥府元帥
各遣使來朝于是即古會州地置比平行都司
封子權為寧王守比藩時宋國公馮勝征吶哈
出　上令攄大寧塞控制之遂築大寧寬河會
州富富峪四城每師出輒留重兵為守卒破降

吶哈出二十一年故元遼王阿里失禮及朵顏
諸酋奏顧內附乃分兀良哈為三衛曰泰寧自
錦義歷廣至洮河以阿里失禮為指揮使曰福
餘自黃泥窪踰瀋陽鐵嶺至開原以海撒男答
為指揮同知曰朵顏自全寧抵喜峰近宣府以
府東西並列焉為外藩蓄牧遷徙其俗歲朝貢
脫魯忽察兒為指揮同知各領部落與遼東宣
不絕靖難兵挈先襲破大寧盡援諸軍及三衛
胡騎挾寧王入松亭關事平　詔三衛奉職如
高皇帝時盡官其酋與約歲再貢毋過百人
其後屢告饒許以馬易粮小小入犯許以馬贖
罪比至復賞以布邊遂大困時易粮上馬至
十五石絹三疋後乃用都督劉讜裁馬直半
給布絹于是寧王徙南昌都司徒保定大寧地
虛三衛因浸竊據外睨就中國兩內通屬烏永
樂二十年　上征阿魯台諭諸將曰兀良哈助

虜為雲必前之遂簡步騎分五道往抵其巢斬

首數百級擒斬首長數十人收其牛羊駝馬十

餘萬兩還三衞自是剷稍自歸　上亦貰其

罪　童皇帝時貢不時至邊將請討之　詔修

防守毋輕議兵宣德三年秋　上大閱行邊駐

驆石門兀良哈以萬衆來侵復將及寬河諸將請

益兵　上曰三千騎足矣虜無能為也遂選鐵

騎三千人持十日粮銜枚出喜峰口昧爽至寬

河距虜營二十里虜望見以為乘障卒易與耳

悉衆来戦　上中分其騎為兩翼射殺其前鋒

三人兩翼矢如注虜大潰　上追之虜望見黃

龍旗皆下馬羅拜生縛之斬其首令忠勇王金

忠與其甥都督把台搜虜巢大獲牛馬歸報金

忠者故韃靼名王子也初與把台請自效　上

許之或言忠虜種必二心至是　上顧侍臣曰

使朕懷疑聽人言安得有此或言夷性叵測

上曰漢不用金日磾平時　天子神武知人善

任士皆效力故成功之易如此六年　詔䝴三

衞罪使自新明年給泰寧衞印正統元年給福

餘衞印以二印皆失于虜故至三年三衞首阿

魯夯等掠葭州敗歸獨石守將楊洪邀擊之擒

百戶乞麻里等所掠　上命戮乞麻于市而

集兀良哈使臣觀之明年三衞首夯都等言

賞薄互市失利非文皇帝故事　勅諭夯都

文皇帝以爾通阿魯台歲徵爾馬三千匹贖罪

朕實寬爾而爾乃妄意無厭平其巫玟畜不者

悔且無及其秋楊洪復破其五百騎于白塔兒

六年福餘所部脫大赤完祿等復掠邊被擒七

年孛台掠遼東為守將曹羕所擒皆磔之明年

虜首脫懽矩子也先嗣也先益恣橫屢犯塞朵

顏亦乘是愈擾邊賚多不過百餘騎九年三衞

並入冦　命成國公朱勇率軍分道出喜峰口

都督同知楊洪出黑山益擊兀良哈勇等渡柳

河敗福餘于全寧又敗泰寧朵顏于流沙洪至

克列蘇俘斬安出部賊兵威大振而三衛自是

寢衰矣然其心大恨因導也先使入寇而已朝

貢如故十二年春都御史王翺同總兵曹兼巡

塞外至廣寧朵良哈伏林中兼擊敗之別將出

開原寧遠各有斬獲奏賞翺等有差十四年福

餘泰寧結也先入寇朵顏獨不從虜無所浮利

兀良哈

大掠二衛人畜去二衛益衰而朵顏于是獨盛

竟與虜合是以有土木之變後三衛往往雜入

北虜使中窺我我遇北使厚心不能無望且以我

虜虜常挾虜為重動稱結婚逸北恐嚇中國畫

沒遼河東西三窆河北故地劚遼泜此多事矣

景泰五年泰寧都督食章于帖木兒上書乞

大寧廢城及甲盾尚書于謙不可遂不予城給

之甲盾六年革于帖木兒及朵顏諸首来朝乞

犁鏵種粮及耕地　詔予粮三十石七年入邊

縈政葉盛擊走之是時三衛多與虜首亭来通

貢使浮常額景泰末每徵獨石萬全右衛入不

由喜峰口故道天順初乃隨亭来使入雲中邀

厚賞我待之如故而戒邊臣無納成化元年亭

来為三衛請賞　詔諭亭来國家待四夷輕重

有等成憲俱存三衛遠貢道舍東而西無誅為

幸其又何厚為泰寧衛首請塞下市牛及農具

兀良哈

并乞蟒衣　詔許其交易勿與蟒二年　詔邊

吏無通朵顏使謹為備五年三衛請馬市不許

十四年兵部侍卽馬文升和輯女直三衛為汪

直所挑三衛遂復乞改貢道由開原兵部謙不

可益自天順以後虜首反覆不常常結三衛伺

我或時小入邊而我備之甚嚴亦不敢大為

寇至弘治十年守臣張璿楊友出塞燒荒撂殺

頗眾邊釁遂起十七年朵顏通小王子入寇未

幾遁去時朵顏部落盡蓋累侵盜而諸部花當
為貴種花當次子把兒孫驍勇數深入為中
國患正德間景泰闌入殺縱將陳乾等遣都督桂勇
自鮚魚關毀垣入殺縱將陳乾等遣都督桂勇
討之本兵王瓊議諭花當必以把兒孫償乾乃
罷兵詔許之未幾復入冦入馬贖殺
乾罪詔許之把兒孫已遠遁請入馬贖殺
肅皇帝立以把兒孫修貢歸我人蓄
千戶從都御史孟春之請也而給事中許復禮
爭之力遂止是時把兒孫與小王子婚屢誘虜
入冦都督馬永禦之有功未幾把兒孫炮革蘭
台為都督單蘭台父單列李羅花當長子也早
苑把兒孫狡悍謀奪嫡然種人不附單蘭台至
是乃浮龍隨入冦漁陽諸小關皆殘破而虜首
阿堆哈喇赤殺孫建昌喜峰口太平諸塞勢
蓋張二十年復求增貢不許乃結小王子入冦

兀良哈　北狄西　左三

自雲中深入太原邊臣恐困曰山海關諸邊連
歲無警亦首功也宜予賞　詔從之其明年復
誘虜犯青山口　詔侍即胡守中往剿遼金以來
恤嗜利盜內帑金多又擅出塞盡伐遼金以來
松木百萬自撒藩籬徧索富人舊將領守言
官劾守中論苑而巡撫徐蒿亦以阿事中逮
謫戌初朵顏別部有李家莊者善盜邊亦能盜
虜馬狡而善射虜不能勝之頗為我邊障至是
為梗矣十七年革蘭台炮子影克襲故事三衛
總兵卻永襲斬其四十級遂恨我往往合大虜
首皆以貢時受職　關下革蘭台父子乃遣人
代請而我不能問頃之遂有庚戌之役虜時言
遼陽軍導我來遼陽軍者朵顏也自是調邊兵
入衛及移戌薊無虛歲三十年誅逆酋哈冊兒
陳通事二人皆邊民為夷酋幹堆板卜所獲叟
姓名充貢使大為虜謀先是虜入犯及求開市

兀良哈　北狄之四　九四

160

皆舟兒煽構其間至是總督何棟計擒之始伏

泣其後楊博代為總督復購殺其首惡夷稍戰

三十八年虜把都兒十萬騎挾朵顏酋影克

孩為鄉導潰墻溪入誅督臣王忬其明年影克

勾把都兒犯一片石遊擊郭琥敗之四十二年

楊選又論苑隆慶元年夷酋董忽力士蠻十

斜東西虜二十萬由墻子嶺入大掠畿內督臣

萬入寇猖獗甚折墻出至捧棰崖迷失道隆坑

兀良哈

北卷之四　九五

苑無筭是後督臣譚綸總兵戚繼光練兵增垣

控制有方隆慶中三衛奉職稍謹迩來欸貢通

好過境稍安烏衛制首泰寧次福餘而朵顏為

末令朵顏盛故稱朵顏三衛云其地東接海西

西連開平北抵北海南達薊遼俗與鞬靴同其

山曰馬孟廣袤千里以中峯形似故名產馬橐

駝黃豕青羊瑪瑙白葡萄

外史氏曰兀良哈自漢末始強歷晉隋間侵擾

勾奴寇掠遂境至柔鷙矣五代及宋抗悍彌甚

侵地徵幣兒帝兄皇自古夷狄之強且久未有

過于此者也　國初　分閫建藩　聖謨深遠

成祖靖難之初未遑遠圖于是棄太寧以畀三

衛豈得已乎承平日久戎心漸俊反以中國慮

實而翰惝于虜已已庚戌之變可為寒心矣夫

自撤內衛以啟外釁其利害明甚乃數百年以

来未有忠貞體國之臣為國家畫長遠之計者

非職方氏而誰任之乎

兀良哈

北卷之四　九六

室韋

室韋有五部一南室韋一北室韋一鉢室韋一
深末怛室韋一大室韋並在靺之北其南為
靺丹諸部不相統俱服屬突厥後魏武定隋開
皇大業中並入貢唐時有九部曰嶺西室韋曰
北室韋曰黃頭室韋曰大如者室韋曰小如者
室韋曰訥婆蔦室韋曰達禾室韋曰駱駝室韋
並在柳城之東近者三千五百里遠者六千二

室韋　北卷之四　九七

百里貞觀五年來貢豐貂長壽二年叛將軍李
多祚擊定之貞元四年與奚寇振武大和中三
朝獻大中一來貢咸通時大酋坦烈與奚皆
遣使來貢遼太祖時九部俱降尋復叛命將破
之太宗時貢名馬後朝貢如常穆宗時黃室韋
復叛至聖宗以後乃復歸順焉

鬼國

鬼國在駁馬國西其國人夜遊晝隱衣服纍耳
與中國人相同口在頂上食用虎器元世祖至
元十七年詔蒙古軍哈剌章軍

鬼國　北卷之四　九六

162

奚

奚在遼時為太祖所破置奚墮瑰部太宗時奚
王勞骨寧率六節度使朝貢奚鎮勃德部進白
麃聖宗時罷奚五部歲貢麖鹿羊諸物

奚　北卷之四　九九

敵烈

敵烈在遼太宗時來貢以後不絕至聖宗時敵
烈八部屢殺詳穩雖就招撫輒復叛興宗以後
毯掠群牧後耶律大石遂有其地

敵烈　北卷之四　一百

木不姑

木不姑在遼太宗時嘗来貢至聖宗之世而諸
部皆叛興宗時其酋長復来貢自是始絕矣

木不姑　北卷之四　四

烏古

烏古遼時為太祖所破分為圖廬渾離與畏三
部太宗時来貢穆宗時烏古叛掠居民財物又
掠上京北榆林峪居民遣林牙蕭幹討敗之聖
宗以後叛服不一至天祚而入於金

烏古　北卷之四　百三

閩漳浦楊一葵翹卿父著

琉球

琉球在中國之正南徧東與閩彭湖諸島相對
隋煬帝時朱寛奉使入海求訪異俗得河蠻言
有琉球遂與俱往掠一人而還明年令寛往撫
之不從乃遣將陳稜等討之焚其宮室虜其男
女千餘人并得金荊榴木數十勦色如真金香
甚其國王姓歡斯氏名渴刺兜其由來有國世
次不可得而考云元至元中海船發舟往諭相
請以六千軍往取之而書生吳志斗者上言生
長福建熟知海道利病宜就彭湖副萬戶楊祥
水勢地利照後興兵於是給金銀符命祥等往
竟不淂其要領而還元貞初遣鎮撫張浩等討
之擒生口百餘默竟不服也衆　朝洪武初
命行人楊載往　諭之琉球遂遣使者隨載入

貢　詔啣貢方物俱於福建行省驗入須之其
國分中山山南山北稱三王各遣使請命　詔
賜中山王察度山南王承宗山北王怕尼芝印
幣永樂中中山王思紹遣使入貢復遣子侄及
其陪臣子弟入國學　上喜禮遇獨優　賜閩
人三十六姓善操舟者令往來朝貢三王嗣封
皆請於　朝令每二年一貢每船一百人多不
過百五十人即福建南臺外置番使館使至館
穀遞入京至景泰時中山王尚思達并有山南
山北二國遂令三年一貢以百五十人為率
嘉靖初國王尚真卒世子尚清上表請封乃
遣給事陳侃行人高澄往吊并封尚清中山王
至閩尚清遣長史蔡承美等來迎以五月朔日
登舟十八日始至熱壁山山去琉球三百里海
丹至此始可無憂尚清遣法司官具羊酒來迎
[舟俞]旬日方抵其國先頒祭禮畢至七月二日乃

頒冊封詔勅尚清冠服之錫駢拜之儀悉如中
國侃等以九月十三日歸王及陪臣送至江滸
無不相泣重別者行數日颶風大作桅柝舵壞
舟人失色乞靈於天妃天妃舟中所祀神也
頃之有紅光燭天舟人曰天妃至矣舟果得安
至二十六日忽一蝶飛繞舟中渡有黃雀立於
挽上舟人曰此天妃告豩也當有風是夕果大
風浪濤驚天舟人齊呼天妃尋有蝶數萬銜泥
塞舟舟渡得安次日遇順颺舟行如飛又次日
遂至定海盖海中風濤甚險涉者常有不測之
憂而天妃有大神力能為人護持無覆溺患故
舟人皆崇祀之未幾尚清上表貢獻言大明一
統志中所載琉球有落際及聚髏髏事皆非實
杜氏通典集事淵藪虫錄亦傳之妄乞下史
館政正逆之琉球既遣人學於國學夷習稍變
奉正朔設官鑴被服冠裳陳奏章表著作篇什

有華風烏武職皆用土人其大夫長史通事官
司朝貢俱文職以三十六姓及學於國學者為
之歲元旦聖節長至君臣冠服拜龍亭祝釐隆
慶二年中山王世子尚寧遣人入貢萬曆二
十二年　朝廷命指揮史世用承差鄭士元往
日本偵探遇風溺舟幸免死至琉球國王世子
尚寧發舟遣于灞等四十三人護送至閩又言
其國為關白擾害今惟願修貢中朝恥臣關白
年已三十不敢稱王以世子當國位號未隆奏
請加封兩史世用亦言琉球效順二百餘載累
貢不絕必待冊封方敢稱王屢歲為關白所擾
盖因地勢聯屬無波濤之險由薩摩開船四日
可到琉球北山延袤三百餘里為日本琉球之
界又三日可到隨路有山早行夜宿開白見其
路順欺其國弱所以欲據北山屯兵若據北山
則琉球必為所有而閩廣皆其出沒之地驛擾

将無寧歲令中山王世子年長而不敢封者因
舊時封王官二員隨送五百餘人在彼半年食
費供給最為浩繁年來國貧民困力不能給請
得加封國王其冊封之使不必另造海船動費
官銀九千止覓慣過海者數人以商船渡送或
與進貢夷使帶回庶為便益於是福建撫臣許
孚遠疏言琉球自我朝臣服通貢請封則自宣
德間其定正使給事中副使行人趍于正統間
臣嘗讀先臣吾學編云海島之夷勤我封使往
來於禮殊為不合書云四夷來王八蠻通道未
聞有報使為計無如領封便疏聞　下禮部議
二十八年二月琉球遣使進貢請封許之遣文
臣行冊封禮如徃例按琉球亦東南海中大國
也其地居海島中多山洞國有四五帥統諸洞
洞有小王徃徃有村村有鳥了帥理其事並以
善戰者為之其國刑嚴峻盜竊即剕劓人皆騃

健便走善射鄰國視為勁敵賦斂略如井田王
及臣民各分土為祿食無征稅國有事然後取
之男子結髻用五色布纏頭以辨貴賤女人上
衣以帷見人則取以蔽面下用細
摺長裙以覆其足信鬼神女巫最尊其魅曰女
君白日嘯聚百人攜枝戴笠乘騎步縱橫時
入王宮藝遊狎戲一唱百和音韻悽慘忽忽往
來矯誣禍福國人有不軌神即預以告王昔倭
奴有欲謀害中山王者神即禁錮其舟水變為
鹽來變為沙冠尋歃戮其靈異如此故國中敬
惮兩王及世子陪臣頓首拜跪王居山巔
宮殿朴素富賽家稍有瓦屋餘皆茅茨地不產
鐵故以螺蚫爨炊無釜耕無鋤人皆耐飢渴勞
苦寒暑不能侵亦無殘疾瘵者不知醫藥而
亦不夭札不生疾疫或以為淡薄寡慾之驗云
然其初未通中國時人皆去髭髯手羽冠毛衣

好剝掠自相攻擊鬪死者聚食之以髑髏獻王
王賜之冠使為隊帥男女相悅為婚婦人產子
必食子衣年老者髮多不白祭山海神以酒者
鬪戰殺人即以其人祭神犯罪輕則用杖重則
繩縛以大鐵錐鑽頂殺之其後既通中國而俗
遂移焉亦可謂善變已旁國有沙華公國好剽
掠商舶漂至則擒人燒食之又有小琉球亦近
閩之福州霽日登鼓山可望而見其人麤俗少
入中國又有毗舍那者鳥語裸形始非人類宋
淳熙間其酋豪率其種類數百猝至閩水澳圍
頭等村行殺戮其國無舟楫縛竹為筏可摺
疊急則群扞之浮水而逃性喜鐵臨敵用鏢鎗
不忍棄鐵繫繩十餘丈為操縱見鐵騎則爭刌
其甲雖駢首就戮而不顧焉所至人閉戶則不
入但刌其門環而去又好刌筋有所逐人擲以
匙筯則俯取之可緩數步蓋夷之最小而險者

也琉球所產無牛羊驢馬惟閹鑷樹似枯條木
皮布緝木皮為布潤三尺餘金荊榴可為几枕勝于沉香流黃胡椒
熊羆豺狼雖入貢或有諸物皆自他國貿易者
非本國產也其山雷霆鼉鼊古米山最險常損舟
其川彭胡島與福興泉漳界天晴望之若烟霧
中
外史氏曰　明興來琉球於諸夷中最為效順
獻琛歸化胄子就學遂與朝鮮並稱冠帶之國
神聖洽化可不謂盛乎以余所睹記琉球人皆
驍健喜鬪好殺鄰國視為勁敵乃遍者若關白
之要索輸金貢楮惴惴恐後抑何其憊也積衰
不振已非一日倘不及今克自振拔吾不知其
所終矣

忽魯謨斯

忽魯謨斯在東南海中永樂三年太監鄭和至
其國國王遣人貢獅子麒麟馬匹珍寶等物其
地土沃民富人貌偉碩喜佛惡殺壘石為城罔
長溪居練兵畜馬民亦壘石為屋其三五層者
之上為厨厠卧室待客之所男拳髮長衫女編
髮四垂帛綫其項耳挂瓔珞腕腿俱金銀鐲以
青石磨水粧點目唇花紋為美婚姻用媒妁如
中國市用銀錢國法禁酒有造酒者弃市文武
醫卜技藝之人絕勝他國國中有大山山四面
出種物一面出塩如紅礬塊有重四百斤者可
碎為食亦可刻為器皿一面出紅土色如銀硃
一面出白土若石灰可以粉墻一面出黃土色
如薑黃其產松子葡萄乾把晡果萬年棗大尾
羊闊羊草上飛福鹿馬哈獸駝鷄各色寶石美
玉器皿各色水晶器皿花毯畨絲之屬

蘇祿

蘇祿在東南海中其國王有三曰東王西王峒
王三王唯東王為尊其俗少粒食食魚鰕螺蛤
短髮纏皂縵蒙海為塩釀簾為酒織竹布為紫
氣候常暑其產竹布玳瑁珍味我　朝永樂十
五年東王巴都葛巴剌以答剌西王巴都葛叭
哩　峒王叭都葛巴剌卜各率其妻子頭目來朝貢
賜王冠服王金帶蟒龍金銀錢鈔錦幣器皿及
妃子女姻戚頭目賞各有差東王歸至德州卒
命有司瑩為楜碑封其長子都麻含為蘇祿
東王十九年遣使來貢獻巨珠一顆重七兩五
錢葢古所未有也

彭亨

彭亨在東南海島中暹羅迤西其地多平原禽
獸稀少草茂土沃其俗尚怪常刻木香為人殺
人血祭禱祈福禳災喜供佛其產片腦沉香花
錫椰子我　朝洪武十一年遣使表貢番奴及
方物永樂十二年遣蘇麻囤門的里等來貢

古麻剌

古麻剌在東南海中前代無考我　朝永樂時
國王哇来頓本率妻子及陪臣来朝行至福州
卒　賜謚康靖　勅有司塋歲祀之其國有妃
餘州有城四重國人不葷食佛宇四千區有妓
四萬餘每日歌舞以献佛飯王出入乘象戴金
冠從者騎馬持劒隨之
外史氏曰東南距京師不齊萬里遠矣謹斯彭
亨諸國僻伏海島中國固已置之度外而稽首
獻琛奉約束惟謹甚至蘇祿古麻剌二王扶攜
入朝殞於道路而不悔可不謂誠乎
文皇帝封碑歲祀重加優恤豈徒誇示諸夷狄
亦柔遠之道也

龍牙犀角

龍牙犀角在中國之東南其地氣候常熱俗尚
淳厚煮海為塩釀秫為酒男女椎髻以親戚尊
長為重一日不見則攜酒殽問安産有沉速降
真黃熟香鶴頂蜂蜜砂糖貨用土印布八都剌
布青白磁器之屬

鐵驪

鐵驪不知其所始遼太祖天顯元年遣使来貢
興宗重熙時始授官為右監門衞大將軍以後
朝貢如常至天祚之乾統而貢始絶云

昌蘇館

昌蘇館其初不可考遼聖宗開泰元年其王昌
里喜棘朝後屢遣使來貢至天祚時馬哥餘晙
等攻之敗績始與遼絶

三嶼

三嶼國近琉璃元世祖至元三十年欲遣人招
之平章政事伯顏等言此國之民不及二百户
乞不遣乃止

兀惹

兀惹地近蒲盧毛朶故蒲盧毛朶部多有兀惹
人遼聖宗時歲貢鷹馬貂皮後以其地遠詔生
辰正旦外毋貢

蒲盧毛朶

腫

蒲盧毛朶遼以前不可考聖宗太平七年遣使
来貢其後人户亦往往来附以方物貢者歲相

蒲里奴

蒲里奴遼聖宗統和時始來貢開泰十七年攻
執其酋陶得里以獻貢始絕

裔乘東北夷卷之六

閩漳浦楊一葵翹卿父著

女直

女直古肅慎氏在開原北混同江東東濱大海
西接兀良哈南隣朝鮮北至奴兒干歷代以來
名號各殊漢爲把婁元魏爲勿吉唐爲黑水靺
鞨宋爲女真即金祖也後遊勢丹主諱更名女
直周武王克商肅慎氏來貢楛矢石砮漢興臣
屬夫餘強健善弓矢魏黄初中叛夫餘數伐之
弗克也魏末貢楛矢石砮弓甲貂皮之屬晉元
成間通貢頃之復貢於石虎虎間之答曰每候
牛馬向西南臥三年矢是知有大國所在故來
貢馬魏時有勿吉者凡七部落向黑水部最強
即肅慎氏也延興以後貢使相尋隋初靺鞨遺
便貢献煬帝奧高驪戰數敗其渠帥突地稽
每有戰功隋拜光祿大夫居之柳城未幾邀歸

唐太宗征高麗靺鞨佐之甚力駐蹕之後高延
壽高惠真以衆及靺鞨兵十餘萬來降太宗坑
靺鞨三千人餘悉縱之玄宗時其首倪屬利稽
來朝拜為勃利州刺史遂置黑水府以部長為
都督刺史賜姓李唐置長史監之記唐世貢使
貞元後渤海強盛靺鞨皆役屬之遂不與王會
日至所献有鯨晴貂鼠白兔石砮楛矢諸竒物
云靺鞨初附高麗高麗滅通天中有舍利乞乞

仲象者與靺鞨首乞四比羽及高麗餘種東奔
樹壁自固武后詔封比羽許國公仲象震國公
俱拒不受乃遣将李楷固斬之時仲象巳死其
子祚榮因并比羽之衆自號震國王盡得夫餘
沃沮弁韓朝鮮諸國地于是嘗通貢厥宗封為
渤海王自此遂稱渤海國焉祚榮以後叛附
無常然數遣諸生詣京師太學習識古令制度
故郡邑官號章服多傚中國者至阿保机興數

侵擊之勢遂不振後唐時黑水兀兒及胡獨鹿
兩部首長遣使朝貢而女直之名始通中國矣
種顊不一有生女直有熟女直有黄頭女直生
女直及黄頭女直勢微惟熟女直有僻慶契丹東
比隣臣服一百餘年世襲節度使自宋建隆以
至天僖貢使不絶契丹怒其朝貢中國遂於海
岸置三柵柵置兵三千絶其路女直乃汎海入
朝求發兵共平三柵太宗降詔撫諭之不為發

後契丹征高麗道由女直遂與高麗合兵
拒之大敗契丹自是女直勢稍振相傳宋初有
新羅酋丞普者來歸女直推為首領傳至
寵福五傳至胡來胡来三子伯曰核里頗叔曰
滿刺東李曰楊割楊割族最多稱強諸部陰懷
二心又恃功抑那旁近部族或誣以叛七而取
之多持金珠賂契丹用事臣如是十餘年建中
靖國間楊割死子阿骨打立歳有北珠貂單及

俊鷹海東青貢於契丹海東青異鳥也契丹主
酷愛之歲遣使來趣契丹馬數百人搜取海東
青國人厭苦之及契丹主延禧嗣位責貢尤苛
於是骨打遂叛延禧親征大敗歸女直軍法每
五十人為一隊前二十人被重甲持戈予後三
十人輕甲操弓矢每遇敵則兩人躍馬而出觀
陣虛實然後四面結陣馳擊百步之外弓矢齊
發勝則整陣緩追敗則復聚而不散其分合出
入應變周旋人自為戰時延禧暴雲失將士心
數為女直所敗契丹大怒下詔欲剪除之骨打
革不如殺我一族兩陈可轉禍為福諸酋拜曰
顧盡死以是戰無不勝無何破乾利等州復得
遼東長春兩路遂進稱皇帝以其地產金國號
大金而追尊龕福以下皆為帝明年金人取中
京至古北口延禧奔雲中居夾山而朔應諸州

皆陷金遂入燕初宋聞金人浮遼陽地童貫謀
欲藉其力復燕遣趙良嗣約金攻契丹取燕雲
而許以歲幣如契丹數骨打以故興兵取燕至
是復遣趙良嗣等報聘金人但許劉六州而
猶欲自取租稅良嗣往返議不決竟增歲幣一
百萬緡明年童貫蔡攸入燕燕之子女玉帛職
官富室皆席卷而來兩存空城而已骨打怒尼弟
吳乞買立尊骨打廟號太祖未幾滅契丹又取
朔武忻代四州遂圖太原靖康元年進薄京師
汴城陷其明年金人立張邦昌為帝而擄徽欽
二帝及太子后妃戚三千人北去宋臣遂共
奉康王即位是為高宗而邦昌退位為太保焉
時陝西山東河南淮陽相繼陷沒高宗南渡臨
安初用宗澤張浚岳飛諸將兵勢大振中外忻
忻有恢復之望卒為賊臣秦檜所排高宗遂無
進取之志而故地竟不可復矣其後八傳而至

守緒是時蒙古鉄木真稱帝首謀伐金金人累
戰皆敗遂奔汴蒙古既取其城邑凡八百六十
有二乃命金帝號稱河南王彼此罷兵金主
不従蒙古遂決意滅金鉄木真死子窩濶台立
遂與宋合兵擊金金主守緒懼遣使来借粮宋
不許守緒遂傳位于東面元帥承麟時元兵攻
圍甚急承麟即位函出捍禦師潰而國亡矣元
以其地置軍民萬戶府五迫我　明分為数種

女直
居海西者曰海西女直居建州毛憐諸慶者曰
建州女直極東最遠者曰野人女直又諸小種
甚多皆勇悍善射建州居中為雄長地最要害
其人知耕種緝紡居慶飲食頗有華風永樂元
年野人酋長来朝已悉境内歸附先後置建州
等衞一百八十四兀者等所二十都司一日奴
兒干官其首為都督指揮千百戶鎮撫俾統
其部落別為站為地面各七不領于衞所並約

歲一朝貢獨野人遠無常期巳又開馬市開原
城設安樂自在二州居降夷終　文皇帝世諸
夷奉職謹徵猰惟命我亦厚　賜金帛以結其
心而建州衞指揮呵哈出及其子釋家奴皆以
有功賜姓名呵哈出曰李思誠釋家奴曰李顯
忠而顯忠弟猛哥不花亦領毛憐衞累都督
同知父子兄弟赫煕光罷矣顯忠死子滿住嗣
宣德四年請入朝宿衞不許其年海西野人

女直
女直數冦邊都督巫凱請討之　上不欲勤兵
第賜勅戒諭初建州左衞都督猛可帖木兒為
七姓野人凡察所殺子童倉逃居朝鮮童倉弟
童山嗣為建州衞指揮亡何凡察童倉歸建州
方七姓之難建州衞亡其印　詔更給比後得故
印　詔上更給者凡察匿不出乃分建州左衞
置右衞剖二印使童山領左凡察領右正統末
圳虜數煽誘諸夷窺邊蒲住童山等咸其目虜

入冠不絕殺掠遼東吏民無筭景泰中巡撫王
翱遣使往招之稍歸所掠而身自入謝是時諸
酋多死子孫盡失其賜敕不得官以合人入貢
賞賜大減不無恚恨云成化中董山糾毛憐海
西夷數入盜邊遣都督武忠往　諭并　勅諸
酋撒哈良等毋黨叛皆頓首謝童山亦悔走
闕下自歸而其暴橫自如　詔羈之廣寧尋誅
之逐遣武靖伯趙輔都御史李秉督帥進討分

女直

三道入擣其巢朝鮮亦發兵遏其東走輔斬首
虜多蒲住死逐築撫順清河靉陽諸堡邊備日
嚴夷稍稍創而我亦歆霸靡之勿絕復以童山
子脱羅為指揮且錄滿住凡察後令皆浮襲諸
夷復貢然往往以報董山讎為讎患若塞上巡
撫陳鉞不能禁輒襲殺降夷以提聞時大閹汪
直方倖功越疏言且大殘兵伐建夷自請行
詔以兵部左侍郎馬文升經畧之文升至具言

夷所以叛趑起于二三酋豪失職怨望及貢使苦
關吏求索宜嚴罰吏而稍寬夷使自新可不煩
兵服也直怒而陳鉞復撝之遂劾文升下　詔
獄謫戍蜀時諸夷業已聽撫有次弟會文升去
鉞邊言夷酋伏當加脩怨怙亂不誅無以示警
仍遣直行而以武寧侯朱永為帥襲破之哈速等
貢使哈速即禿等以為賊捕送京師誅杭是夷之
五人竄即禿等七十餘人論功陸賞於是夷
大怒怒深入殺掠焚劫視昔尤燃矣御史強珍
奉貢謫襲如故塞上稍得休息焉正德間海西
夷加哈義竹孔革等為亂阻絕朝貢旋撫諭解
暴其狀謫戍邊遼事益壞守臣若用兵思復親
夷會其酋完者禿貢馬乞入謝請許之自是復
散嘉靖初夷酋速黑忽最強諸部畏之以捕殺
叛夷猛克功　賜綵幣金帶大幅獎慰之以風
勵諸夷其後請乞煩大而入貢浮于常額乃

勑遼東守臣夷來必嚴覈如制方啓關否毋納
後巡撫於敕減其賞物夷人大怨數入塞殺掠
如成化時復時與虜合為邊患撫臣速以不
任罷去遼東西大困萬曆二十九年薊遼總督
萬世德奏夷首伯牙兒悔罪叩關乞復貢賞從
之自是稍戰朝貢至今不絕云其地有長白山
橫亘千里高二百里巔有潭周八十里南流為
鴨綠江北爲混同江險臨則五嶺喜昌石門盖

女真

咽喉之地也土氣極寒冬常穴居俗勇悍喜戰
闘善騎射上下岩壑如飛渡江河不用舟楫浮
馬而濟有狗車木馬輕提而便狗車形如船以
數十狗拽之性來遞運木馬形如弹弓繫足激
行可及奔馬每恃獷提故處入寇然貪惜官賞
雖叛輒服其人好畋獵以樺皮作角吹之毆喲
吻然呼麋鹿而射之嗜半生米飯漬以生狗血
性嗜酒酒醉則縛之不則殺人父母春夏死則埋

之以所罷奴婢及鞍馬殉秋冬死則以尸餵貂
故用是多浮貂馬其親友死則以刀割領血淚
交下名為送血淚盜禁甚嚴惟正月十六日縱
偷一日以為戲宋以承高塗身以溺洒手面
年以草一青為一歲以乄後夷風稍變焉產海
最無儀法及金人入宋而浴不知紀
矢石弩赤玉真珠金麻布塩馬鯨睛腒胴海
東青鷹鶻鴉兔鶥牛粟麥檞葵菜及貂鼠

女直

不能盡覈也
陸襄以頒給勑書為駞父之稍濫嘉靖間雖禁
魚文林即貢以冬月為期非期者遣臣具請其
青鼠虎熊狼狸海中羢驢貓牛狗猪諸皮海人
外史氏曰女直氏其初最微至其後減遼侵宋
靖康之禍烈矣建炎以來忠臣豪士戮力中原
而偏安江左竟以不振奸臣誤國可徒曰夷勢
盛非蒙古遽興遂以哀弱寢至滅亡照其酋長

尚擾故地偃然南面無羞也　明興不煩尺籍

輒奉朝請納土歸命扵是置衞定貢以為東北

藩籬甚馴矣然種類不一乍嗔乍喜而巨闈倖

功懦臣溺職以馬端肅之經畫而不能行其志

卒使忠良氣沮大啟邊釁不亦左乎迄年　皇

威遠播憬然悔禍雖時有叛服而旋即受索假

令撫綏有洛何憂小醜孰若乃謀論多而成功

少遼左之事將有不可知者嗚呼難言之矣

裔乘西南夷卷之七

　　　　閩漳浦楊一葵翹卿父著

蕅門荅剌

蕅門荅剌即漢條支唐波斯大食地也人眾甚

多為安息屬國又有弱水漢使者往来真有能

至者章帝時進鶬鳥高七尺解人言和帝時

甘英使大秦抵條支臨大海欲渡不果後條支

故地為波斯所據波斯匿王乃大月氏別種子

孫以王父為氏逐世為國號户十餘萬東距中

國萬餘里西距海數百里東南至穆國四千餘

里西北至佛綝國四千五百里國人號王曰醫

噴妃曰陝率王之諸子曰殺野元魏以前未通

中國神龜中遣使貢方物上書云大國天子天

之所生顧日出慶常為漢中天子波斯國王居

和多千萬敬拜朝廷嘉納之自此至梁隋俱遣

使貢献而隋亦遣使李昱至其國隋末西突厥

葉獲可汗破其國而不能有唐貞觀中獻水珠
行軍之水置土中水自出又獻活褥蛇狀顋鼠
色正青長八九寸能入穴取鼠是時條支遺種
亦來貢獻後波斯王為大酋阿逿大食復攻之
遣使告難高宗以遠不可出師龍朔初又訴為
大食所侵時天子遣使到西域分置州縣以疾
陵城為波斯都督府以其王為都督俄為大食
所滅咸亨中俀入朝授左武衛將軍死時其子
授左威衛將軍病死而西部獨存天寶間遣使
客土火羅二十年部落益離散景龍初復來朝
護還行儉以道遠至安西碎葉而歸泥涅師遂
泥涅師為質京師至調露元年詔裴行儉將兵

戴門若利　西南卷七　二

者十輦獻瑪瑙琳火毛繡舞延乾元初從大食
襲廣州焚倉庫廬舍浮海走大曆時復來獻自
咸亨以來雖貢獻不絕默其地已盡入大食矣
大食王其先亦波斯人初隋大業中牧于倶紛

摩地那山有獸言曰山西三穴有利兵黑石而
白文浔之者王其人往果得石如獸言乃聚徒
略貨自立為王遂擾波斯之西境後浸強盛逐
滅波斯而南侵婆羅門諸國地廣萬里勝兵至
四十萬盡服康安等五十國逐稱大國云其王
嘗遣人乘船賫粮入海
海中見一方石上有樹枝赤葉青樹上總生
小兒長六七寸見人不語而笑手足皆動摘取
入手即乾黑其使度粮之難極西界遂持一枝
還見王亦一奇事云唐永徽初大食王徹密真
末臘後遣使者朝貢自言王姓大食氏波斯國
人浔國凡三十四年傳二世矣開元初復遣使

戴門若利　西南卷七　三

獻馬鈿帶謁見不拜白國人止拜天無拜王也
有司切責之乃拜初大食族中有摩訶末者勇
而智衆立為王闢地三千里號白衣大食傳十
四世至末換殺兄伊疾而自立群下將討之狗

于衆曰助我者皆黑衣俄而浮衆數萬即殺末
換求故王孫阿蒲羅拔爲王更號黑衣大食蒲
羅死弟阿蒲恭拂立至德初遣使朝貢代宗取
其兵平兩京阿蒲恭拂死子㴞地立㴞地死弟
阿論立貞元時與吐蕃相攻十四年遣使含嗟
烏鷄沙比三人来朝皆拜中即將宋乾㴞四年
朝貢四年又貢方物以其使李詞末爲懷化將
僧行勤游西域因賜其王書開寶元年遣使来
軍以後朝貢如常太平興國二年遣使貢方物
其從者目深體黑謂之崑崙奴詔賜其使襲衣
器幣從者緣帛有差四年復有朝貢使至雍熙
元年國人花茶溲来献花綿越諾揀香白龍腦
白沙糖薔薇水琉璃器淳化四年又遣其副蕃
長李亞勿来貢其國舶主蒲希密至南海以老
病不能詣闕乃以方物附亞勿来献希密诏
才乳香賓鉄紅系古貝五色雜花番錦白越諾

琉璃瓶無名異薔薇水等物詔賜希密敕書錦
袍銀带束帛至道元年其國舶主蒲押陀黎瞀
蒲希密献白龍腦胭脂龍塩眼藥白沙糖千
年東五味子偏桃薔薇水香乳山子蕃錦駞毛
褥面白越諾對扵崇政殿奏云父蒲希密因
緣射利泛舶至廣州違令臣遠
来尋訪昨至廣州見之具言前歲蒙皇帝聖恩
除書賜袍令臣奉令本令臣遠方物致貢太宗
因問其國對云與大秦國相鄰爲其統屬今本
國所管之民數千有都城界山海間又問其山
澤所出對云唯犀象香藥問犀象以何法可取
對云象用象媒誘致漸以大繩羈縻之其耳犀則
使人升大樹操弓矢伺其至射而殺之其小者
不用弓矢可捕獲上賜以襲衣冠带被褥等物
安稿遣囘詔賜蒲希密黄金準其所貢之直三
年二月又與宾童龍國使来朝咸平二年又遣

判官元戌至三年舶主施婆離遣使穆吉鼻來
貢吉鼻還賜陁婆離詔書并器服駛馬六年又
進使婆欽羅三摩尾等對於崇政殿持真珠以
進自云離國日誠頓浮瞻威顏即獻此乞不給
回賜真宗優嘉恩賞景德元年又遣使來時與
三佛齊蒲端國使並在京師會上元觀燈皆賜
錢縱其宴飲使來許偏至苑囿寺觀覽大中祥符
使會占城使來時蕃容蒲加心至四年又遣

蕃門答剌

元年十月車駕東封陁婆離上言願執方物赴
泰山從之初貢路繇沙州涉夏國抵秦州後卷
西人鈔掠乃詔取海路繇廣州至京師政和中
橫州士曹蔡蒙休押伴其使入都沿道故滯留
強市其香藥不償直事聞下詔自今蕃夷
入貢盜選承務即以上官押伴無故不浮留滯
取寶市者以自盜論建炎三年張浚奏大食國
遣使進奉珠玉寶貝等物已至熙州上宣諭曰

大觀宣和間茶馬之政廢川茶不以博馬惟市
珠玉故馬政浸缺武偹不收致胡虜亂華危弱
之甚令復損數十萬緡貿易無用珠玉昜若
惜財以養戰士宜以禮謝遣之紹興元年六年
俱以舶船入貢乾道四年至占城為所奪訴於
寶貝象牙乳香等入貢舟初遣使入貢曾
福建市舶上令以理遣回禧間遣使入貢王
朝洪武初國王遣使貢馬及方物永樂初國王

蕃門答剌

宁奴里阿炎丁遣使朝貢封為蕃門答剌王
賜印誥金幣旣而國王與花面王戰敗死子幼
王妻幕能復雒者我以為夫于是有一漢翁領
兵攻殺花面王逐妻故王而得其
國遣使來貢無何故王子長陰與部月謀殺漁
翁復故位而漁翁之嫡子蕃幹剌者逃居鄰谷
自立為王率眾攻故王子會太監鄭和至其國
發兵擒獲蕃幹赴京伏誅王子感　上德貢方

183

物甚夥至今不絕其國在泉州西北懷諸番要
衝自泉州發船可百日至其所產多連載與三
佛齊貿易商賈轉販以至中國其地廣衰民俗
倨傲甲於諸番天氣多寒雪厚二三尺其王錦
衣玉帶朔望則戴百寶純金冠其居以瑪瑙為
柱綠甘為壁水晶為厄碌石為磚活石為灰帷
幕之屬悉用百花錦官有丞相太尉各領兵二
萬餘人馬高七尺士卒驍勇民居屋宇與中國
同其酋長一日必三變色或黑或赤或黃每歲
必殺十餘人取血浴身云不生疾疹其鄰有故
臨國人黑如漆好為冠盜中國人往大食者必
自故臨易小舟而去有默伽國其先荒野大食
有祖師蒲羅咥徙居其地取妻生子曰司麻咽
生時以足感地清泉湧出頃之遂成大井後泛
海遇風波者以此水洒之無不頓止又有那狐
兒國即花面王國也國小僅比大村徒頭裸體

人皆華面故名其屬國有勿斯里勿斯離吉慈
尼麻離拔黎伐白達其所產有美莱偏桃尋枝瓜
石榴臭果酸子蒲桃竹雞鷺鳥名馬胡羊螺子
黛龍涎香薔薇水之屬
外史氏曰補門答剌其先大食王也以牧趨家
而遂至得銀稱王侵威旁國何興之暴耶嘗言
作緣天與之矣地廣萬里屬國五十浸寖崛起
之雄未有及此者人固不可測哉若所稱曰三
變色取血浴身及樹杪小兒之說皆出人理之
外豈其懨乎雖懨天地大矣何所不有吾又惡
知其不懨

佛菻

佛菻即漢大秦國也一名犂靬在海之西又
名海西去長安四萬餘里西北皆海東自西大
食由于闐回紇境達中國武帝時安息獻
戚眉峭鼻亂髮奉髮長四尺五寸角端有肉蹄
如蓮花善走多力帝使輦銅石以起望仙宮足
跡皆如花形國王本欲通漢而安息歙以漢繒
帛與之交市故遮閡不得自達其貢遂絕後班
超遣掾甘英使大秦臨大海欲度而安息西界
人謂英日海水廣大入海人往来皆齎三歲粮
海中能使人思土戀慕數有死亡者英乃止及
桓帝延嘉初大秦王安敦始遣使自日南徼外
来獻象牙犀角玳瑁晉太康時復遣使貢獻唐
貞觀中佛菻王波多力遣使獻赤玻瓈綠金精
大食遣大将軍摩拽伐之佛菻約和遂服屬焉
乾封以後凡再来朝獻開元中因土火羅大菩

獻獅子羚羊五代時無聞宋元豐時國王滅力
伊靈攺撒遣其首領未獻鞍馬刀劍真珠元時
其國人多居中國者我　朝洪武初遣其國故
民捏古倫齋　詔諭之尋遣使朝貢其國地方
善之王城廣八十里門高二十丈釦用黃金寶
十里一堠路無盜賊但有猛虎獅子為害行人
萬里城四百勝兵百萬屬國數十里一亭三
殿以琴瑟為柱水精琉璃為枕異寶餚門香木
為梁黃金為地有貴臣十二共治國事國有大
宊異輒廢王更立賢者其人長大頗類中國故
稱大秦云地甚寒無雁碟不尚戰闘刑罰輕者
枝數十重者至二百大罪剕投之江海歲三月
則詣佛寺坐紅冰使人昇之其候時日懸大金
秤以十二金九繫之每至一時九輒隨落毫裝
不爽鑄金銀錢無孔面鑿彌勒佛背為王名禁
民私造因有幻人能額上為炎燧手中作江湖

佛菻

舉足則珠玉亂隊開口則憍眊亂出有善醫能
開腦取蛋以愈目眚其產五色玉夜光璧木難
珠陔真香駮雞犀却火雀西錦㲲袛花千年棗
阿勃參肉汁酒龍種羊之屬
外史氏曰幻人之術世或有之至於開腦取蛋
則荒唐悠謬之談理之所不載也且一佛菻耳
而唐書以為貢獻不絕宋史以為不通中國夫
史固亦有不可信者亦

蠻書卷十七

十二

覽邦

覽邦去西域甚遠即漢踈勒國明帝永平中龜
茲王建攻殺踈勒王成以龜茲左侯兜題為王
漢遣班超劫縛兜題立成之兄子忠後王遂為
為匈奴所攻乃引衆入踈勒城中乏水恭拔
擊斬之耿恭為戊己校尉金滿城
刀刺山飛泉湧出賊遂退安帝元初中踈勒王
安國死舅臣盤立日以穜盛數遣使貢獻雲帝
迦牟尼佛架裟長二丈餘帝命焚之終日不燃
隋大業中遣使來貢唐貞觀初獻名馬太宗謂
房玄齡等曰襄之一天下克勝四夷惟秦皇漢
武耳朕提三尺劔定四海遠夷率服不減二君
黙彼末路不自保公等宜相輔弼毋進諛言置
朕於危亡也像鳳時為吐蕃所破開元中遣大

蠻書卷十七

十三

理正不高夢松冊其君安定為跋勒王天寶十二
年首領裴國良來朝授折衝都尉賜紫袍金魚
宋時未通我　朝洪武九年國王昔里馬哈剌
扎附鄰國貢方物地多沙磧俗尚詭詐王姓裴
氏自號阿摩支居迦師城服事突厥突厥以女
妻之其都城方五里國內有大城十二小城數
十服兵二千人其人文身碧瞳手足皆六指故
產子者非六指不育云

覽邦

外史氏曰聖人不語怪世皆謂佛不可信默魏
帝焚袈裟而終日不燃何其異也夫覽邦一小
國耳以貞觀之盛入貢名馬太宗輒沾沾自喜
而勸戒群臣若不能保其終焉者致治未亂保
邦未危斯英主之用心也扎賢于漢武隋煬遠
矣

婆羅門

婆羅門即古師子國天竺屬國也東晉始通中
國其地在西海中延袤二千餘里多出奇寶四
時和邁無夏冬之異五穀隨時可種其國舊無
人止有鬼神後諸國人以為樂土多往居之遂
成大國晉安帝義熙初遣使獻王佛像高四尺
二十五色潔潤形制殊特殆非人工宋元嘉梁
大通唐總章天寶間朝貢不絕宋大觀中婆羅
門遣使來貢詔禮之如交趾我　朝永樂中遣
使貢真珠玳瑁瑪瑙車渠等物　賜王及妃文
綺其地貢山面海念佛素食風俗土產大略與
天竺同

外史氏曰記言婆羅門其國舊無人止有鬼神
商賈市易夫不見其形諸國人至者以為樂土遂
留居焉夫不見其形孰知其事鬼神與人交構
不過天地間一二奇詭魔祟而遂以為國俗不

亦誕乎而又曰其人骸先知是不見其形者耶

抑樂其土而居之者耶史氏多誕謾不可信但

其俗佞佛好善歸化　天朝則亦有足取者也

呂宋

呂宋小國也其地產黃金人多富厚俗朴耶訟

洪武永樂初俱遣使朝貢萬曆四年助討逋賊

有功來貢道由福建入於正賞外加　賜如

朝鮮國令閩人番舶貿易官給帖歲以為常

外史氏曰呂宋與閩密邇閩人常徃貿易于滋

不禁蓋其俗用銀錢而酷喜中國方物故閩人

至其國者徃徃得利數倍而還甚且數十倍焉

于是留居者不可勝數矣通年攙隙相雠殺初

以厚值易吾兵器吾人為其所愚爭起而市之

既而大逞遂以空拳不敢㪣被殺傷至二萬餘人

其狡詐不過吾中國犹嗟嗟憐矣黙令尚相率

而徃而彼亦不我阻絕蓋亦有所利之也

錫蘭山

錫蘭山在大海中山多而翠藍山獨高插天其

海邊一盤石上有巨人足跡長三丈許四季水

不乾世謂釋迦嘗從翠藍嶼来登此山此其迹

云下有寺稱為釋迦涅槃真身倒卧在寺亦

有舍利子在其寢慶氣候常暑地豐米穀產寶

石水晶我　朝永樂七年遣太監鄭和賞金銀

供器及綵粧織金寶幡布施于寺及建石碑

賜之其國王亞若奈兒鎖里人負固不服謀害

舟師和以兵擊破之俘其王九年獻俘　闕下

尋宥遣歸國十年封耶巴乃那為王自是西夷

畏服正統十年遣其臣耶巴剌謨的里亞等来

朝貢珍寶石宣德八年入貢　賜王及妃綵絲

等物其使臣等亦賞各有差天順三年國王葛

力生夏剌昔利把交剌惹復遣使朝貢其俗尚

释重象牛煔牛糞塗體飲牛乳不食其肉殺牛

者死王宮民居旦必調牛糞金室而後禮佛兩

手直舒于前兩腿直伸于後胸腹皆著地而拜

國富饒地廣人稠亞于爪哇人死用火化婚姻

則親鄰婦人皆兩手舁拍胸乳兩叫號哭泣為

賀男去鬚髮留女椎髻皆以布纏之土宜穀

市用金錢所經海中有赤印塢塢人穴居男女

裸形食魚蝦及芭蕉子傳云若有寸布在身即

生爛瘡俗傳釋迦佛過海浴柗此地塢人盜其

衣被释迦呪誓以故至令人莫能衣云其山川

古蹟則翠藍山浮沙石跡其產有青米藍石

黃鴉鶻石青紅寶石龍涎香之屬

百花

百花古注輦國宋以前未通中國祥符中國中
茶羅遣進奉使侍郎娑里三文等奉表来貢三
文等以鑒捧真珠碧玻璃升殿布于御座前下
殿再拜云十年来海無波濤故老相傳中國有
聖人故来入貢其國主表辭亦雅馴大畧云伏
惟皇帝陛下功超邃古位建大中衣裳垂而保
合乾坤劍戟鑄而範圍匡宇神武不殺人文化
成廓明明之德以臨御下民懷翼翼之心以昭
事上帝至仁不傷于行葦大信炎及於淵魚故
得天鑒孔彰帝臨有赫顯今古未聞之事保邦
家大定之基渺類醯雞賊如螽狗世居
夷落地遠華風虛荷燭幽曾無執贄今者竊聽
謌頌普及遐陬限年屬於桑榆阻躬陳於玉帛
矧滄溟之曠絕在跋涉以稍難是敢傾倒亦心
遙瞻丹闕任土作貢同螻蟻之慕羶委質事君

比葵藿之向日謹遣使三文等五十二人奉土
物云自是数来朝貢其使自言願將上等珠
就龍牀脚撒殿頂戴瞻禮以申向慕之誠乃奉
銀盤升殿跪散珠御榻下而退謂之撒殿以後
来貢者遂以貢物撒殿為常為之元時未聞我
朝更名百花以國多奇花故名洪武十一年國
王剌丁剌者望沙遣使朝貢其俗尚佛富饒民
有罪輕者熱於木格笞五七十至一百重者斬
或以象踐殺之其實則國主與四侍郎膜拜於
階遂其坐作樂歌舞食肉不飲酒俗衣布其兵
陣用象居前小牌次之梭槍次之長刀又次之
亏矢在後四侍郎分領其眾其地東南約二千
五百里自廣州千一百里其相近者有恭蘭池
國時相侵代云其珍寶則真珠象牙冊瑚玻璃
龜筒檳榔豆蔻吉貝布其獸則山羊黃牛白鹿
紅猴其禽則山雞鸚鵡倒掛鳥其果則餘甘藤

蕉之屬

羅千年棗椰子甘羅崑崙梅婆羅蜜其花則白
散絲蛇臍佛桑麗秋青黃碧婆羅瑤蓮蟬紫水

勃泥

勃泥國在西南大海中本闍婆屬國距闍婆四
十五日三佛齊四十日占城與摩逸各三十日
昕統十四州宋以前不通中國太平興國二年
其王向打遣使賫表以貢大坵龍腦米龍腦蒼龍
腦玳瑁檀香象牙其表以數重小囊緘封之紙
類木皮薄瑩滑色微綠而長數尺潤寸餘橫卷
之僅可盈握其字小細橫讀之以華言譯之云
勃泥國王向打稽首拜皇帝萬歲萬萬歲頓皇
帝萬歲令遣使進貢向打聞朝廷無路浮到昨
有蕃人蒲蘆歇泊水口令人迎到州言自中朝
來比詰闍婆國遇猛風吹其船不浮忩此時聞
自中國來人皆大喜即造舶船令蒲蘆歇藁達
入貢朝昕遣使人只願平善見皇帝每年令人
入朝每年修貢應風吹至占城界望皇帝詔占
城令有向打船到不浮番臣本國別無異物乞

皇帝勿怪詔舘其使于禮賓院優賜遣之元至

元中王錫理麻喏邅遣使貢方物乞泛泉州乘

海船歸國湼之戎　朝洪武四年國王馬合謨

沙遣使朝貢永樂三年封其國主麻邪惹加那

乃為王六年王率其妃子及陪臣來朝是年至

福建命中官宴勞之令暘過諸郡設宴至京王

奉金字表獻方物妃箋獻中宮東宮　上御奉

天門賜王宴王卒于會同舘　賜諡恭順葬南

京城外石子岡樹碑立祠　命有司春秋致祀

封其子遐旺嗣爵護送歸國後十二年及洪熙

元年皆來貢其國以板為城以銅鑄甲狀若大

筒護其腹背王所居屋覆以貝多葉民舍以草

在王左右者為大人王坐繩牀若出則大布單

坐其上衆昇之名曰阮囊無器皿以竹編貝多

葉為噐盛食食畢棄之有麻稻無蠶絲飲椰子

酒宴會則鳴鼓吹笛擊鐃歌舞為樂習尚奢侈

敬愛華人其降底門國有藥樹煎其根為膏服

之及塗其體兵刃所傷皆不死其山川長寧鎮

國其産片腦貝多葉吉貝加豪樹之屬

祖泷兒

祖泷兒在海西北重山地色多黄赤與阿丹同
即漢大夏隋唐之吐火羅也漢張騫至大夏歸
言其俗土著無大君長兵弱畏戰貴市其都
曰藍市城及凶奴擊破大月氏其種人遂收餘
衆過宛西擊大夏而臣之大夏於是屬月氏矣
隋唐時更名吐火羅世次難考與大月氏遺種
嚈噠雜居遂有勝兵十萬焉大業中遣使朝貢
唐初屬西突厥武德貞觀中俱入貢高宗時獻
大鳥高七尺色黑足類駝駝人乗之鼓翅而行
三百里能噉鐵俗謂駝鳥顯慶中以其阿緩城
為月氏都督府析小城為二十四州授王阿史
那都督未幾遣子入朝留宿衛俄又貢瑪瑙鐘
樹高三尺開元天寶間數獻馬駝異藥乾阿陀
婆羅二百品紅碧玻璃乃爾其君骨咄祿頓達
度為吐火羅棄抱怛王其後胡羯師謀引吐蕃

祖泷兒

三四尺

攻之葉護失里忙伽羅来乞師帝為出師破之
乾元初與西域九國發兵為天子討賊詔隸朔
方行營宋時不通中國我　朝永樂宣德中王
亞里俱遣使朝貢國無城郭俗尚質朴尚田囬
教王以白細番布纒頭出入乗輭跨馬氣候常
熟市用金銀錢文如人形男多女少男拳髮女
以布兜頭面不露婦人五夫則首戴五角十夫
戴十角無兄弟著與他人結為昆季如遇禮拜
寺日必先用薔薇露沐浴或以沉香油奎其面
更以新衣澆以沈檀俺八兒香重其衣始往禮
拜是日經過街市香氣旬日不散其山川則頗
黎山其產則福鹿名馬又有駝雞頸長如鶴高

柯枝

柯枝古槃槃國東連大山西南北皆海與錫蘭

山相對漠晉以前未通中國宋梁時數遣使入

貢隋大業以後遂絕所献有佛畫塔畚菩提樹

葉舍利子我　朝洪武中来貢至永樂二年王

可亦里遣使朝貢十年復遣使請封其國大山

詔從之是時太監鄭和使至其國國王瑣里人

也首纏黄白布上不衣下縈絲悦束綵壓腰綴

柳木葉苫屋國人五種曰南昆與王同顯祝髮

以綿懸脰為貴族次回回人次富有財者曰哲

地次牙繪曰革全又次甲賤者曰木瓜木瓜濱

海穴居捕漁為業屋簷不過三尺上永不過膝

途遇南昆哲地即伏候過乃行王尚浮屠敬象

牛建寺範金為佛佛座四旁砌成溝渠中穿一

井每旦鳴鍾鼓汲井泉以灌佛頂數回巴方礼

之有曰濁肌者蓋道士流也不剃胎髮髮縷縷

璽浚牛糞灰塗體行吹大螺妻随之乞錢氣候

常熟多雨五六月間大雨街市成河至八月乃

蓋市用銀子玉當金錢其山川鎮國山其產蓬

菜柰珠宝香布之屬

阿丹

阿丹小國也元以前無聞我　朝永樂九年遣
太監鄭和諭之其王拜　詔待使禮甚恭隨遣
使進金廂寶帶金冠鴉鶻諸寶石蛇角等物地
近古里其俗國王金冠黃袍腰繫寶帶至禮佛
則易細番布纏頭上加錦頂身服白袍其頭目
冠服各有差男女服飾悉如溜山屋皆石壘交
易有赤金錢紅銅錢以十二月為一歲歲亦無
閏每夜見新月即一月也不識四時惟以花木
榮謝定之國有馬步兵七八千鄰國畏之其產
珊瑚樹薔薇露萬年棗大尾羊獅子麒麟福鹿
駝鷄白雉寶石之屬

阿魯

阿魯一名啞魯在西南海中與九洲山相望我
朝永樂丁亥國王速魯唐忽先遣臣滿剌哈三
附古俚諸國朝貢　朝廷遣中官至其國　賜
以紵絲紗羅十匹

淡巴

淡巴在西南海中即古狼牙修國梁天監中國
王婆伽達多遣使阿撒多奉表辭皆佛語狼牙
自立國以來四百餘年嗣哀翁達多父其族
人也有賢德國人歸向王聞而因執之其鎖無
故自斷王以為神不敢害逐奔天竺天竺妻以
女俄而狼牙王死大臣迎還為王自後不通中
國我　朝更名淡巴洪武十年遣人來貢其國
風景秀麗坦廣產多石城尾屋王出入乘輿跨
馬頗有威儀男女咸務耕織常業市有交易野
無寇盜稱樂土云物產大暑與真臘同

小葛蘭

小葛蘭國東連大山西傍大海其俗崇信佛教
尊敬象牛婚姻等事與錫蘭山同而地亦相近
烏土產蘇木胡椒羊毛青腳高二三尺黃牛有
三百觔者人日食二飱皆用蘇油拌飯市用金
錢我　朝永樂中太監鄭和至其國王隨遣人
入貢

花面

花面地連蘇門荅剌其男子以墨剌面為花獸
狀故名俗淳厚強不奪弱上下自耕而食富不
驕貧人不為盜田足稻禾他産亦盛我　朝洪
武初有使臣至蘇門荅剌遣人往其山採硫黄
其酋長遂入貢葢至是始通中國云

古里

古里地景大乃西洋諸番之會也與僧迦宻邇
去中國十萬里西瀕大海南距柯枝比接狠奴
兒我　朝永樂元年王沙米的遣人朝貢五年
遣太監鄭和　賜王誥幣封為古里國王王好
浮屠族類分五種俗淳厚尚信兼道不拾遺國
事皆決于二將國人亦有南昆回回哲地王不
全木瓜五等與三佛齊同南昆回回不食牛回
回為將領不食豬其國王死不傳子而傳甥無
甥則傳弟其辯訟亦以手置沸油中試之其産
沉香木香西洋布五色布白鳸胡椒鴉鶻石之

屬

古里班卒

古里班卒地在海中我　朝永樂三年國王遣
人馬的等来朝貢其地土瘠産薄夏多雨俗質
朴男女披短髪假錦纏頭爲飾又有木骨都東
國瀕海堆石爲城壘石爲屋物産最多其連境
有卜剌哇國有竹歩國俱入貢又有剌撒國自
古里國舟行順風二十晝夜可至俗淳厚喪葬
有禮有事禱于鬼神亦各入貢

瑣里

瑣里西海小國也洪武五年國王卜納的遣馬
牙茶嘉兜幹的亦剌丹八兜奉金字表来朝貢
方物并上其土地山川圖　詔優禮之　賜大
統厯金幣等物永樂元年復遣使朝貢其地近
西洋瑣里勢力微弱西洋瑣里輒侵辱之物産
甚微惟有撒哈剌諸布其貢物雖有珍異然皆
自鄰國来者非本國所産也

西洋瑣里

西洋瑣里比瑣里差大洪武三年遣使以金葉表朝貢　賜遇甚厚永樂元年復來貢　上令勿征其貨二十九年西洋十六國遣使一千二百人貢方物至京師西洋瑣里貢獨豐美其產惟布為佳

碟里

碟里小國也永樂三年國使入貢其地人淳產薄尚佛恥訟

甘巴里

甘巴里在南海大島中產薄民淳奉佛不事積
聚雖貧無乞丐者我　朝永樂甲午國王塊哇
剌查遣臣得名公葛葛等来貢

合貓里

合貓里小國也永樂三年國王遣使朝貢其地
止瘠多山之外大海饒魚虫民知耕稼物產無
奇

火剌札

火剌札國弱產微四圍皆山山少艸木水無魚
蝦俗尚佛永樂中遣使朝貢

蘓文達那

蘓文達那洪武十四年國王殊且麻勒兀達盼
遣使來貢或云即蘓門答剌非也

白葛達

白葛達海中小國也土瘠尚佛宣德時國王遣
其臣和者里一思等入貢

黑葛達

黑葛達小國也其地土瘠民貧尚佛畏刑宣德
中遣人來貢

黑婁

黑婁小國也近土魯番番世相結好山川禽獸皆黑男女亦然故名宣德七年来貢

麻林

麻林未詳所在前代亦無可考我朝永樂十三年遣人獻麒麟等物　詔厚賜之

加異勒

加異勒小國也其地民貧常備隣國物産無奇
永樂宣德間俱遣人來貢

敏真誠

敏真誠國稍大其俗日中爲市其産有異香等
物永樂中遣四十人來貢

日羅夏治

日羅夏治西海中小國也俗崇佛教産胡椒蘓
木與打回同我　朝永樂三年國王遣其臣文
那打時鎮等来貢

打回回

打回回小國也數為隣國所侵逐治兵器與隣
國戰乃稍得自立我　朝永樂三年入貢

乞力麻兒

乞力麻兒國山旱水淺西方傍海東北林莽溪
客多猛獸毒蟲民不事耕稼喜射獵物産無奇
永樂中遣使十二人來貢

亦思把罕廿

亦思把罕廿在西南海中最大産豐俗朴尚佛
畏刑喜施惡奪亦有中國人寓焉戎　朝永樂
中遣使四十人来貢

八答黑商

八答黑商國山川明秀人皆尚佛西洋西域皆
通商販產無甚奇永樂間遣四十八人來貢

牒幹

牒幹在西海中溜山之傍其溜大者曰八沙溜
曰官嶼溜曰人不知溜曰起來溜曰麻里溪溜
曰加平年溜曰加安都里溜餘小溜無慮三千
土人曰此弱水三千也舟行遇風失入溜即溺
其國皆回回人俗淳厚氣候甚熱所用銀錢產
龍涎香鮫魚纖金帨甚精我　朝永樂中國王
亦剌福遣使來朝貢

外史氏曰西南諸夷自錫蘭山而下無慮三十
餘國其去京師蓋視諸方為極遠云然不憚問
關而輸誠納欸不謀而合此豈人力也我近有
航海者為風所飄迷失道茫不知所嚮徃但見
汎高而下聽水毂泠泠默心知其弱水也自分
不追矣忽反風而歸遂得免焉則牒幹溜山之
說非虛也蓋其人為余言之如此

溜山

溜山小國也傍有礫幹距蘇門荅剌國可十餘
日國王民庶皆回回人其地無城郭倚山聚居
四面皆海風俗淳美尊尚教門氣候甚熱常如
夏時其男子自布纏頭下圍以帨婦人上穿短
衣以帨圍頭止露其面以銀為錢或用海肭國
人以漁為生以種椰子為業椰子外穰可作繩
索凡造番船止鑽其竅以此索聯縛加以木楔
不用一釘其漁者常於溜礁上浮龍涎香價極
高又以馬鮫魚切成大塊淡曬極乾倉屋收貯
名曰溜漁其西有天生石門如城闕然中有八
溜各有所主廣三千里所謂弱水三千是也其
人巢屋穴處不解穀帛但食魚蝦以樹葉遮其
前後商船儻遇逆風舟師不謹落入其溜則其
水漸無力而沉不復反矣溜山物産甚多惟龍
涎香鮫魚絲嵌手巾金手巾為奇

龍涎嶼

龍涎嶼浮灧海面波擊雲騰每至春間群龍來
集於上交戲而遺涎沫番人乃架獨木舟登嶼
採取而歸其涎初若脂膠黑黃色頗有魚鯹之
氣久則成大塊或大魚腹中剖出若斗大員珠
亦覺魚腥焚之清香可愛其價甚高

南浡里

南浡里在蘇門荅剌之西其國邊海止有千餘家皆回回人屋屋與蘇門同山產降真香名蓮花降又有犀牛國之西北海內有一大平頂峻山半日可到名帽山山西大海即西洋也番名削沒嘍洋西東過洋船隻俱以此山為准其山邊海水內有海樹即黑珊瑚也帽山脚下亦有屬人二三十家各自稱為王屬南浡里國聽轄故南浡里王嘗將降香等物進貢中國

卜剌哇

卜剌哇傍海為國屋民聚落地廣斥鹵有鹽池撥以樹枝良久撈起結成白塩不籍耕種捕魚為業有慈蒜無葢茹男女捧髮短衫風俗頗淳屋屋壘石高起三五層地產馬哈獸花福祿豹麂犀牛淡藥乳香龍涎香象牙駱駝貨物金銀段絹米荳磁器之屬

那哈

那哈即蘇門荅剌師古頃又達那國是也乃西
洋之總路無城郭有一大溪淡水流出於海其
海口浪大南去百里是大溪山北是大海東亦
是大山至阿魯國界正西邊海山連小國二處
先至那孤兒王界後至黎伐王界那孤兒即花
面國也

麻逸凍

麻逸凍在交欄山西南洋海中山峻地平氣候
稍熟田禾倍牧國尚節義婦人喪夫則削髮不
嫁至焚日多有自赴火死者蓋海為塩釀蔗為
酒產木綿黄蠟玳瑁榴花布貨用銅鼎鉄塊五
色布絹之屬

假里馬丁

假里馬丁在西南海洋中與交欄山相望其地
氣候常熱米穀甚少俗置鹵薄男女髠髮竹布為
衣揉芭蕉實以代糧煮海為塩釀蔗為酒地產
玳瑁羖羊貨用底哇布燒珠印布之屬

之屬

竹步

竹步村居寮落地僻西方風俗畧淳草木不生
男女捧髮山荒地廣雨多無霖以捕魚為業所
產獅子金錢豹馳雞有六七尺高者龍涎乳香
金珀貨用土砵色段色絹金銀磁器胡椒米穀

吉里地悶

吉里地悶在連迦羅東滿山茂林皆檀香樹無
別產商船聚集十二所有酋長田肥穀盛氣候
朝熱暮寒地多瘴氣男女斷髮貨用金錢鐵器
磁器之屬

西蠻卷十七　六四

黎伐

黎伐在那孤兒王之西界南面大山北臨巨海
西連淳里國民三千家自推一人為王屬蘇門
苔剌土無所產語言動用俱與蘇門同山有野
犀牛王嘗捕獲隨蘇門入貢

龍牙門

龍牙門有山門相對若龍角狀其地米穀甚厚
氣候常熱四五月間淫雨男女椎髻好掠商船

裔乘西北夷卷之八

閩漳浦楊一葵翹卿父著

哈密

哈密為漢伊吾廬地西域諸胡入貢要路也漢
明帝征匈奴取以為屯田西域遂通及烏耆國
兹殺都護陳陸童帝乃罷屯田伊吾遂入匈奴
後班超定西域復得其地鄧太后時西域畔超
子勇往平之於是龜兹等十七國皆服復開屯
田置伊吾司馬統之隋初商胡雜居有勝兵千
餘人甚驍悍隋末內附置伊吾郡已而又臣突
厥人貢觀初来降因裂其地為西伊州自是逐
為唐郡縣笑石晋時為仲雲所據唐宋必来有
陳氏領州凡數十世黙其名號不可得而紀云
元末威武王忽納失里居之明封肅王卒弟安
克帖木兒嗣我　朝永樂元年貢馬明年乞封
詔封忠順王賜金印所統有回回兀兒哈刺灰

三種各以其首為都督自洪武以來前後所置
衛八日哈密日赤斤蒙古日安定日曲先日阿
端曰罕東曰哈密東左其先置後廢者曰沙州俱
在嘉峪關西而哈密最西凡西域天方等三十
八國貢使至必哈密譯其文乃發安克帖木兒
卒無嗣有兒子脫脫者先是停蠻夷邸　上厚
撫之使嗣王詼衛置官以葉人周安為長史劉
行為紀善脫脫酒酗縱部下不附九年卒封
其從弟免力帖木兒為忠義王宣德元年免力
帖木兒卒　詔以脫脫子卜荅失里嗣王仍稱
忠義以幼故復立忠義王免力帖木兒子脫
歡帖木兒襲忠義王共理其國正統四年忠順
王卒子哈力鎖魯壇嗣王嘗為其母乞醫藥
上加予之仍　勅罕東諸衛還所掠哈密人畜
無何克剌攻哈密刦王王母㪍　詔詰克剌歸
王及歸王母哈密自是畏克剌稍貳于我通虜

拘留漢人甚眾而使者復暴橫至毆死護行軍
校邊臣請絕其貢　詔曲貸之天順元年鎖魯
壇卒弟卜列革嗣王乞朝服冠帶母妻兒袍及
兵器諸物　詔下有司予王朝服母妻署裾冠
餘勿許卜列革卒世絕王母努溫答失里署國
事乃以脫歡帖木兒外孫把塔木兒為右都督
守哈密未幾死子罕慎嗣為都督成化九年上
魯番酋速檀阿力尤雄黠土魯番酋即車師地速
檀猶華言王也攻破哈密執王王母及金印㪍哈
密及三種夷無主竄居苦峪諸山谷或歸附苦
甘肅或亦有随土魯番太者甘肅守臣以聞兵
部議哈密戎藩籬土魯番無故奪之不可不問
乃遣通政劉文高陽伯李文討之竟不得其要
領而還阿力遂益輕中國侵擾我內屬諸夷矣
十四年阿力死子阿黑麻稱速檀未壯守臣請
乘間納罕慎十八年罕慎入哈密進左都督罕

慎貪殘失國人心西域諸貢使苦要索有怨言
弘治初勑阿黑麻計殺罕慎據其城上言罕慎非
脫脫族請自王哈密兵尚書馬文升議諸夷各
有分地安浮相俟且言夷俗重種類非浮元裔
不足以攝服諸番乃行求忠順近屬浮安定王
裔孫陝巴以聞　詔封陝巴忠順王主國乞王
海往經畧之通事王英言罕東及野也乞里諸
幾阿黑麻復虜陝巴及金印太命兵部侍郎張
夷怨土魯番次骨羝撫而用之皆吾兵也西域
使者方扣關互市戎聲阿黑麻罷謝西域毋與
通彼窮而歸怨阿黑麻則土魯勢孤將自保不
暇烏能有哈密哉　上不用泛廷議　詔海檄
令土魯番歸陝巴乃許貢不則留前使而絕其
浚使仍以馬亦虎僚等為都督轄三種夷奄克
授勑為之長如罕慎故事海等不待　詔遽歸
下獄譖阿黑麻遂自稱可汗畧罕東諸衛乃戌

其使四十餘人于兩廣而閉關絕貢卒如英策
是時阿黑麻已西吞留其將牙木蘭以四百騎
守臣馬文升用指揮楊翥計屬撫臣許進帥
臣劉寧使副將彭清以番漢兵三千襲破哈密
牙木蘭遁去而哈密夷眾久苦兵困甚不能支
遂盡焚其廬舍内徙肅州云十年阿黑麻以歸
貢失互市窘乞歸陝巴而復其貢明年陝巴歸
復故封遣兵護之國以奄克字剌寫亦虎仙等
佐之奄克字剌罕慎弟也故怨土魯番阿黑麻
之殺其兄於是威寧伯王越起為帥統諸路兵
乃以罕慎女妻哈密陝巴以結其心然陝巴嗜
酒人多怨之亡何部酋阿字剌搆阿黑麻以真
帖木兒為王真帖木兒即阿黑麻次子也陝巴
奔守臣令童傑諭阿字剌使還陝巴不聽傑遂
與奄克字剌等擒斬阿字剌復其王送真帖木
兒還土魯番時阿黑麻死諸兄雛殺帖木兒不

敢歸初阿黑麻之殺罕慎也詐與結姻乘間浮
行其志故帖木兒母即罕慎女也帖木兒遂依
奄克孛字剌守臣恐與陝巴有隙使居甘州而阿
黑麻子滿速兒遂自立為速檀矣正德元年陝
巴卒子拜牙郎立滿速兒令其將火者他只丁
襲破哈密窓逐拜牙郎而以火者他只丁守之
詔遣都御史彭澤督師討之澤度滿速兒強未
可勝乃以繒綺二千及白金器皿入土魯番諭
令和好滿速兒見喜許歸金印城池已而澤召還
而拜牙郎尚為听留戎益幣索之卒不應滿速
兒益驕日夜與寫亦虎仙木蘭等謀入犯縱騎
蹂我關外及喜峪諸城會滿速兒以他事怒罵
亦虎仙將殺之火者他只丁為解許至甘州歸
幣十五百疋滿速兒乃止不誅及入徵幣無有
遂復奪哈密城大入為冠殺遊擊芮寧迫甘州
城下偽請和而陰約諸路襲及奄使為內應兵

備副使陳九疇浮其情嬰城守而婿尾剌達
兵掠其巢頗有斬獲滿速兒懼走戎乘之而
副將鄆蓙及奄克孛字剌又敗之瓜州滿速兒海
請和巡撫李昆以聞然滿速兒實無意和兒盜
拜牙郎不肯歸九疇議欲絕其使自窓李昆謂
不宜絕兵尚書王瓊右昆議浸之瓊雅夷修郤
彭澤又心害九疇飭日媒蘖西北事騕夷使訟
九疇激變邊　　詔奪澤官九疇論戌而罵亦虎
仙者以貢至寅緣偉臣以秘術干　上浮侍在
右橫甚至冒國姓嘉靖改元暴其罪并子婿論
史撫甘肅三年滿速兒來攻甘州九疇戰走之
殺火者他只丁時部下傳滿速兒死九疇以聞
上方念河西危急遣兵部尚書金獻民都督抗
雄率師西討未至以提問獻民等實未見賊而
滿速兒故無恙諸謙禮責臣素善王瓊欲甘心

澤九疇乃使錦衣百戶王邦奇劾奏之　上怒
甚勒澤獻瓊民歸里九疇且不測尚書胡世寧力
救浮戎而瓊復為總督滿速兒既敗歸數使使
求貢而令牙木蘭入寇牙木蘭者曲先夷也幼
為土魯番所掠滿速兒愛之數遣七年滿速兒
兒以其入寇不浸欲誅之懼而来降冬滿速兒
乃請歸哈密瓊以聞下廷臣議時頗有言哈密
難守不宜復者詹事霍韜力言置哈密者所以
離戎虜之交外領西域內蔽邊郡不可失也或
難其守欲棄之則甘肅難守亦棄甘肅乎弟宜
蔽夷情討軍實下令有能和輯諸戎屏戎西陲
則昇以其地毋規規忠順後為也尚書許世寧
頗言先朝不惜棄交此太寧何有于哈密且戎
實封殖忠順以為外藩而自军慎以来三立三
為虜後遂與戎比而窺我耗金帛勞士馬無尺
寸功徒使戎浮挟以為資以邀索我臣以為此

與　國初附封元孽和寧王順寧王安定王等
耳安定王又在哈密西最近今皆存亡不可
知戎一切勿問而獨戀戀于哈密何也昔光武
閉玉關後世善之臣愚謂宜謝哈密專守河西
毋憊中國尚書桂萼亦如世寧議　上浸之初
王瓊趯自謫戎以讓禮諸臣荐銳意哈密土魯
番曰以金印為市遍歸遷奪其回回畏兀哈
剌灰三部皆歸附之哈密徒空名耳都御史唐
澤御史劉漼復上疏曰今之虜患土魯番與哈密
迹有已然理有當然勢有必然撫之以恩則驕
滋震之以武則力屈此巳然之迹也順則綏之
而備愈嚴逆則禦之而武毋黷此當然之理也
慶置浮則彼此俱寧不則禍連而不解此必
然之勢也益師戎輕舉冠難橫挑其大者有五
馬尺籍空虛屯田榛蕪英食不克一也戎屢挫
而郤彼方勝而銳二也戎失尤剌之援進則無

九

217

資彼合州之力進且有據三也河東臨洮創
夷未蘇赤斥諸衛零落殆盡根本既搖藩籬亦
撒四也西南苦虜東北苦戎并力則掲襟沒入
則掲腹五也況哈密遠在磧外豺狼是隣強驅
垂亡之部落渡還久失之封疆兵必難留勢將
自潰為宜寬而撫之聴其自歸蒐乘補卒慎擇
將帥募民廣屯塞下使軍實日充然後蹈瑕邁
蠶維吾圻欲為招尾刺城底沙興哈密襟喉兩
域亦拱衛中華將無不可羡若今日則非其時也
瓊亦心知其難卒請泛澤議不溪城哈密云其
地自陝西蘭州渡河千五里至肅州肅州西七
十里為加峪關關西並稱西域而陝西以南自
四川抵雲南徼外並稱西番其最西則為哈密
馬哈密諸夷什廢居土房俗悍好利其山川則
天山馬駿山合羅川（唐曰鶴）（公主所居）其產則鎮鐵四木
出天山寶如棗以竹刀則甘鐵如木刀則酸爐刀則辛
刀則苦木刀則酸爐刀則辛　　大尾羊野蠶綿

外史氏曰哈密在嘉峪關外雖云綰轂諸夷然
迤立迤廢徒以春秋權吾車甲敵中國以事無
用之遠夷不已過乎
髙皇帝置衛有八而設關于内良有深意乃豫
章羅氏謂宜設以督府鎮以重臣如漢置都護
故事使西戎北虜兩不相通益以攜其交而分
其勢是亦一策也然當此物力凋耗之秋議論
頻多之日誰敢為　國家肩此事乎

赤斤蒙古

赤斤蒙古在肅州西四百三十里西至沙州界
一百八十里周為西戎戰國為月氏秦漢屬匈
奴即酒泉燉煌二郡也晉屬晉昌郡唐屬瓜州
後没於吐蕃宋入西夏元仍屬沙州烏其地有
白山多草木禽獸我　朝永樂二年故韃靼丞
胡苦木子塔力尼率五百人來歸設赤金蒙古
千戶所以塔力尼為千戶　賜誥印桑陸所為
衛陞千戶為指揮僉事十年老的罕叛走匿赤
斤命在廢子楊榮同豐城侯李彬討之彬榮計
道陰轉餉難且隆冬興師非司馬淲請止兵　賜
上淺之　勅諭塔力尼遂擒老的罕來獻　賜
嗣晉都指揮同知宣德七年所部韃人祖失加
綺幣襲衣晉指揮同知塔力尼卒子且加失旺
卜等來歸　命居之平涼正統元年以討韃靼
功晉且加失旺都指揮使五年晉都督僉事明

年　勅諭且加失旺及都指揮革古者可見即
等曰近使者至哈密命爾與沙州衛護行爾獨
棄朕命不遵革古者又時率屬往來沙州為盜
暴苦行旅甚貢　朝廷所以建衛設官封殖爾
等之意其年赤斤蒙古以尾剌鬼掠乞內遷爾
州之白城山不許已請建寺其地守臣謂爾而
不已且予之巢又不許已請且加失旺卒子阿速嗣
為都督僉事指揮同知鎖火者乞晉秩且言爾
州都指揮胡麟阻其市易　勅戒胡麟以鎖
火者為都指揮僉事先是尾剌嘗求婚且加失
旺未即聽至是也先遣人要阿速往受聘阿
速以聞且請內遷避之　報詔往而見詐悔將
何及赤斤爾世守地柰何棄之是時尾剌強赤
斤蒙古與沙州罕東名雖內屬然陰與虜市至
受平章等官沙州酋薛令以為言　詔詰責之
十一年赤斤酋鎖合者赴　闕下乞携部落來

219

歸　上遣還下其事于總兵任禮初苦术娶西
蕃女生塔力尼又娶于達達生鎖合者及革古
者乃分昕部為三帳苦术自領中帳而使塔力
尼領左隸以西蕃人鎖合者領右隸以達達人
至且加失旺父子相繼長赤斤部衆強欲并右
帳相讎殺不休鎖合者窘故自歸未幾死以其
子切塔兒嗣為指揮同知而哈密使者往來取
道赤斤其部酋往往刼掠阿速氷觥宗我兵捕
獲刼者械至京釋之景泰元年晉阿速都督同
知諸部下陞賞有差後復晉左都督五年尾剌
也先以書誘赤斤諸衛脅使助己阿速自其書
成化二年阿速卒子尾撒塔兒嗣為左都督六
年浸夷族請以其叔父乞巴失加卜丁二人為
指揮僉事佐尾撒塔兒其明年尾撒塔兒卒子
賞播塔兒嗣十四年夷酋復表言賞播塔兒幻
不更事乞以指揮加定代視　報可遂以加定

為都指揮僉事仍令俟賞播塔兒壯還衛政是
後土魯番陷哈密侵掠赤斤至正德間奪其印
種人散亂多走塞下衛遂虜昕產麩金鼓鑼網
肉蓯蓉等物

罕東二衛

罕東在赤斤蒙古南本西戎部落居沙州城在
甘州西南古燉煌地也洪武二十五年入冦
命國公藍玉討之至阿真川土酋哈咎等遁去
乃還三十年酋長鎖南吉剌思遣使入貢遂立
罕東衛以鎖南吉剌思為指揮僉事永樂二年
渡與其兄答力襲等十六人貢馬晉指揮使塔
力襲為指揮同知頭目奴奴為指揮僉事皆
曲先相驚欲為亂　上令守臣招撫使復業曲
奏昕部夷人以貢内供馬逃因官兵討
德七年授指揮使九年罕東別部剳見加劾劫
使者　命都督劉廣史昭討之渡畢力未江剳
兒加諸賢自歸還昕掠貢馬謝廣等以聞
命宥之正統五年赤斤蒙古言指揮鎖合者殺

賜剋帶鈔幣自是貢不絶洪熙元年指揮那那
先之役罕東頭目班麻思結以擒斬首虜功宣

人逃罕東且誘其部落哈密亦言罕東擅相攻
擄掠人畜　詔戒諭之十四年班麻思結言哈
密來侵　上念諸夷數相告言搆怨無已時而
哈密又累誘尾剌盜塞下　詔都御史馬昂約
忠順王母與罕東雛且令偵虜情報戎成化九
年土魯番攻奪哈密都督李文右通政劉文奉
命調罕東兵往討無功而歸是時罕東諸夷皆
困土魯番而夷酋奄童先因與諸族雛殺逃屢

沙州　朝廷許其耕牧輸貢部落日眾班麻思
結即奄章子也至是其孫只克以沙州衛既廢
請立罕東左衛　下兵部議浸之以只克嗣其
祖官領衛事已而晉都督僉事弘治八年土魯
番掠沙州諸夷只克請救兵部尚書馬文升謀
癸罕東兵襲之罕東失期師卒無功自是土魯
番入冦每假道罕東令給食而亦不剌安定數
掠其資罕東愈激矣弘治時往往欵塞求恤已

而只克卒孫日羔剌嗣為都督嘉峪関諸衛惟
罕東二衛最弱成化時土魯番迭入哈密二衛
不能支流散各城正德中陳九疇擊退土魯番
乃稍稍歸牧及牙木蘭再入沙州遂益殘破其
蘭土巴等咸叛附土魯番矢嘉靖初日羔剌與
土巴等復来歸邊臣請分其衆半屋蘭州白誠
山半居威虜仍擇其壯者練習之番休送上皆
聽日羔剌約東于是部落侵擾蕃而我以餉夷坐

固邊儲矣

曲先

曲先在甘州西南東抵安定西抵肅州古西戎
部落也漢為張掖郡地元置曲先荅林元帥府
我朝洪武四年詔曲先衛以土酋散西思為
指揮同知後為孫見只巴所攻併入安定阿
真地永樂四年指揮哈三散即思三即領
西番侵暴乞仍立衛徙治舊于昔見丁永樂末
衛事給印章併徙安定治卭于昔見丁永樂末
報可因以三即領
散即思及安定首刼殺中使洪熙元年　命李
英討破安定王詰　闗謝罪曲先遠遁進
諭崑崙西數百里至雅令濶而還宣德元年散
西思以討叛夷有功加國師禪師尋遣使入貢
二年散即思復掠我使者及西域貢使　命都
督史昭率安定罕東兵討之　散即思懼而逃遣
第千戶堅都等進馬贖罪　上以遠夷不足較
宥之還其俘令居故部正統二年頭目黑麻肌

遣指揮火丁等貢方物嘉靖中土魯番破哈密
擾我甘肅而曲先衛人木牙蘭亦為所劫已而
牙木蘭貳于土魯番擁帳內附土魯番欲殺之
請以哈密易牙木蘭兵部尚書胡世寧以為不
可乃止自後曲先屢入貢不絕然亦苦土魯番
內徙失故地矣

安定阿端

安定在罕東之西沙州之南韃靼別部也地廣
衰千里無城郭以馬乳釀酒氈帳為盧産馬駝
王石秦漢初為月支匈奴境漢武拓地始置燉
煌郡治云我　洪武七年八月撒里畏兀兒
安定王卜煙帖木兒遣使貢鎧甲刀劔　賜織
金文綺分其地為阿端阿真苦先帖里四部
賜卜煙帖木兒銀印仍稱安定王明年獻故元
所授金銀字牌請立安定阿端二衛　詔從之
以夷酋沙剌等為指揮等官永樂二年貢馬五
百　令甲諸蕃貢馬償以茶令以安定遠涇河
州韂指揮康壽言易給布絹未幾安定王為曲
先指揮沙剌所殺部落潰散永樂十一年其孫
亦攀丹來朝復故封　賜以印誥使歸安定二
十二年中使喬来喜等往西域至必立出江為
安定曲先人所殺洪熙元年以都指揮同知李

英為都督討之所斬獲千餘人牛馬羊駝十四
萬有奇曲先遣太安定王詰　關讓罪　上宥
之宣德二年以安定僧賞觸領占為戒淨慈應
國師給　誥命銀印自是安定王與國師屢入
貢而國師之外復有禪師初禪師賞竹領真自
永樂時來歸居西寧卒而其姪拇剌藏卜嗣仍
留西寧正統時　詔歸安定輔其主正統九年
安定酋那南奔等掠曲先我使往間復為所掠
詔戒安定王亦攀丹約束部落毋生事十一年
亦攀丹卒子領占韓興兒嗣成化時為土魯番
所破苗裔失散弘治初安定王領真韓即兒子
千奔請嗣王許之自是入貢不絕正德七年為
亦卜剌所擾餘眾內徙嘉靖間令部首為指揮
領其眾自後安定王無傳而阿端父沒無復可
考云

沙州

沙州在嘉峪關西與赤斤接境本漢敦煌地唐
天寶末陷于西戎大中五年張義潮以州來歸
詔以沙州為歸義軍以義潮為節度使領河沙
甘肅敏西等州朱梁時張氏絕無嗣周顯州人推長
史曹義金為帥義金卒子元忠嗣周顯德二年
来貢授本軍節度宋建隆三年加中壽令興國
五年元忠卒贈燉煌郡王而以其子延祿為本
軍節度咸平四年封延祿譙郡王五年浧子宗
壽殺延祿權知留後朝廷不能討乃以宗壽為
節度祥符末宗壽卒子賢順嗣為節度表乞金
字藏經茶藥金箔詔許之天聖初遣使来謝貢
乳香碙砂等物自景祐至皇祐中貢方物不絕
烏我　朝洪武二十四年王子阿魯哥失里遣
使朝貢永樂三年置衛以其酋困即來買住二
人為指揮使給印誥困即來領衛事遍進都指

哥名令總兵任禮覈之明年任禮覆言喃哥弟
欲誘𤞇剌掠沙州守臣以聞　上以其書無喃
揮兀魯思不花貽書邊將言指揮乃兒不花等
為都指揮使佐喃哥領衛事明年沙州衛都指
苦峪舊城浚之城竣入覲　賜綺幣襲衣歸言
𤞇剌也先欲為弟娶其女　詔聽自便九年困
即來卒子喃哥嗣為都督僉事弟克羅俄領占
僉事辭令等各一秩七年困即來請戍卒助修
勞之賜綺幣晉其子都指揮僉事喃哥及指揮
都放囊其後屢偵𤞇剌哈密事情來告　上嘉
哈密罕東還其通并歸哈密仍諭困即來母益
酋班麻思結等寇居其地困即來以聞　上命
年𢽬部都指揮阿出不花等通入哈密及罕東
之言諸夷侵掠請徙居察罕舊城不許正統四
計　命甘州具糧五百石使困即來自取之頃
揮都督宣德七年來告饑　上以勞內事外非

衛自都督而下給糧及耕地有差沙州遂廢
百三十餘人來歸　命居之山東平山東昌二
是時喃哥以困𤞇剌率部屬二百餘戶一千二
以獻兵部請正添　上以其父兄恭順釋弗誅
虞有他變　勅禮招撫之十三年禮擒釋弗誅
鎖南奔為𤞇剌偽封令喃哥復言其就婚罕東

火州

火州即古高昌本漢車師前王地盯謂交河城
是也在嘉峪關外東距密西連亦力把力南
抵于闐北接瓦剌東南至甘州一日西域長史
戊已校尉並居爲其地有漢時高昌壘故以爲
國號晉爲高昌郡呂光張軌沮渠蒙遜擾河西
皆置太守統之魏世祖時有闞爽者自稱高昌
太守尋爲沮渠無諱盯奪無諱死又爲蠕蠕盯
併立闞伯周爲王高昌之稱王自此始也伯周
死子義成立其浧兄首歸殺義成自立已而首
歸又爲高車主阿伏至羅盯殺于是張孟明馬
儒相繼爲王而俱爲國人盯害遂共推長史麴
嘉爲主會麴嚏破爲著衆請主于嘉嘉以
第二子爲焉耆王高昌由是始大矢元魏時朝
貢不絕俗好書故遣使奉表自以邊遠選不習典
詰求借五經諸史並請國子助教劉燮以爲博

士許之嘉死子堅立梁武帝時遣使貢羊刺密
頃之獻鳴鹽枕蒲桃良馬㲲綩等物隋開皇中
突厥破其四城有二千人来歸中國時堅死子
伯雅立大業五年来朝浧擊高嚴還隋以宇文
氏女華陽公主妻之唐武德中遣使獻狗雌雄
各一高六寸長尺餘性甚慧能牽馬嘴燭言得
自佛蒜云伯雅卒子文泰嗣貞觀初来朝後興
西突厥連結稍壅絕諸國朝貢之經高昌者太
宗遣李道裕往問狀文泰遣使謝太宗引使責
而主數年朝貢不入無藩臣禮明年當發兵擊
而國主善自圖尋浧諭入朝文泰稱疾不至乃
遣將侯君集薛萬契恋何力牛進達等師兵討
之文泰懼蒪病死子智盛立君集等以兵薄其
城戶八千口三萬馬四千擒閒太宗大悅乃披
減智盛降君集分兵略定凡三州五縣二十二
其地置交河天山柳中蒲昌高昌等縣初西突

226

厭遣葉護屯兵浮屠城與高昌為援至是懼而
來降以其地為庭州置蒲類縣君集遂勒石紀
功凱還獻俘徙高昌豪傑于中國智盛并弟智
湛俱封郡麴氏傳國九世凡百三十四年而
亡智湛有子昭好學歷司膳卿頗能辭章弟崇
裕有武藝永徽中為右武衛翊府中郎將封交
河郡王及安史之亂遂為回鶻所據宋建隆
來貢元時號畏兀兒太祖平西域置達魯花赤

火州
監治之至我　朝更號火州永樂七年土酋遣
人朝貢十二年吏部員外郎陳誠至其國還言
其國風物蕭條市里民居僧堂過半亦皆零落
東有荒城故址云古高昌國治自宣德以來或
三年五年朝貢不絕云城東七十里曰柳陳即
唐柳中縣也西百里曰土魯番即唐交河縣也
其人貌類高麗目溪鼻高辮髮後垂衣尚錦繡
其地有城郭田畜而兵器書史婚姻喪葬與華

夏同烏俗事神信佛字有真草頗似韃靼亦常
借用回回語音好騎射時斷灁水為戲地無雨
雪每盛暑人皆穴地而居其山川奇秀者最多
有靈山貪汗山火焰山天山蒲類海瀚海其產
馬橐駝羊刺白疊子砂鼠赤白盐火蠶綵胡桃
蒲萄碙砂阿魏之屬
外史氏曰高昌最爾小國也闞氏再傳而易姓
遂為麴氏乃麴氏僅僅守其故土亦九世而亡

沙州
矣其事至薇蘭不足論論其顛末以為積弱不
羨者之鑑云

土魯番

土魯番亦車師地漢武帝通西域樓蘭車師當
道常攻劫漢使王恢等又數為匈奴耳目武帝
遂遣逍破奴擊破之至宣帝時分為車師前後
王土魯番即前王地也在高昌時分為車師前後
唐宋皆屬高昌元時高昌更號畏兀兒故又屬
畏兀兒我　朝永樂六年番僧清來率其徒泌
泉等來朝貢　命清來為國師泌泉笙可為土魯
番僧綱司官十二年吏部員外郎陳誠至其國
土魯番遣使隨誠入貢遂授其酋長為都督
指揮等官宣德五年番酋都督僉事尹吉兒察
及指揮猛哥帖木兒等各率其孥來朝請單目
效　上嘉其誠遣之　賜居第什器尹吉兒察
死其子卜烟川兒復來歸授指揮僉事正統天
順間屢來朝貢成化初阿力始強自稱速檀速
檀者王也累引兵劫掠哈密諸郡地九年遂入

哈密據其城執王母奪金印阿力死二傳至滿
速兒相繼擾哈密及殘破我嘉峪關外七衛為
患不休嘉靖初王瓊招撫之復歸哈密語其哈
密傳中滿速兒死子沙速檀嗣次子馬黑麻復
據哈密耕種沙州遣使求貢并求給地以居守
臣以聞兵部議諒土魯番父子世濟兇惡令馬黑
麻結婚尾剌潛耕屬衛意在西抗彼兄東侵我
土妍謀發露乃始欵關請貢請居近地此正欲
為窺伺甘凉之謀漸不可長宜令守臣諭以華
夷界限不可踰越毋妾乞地方毋盜種沙田毋
殘害哈密母苟取貢夷乃可許其通使如執迷
不悛陽順陰逆則宜徵兵征討閉關絕貢　詔
可二十六年馬黑麻赴關納欵土魯番亦使火
者阿力克等八百餘人叩關總兵仇鸞巡撫傳
鳳翔盡延入關居之甘州故事土魯番五年一
貢貢使半留肅州半晉甘州至是諸夷貢不如

期且請毋折居屬楊博傳代鳳翔不許因稍為調

停示寬恤　詔姑涊之嘉靖末沙速檀以潛掠

北虜中流矢死弟馬速嗣屢貢隆慶時馬速死

為黑麻嗣其弟瑣非速檀虎來失速檀阿卜撤

亦孟麻嗣其弟瑣非為速檀非等事請

又於遣使求貢瑣非非等一使於馬黑

本非禮不可宜姑令瑣非等各附一使於馬黑

麻使中以示羈縻　制可其地忝哈密千餘里

中經黑風水草俱乏其初國甚小至阿力以後

吞併諸國藝漸張地廣人眾大異曩時然皆挾

哈密以徼利至隆慶以後不復事哈密而土魯

番亦不敢復為患矣始陳誠使回言其國城西

百里有靈山最大夷人言此十萬羅漢涅槃處

也近山有高臺傍有僧寺寺下皆石泉林木涊

此入山行二十里至一峽峽南有小土屋屋南

登山坡坡有石屋屋中小佛像五前有池池東

有山山石青黑遠望紛如毛髮夷人言此十萬

羅漢洗頭削髮處循峽東南行六七里登高崖

崖下小山巉巖峰巒秀聳峰下白玉成堆似玉

輕脆不可握堆中有若人骨狀者甚堅如石文

理明析顏色光潤夷人言此十萬羅漢骨又東

下石崖崖上石笋如人手足稍南至坡坡石瑩

潔如玉夷人言此辟支佛涅槃處也周行群山

約二十餘里悉五色砂石光焰灼人四面峻整

窮崖天巧奇絕草木不生鳥獸鮮少云

外史氏曰土魯番其初高昌一屬國耳至阿力

而遂破哈密殘我七衛為西陲劇患至使中國

棄哈密而不能問抑何其雄也由斯以譚夷狄

盛衰固自靡常然夷衰為盛則在乎自強者歟

于闐

于闐杂中國萬里張騫窮所窮河源一出于闐者
是也光武末爲沙車王所并其將休莫霸自立
爲于闐王休莫霸死兄子廣德立遂滅沙車服
洎者十三國與鄯善並稱大國云元嘉初于闐
遣使貢古王印宋齊時不通中國後魏太武遣
將輪蒜等殺漢長史王敬漢不能討晉太康中
高凉王那討吐谷渾慕利延懼驅其部落
渡流沙那軍急追之利延遂西入于闐殺其王
顯祖末蠕蠕寇于闐于闐患之遣使素月伽上
表請援公卿謀于闐萬里蠕蠕野掠小怨不能
父爲患即遣師無及乃遂止不發兵然亦朝獻
世凡四入貢爲周達濊初獻名馬隋大業中頻
不絕梁武天監中始通江左遣使獻方物終梁
遣使朝貢時其王姓王氏字皁示唐時其王姓
尉遲氏名屋密本臣突厥貞觀初遣使入獻後

于闐

三年遣子入侍阿史倫社爾之平龜茲也其王
伏闍信大懼使子獻橐駝三百長史薛萬備至
于闐陳唐威靈勸入見天子伏闍信乃隨使者
來高宗授右衛大將軍賜賚特厚留數月遣之
請以子弟宿衛有元初身率子弟酋領七十人
來朝授伏闍信都督凡五傳而尉遲勝立至濊初以
授伏闍信都督唐以其地爲毗沙都督府
兵赴難因請留宿衛唐以其弟葉護曜權知本
國事頒之進方圓二美王徑各五寸光可鑑髮
上以示道士言解言解曰此一龍玉一虎玉圓
者龍也生於水中爲龍所寶若投於水必有虹
覓出焉方者虎也生於嵓谷爲虎所寶若以虎
毛拂之即紫光迸逸百獸懾伏上令試之果驗
詢問使者曰圓者浮自漁人方者浮自獵戶因
命藏之內府以後絕不渡至矣及石晉時其王
李聖天自稱唐宗遣使來貢方物晉遣張鄰高

居誨等冊聖天為太寶于闐國王七年乃還宋
建隆初聖天遣使貢圭一以玉為匣玉枕一本
國摩尼師貢琉璃瓶二胡錦一段後自乾德以
至加祐或此歲貢或間歲貢一貢元祐中以其使
絕無常令歲一至闕自紹聖訖於宣和朝貢不
絕先是太平興國中有澶州卒王貴者晝忽見
使者至營急貢貴偕行南至河橋驛馬已具即
乘之俄覺騰空而太頃之駐馬但覺室宇宏麗
使者引貴入見其主容衛制度悉如王者謂貴
曰汝年五十八當往于闐國北通聖山取一異
寶以奉皇帝宜深志之遂復乘馬凌空而旋軍
中失貴已數日矣驗昕乘即營中馬也天禧初
貴年已五十八遂往于闐至秦州忽遇一道士
引登高原令貴開目頓復令開視山川頓異
士曰此于闐北境通聖山也復引貴觀池中有
仙童出一物授之謂曰持此奉皇帝又令閉目

少頃復至秦州向之道士已失昕在矣發其物
乃至印也文曰國王趙萬永寶州貴歸以獻元
時內屬丞相伯顏至其國鑒井浮一玉佛色如
截肪照之皆見筋骨脈絡如生佛然此皆一奇
事也哉　朝永樂二年頭目打魯哇咥亦不剌金
遣使貢玉璞十二年吏部陳誠至其國主激
豹隣國交侵避居山谷永樂以後西戎奉貢不
相侵伐始浮安息富饒桑麻禾黍宛如中土土
人機巧好歌舞紡績俗尚浮屠僧尼尤多雖國
王亦輒持些戒相見輒跪拜稍知禮節尊甲凡人
夾者以火化之牧骨共黎一塔各以長幼為序
以沙為塚居喪者剪髮長四寸云佛見鷹死於
地以沙葬之胡人稱為鷹塔後佛涅槃循其故
事亦以沙葬而立塔烏自高昌以西諸國人皆
深目高鼻惟于闐貌似華夏河源至于闐分為
三河曰白玉河黑玉河綠玉河皆出玉而色異

每歲秋水涸國王浮涉玉其
山則古蹟慈嶺贊摩寺比摩寺其產蒲桃酒胡
錦花蕋布砂磧鼠腽肭臍芸輝五色玉
外史氏曰傳稱于闐俗尚浮屠余觀其歸附中
國恭順不二自有國以未不聞以一矢相加遺
豈天性耶抑其好生惡殺所得於受戒者照也
至王貴所授玉印其奇夫希世之寶固自有
兇神阿護胝萃無關于成敗之數殊不可解豈
貴欲假此自荐而故神其說乎細人之言在南
不論可矣

亦力把力

亦力把力居沙漠間在肅州西北三千七百里
即漢龜茲也昔昭帝以杆彌太子賴丹為校尉
田輪臺輪臺與龜茲相連龜茲貴人姑翼與王
共謀殺賴丹宣帝時常惠使烏孫還便宜發諸
國兵攻龜茲執姑翼斬之會烏孫公主遣女至
京學鼓琴漢遣使樂奉送女還過龜茲龜茲王
留不遣公主遂妻之元康初龜茲王絳賓與主
女入朝自以為漢外孫壻也漢厚賜之留一年
遣歸後數來朝賀自是衣服宮室侍送周衛出
入傳呼如漢家儀然胡人為之語曰驢非驢馬
非馬若龜茲王所謂驘也絳賓死其子丞德自
謂漢外孫成哀間往來尤數漢待之亦甚厚王
莽時絕東漢初復通魏文帝即位遣使貢獻晉
武初遣子入侍及惠懷之亂朝貢遂絕苻秦符
堅遣將呂光伐西域至龜茲龜茲王白純戴寶

出奔光入其城立自純弟白震為王而歸周保
定初隋大業中俱遣使入貢唐貞觀初其王蘇
伐疊獻馬太宗賜璽書撫慰之後臣西突厥郭
孝恪伐焉耆龜茲乃遣兵援之太宗怒謀討龜
茲是夜月食昂詔曰月陰精用刑兆也昂胡分
毀且終乃遣將阿史倫杜爾及契苾何力郭孝
恪等發鐵勒十三部兵十萬破焉耆執其王阿
那支龜茲大恐王及酋長皆棄城走保撥換城

杜爾圍之閏月執王及其將羯獵相那利詣軍
是役也杜爾凡破五大城所獲男女數萬遣使
諭降小城七百餘威震西域乃立其弟葉護為
王勒石紀功而歸獻俘闕下太宗喜謂群臣曰
夫樂有紀朕嘗言之土城竹馬童兒樂也金翠
羅紈婦人樂也貿遷有無商買樂也高官厚秩
士大夫樂也戰無前敵將帥樂也四海寧一帝
王樂也朕今樂矣遂徧觸之初孝恪之擊焉耆

也龜茲有浮屠善數嘆曰唐家終有西域不數
年吾國亦亡果如其言太宗赦其王布失畢罪
拜中郎將遣歸國頃之龜茲亂唐復破之以其
地為龜茲都督府更立布失畢素稽為王授
都督職長壽初王孝傑破吐蕃復四鎮地置安
西都護於龜茲以兵三萬鎮焉於是沙磧荒絕
民供資糧苦甚謀者歙棄之武后不聽開元中
王孝節遣弟孝羕來朝獻遊仙枕枕之而寐則

九州三島皆在其中蓋奇物也以後未通宋自
祥符至熙寧凡九入貢其國王自稱獅子王衣
黃衣寶冠與與寧相九人同治事紹聖三年遣使
獻王佛至洮西熙河經略使以其罕通使請令
於熙秦等州博買而估所齎物價答賜遣還淫
之元時更名別失八里憲宗分建諸王合丹于
此世祖立宣慰司以萬戶綦公直為使遣置元
帥府以領屯田栽　朝洪武永樂間入貢者三

吏部陳誠至其國後歪思弒其國主納里失只
罕自立為王遂更號亦力把力云宣德二年既
歡呵魯台歪思各遣人朝貢　賜金幣加賜歪
思金刀甲冑正統以來朝貢不絕其國東西三
千餘里南北二千餘里東距火州西距撒馬兒
罕南接于闐北連瓦剌逐水草住牧無房屋置
氊帳以居畜牛羊駝馬以五穀飲食惟肉酪衣
服類回回語言頮畏兀兒服用污穢性多淫置

西域卷之八

女市牧男子鐵以入官土多孔雀人取食之西
北有大山有泉如膏流出成川行數里入地狀
如篩鍋甚臭服之齒落更生每元日鬭牛馬駝
為戲七日觀勝負以占一年羊馬之繁息衰耗
其山川白山蓋中常有火煙金嶺熱海其產阿魏
碙砂犛牛韃輸白氊布銅鐵之屬
外史氏曰烏孫公主之女過龜玆而其王留之
不遣遂為夫婦漢不敢問烏孫不敢爭亦橫矣

我乃以唐之盛乘其國運將終一舉而殲之而
太宗沾沾滿志自以為不世之樂今夷狄聞之
不益有輕中國之心耶　明興用夏變夷咸賓
殊俗風教所被率服恐後皇皇乎庶幾三代明
德遠矣

撒馬兒罕

撒馬兒罕在亦力把力之西西連哈烈東至肅
州九千里去嘉峪關九千九百里漢為罽賓國隋
為漕國西域中大國也漢武帝通西域罽賓國
王烏頭勞自以絕遠漢兵不能至數剽殺漢使
者烏頭勞死子代立遣子奉貢漢使關都尉文
忠送其使忠因與其國陰末赴謀殺漢主
而以漢印綬立陰末赴元帝時陰末赴復殺漢

使趙德等七十餘人上書貢謝漢欲遣使者報
送其使杜欽上書乃止魏晉以後無聞至元魏
孔中通馬騎出入大業中遣使貢方物至唐復
渡通烏其王都善見城遣使朝獻在隋更名漕
國其王姓昭武字順達康國王之族也其國有
順天神祠渾以金銀為之祠前有一魚眷骨其
名剟賓王居修鮮城武德中遣使貢寶帶金鎖
水晶頗黎盞貞觀中貢方物名馬太宗語大臣

曰昔魏徵勸戒修文德安中夏令中夏安四夷
貢獻皆徵力也乃遣使厚齎賜其國王使至罽
賓王再拜受命仍遣人蔿至天竺頃之獻褥特
鼠喙尖赤能食蛇螫者嗅即愈顯慶三
年以其地為脩鮮都督府拜其王為脩鮮都督
開元天寶間屢遣使朝貢獻天文書及秘方奇
藥又獻上清珠光明潔白可照一室視之有仙
人王女雲鶴之象搖動其中及代宗即位寶庫

中恆徃有神光異氣上令檢出之每有水旱兵
革之災禱之無不驗者宋時未通我　朝洪武
中國主帖木兒遣使貢駝馬　詔厚賜之帖木
兒者故元主駙馬也後復貢馬貢海青歷洪武
朝凡四遣使奉貢烏既而遣給事中傳安郭驥至
西域留居撒馬兒罕至永樂初方還言帖木兒
死孫哈里嗣　上遣使祭帖木兒　賜哈里璽
書銀幣哈里貢謝復遣傳安報使其屬國哈兒

密亦遣使入貢　詔賜大統文綺藥茶正統十

二年貢玉石成化十九年阿黑麻王貢二獅子

夷使請大臣出迎郎中陸容及禮部尚書周洪

謨俱執不可　詔遣中官迎之獅子日食生羊

二醋醋密酪各二瓶官養獅人光祿日供給烏

弘治二年遣使貢獅子所過煩擾給事中韓鼎言

珍禽異獸非宜狎玩且供費不貲宜罷遣之未

幾撒馬兒罕使臣泊六灣貢獅子又歇泛廣浮

海往滿刺加更市獅子入貢廣東布政陳選持

不可三年由南海貢獅子禮官倪岳言南海非

西域貢道請都之自後貢皆泛嘉峪關入嘉靖

中其國稱王者五十三人皆遣使入貢其國東

有養夷沙廉海牙賽籃達失午西有渴石失里

迷諸城皆服屬烏土田膏腴地宜五穀人物秀

美尤多藝能王居高廣市肆稠密而山川景物

頗類中原大抵如漢書所載云其山川曰鐵門

峽曰哈剌卜蘭河其產有欝金香蘿葱恩檀水

晶鹽花葉布大尾羊駿觀尾矢寶之屬

外史氏曰撒馬兒罕距中國萬里而欸塞貢琛

自歸化國我　朝之制服遠夷豈不盛歟然舍

觀其貢獅而索大臣出迎豈一物之為重固將

以觀　朝廷之有人耳既而改命中官固可逆

折其謀然不免貴物而賤人賽諤之風寂然無

聞惜扎惜扎至所云一魚之骨大可通騎則齊

東之誇謬者所不道矣

魯陳

魯陳右㭊中地距哈密千里其地中經大川砂
磧無水草牛馬過之輒死道傍多骸骨有鬼魅
行人失侶白日迷亡夷人謂之旱海西出流沙
河北出火焰山山色如火氣候和煖風俗淳朴
居人有回回畏兀兒二種土宜稷麥麻荳物産
惟小蒲桃無核戍　朝宣德五年萬戸尾赤剌
遣人入貢或曰即阿力馬力云

外史氏曰哈密已出西關之外中國力所不能
及者而魯陳復離哈密千餘里不啻遠矣駿波
来貢誰驅之而誰迫之即近如土魯畨乃爾背
逆無狀踐踏我土地殘破我疆國夷狄固亦有
智愚邾然以其地人跡所罕至而道傍多白骨
何也昔漠通西域必得伊吾㭊中車師而後可
達魯陳柳中地宣為當時戰場耶而又以為呵
力馬力者蓋亦未浮其詳云

沙陀

沙陀即西突厥別部處月種也初突厥有東西
一部分治烏孫故地與處月雜居至唐貞觀七
年太宗以燚毒縣立利鄰咄陸可汗而其族人有
步真者心觸望謀并其弟彌射乃自立為可汗
彌射懼禍率處月等入朝步真見彌射来歸自
知勢窮亦来歸之其國尚有留者咄陸可汗以
射匱特勒却越之子賀魯統之後西突厥稍稍
居金婆山之陽蒲類之東有大磧名沙陀故號
沙陀突厥處云巳而咄陸可汗冦伊州引二部兵
山之西䗶為比廷而處月等又皆隸屬之處月
疆盛内相攻其大酋乙毗咄陸可汗建廷鏃昌
國天山安西都督郭孝恪擊走之遂拔處月俟
斤之城後乙毗可汗敗奔吐火羅賀魯来降詔
拜瑤池都督從其部廷州之莫賀城處月朱邪
關俟斤阿厥亦請内屬永徽初賀魯反而朱邪

孤殺招慰使連和引兵擾牢山於是射脾
侯斤沙陀那速不肯從高宗以賀魯所領授
明年弓月道總管梁建方契苾何力引兵斬孤
注俟九千人又明年麾瑤池都督府即慶月地
置金蒲沙陀二州皆領都督賀魯亡安撫大使
阿史那彌射次伊麗水兩慶月來歸乃置崑陵
都護府統咄陸部以彌射為却護龍朔初以慶
月首沙陀金山從武衛將軍薛仁貴討鐵勒授
黑離軍討擊使長安二年進為金蒲州都督累
封張掖郡公金山死子輔國嗣先天初避吐蕃
徙部北庭率其下入朝開元二年復領金蒲州
都督封其母鼠屋施為鄯國夫人輔國累爵永
壽郡王死子骨咄支嗣天寶初回紇內附以骨
咄支薰回紇副都護從肅宗平安祿山拜特進
驍衛上將軍死子盡忠嗣累遷金吾衛大將軍
酒泉縣公至德寶應間中國多故比廷西州閉

不通沙陀亦苦比廷暴斂貞元中沙陀部七千
帳附吐蕃與共寇比廷陷之吐蕃徙其部甘州
以盡忠為軍大論自後吐蕃冠邊沙陀常為前
鋒烏夂之回鶻取涼州吐蕃疑盡忠與朱邪執宜持兩端議
徙沙陀於河外舉部愁恐盡忠持兩端議
曰我世為唐臣不幸陷汙今若走蕭關自歸不
愈於絕種乎元和三年悉衆三萬循烏德鞬山
而東吐蕃追擊之盡忠敗死執宜衆餘士二千
騎款靈州塞節度使范希朝以聞詔慶之鹽州
置陰山府以執宜為府兵馬使沙陀素健鬭希
朝欲籍以捍虜為市牛羊廣畜牧休養之其童
毛自鳳翔興元太原道歸者皆還其部盡忠弟
葛勒阿波率殘部七百叩振武降授左武衛大
將軍薰陰山府都督執宜朝長安賜金幣袍馬
授特進金吾衛將軍默識者以靈武迫吐蕃恐
後反覆生變又濱邊虜口則食翔價因詔沙陀

舉軍後之希朝鎮太原希朝乃料其勁騎千二
百號沙陀軍置軍使而處餘眾于定襄州執宜
乃保神武川之黃花堆更號陰山沙陀及後
執宜以軍後討王承宗有功進蔚州刺史王鍔
節度太原建言朱邪族孽熾散居此川恐啟野
心顧析其族隸諸州遂建十府以慶沙陀既而
執宜復以從討吳元濟功授檢校刑部尚書入
朝畱宿衛後授陰山府都督代比行營招撫使
詔諸軍進討赤心所向屬輒披靡乃遷赤心蔚
比軍使大中初吐蕃合黨項回鶻殘泉寇河西
沙陀擊回鶻誅劉稹有功遷朔州刺史仍為代
隸河東節度使執宜苑子赤心立節度使劉沔以
州刺史巳復平雲州守捉使罷勛之亂進大同
節度使賜姓李名國昌賜弟京師後徙節振武
進檢校司徒王仙芝陷荊襄又擊敗之乾符間
毗文楚為代比水陸發連雲州防禦使時歲歉

文楚貪眾皆怨望遣校程懷信等與國昌子克
用謀執文楚殺之據其州乞以克用為大同防
禦畱後不許發諸道兵進捕不能克而黃巢方
渡江朝廷度未能制乃赦之以國昌為大同軍
防禦使國昌不受命詔河東節度使崔彥昭等
討無功國昌與黨項戰未決大同川吐渾赫連
鐸襲振武盡取其貲國昌窮乃挈騎五百走雲
州州不納鐸遂取之克用轉側蔚朔間兵總三
千耳鐸引萬人團之隧而攻三日不援鐸兵殺
傷甚乃引去禧宗以鐸領大同節度與李可舉
等攻國昌國昌敗與克用奔迮項之巢攻潼關
入京師詔河東監軍陳景思發代比軍時沙陀
都督李友金屯興唐軍薩葛首領朱海萬安慶
都督史敬存屯感恙軍克用客塞下眾數千無
所屬景思聞天子西乃與友金募士三萬屯靂
西士騖鷙友金不能制謀曰今合大眾不得威

名宿將俱無功吾兄司徒父子材而雄衆所推

畏此得罪于朝轉側卻部不敢還令若召之使

將兵代北豪英一呼可集整行伍鼓而南賊不

足平也景思曰善乃乞赦國昌使討賊贖罪有

詔拜克用代州刺史忻代兵馬晉後促令討賊

克用募萬人趨代州詔克用還軍朔州兼武節

度使王處存河中節度使王重榮傳詔招克用

同討巢克用喜即以衆三萬騎五千而南裕是

沙陀

國昌守代州克用破巢賊收復京師功第一進

同中書門下平章事隴西郡公國昌為代北節

度使未幾以克用領河東節度使光啟三年國

昌卒克用進封晉王後卒子存勗嗣討滅朱友

貞復唐祚是為唐莊宗後遼太祖嘗討沙陀降

之天顯時以沙陀徙征渤海有功加賞焉

外史氏曰沙陀其初稱唐臣矣開元間叛歸吐

蕃反覆不常夷性默也至盡忠而後叩關請命

可謂善變矣國昌父子知兵善戰而朝廷屢置

失宜遂令解體以克用其才羈以至老宛沙漠及

李友金拔之流落之中而後得以功名自見卒

至代梁而有天下語不云乎風之積也不厚則

其負大翼也無力嗟嗟誠歟

沙陀

黠戛斯

黠戛斯古堅昆國地在伊吾之西焉耆北白山
之旁或曰居勿曰結骨其種雜丁零乃匈奴西
鄙也自李陵衛律降匈奴匈奴以陵為右賢王
律為丁零王後卽支單于破堅昆于留都之故
後世得其地者訛為結骨稍號紇骨亦曰紇扢
斯云衆數十萬勝兵八萬在回紇西北三千里
南依貪漫山地夏沮洳冬積雪人皆長大赤髮
皙面綠瞳有黑髮者以為不祥其黑瞳者必曰
陵苗裔也男少女多以環貫耳男子有勇黥其
手女已嫁黥項雜居多淫佚氣多寒有禾麥而
無果蓏有馬槖駞牛羊牛為多獸有野馬骨咄
黃羊羱羝鹿黑尾黑尾者似麚麞尾大而黑魚有
長七八尺者兵絕犀利常以輸突厥有亏矢旗
幟析木為盾蔽足又以圓盾傳肩可捍矢及其
君曰阿熱遂姓阿熱氏阿熱駐牙青山周柵代

垣聯氊為帳號密的支宕首領居小帳凡調兵
部役屬者悉行內褕鼠青鼠為賦其官宰相七
都督三職使十皆典兵長史十五將軍達于無
員諸部食肉及馬酪惟阿熱設餅餌樂有笛鼓
笙巚簛盤鈴祠神以水草呼巫為甘婚嫁以羊
馬為聘喪用火蓺其文字言語與回鶻同法最
嚴臨陣燒奉使不稱兵議國若盜者皆斬自阿
熱牙行四十日又二百里抵西受降城北三百
里至鶡泉泉西北至回鶻牙千五百里而有
東西二道回鶻泉牙北六百里得仙娥河河東北
曰雪山地多水水泉青山之東有水曰劍河偶艇
以度水悉東北流經其國合而北入于海東至
木馬突厥三部落曰都播彌列哥餓支其酋長
皆為堅昆之人所役屬焉堅昆彊國地與突厥
等突厥以女妻其酋豪東至骨利幹南至吐蕃
西南葛邏祿始隸薛延陀延陀以頡利發一人

監國其酋長三人曰訖悉輩曰居沙波輩曰阿
米輩共治其國未嘗與中國通唐貞觀二十
年聞鉄勒等巳入臣即遣使者獻方物其酋長
侯利發失鉢屈阿棧身入朝以其地為堅昆府
悸侯利發左屯衛大將軍即為都督隸燕然都
護高宗世再來朝景龍中獻方物玄宗世四來
朝乾元中為回紇所破自是不能通中國後語
訛為黠戛斯蓋回鶻言若曰黃赤面云常與大
食吐蕃葛祿相依使吐蕃之往來者畏回鶻剽
鈔必侍黠戛護送回鶻授其君長阿熱官及回
鶻稍袞即自稱可汗回鶻伐之不勝其將句錄
莫賀導阿熱破殺回鶻可汗諸特勒皆潰阿熱
焚其牙悉收寶貨并得太和公主遂徙牙山南
距回鶻舊牙十五里矣阿熱以公主唐貴女遣
使送還回鶻烏介可汗邀取之并殺使者會昌
中復遣使上書言狀武宗大悅以其竄遠脈修

職貢詔宰相即鴻臚寺見使者使譯官考山川
國風宰相李德裕上言令黠戛斯大通中國寅
如貞觀時為王會圖以樂後世茂之又詔阿熱
著宗正屬籍于阿熱請乘秋馬肥擊取烏介可
汗朝廷亦以河隴四鎮十八州久淪戎狄幸回
鶻破弱吐蕃亂相殘齧可乘其衰乃以右散騎
常侍李拭使黠戛斯冊君長為宗英雄武誠明
可汗未行而武宗崩宣宗嗣位或謂黠戛斯小
種不足與唐抗詔宰相與臺省議皆曰回鶻盛
時有冊號今幸衰已又加黠戛斯後且生患乃
止大中元年阿熱卒詔鴻臚卿李業持節冊黠
戛斯為英武誠明可汗逮咸通間三來朝黠卒
不能取回鶻後至遼太宗天顯六年西南邊將
以慕化轄戛斯國人來穆宗至景宗嘗遣使入
貢云

盖蘭

盖蘭者蛇之稱也初山中居人見一巨蛇長數
十步從穴中出飲河水腥聞數里因以名州至
元七年詔遣劉好禮為吉利吉思撼合納謙州
盖蘭州等處斷事官遂以此為治所先是數部
民俗皆以杷梛為杯皿刳木為槽以濟水不解
鑄作農器好禮以聞乃遣工匠教為陶冶舟楫
土人便之

吉利吉思

吉利吉思初以漢地女四十人與烏斯之男結
姻即此蒙以名其地南去大都萬餘里相傳乃
滿部始居此及元朝析其民為九千餘戶其境長
一千四百里廣半之

撼合納

撼合納獵言布襄也其地口小腹巨形顥布襄
因以為名在烏斯東謙河之源兩從出者其境
上惟有二山口可出入木林險阻野獸多而畜
字少貧民無恒產者皆以樺皮作廬帳以白鹿
負其行裝取鹿乳採松實及劚山丹芍藥等根
為食冬月亦乘木馬出獵

謙州

謙州以河為名去大都九千里在吉利吉思東
南謙河西南唐麓嶺之北居民數千家皆蒙古
囬紇人有工匠數局蓋漢人也土地沃衍夏種
秋收不煩耘耔或云汪罕始居此地

謙河

謙河經大河西北流西南有河浦水東北有王
須水皆巨浸也魯謙河注于昂可剌河北入於
海俗與諸國異其言語與畏吾兒同廬帳而居
隨水草畜牧頗知田作遇雪則跨木馬逐獵土
產名白黑海東下

東西洋考十二卷

〔明〕張燮撰

《東西洋考》十二卷，明張燮撰。燮（一五七四—一六四〇）字詔和，福建龍溪（今龍海）人。萬曆二十二年（一五九四）舉人。此書撰成於萬曆四十五年，卷一至卷四《西洋列國考》，記交趾、占城、柬埔寨等十五國或地區，卷五《東洋列國考》，記呂宋等七國，另附《雞籠淡水》，記明代高山族地理位置、物產、生活習俗、婚喪嫁娶等；卷六《外紀考》，記日本與紅毛蕃；卷七《稅餉考》；卷八《舟師考》；卷九《稅璫考》；卷十、卷十一《藝文考》；卷十二《逸事考》。取材多據傳抄邸報、檔案、有關史志、商人舟師見聞等。所記海外諸國沿革、形勝古跡、國情形勢、物產交易，及航海技術等，多可補他書所未備。據中國國家圖書館藏明萬曆間刻本影印。

249

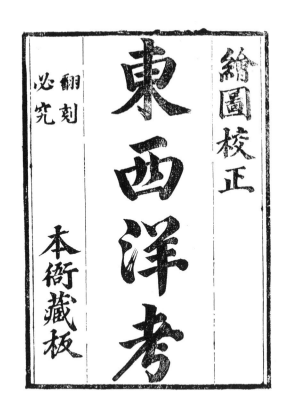

繪圖校正

翻刻必究

東西洋考

本衙藏板

東西洋考序

粤輶軒使君握槧懷鉛採四方
之方言謠俗以備掌故然皆囊
勒以內事可為峴寶備渡玉閫
以自非艅艎握其地亦未易辨焉則

序一

履其地尾自桃深小遠綜安杜
視吳方手門指畫無異地集僑
員虜津謬可摧絢之級善津海
國屯其民辛為汚邦而之僅弘
口業孫膝起遠費為孤步而

序二

諸夷遠赴廣東與百物云圖寅
如城蕭公界郡家去后余葢因
起將圖維船以問進商民細詢
其疾苦殿則耕及為如事時号
新涼飛之而絶愒乎莫百甚畫

序三

乃礼戟瀾彼良以培觀誰為台
之文誰為卻之乘蕭云謂卒曰
子其圖之之搗之門前之陶夫
豈禮聘考蠹弘紹和載華沒事
功末及後持孝廉方咸景山樓

音墓外圖而又竊評諸圖羅峙
瀟湖及大宇東卧按船人心弥
引何以涇來為末通平國乃先
代貢来由閩粤来朝者石何以
賈船不至髙多矣必傳保之訊

集强出之俾竟對為自秋抄至
金絡九四閱身考院成石鑠鐖
忘隨輕余形而竟讀之蛇慁船
人心称某港去即去之某國璧
之鴻飛天表禁以為己越以葢

克乃人而隱為二毛五其山河

之腰列風土之牽敘與其順逆

之異情弱弱之殊勢成敗之屬

空聖盡之遍度成一展卷洪識

而逶逦文絲序糧政如宋元云

序四

闕以名為方物育人唑此破產

人時禹峯棠宗孫考以詩

之光轍地海上人而余之中與

殊華寺畫以鑒滅熏偏弓斯考

看目之而造福中考人之所媚

重上仁聖二尺一与商人醫償撥

中貴蚤都著導誘鄉而司受子

珉之宣

聖天子恩德明珠大貝熏聽賈人

自看之志耶採此進當方大庭

序五

聚挨是編以報目呈懿亦之名

紀主畧之逸叢也而以供史民

他日之採無煩輯軒詢訊其地

糧匡不敏藉以不尸素云耳

時

萬曆戊午人日金陵王超宗書
於三峯餘思軒

亭六

東西洋考

凡例

一島外諸國惟交阯占城暹羅彭亨呂宋蘇祿
舶人所稱尚沿故號若下港之爲咬㗑吧曰柬埔寨
之爲真臘大泥之爲渤泥舊港之爲三佛齊麻
六甲之爲蒲剌加啞齊之爲蘇門答剌思吉港
羅猫里務之爲合猫里往往訛璞爲杆認魯稱
之爲蘇吉丹渥閩之爲吉里地間文萊之爲婆
魚旦延必質之左言絲之鄰壤驗之訛俗方物始

東西洋考凡例

一

能得其主名用心良苦介於屬援頓書古號若
標題某國則仍依舶人給引之舊使俗眼易子
披閱而里耳可以不驚也

吐古城之先爲林邑在唐今爲環王進羅之先爲
亦土婆羅刹後又爲暹與羅斛二國辰哇之先
爲闍婆亦曰社婆三佛齊之先爲干陀利浦剌
加之先爲哥羅富沙蘇門答剌之先爲大食罷
宿學不能綜其變而名其源歐陽永叔作五代
史尚誤稱占城前代不入中國況豎儒哉自非

窮搜千卷鱗不迷亂余所襭引俱本于先正所
論次而折衷之非敢臆見妄爲牽合也
一諸國前代之事掌史籍倍詳而　明興以來爲
畧卽國初之事叙次故粗備而嘉隆以後爲尤畧
每見近代作者叙次牛夷於近事無可縷指報
陷余每恨之間採于邸報所抄傳與故老所誦
叙先觀門閭甚都至後來結束殊蕭索登非缺
帛此後朝貢不絕一語唐塞聲之爲人作家傳
述于及佐貉卅人亦多借資焦見大全要歸傳

東西洋考凡例　二

信

一列國各立一傳如史體其後附載山川方物
如一統志體以其爲舶政而設故交易終焉
一集唐所載皆賈舶所之若琉球朝鮮雖我
天朝屬國然賈人所米嘗往亦不援入或曰曰
木紅夷何以特書書其梗賈舶者也
一司闗者其人强牛兄在不便立傳第賢者又
不宜泯沒聊于各名下爲誌數語其有碑可採
者亦闕載名下以見繁思倘碑出溢情與本卮

名實不相肖則削不錄
一絕稅瑞者何目史不有官者傳乎間一展卷
如久病暫蘇追念呻吟管藥之候悲喜變集乃
國醫之功不可誣也卽附逐瑞晥于後如譜良
劑焉
一舶人舊事有航海針經皆俚俗未易辨說余爲
特考而文之其有故實可書者爲舖飾之渠原
載針路每國各自爲障于不勝破碎且參錯不
相聯余爲鑴成一片沿途疽叙中有迂路入某

東西洋考凡例　三

入

港者則書從此分途軋入某國其後又從正路
提頭疽叙向前其再値迂路亦如之蔗幾尺幅
其有全海稍便披閱若謂新豐之雞犬識路穆
蒲之臺榭積蘇則吾豈敢
一藝文逸事不載者尚多無論擯剔所未及卽
余自能覩記者亦僅行其一嚮聊待後人之補

張燮紹和識

255

東西洋考

主脩姓氏

督餉別駕金陵王延宗校梓

署郡司李泰和蕭　　基訂正

龍邑令君荆溪吳　　奕叅定

前澄令君檇李陶　　鎔叅訪

澄邑令君臨川傅　　櫆叅閱

纂脩姓氏

海濱逸史龍溪張　　燮撰次

東西洋考姓氏　一

東西洋圖考全圖

東西南海夷諸國總圖

界內每方四百里界外海
中風迅不常難以里載

東西海洋輿圖考異

東西海洋輿圖考異　一

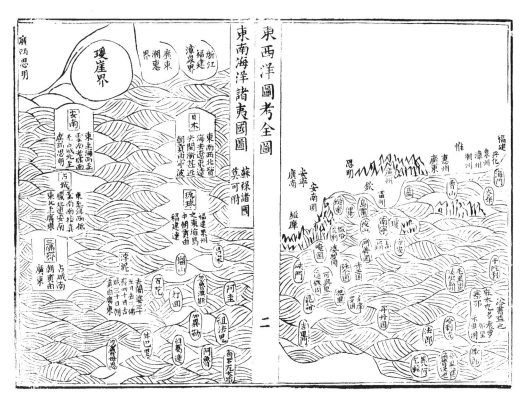

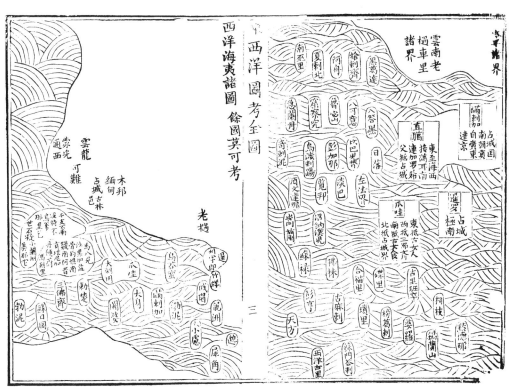

257

東西洋圖考全圖
日本島夷入寇之圖

四

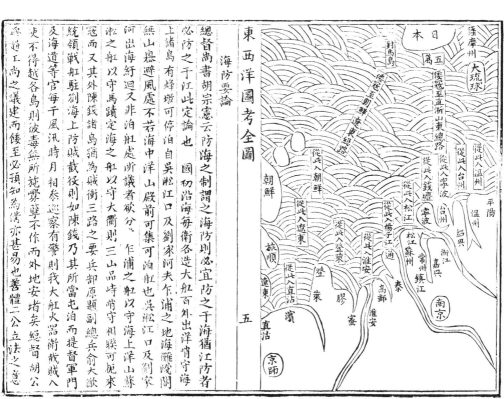

東西洋圖考全圖
海防要論

五

總督尚書胡宗憲云海之制謂之海防則必宜防之于海猶江防者
必防之于江此定論也　國初沿海衛各造大舡百艘以出洋哨守海
上諸島有烽墩可停泊自吳淞江口及劉家河夫乍浦之地海灘淺闊
無山嶼避風處不若海中洋山嚴前可泊舡也吳淞江口及劉家
河出海紆迴又非泊舡處所議者欲分　乍浦之舡以守大衢則
三山品峙哨守相聯可舣來淞之舡又其外陳錢諸島猶為賊衝
寇而舡以守馬蹟定海之舡以守大衢則三山品峙副總兵俞大猷
統領戰舡駐劄海上防賊役則如陳錢乃其所當屯泊而提督軍門
及海道等官每千風汛時月相泰巡察有警則我大舡火器戰賊八
吏不得越各島則彼毒無所施勢孤不作而外地安堵矣總督胡公
源道工尚之議建而餒至必須知為備亦甚易也善體二公立法之意

258

東西洋考卷之一

西洋列國考

交阯　清化　順化
　新州　提夷　廣南

東西洋考卷之一　　一

交阯古南交也。秦爲象郡。漢滅南越，置九郡，交阯其一也。光武時，女子徵側、徵貳及馬援討平之後，政交州。隋復爲交阯郡。唐置都護府。朱梁時，曲承美據地輸款，授美節鉞，已復于南漢。其後州將爭立，所部雲擾。丁部領及子丁璉討平之。宋綏嶺表，璉內附，封交阯郡王，薨。於是淪爲夷矣。璉弟璿嗣，爲其將黎桓所篡，貢使不絕。宋史曰：宋編具奏曰，去歲抵交州境，桓及境形勢，及內都指揮丁承正等，以船九艘，凡三百人，至太平軍由海口入大海，潮風濤半月至白州，泊本國界，務爲三間徑渡入海，至長州漸抵海岸。官征討日抵海岸，至間營盡尚書間兵以迎，丁等以軍官牛雜數色不滿而魁，居民俗衣乘千艘，從交州僅十五里，間有茅亭五間，題曰驛官，至城中無居，相欲遣馬側，馬上有茅竹屋數十，待桓百十一萬，又廣率其民畜產於山盧，張白旗爲軍稱官。

按桓使人至城中無居，相欲遣馬側，馬上有茅竹屋數十待桓。賓之厚意也。而府署泃汹與螢寇接戰，隳馬傷足，受質陋目瑚以爲軍指，自言而近歲與螢冦接戰馬傷足受。

東西洋考卷之一　　二

而令小制，衣夾衣揮扇云。然屢爲冦地而無寒氣。佐事小君親闥黜陟，或鞭殺之。或遊覽頤息，乃挾其宫漸失藩臣禮。桓卒，諸子爭立及廷龍嗣苟歫，不道。李公蘊逐之，遂代爲王，改元尊稱帝，其孫日尊僭擬大越，數。

傳至昊昷無嗣，爲其婿陳日煚所有（宋史曰李有國九十餘年，元攻下之，封其子光昺爲王世貢不絕。顧時時遣將躪踩其地。）

高皇帝蕩平區宇，王陳日煃率先內附，遣學士張以寧封爲安南國王。會日煃卒，主事林唐臣封日煃嗣。詔印于以煃封，拒之吾受命封先王，何得于若日煃。乃請于朝，遣編修王廉、主事林唐臣封日煃嗣王，而賞以煃得使臣體。未幾陳叔明慕立叔明姪子日𤊽爲其臣黎季犛所弑。老弟㷆代明苑子日煓爲其臣黎季犛所弑，著雲集集弟㷆代。

觀事孫攻占城敗死弟端代先是　上甚戒安
南占城母俱攻至是是以叛明兄弟怕強速禍後已絕
遣使論之二十年秋三帝於季犛弑犛改國大虞稱
叔明子日疑旋爲季犛所弑

太上皇使其子胡奆爲國王詐稱陳氏絕無後
而奆其甥也蕭權國事

文皇帝許之俄而陳氏之孫天平者間道愬于
朝胡奆懼表請天平還國封天平安南國王使
都督呂毅黃中大理卿薛巖以兵護之季犛具
牛酒犒師偵騎往壺䑲道相屬也不爲虞至芹
站伏發殺天平及薛巖

東西洋考卷之一　三　黃天刑

上大怒拜成國公朱能爲征夷將軍西平侯沐
晟左副將軍新成侯張輔右副將軍發兵分道
討之　吾學編載　上幸龍江禱誓飛日稽賊父
誓殺其子必獲無赦母養亂母玩寇毋毀廬墓毋
害稼穡毋恣取貨財毋捨人命毀有一雖功不宥成國公蔑詔新成
侯輔行大將軍事兵蹎坡壘臨留二關而入低
富良江西平侯亦破猛烈關突宣江口出洮水
度富良江與大軍會於三帶州城立柵屯守師
夜廢大破之焚柵煙焰漲天乘勝攻下西都燒
其宮室又破賊艘於木九江嗣大破賊於鹹水

關窮追季犛父子獲之捷聞詔求陳王後已絕
乃郡縣其地立交趾布政司都指揮司按察司
七衛十一守三論功進封輔爲英國公晟黔國公
餘爵賞有差亡何餘孽簡定作亂英國爲大將
率兵討擒之踰年陳季擴後叛李擴簡定從子
也輔後往討轉戰連歲始獲之自英公下交南
凡三獲僞王威震西南夷因留鎮其地而尚書
黃福掌藩泉有威惠退外以甯尋召輔歸以豐
城侯李彬代鎮福亦以久得代中貴人馬騏墨

東西洋考卷之一　四　黃天刑

而煩苛失眾心黎利遂乘之反彬不能制所攻
没郡邑十數僉成山侯王通佩將印發二虜兵
四萬弁鎮兵討之凡十餘戰利盆將前逼交州
詔安遠侯柳升以精兵七萬往特角平賊升故
嘗從征安南者銳而輕敵自以千騎爲前鋒敗
利兵前追之伏發橋壞升中鎗死成山侯懼不
敢出乃與利約和以交趾棄之引兵還利於是
送還文武官吏四百四十七人進代身金銀香象
布帛謝罪且乞封焉

宣宗用大學士士奇榮策利表言前國王遺嗣
上集大臣議英國公臣輔尚書臣義尚原吉告
言交南本中國地勞苦得之不宜輕成功
士臣榮吉言兵兇以來天下無寧歲以為
滅未起而復勤之臣心地求之不恐聞且求大
太宗皇帝心地求之不得而後郡縣今因其請
榮之安在為總吾民於討大便漢棄珠崖前史
上日稱二人言是　遣少宗伯李琦少司空羅

汝敬等持
聖旨赦利求陳氏後立之利詭陳氏已絕更遣
少宗伯章敞納言徐琦冊為權署安南國事利
遂使入謝解歲金五萬兩然已改元順天帝其

東西洋考卷之一

五

國中矣利死子麟立借號紹平偽諡　遣使告哀
未冊權署國事正統丙辰以少司馬李都納言
蓉亭持節冊冊為安南國王麟後改久之死子濬
嗣麟太宗文皇帝請冊朝貢不絕天順時為庶
兆琮所弒自立天興號大和偽諡靖難等起兵殺琮
而立濬弟瀕光順借號成化初與鎮安土官守岑宗
紹相攻為岑氏所敗占城王茶全攻其化州瀕
率兵救之占城退走厲王茶全以歸弘治間瀕
死子暉嗣借號景統偽諡聖宗淳皇帝暉死子敬嗣借號泰貞未

喻年而死遺命立其弟誼借號端慶偽諡誼立
四年死於弒其會黎廣慶等表誼罷欽皇帝信毋黨阮
种阮伯勝恣行兇暴氏不堪命阮氏圖竊國柄
遷誼別宅逼令自盡臣等與國人共聲其罪黨
與盡伏誅竊見故國王黎瀕第二子誼故臣焞有
子黎焞堪住國事乞賜襲封詔許之瀕借號洪
慈為厲王初瀕生二子長即暉次子珩偽封錦江王
暉生敬誼珩生瀕誼被害時珩與瀕俱先死
故國人立誼而瀕之子偽沱陽王誼及弟廙以

東西洋考卷之一

六

兄不得立瀕妻鄭綏女誼妻鄭惟鏈女是時鄭
宗典皇帝多行不義國人惡之正德丙子鄭惟鏈鄭
疆且握柄於國立誼非其意也誼既立珩偽尊父
綏與其黨陳眞弒誼而諒山都將陳暠者再陳
氏後以諒山之甲迫交州殺鄭惟鏈自立陳眞
擊走之高病死鄭綏等廿立誼為主於國光紹
偽尊瀕折宗明皇帝諡誼其大臣阮弘裕等討
日靈憨王追諡誼為威帝借號光紹
弒誼之罪攻鄭氏出奔時國柄未有所屬
真金庸諷羣臣推口與兵漁以武平為陳暠紹

262

東西洋考卷之一

七

金剛

江筌庸屢攻不能克鄭惟憭以黎筌命來請兵
牢國憤悒苑子筌庸七歲故臣共立之於漆馬
君守自稱太上皇率兵攻譓連破之譓走入哀
擄清華乂安順化廣南四道筌庸立其子方瀛
其母殺之而自立
也筌庸乃僞立廳
起兵攻筌庸及為所敗出弁清華時嘉靖元年

郎黎譓累載功封武川伯鎮海陽以重帛
啗左右入柄軍政如太鶴封仁國公遂茲奪
國既得志漸除譓讓除謀亡何酖慶并
僞詔虓統元譓曰恭皇帝時譓尚
借虓統元譓大越改元明德時譓尚
恭皇帝時譓尚
亡何酖慶并

下部議拜咸甯侯偬鸞為大將尚書毛伯溫監
督及督臣蔡經等分道入討乃聚兵以聲恫喝
筌庸誘使納款筌於是為降表請罪獻身代身
金人自贖壇下稱認赦之
然伏壇下稱詔赦之廣西遏志曰嘉靖十五年
部尚書夏言泰至廷議頒詔諸夷禮
兩廣督臣潘旦如稱英氏奸雄之賊逆
利之裔皆非宜立如夷狄處之雖元吳甲
皆欲假天變典廷議兵不合因
召且還宜留使者蔡經代經之廉州日能保毋用兵

東西洋考卷之一

八

四川

等加秩有差廷議黎寧非眞黎氏後以筌庸為
都統使鎭安南然帝其國自如也筌庸方瀛相
繼苑孫福海嗣位又死子宏漖幼大臣阮敬等
專權國後亂四十三年貢使黎光賁至京光賁
以國難輟招南寧者十五年至是乃達其後貢
遂絕萬曆間莫茂洽為都統使茂洽死國大亂
數年鄭惟憭子鄭檢立黎暉後維邦為主維邦
苑子維潭嗣盡克氏遺孽詔督臣請款關輪
貢移文擅用前國王印宁臣詰之維潭飾詞對

然請款愈堅與約必以高平君莫氏如黎氏漆
烏江時維潭心難之遁去頃之後款其言其恢
後之義歸附之誠高平乃其故土且莫氏墓臣
不宜漆馬江為比守臣曰莫氏先世雖慕逆今
日乃國家外臣也使假息一隅毋遷殄絕是我
國家所以鎮撫四夷共其患難之意維潭乃聽

東西洋考卷之一　　九

二十四年夏叓壇受降如筮庸故事　廣東通志
關同知黃宇李陶成出關傳譯詰以六事首擅
殺貢臣曰復仇之忿不皇請命乞弈其愚次絆
潭曰世孫也其祖黎熬畢天朝曾錫命焉次鄭
日隸臣世以衛黎非昌熬也然則何脅遁乎鄭

以儀物不戒非遁也幸不加討其自今有苑
印何在日權做為臣也立銷矣至安排猶
無對金印紐約伏地陶潭魚貫入維潭次
作對不決日復譯諭昔可漆馬江進趨
莫獨不可高平乎且均土既定庸還報何
兵儀節塞語莫廷白維潭初十晨開關先
著衣代姑命黃罪國頻又五升三
金人頭畢候范進川頻吉維潭又後諸
叩頭拜左還戴五升三其
頭降階俱龍亭今黃承祖從江道請維潭
稽不費燈犀前處左從又五開三
下國拜頭目者辛咽何蘄四篇之
言莫之慕黎其事逆

先朝猶赦其愆況黎之復讎言其名正今日宜許
　督臣陳大科疏

東西洋考卷之一　　十

其順以夷治夷

祖宗成法事下部議如大科言以維潭為都統
使安南復定萬曆間黎維新嗣維新雖國主然
政無纖鉅悉決於大臣鄭松所擁維新輙散去督臣
五年交南苦饑叛會集衆掠欽州輙散耳三十
戴耀遣兵討捕之移檄維新自縛叛松會松縛企
揚扶安扶忠三人來獻其與西連境者歲歲
為南太憂督臣周弘謨請增兵餉以需大創
云其俗夷獠雜居獷悍喜鬬或剪髮或椎髻口

赤齒黑趺足文身暑熱好浴故便冊舍水惟交
愛人倜儻好謀驍演入淳秀好學則從古傳為
美譚國中尚知祀文宣王用制科取士亦猶
華之遺教也其地分十三承政司　廣志曰欲示
自昔以為郡縣其實一承政不能及中國一府或
一府如安邪郊又謀江之類或承政只管

其主居曰日南殿

清化港即舊清化府也是漢九真祁治之地隨
愛州在交阯界西京今為清　羊承政司

順化港卽舊順化府也今爲順化承政司

廣南港卽舊乂安府也漢爲日南隋唐爲驩州今爲廣南承政司太傅阮某鄭松之舅也松旣執國政阮不能平擁兵出據于此威行諸部某卒其子始脩貢東京

新州港卽舊新安府也今爲海陽承政司

提夷港亦交阯屬縣以上風俗大約與東京相類尚有汝南承政京北承政山西承政諒山承政太原承政明光承政興化承政乂安承政賈船所不到附載于此

形勝名蹟

佛跡山在交州府石室縣有巨人跡下有池景物清麗一方勝槩勾漏山在石室縣古勾漏縣在其下漢書註勾漏有潛水牛上岸共鬬角軟還復出東究山在北江府嘉林州一名東皐山唐刺史高駢建塔其上儫遊山在北江府武寧縣相傳有樵夫觀二仙奕棋於此金牛山在武寧縣唐刺史高駢欲鑿其山見金牛奔出遂止漢書註九眞郡居風縣有山出金牛往往夜見光燁十里崑山在諒江府鳳山縣上有清巚洞山腰有瀨玉橋白雲庵林岫之勝丘嶓山在諒江府册巴縣上有石門廣三丈相傳漢伏波將軍馬援所鑿安子山在新安府東湖縣一名象山漢安期生得道處宋海嶽名山圖以爲第四福地雲屯山在新安府新屯縣大海市兩山對峙一水中通商舶多聚此大圓山在新安府新安縣大海中突起圓嶠永樂十六年山獲白象二來獻鳳凰山在三江府夏華縣邑人歲時登覽三島山在宣化府楊縣三峰特起芃山在太原府弄石縣下有巖洞水穿洞中可行舟隴山在太原府洞喜縣四面皆峭壁中有村墟在焉戲馬山在清化府永寧縣一名遊奕山巍然獨立橫枕長江邑人九日登高處安鑊山在清化府東山縣出美石漢豫章太守范甯嘗遣吏採石爲磬天琴山在乂安府奇羅縣東海邊相傳陳氏主遊此夜聞天籟聲故名永樂初天兵擒黎賊子蒼于此橫山在乂安府河華縣昔林邑告交州刺史朱蕃求以日南北鄙橫山爲界卽此傘圓山在嘉興州其勢高峻雄偉艾山在嘉興州蒙縣面臨大江峭石環立人跡罕至相傳上有仙艾每春開花雨後漂水羣魚吞之便過龍門江化爲龍富

良江在交州府東關縣一名瀘江上接三帶州白鶴江經城東下通利仁縣大黃江以達于海宋郭逵破蠻決里隘於富良江本朝張輔等破黎寇于此如月江元兵與懷文侯戰處天德江一名廷蘊江又名東岸江永樂初黎寇懼討役民堙塞天兵旣平寇重加濬治舟楫復通來蘇江舊名蘇歷江自交州東北轉而西下直抵銳江昔有蘇歷者開此故名永樂初工部尚書黃福重濬因王師弔伐乃更名來蘇宣光江在宣化府曉縣源自雲南教化長官司入境流七百餘里達宣化江沐晟自雲南引兵駐此海潮江在建昌府快州自阿魯江分流下通玉球江昔陳氏破占城軍處龍門江在嘉興州蒙縣漢書註封谿縣有隄防龍門水深百尋大魚登此門化成龍不得過曝鰓點額血流此水恒如丹池一統志曰源出雲南臨遠州至此橫截江流中分三道飛瀑聲聞百里舟過此必昇

東西洋考卷之一　十三

求州府初置以浮橋往來歲易一陽凤
微水經注曰朱鳶縣有潽江舊名浪泊運不通鑒川
側鳶側為麋泠一曰朱鳶冰晨將至邑州
地時故又稱越王所築王城宮址馬援言
千餘里俱交州府漢書曰馬援將兵各
遠界去庭千餘里庭分壐封

越王城螺城
望海城
聖城

金溪宄
東津渡　交
天成涇　海

大羅城　都護府皆在此其城張伯儀所
築高騈修廣之　宋交州異域記曰有交
李公蘊立國于此　雜王縣時地有交
　　　　　　　隨潮上下民墾食其田因名雒
主諸郡縣多為雒將蜀王子安陽侯
　　　　　　　雒王雒侯主諸郡縣南越

天使館　使姓元傅常入館益靑雲司
馬敦煌朱朝周迴始終見馬援壯氣
　　　　　　　嘆曰吾从弟少游遊足衣食乘下澤
鄉里稱善人吾既衣食乘至求贏餘自
　　　　　　　苦耳光武中興交阯立銅柱為漢界

雒王宮　末雒王縣時雒田
浪泊

銅柱　銅柱馬援破交阯滅唐馬總
亦建云

東西洋考卷之一　十四

物產

金　爾雅曰黃金謂之盪　孔安國曰金之
美者謂之金統志曰太原涼山又失鶯府所出元間
有黃金　交州記曰金盤罝殿有煖
　　　　　交阯常往

珠　晉陶璜上言珠采珠為業百姓以米易貨
　　　　　　　珠為業　交州記曰

碎寒峎　交阯往貢者唐志曰
象牙
犀角　本朝交阯充貢　廣州志曰奇
　　　貝　本朝交阯充貢
貝

玳瑁　本草曰大如龜似玳瑁者
翠羽　交阯出
銅鼓　廣州記曰俚獠鑄銅為鼓
奇楠香
冊砂

造亦以制帶銙率多湊合頗若天成純全者難得耳

奇楠香油 眞者難得今人以奇楠香碎漬之油中以蠟熬之而成微有香氣

沉香 圖經曰木類椿櫸多節葉似橘花白子似檳榔大如桑椹交州謂之密香斷其積年老根經年皮幹俱朽爛木心與枝節不壞者即香也堅黑而沉水爲沉香

速香 南方草木狀曰交趾密香樹伐之經年其根幹枝節各有別也心與節堅黑沉水爲沉香水面者爲雞骨香根爲黃熟香幹爲棧香細枝緊實未爛者爲青桂香根節輕而大者爲馬蹄香同出一樹今人名速香蓋黃熟語音之訛矣

安息香 酉陽雜俎曰其樹呼辟邪樹長三丈許刻皮出膠如飴名息香本草云似柏脂黃黑色爲塊新者亦柔軟一統志曰樹如苦楝大而直葉類羊桃而長中心有脂作香

詹糖香 圖經曰出交南木似橘煎枝葉爲香往往以皮及蠹屑和之難得淳好者

蘇合油 圖經曰蘇合香與眞紫檀相似而堅實極芬香今不復見但用如膏油者極芬烈耳陶隱居以爲是獅子屎外國說不爾梁書云蘇合香是諸香汁煎之非自然一物也先煎其汁爲香膏乃賣其滓與賈人

絹 按九眞郡蠶年八熟繭小輕薄絲弱綿細今交趾絹蓋八蠶之絲所織也薄者畫家多用之其色近古本朝充貢

東京布 亦吉貝所織者尺幅甚狹

羚羊角 郭璞曰麢似羊而大角圓銳陳藏器曰羚羊夜宿以角掛木不著地但取角彎中深銳緊小猶有掛痕者是交阯出高石山

明角 牛白者角亦白是稱明角雄角大而直雌者多磊塊故價爲遜

烏角 考工記曰犀牛之角直而澤老牛之角紾而昔疢疾險中瘠牛之角無澤

鹿角 許氏說文曰鹿解角獸雅翼曰鹿陽獸遊山夏至得陽氣而解角從陽退之象埤雅曰羣居則環角外向以防物之害也

獺皮 埤雅曰似狐而小青黑色膚如伏翼一歲二祭其先

取魚水濶四面陳之謂之綵魚今人集其皮爲裘

馬尾 宋時占城多從交阯市馬則馬尾故所自出

蠟 陶隱居云蠟生蜜中故謂蜜蠟蜂先以此爲蜜蹠煎蜜亦得之初時極香軟人以更煮煉或加少醋酒便黃

燕窩 燕食海藻吐以作巢依石穴上伏其卵生雛故多著毳夷人梯取之王敬美閩部疏謂海燕所築啣之飛渡倦則擲置海面浮之若杯身坐其中久之復啣以飛爲海風吹泊山灣海人得之以貨此好奇而誤入之者也

胡椒 酉陽雜俎云苗蔓生根極柔弱長半寸有細條與葉齊條上結子兩兩相對其葉晨開暮合合則裹子葉中形似漢椒至辛辣

蟳肉 周書王會海陽大蟹註海水之陽以此貢獻蓋蝤蛑鉅者蝤蛑即蟳別名也今人貨其乾肉以歸

苡薏仁 交南呼爲薢珠一名薏珠子馬伏波所以與謗也

檳榔 俞安期曰檳榔子既非常木亦特異余在交州度之大三圍高丈餘葉聚木端房棱葉下花秀房中子結房外皮似桐而厚節似竹而傲中空外勁遐立海南遙然萬里嶺表錄異曰安南人採實以扶留藤兼瓦屋子以競嚼之云交州地溫非此無以祛瘴癘

椰 異物志曰樹高六七丈無枝葉葉如東蒲在上實如瓠繫之顛實外皮如胡蘆膚中有汁升餘食其膚則不饑食其汁則增渴交州記曰椰子有漿作酒飲之亦醉○沈佺期椰子樹詩日南椰子樹香裊出風塵叢生調木首圓實檳榔身玉房九霄露碧葉四時春不及塗林果移根隨漢臣

千歲子 南方草木狀曰藤蔓出土子在根下鬚綠色交加如織其子一苞二百餘顆皮殼青黃色殼中有肉如栗味亦如之乾者殼肉相離撼之有聲出交阯

菴羅果 一統志曰俗名香蓋乃果中極品實似北梨四五月熟多食無害

波羅蜜 一統志曰大如冬瓜皮有軟刺五六月熟味最香甜核可煮食能飽人嘉林州出者佳

劉 爾雅註曰實如

東西洋考卷之一

〔上半右欄〕

蘇木華夷考一統志曰出交阯一名多那俗名紅烏楠

古度記曰出交州記曰多感子黃色圓一寸記曰生交阯多感于
留求子尖及草木狀而黃已熟時形如梔子樹枝長五六尺葉似
冬漸長技長黃已熟時廣州記有多種者藤本肉如菱南人以漬
大茄草木狀黃紫色蔓生冬白色甘而多汁交阯盛熟取之大
菫芰草木狀而形如蕪蒡生交阯國樹掘根熬煑以為糖人呼為
中州石南樹

香記曰肥甘美和之尤美記曰出交阯九真記曰出九真南方記曰
甜核生石鍾間殼厚出交阯人作剝魚味和之尤美南方記曰出交阯石榴而實赤皮小而厚如石榴形辛且益
石栗肉少味似胡桃異物志智貴人以為容故彼人食之豆蔲

十七　金

〔上半左欄〕

水紋志古曰構木名其心似松一棕竹大寶中指
顏師古曰構木名堅可為器也名
黑色其粗者名竹竹蓋曰棘竹竹生交阯人破以為弓故曰竹
覆黑竹其粗者名竹枯不可攻日萬夷人破以為弓故曰棘竹
有刺大二尺記以圖肉厚幾可城卒弩以圖之以為藩落枝上
會庸藩落也晉元康初白綠餘朝人野曲色南重千仂交州記曰
為刺藤有三角集異物志南在蔓心一者長交趾白綠異物志
之甲月九真安南為奇獸形如馬有蹄有三角初白鹿見交趾武
元酉安南為奇獸云南貢奇獸形如馬有蹄三角鞭柄皮白鹿見
兒頭毛如馬日兒燒記交州記有象牙記交阯能鼻能捲一種
藤刺餘如馬日安南人燒之難端桃高丈弓故曰節人子
驕真郡獱云驩如馬大如馬一者顯郭云云康八年白麟九真驩此即麟九
白鹿盧縣末元嘉初白鹿茸此白麟九年貢驩如馬大如馬一角

〔下半右欄〕

東西洋考卷之一

也猩猩水經注云猩猩獸形若黃狗又狀貙
猩猩人面顏容端正音聲麗楚太原王綱
質黑而小紫黑色畜之捕鼠甚於貓林元凱詩
不義為老者在前少者在後異物志曰其狀蒙白頭交州人相家中蒙貴兒華堂客到安
行者操竹跳跳仰向天其毛長四尺餘身似蒙一統志曰
髮曰酒及暖里人置酒及屐於路者知張設笑我出交廣
佛試曰見奴見殺迯我取酒則醉取屐著足先知張設而復遷著
日見之則笑曰見我笑出交阯果然獸似猴白頭黑尾果然

蒙貴　一統志曰蒙貴兒

十八　金

〔下半左欄〕

扇拂或曰舌人何其毛多養孔雀異物志曰其尾冬則脫春則生嬌弄愛其色常以雨時
鸚鵡蛇頭鼠尾林元凱詩曰拂雲
紅鸚雀云始以見蛇宛委大蛇常食其
長十丈夷人採色以駿章創之異物志
今學語遠則聲莫愁弄風閉樹杪減
夷先知今朝洗面圖開闊詩還過白雉
而以嫁人衣技皆可得也蟲羽交阯多出肉翼
不起使可得也紅飛鼠深毛茸茸然唯出交趾

孔雀

十八

淺黑色雙代
紅焦花間捕者獲其
一則其一不去婦人帶之為狸藥志曰竹鼠交州記
如小狗大食鸚鵡志曰竹門汀旁有山
竹根出封溪食鸚鵡出驪間汀旁有山
紅似鸚鵡嘴相釀子鹽多出驪魚色青綠山曲
傳此魚能化龍釀子鹽多收錄異曰溪洞箇上
官客親友不可得食周禮蟻那爭圉為醢非
人饋食之豆有蚯蟻子即此

貿易

賈舶既到司關者將幣報會行四拜
禮所貢方物其有成數會為商人設食乃給木
牌於臺舍聽民貿易會所須者輦而去徐給官
價以償耳廣南會號令諸夷埒于東京新州提

東西洋考卷之一　　十九

夷皆屬焉凡賈舶在新州提夷者必走數日程
詔廣南人貢廣南會亦遙給木牌民過木牌
致敬乃行無敢譁者斯風稜之旁震矣順化多
女人來市女人散髮而飛旁帶如大士狀入門
以檳榔貽我通慇懃士人嗜書每重貲以購焉
按宋史大觀初貢使至京乞市書籍有司言
不許認嘉其慕義許之然則彼國嗜書正非
朝

論曰久矣夫交南之為郡縣也
又曰帝振宋之旅六師所指海立電飛漢唐十

恒於茲重關厭續儻矣道英公內師銜命宵人
馬竭猶求獸窮則逸
宣廟以此戈為武休息甚弘然楚楚冠裳棄成
鱗介不得與珠崖僣耳同被華風則大造者之
新此一方靈秀也二百餘年羈縻勿絕保境戢
恵固獻琛而稱藩易姓代與終欵關而待命雖
僣竊未玫視黎桓時則有分矣

東西洋考卷之一　　二十

東西洋考卷之二

西洋列國考

占城

占城古越裳地也，秦林邑，漢象林及區連殺縣令自立，稱林邑王。數世中絕，外甥范熊代之。子逸嗣，逸死，奴文慕立。奴〔梁書曰文本夷帥范稚家奴，化而為鐵，因以鑄刀，刀成，破者文當王此國。因呪曰：若斫石破如魚二。因斫石，石如研石。文向石呪曰：若斫石破如研石，若斫石不破，如此異常。文斫石破後，如此教林邑王作宮室及兵車器械，王寵任之。後乃詭王諸子各奔餘國。及王死無嗣，文遂篡位，於都後國迁王子，置毒於中殺之，資國人而自立〕。永和間襲破日南，殺其守夏侯覽，以尸祭天，屯日南久之〔梁書曰：日南久之，日夏侯覽為太守，侵刻尤甚，林邑民之怨。遂舉兵襲日南，殺之〕。

晉兵所破，狄然亦世為交南患。溫遣督護滕畯帥交廣兵討之，盛兵於前，逾壘而入。佛嬰城固守。桓師暴，驚潰。遺史初平，初暴寇日南乃請降。史朱蕃頭以須達又放之。太守杜寶討破之。隆安三年，佛孫須達復寇日南，殺長史，晉遣鄧逸擊破之，九真太守須達復寇九真。杜慧期討破之，刺史杜瑗討破之，須達遁。須九真行郡事杜慧期與戰，斬獲甚眾。

〔其息及生俘百餘人，自暖辛後，林邑無歲不寇日南諸郡，殺傷甚多，交州遂致虛耗〕。至孫文敵為扶南所殺，大臣范諸農平其亂，自立為王，傳子陽邁，宋永初時遣使來貢〔南史曰：陽邁初在孕，母夢人以金席藉之，其色光麗，夷人謂金為陽邁，若中國云紫磨者，因以為名〕。王生兒，有人以金席藉之，其色光麗，後叛服靡常，交州刺史檀和之將兵擊之，深入其境。齊梁亦遣使往來。隋時為大將劉方所破〔北史曰：仁壽末遣大將軍劉方擊之，王梵志乘巨象而戰，方軍不利，方多掘小坑，草覆其上，象陷，大破之，入其都，獲其廟主十八枚，皆鑄金，蓋其國有十八世矣。方班師，其志復〕。至唐而范始滅，國人立其姑子諸葛地〔其故地〕。

更號環王。元和初，都護張舟擊走之，徙國於占城之名所自始也。宋時襲破眞臘〔文獻通考有占城。譬僞殺殘盡，更立眞臘人主之。元世祖詔降虎符，授僞樊祿大夫〕。固大軍南討國王戰敗逃遁，然不果隆。然竟負固，大軍南討，國王戰敗逃遁，然不果隆。

明興，高皇帝賜占城國璽書，國王阿荅阿者遣使朝

貢蓋從此始歸款矣四年王為安南所苦奉表
乞賜兵器樂人俾安南知我為聲教所被不敢
輒欺貢
上憐之報曰兩國既共內附登宜擅兵相攻業
詔安南無開疆釁彼兵器不爾各但以安南故賜
爾是勉爾搆兵也爾有聲律方言各異中國人
不可遣爾國人能習華語者來習肄十六年遣
予入賀
聖節永樂政元遣使告諭即位其王占巴的賴

東西洋考卷之二　　三

奉金葉表來貢
上使行人蔣賓王樞往報之
賜金綺有全且勑安南毋相侵掠從來請也四
年遣中貴馬彬諭以共伐安南
詔粵東諸將繕兵甲出海道與占城會
賜占城王鍍金銀印他物甚侈王出兵助征廣
志曰後遣太監王貴　五年奏言㕙後安南所侵
遍貴籹往勞賜金幣
地獻俘貢方物
上下詔褒美數年間屢遣使來貢悉厚答之至

命中貴彬護其使臣以歸十三年兵部尚書陳
洽馳奏初討安南時占城王遣頭目奉
懷二心怨期不進又以金帛戰象資李擴地
以黎蒼女遺約陳翁挺侵升華府所隸地
罪下季擴一等耳請發兵征之上以交趾初平
不欲窮兵遠夷遣使諭王歸我侵地其後三年
一朝貢詔亦間往不絕年奏使占城王遣
日迎詔鼓吹填咽旌麾擁旗衣椎髻前奉
至行宮設宴王乘象迓於國門帳列戈載以羣
象為衛俄宣詔稽首受命上元夜請賞煙火襄
沉香燃火樹盧陳樂舞裸袒士着芋衣

東西洋考卷之二　　四

景泰末王摩訶貴姐天順初年弟盤羅悅馳使
請封命給事中江彤行人劉寅之持冊往封
遣使來謝云成化中王茶全為交趾所破嗣王
從居赤坎邦遣使請封如故事而安南陪臣據
其故都詭稱占城王迎詔使臣為父誤謂真王
也持封冊給之嗣王古來航海奔廣州投訴更
以來朝為辭督臣屠滽命僉議羙英發其事時
安南納叛將而助之害中言古來不當嗣滽從
僉議謂閩印元有古來名宜子其地其跡以聞

仍移檄安南道之順逆安南亦不敢大肆其狼
噬乃選官軍二千令東莞商人張宣護送古來
還國弘治十八年古來卒沙古卜洛嗣正德五
年奉詔冊封者給事中李貫行人劉廷瑞也十
二年來朝嘉靖二十一年再至云其俗果于戰
鬪尚釋教王冠三山金花玲瓏冠披錦帔着玳
瑁硨磲腰束八寶方帶出游乘象或黃犢車一人
持檳榔盤前導從者十餘輦各執弓矢刀鑕書
曰王著法服加纓珞如佛像之飾出則乘民望
象吹螺擊鼓阜吉貝繼以吉貝為幡旗

東西洋考卷之二　五　李厥劉占

之膜拜一而止臣荽葉冠男蓬頭宋史曰撮髮為髻散髮餘
女後椎結居處為閣名曰干闌門戶皆北梁書曰男女
向民居茅茨不得踰三尺衣紫衣皆以橫幅吉
貝繞腰以下借玄黃者論死柳葉為席以廗堂
謂之干漫
身山牛不任耕耨但殺以祭鬼令巫祝之日阿
羅和教他早托生也正月一日牽象周行所居
之地然後驅逐出郭調之逐邪四月游船十一
月望日為冬至所部各獻方物十二月望日城
外縛水為塔以衣服香藥罿塔上焚之祭天醮

酒甕中候熟嘗王繞甕坐筒而吸且吸且注水
味盡而止星槎勝覽曰非至午不睡月則以歌舞為樂非無紙筆
以羊皮搥薄削竹為筆蘸白灰書字南史曰書樹葉為紙
或擊鼓以警衆或吹蠡以卻戎古稱歲時採生
人膽入酒飲之又以浴身謂之遍身是膽也
娶必用八月女先求男同姓還相婚姻使婆羅北史曰婚娉
門引壻見婦握手相付囑曰吉利吉利於是婚媾令壻送
媒者齎金銀鈿酒二壺魚數頭至女家請一婆羅門送
女至男家會賓歌舞相對女家請一婆羅門手固牽女授之喪用火葬以器乘餘骨沈之書

東西洋考卷之二　六　李振劉占

日甌七日而葬百官三日庶人一日皆以圍
盛屍鼓舞導從興至水大積薪焚之收其餘骨
王則內金甖中沈之於海有官者以銅甖庶人
以瓦甖送至江男女皆被髮隨喪至水大盡哀
而止歸則不哭每七日然後香盡哀至七七而
散花後散則盡哀盡七七而罷王在位三十年卽
入山茹素受戒曰我不道當充虎狼食或病死
從此國事不得復相關傳子攝國碁年得無恙
後入為王國人呼為芳嚌馬恰剌札焉唐書曰
陽蒲王妻為陀河熊大子為阿長通宰相日爲呼王日
波漫遢地以漬書曰脅官有二其一日西那婆帝為
其二日薩雙地歌其鶴官其三等其一日倫多姓部
大歌倫致地以他伽伽蘭外官分為二百餘
其長官日伽之佛羅次乙倫多姓部分為二百餘
可輪如牧宰之差也

形勝名蹟

金山　在林邑國。梁書曰：石皆赤色，其鵃候山。元史曰：唐人曾延來言，國主逃於大州西北，官立回回三千餘人，集他郡兵未至，不日將奧官候者云：送罪人自苑，實在鵃候外，使象踐之。或兵變戰陟在鵃候者，云國自不勞徙，王居於交阯。

牛山塔　屯元兵于此。

屯栗城　尺表曰：區粟城南齊書曰區粟城，四面約二十餘里，建行宮。

赤坎山　齊書曰：區粟城八寸八尺，林邑王居。

區粟城　占城王居於此，在林邑者，使象踐之，或送罪人自苑外。

木城　元史曰：依海岸立木城，西去木城西十餘里，建行宮。

羅灣港　即占城西口城。

伽備貌山　軍元史曰傳棚。

物産

金　即金山所出者。南齊書曰：金汁流出者鑄金為像。又獻金葉九節標槍七鋌，原魏日設壇。

銀　大獻銀三鋌，小銀五十圖七鋌。元史。

鐵　學編日宋時魏原日清城水產。

錫　生黎中，微珠大如水精。正午向卵，為望占城水產。

寶母　每月望夜輒生珠。一統志載此占為水產。

澄水珠　珠置室中，水則澄清。一統志則嚴然，然水傍不生草木傍不生病，未能見。其槍有朝人見，可得其上。

火珠　白皎珓光照數丈，奉國王信物大概黎狀如火珠。

琥珀　其產火珠。以艾燃之，火大數尺如桃大，乃去其皮，地青堅成。

水精　本草曰：四一名水玉，千于林邑一名玉，梁書云。

貝齒　齒生東海，梁書曰占。

城所出。

菩薩石　周顯德中入貢。談苑日色瑩白若水晶，日光中入射之，有五色如佛頂圓光。顯德中充吾學編所貢，梁民樵。

犀角　夷人謂之黑暗，宋及本朝充貢。吾學編書見者可尺五寸，長者八百。西曰白樹雜有肥云瑪玕。

象牙　宋人謂最多，白者暗大者，本朝充貢及。

奇楠香　諸香勝焉。諸國名出伽邏，惟占城所產者在其摘取者惟南人。

沉香　圖經日沉香有數種，有黃熟香似松脂，作杉木圖。八九丈圖葉圓，六七尺乾脂積久樹中得者，古斷積木宋貢者，再塗。

檀香　本佛家研以塗身者，唐書曰占城以麝塗之而小，其香再。

龍腦香　調之波律膏。

麝香　凍華夷考日：以麝和華夷。

東西洋考卷之二

桃者　名香譜云：今以通明香燒煙蒸上清黃子如丁香，宋時充貢。

顛血香　陰崖谷出而塊破者，宋時充貢，廣志曰即紫赤如麩。

乳香　出崖谷作，魔鬼破心松木宋時充貢，廣志曰即紫赤如麩走。

正在陰前皮內別有膠裹之春分取之，第一度出者，出焦草皆寒多，焦黑次焦獸志逐走。

丁香　高丈餘樹，冬五分紫色而拆中有。

降真香　本草註曰：本朝充貢。本草曰樹似櫻桃。

薔薇水　歲貢水愈熾，吉貝時梁書曰：蔷薇露經順理而有時。

猛火油　本朝充貢，宋史曰得水愈熾，戰艦吉貝如橋蔗擊其皮緝紡，周其緒紡以。

宋史曰：宋史日，戰諸雜花鑑細。

丁香　高丈餘樹，充凌冬不凋，葉似。

吉貝　如橋蔗梁書日蕎蔗其緒紡以作布，唐書曰王妻服朝霞雜以為。

朝霞布　又貞觀時王妻服朝霞布作成。

色織染成班布，朝霞布又貞觀時充貢絲紋。

宋史曰戰，相而長丈許纊入歌。

東西洋考卷之二　九

燕窩　華夷考曰燕窩取菜壘乃海菜也其物生海中如白海菜所有王自割之每歲稻熟所割者如此又割之不絕香美可入酒宋時初出烏木葉如新香色如鳥里色取一把於古嚴種及宋史本云

椰　如鳧卵黃如鵝子初出烏木朝充吾學編曰烏木鳧崑崙日烏木朝充宋史時初出

胡椒　入宋貢槟榔槟榔椰檳椰出宋史本云昔林邑王與越婦秋書居苦爪於占城者長二丈八星

蘇木　見宋史本色云　烏櫨木　見宋史本朝充硫黃　出林邑王朝充宋時琶

烏角　黃蠟　觀音竹　竿接雛莖華夷考曰南方珍之調燕菜大如鳩所有王自漆熟所割者故燕時宴罍乃海菜遣侠客剌得其林邑王與越婦入貢

布　宋史曰布緝其胃重至於足織以白氎貝多葉　見宋史白氎布宋史曰無絲蠶以白氎貝多葉

簟　布多菜長一尺五六寸闊五寸也織以細草而厚夷人以此書字夷人以草

明角　如鴛覽曰崑崙日烏木鼓名崑崙日烏木

海梧子　子似弹南人至化為椰子林王慎之割為飲器南人至王大醉故其槃如酒案宋王為按宋史所載占城州所產又悉于佛經

茴香　茴香如草國圖經曰同懷香交廣諸番國松日同草木日波羅蜜子大與蜜瓜相似味甘如蜜冬瓜中

窋蔻　有子似弹若肥甘檸子國南方如雞木狀味甘絕大與蜜瓜相似味甘

林邑記曰犀自開同顯德中露齒前向又甘亦名波羅蜜珍日本出亦甘草見南方蕉交州所產郎陵亦有逝于佛經

尾　虎豹宋史曰麈獅子傳曰爾雅獲獅象皆輪於王食象

東西洋考卷之二　十

膽　為黃五六月間商人出必戒嚴

尸置依膽者炎釜中華人膽輒茹上故必取華人

研殺之取膽以去若彼人驚覺則膽破不中用

非止獻王亦以供象洗日伺人于道乘其不意

狡貿易往往不平故往販者必或謂取人膽者

賈舶抵岸獻果幣于王王設食待之國人狠而

交易

給龜魚充食

曰官無貲徒但

日其脊青其腸赤冊心外露鳴情未遂終　宋史

不飛鳥名　飛鳴

猱　年來天監九年貢宋史

山雞　玄異賦曰山雞愛其毛羽映水則舞異苑曰山雞

白雉　獻此鳥林邑王朝充越棠獻白雉有深黃文能人語

毛色有褐色如鸚鵡異苑曰五色鸚鵡出南州愛其毛羽此鳥能言尤慧其舌如小兒舌能人言味如鶉則香桂

大抵林邑鸚鵡之正名曰了鸚鵡之吉如兒女吉如人舌能言女能言味如此鸚鵡

酉陽雜俎曰環王國野象成羣一牡常領三十餘牝國人養馴者可令代燎

秦吉了　唐會白

暹羅　六坤

暹羅在南海古赤土及婆羅剎地也以赤土改
後人訛為赤眉遺種隨大業二年募能通絕域
者屯田主事常駿等自南海郡乘舟使赤土宣
認畢為奏天竺樂曰今是大國臣非復曩赤土
國矣以鑄金為多羅葉隱起成文為表金函封
之遣子隨駿還報此通中華之始也　隋書曰王
遣書三十

東西洋考卷之二　　十一　吳興

盤以藉認國男女百人奏蠡鼓吹婆羅門二人導
路至王宮駿等奉詔書王以下皆坐宣詔訖
引駿等坐食奏天竺樂畢還館遣婆羅門
就館送食日飲食百餘人設草葉盤方
一丈五尺上以黃白紫赤四色之餅
蘡蜦金罌酒百餘器升從者生於地席各
一甌金鐘置酒女樂迭奏甚厚尋遣那邪迦
隨駿貢方物并獻金芙蓉冠龍腦香
令駿齎婆羅門以香花蠡鼓送之
利羅剎與林邑使考偕來
國通中其後分為暹與羅斛二國暹瘠土不宜耕
稼羅斛土平衍而種多獲暹取給焉元貞初
暹遣使入貢賜來使幣示金符佩之元史曰元貞

東西洋考卷之二　　十二

豬洋漂至南海所餘貢物僅蘇木降香塊羅錦
沙里拔繼至自言簡命來王去秋八月壞舟烏
　王条列昭毗牙遣使奉金葉表來朝七年國
隣所都華議議朝廷議克賜以馬
乞循故事以賜帝以丞相言彼小國而賜馬恐
國主上言父時朝廷嘗賜鞍轡白馬及金縷衣
表欲朝廷遣使至其國比表至巳先遣使蓋彼
未之知也使怱追詔使同往以暹人與麻里予
兄舊相讐殺至是皆順有旨諭大德三年暹
暹人勿傷麻里予兄以疎爾言

來獻不敢自外於包茅
上詔其無表詭言舟覆而方物適存必番商也
郤之　詔中書都曰古者中國諸侯比年一小
貢方物不過表誠敬而巳高麗猪此一朝所
其他遠國如占城安南西洋瑣里爪哇浮泥三
佛齊暹羅斛等處新附國土入貢頻煩其移
文煩費甚大朕皆不欲也令遵古典其諸國知之
祿遣其子昭祿羣膺貢象及方物下
詔褒諭賜暹羅國王印自是始稱暹羅從
朝命也二十年再貢二十八年哆囉祿剨遣中

使遣達往祭兼賜嗣王昭祿羣膺及妃綺帛匮
布有咎永樂元年遣使賀
即位二年表貢方物遣中使李興往勞賜文綺
鈔帛四年貢使嗣至表乞量衡式許之幷賜古
今烈女傳是秋國王遣使與琉球脩好遣風漂
冊入閩守臣籍記方物以請
上謂李至剛曰屬夷締盟美事也朕豈有利焉
鄉有善人猶能救人於危况
朝廷統御天下哉令有司給槳犒便風導之去

東西洋考卷之二　　十三　本振刻

七年使几兩至首春以祭
仁孝皇后秋九月吏脩職貢厚報之時南海叛
民何八觀等屯聚島外嵐入暹羅至是使歸兼
諭國王毋爲逋逃主八年貢使附送八觀等還
降
勅嘉美十年冬貢後至十三年昭祿羣膺妲子
三頼波歷札刺的頼嗣暹羅於蒲刺加風鞭笞
使之徵輸惟命然猶歲歲開兵賧十七年
詔遣暹羅國王伻與蒲刺加平十八年貢又至遣

中使楊敏護其使還國幷報禮王十九年春奉
表謝佐蒲刺加之罪七月貢如常儀蓋是歲使
又兩至云二十一年貢至賜鈔幣如禮其後著
令三載一貢至成化間汀州士人謝文彬以
收鹽下海飄入暹羅因仕其國後充貢使至留
都遇從子瑣于途爲織錦綺貿易事覺下吏竟
遣歸然成化後大率六年一貢矣嘉靖三十二
年遣使至貢白象及方物途中白象已斃遺象牙
一枝使者以珠寶稀之罝金盤內幷貯白象尾

東西洋考卷之三　　十四　李振刻

毛爲信廣志曰象牙一枝長八寸首尾厢金起
廟珍珠十顆寶右石四顆尾
大二寸府金剛鑽一顆
上嘉其意而禮遣之隆慶初年東蠻牛放沙 俗名放沙求
婚暹羅暹羅拒之峻東蠻牛恙甚統沙外兵圖
以歸炎子攜國泰表靖甲日暹羅部領數十圖
非
天朝印不得調兵
上命給予 特鄰汝壁爲禮部郎白內閣不如卯卯
文云何閣臣曰第緒道彝國王卯卯下

276

東西洋考卷之二

十五

建材官論諸屬國率夷兵攻夷暹羅願領所部
從此年年用兵遂霸諸國矣比倭寇朝鮮部議
窺暹羅進羅新雄海外遠軍攻眞臘眞蠟降
嗣王引兵迎擊之役其子東蠻牛宵遁不敢復
王整兵經武志在復讎萬曆間東蠻牛復來冠
嗣王既敗其後頗爲東蠻牛所制嗣

之可耳鄰曰國初受封未必卽稱王且篆文又
或有末谷於彼不便彼所有公移舊印
也宜槭至印收循之内閣曰然
嗣取也卽統臣往收給之印書國曰
是求樂所賜而耳目刺謬若此登考諸
駕御印耶抑邇來在事者因更給而故殺其
以俟卽存之術
權

前驅自効經畧都御史宋應昌以聞會倭酋妣
逃去不果行爲其土下濕氣候嵐熱不齊民悉
樓居樓密聯檳榔片藤繫之甚固藉以藤席竹
箪藉處其間王宮高九丈餘以黃金爲飾雕縷
八卦偁極弘麗隋書赤土傳王居有門三重勿
之椰後懸一金光欲金佐

自拜膝行乃前干與爾人白布纏首被服

東西洋考卷之二

十六

沃稼穑蕈蓺熟其俗勁悍善水戰
爲吉祥喪禮以水銀灌之塟于高埠蓋塔其上
貧家鳥葬耳以粗製紙施煙粉爲白黑田平而
狎以爲常大不能禁也
聽其羲狀婦人多智丈夫慕悅之置酒款接留宿
施弗婦人多智丈夫無大小悉歸眞婦詞之
釋敎國人劫之赤上傳曰敬佛可
腰束歎絲悅王獨加以錦綺胯於象

水牛皮爲牌大將多用聖鐵裹身刀矢不能入
藥鐵等器
聖鐵者人腦骨也方言謂天爲會頼地爲佃四
一日攬啞往二日攢七日攬板八日攬阿坤文
六日使已則使臣在館敎習譯字生者

形勝名蹟其國有款細灣剩削腦細可刺諸司
大帽山在王宮後筆架山
柳樹灣黃河水
苗隨水漲而發水漸尚古潮夾遂至六七尺挿其
米純白膦壤
多取給焉三寶港鱷魚金城宮在王金眾

東西洋考卷之二

寺
其邦宏麗為永樂間佛郎機所建卓以本佛所生聞夷人屢緝幹樑其初建塔功不能就鄭和奉命往西竺國鄭和禮拜

塔
鄭和令奉制去之其後屢緝不能就其中金佛無數高三丈一為程盡所轄其一共三以八尺小者一二尺為天竺國太監鄭和開祀西

物産

珠
失徐衰南風方海状日圍紅或有珠大用五秋有珠月攬方海圖經采有珠作珊瑚海經玉曰海生中貫而難得完好者今一統志博物志網作潤云右

琥珀

鐵咸多沉推繩繫五爪鐵貓兒海中取之其遺法也本用黑鉛為貢云以絲綱中取之或採其網珊瑚生海底作枝柯状絞先絪右

錫門

***

東西洋考卷之二

金剛鑽
志曰松臨淪地中千年化為琥珀久化為瑞石中為紫石英頂春青黃雅鵯參石又曰錫蘭高山雅產鵯頂春青天番曰沙鵯初金剛鑽本朝人所貢沙石深山高水頂春青黄雅鵯丁天可擊

貓精石
為狀茶入淪地中千年化為琥珀久化為瑞立抱釘其國人之鐵以釘其頂石朝人所貢石出番人之朝人貢貓精石貓精貨出㮾南番定

寶石
酒色愈明如指本朝充貢大愈大念石其能食愈石大念頂春鎖嵌定於金體砂石深剛鎖嵌名金上鵯初立抱釘工鵯曰地草頃青綠其異日楚

玳瑁
不底中青大中到牙行海甲毒毒能乃獲拾紅取發以生者通鳴為傷上取如飲華夷遇大鍾本朝擊翠羽充紫定於金體器名企鵯初指用蠟換其工鵯曰地草頃青綠

龜筒
于整赤有鉛羅斛香亞一統志曰沉香本味極清志日本朝充貢檀香雖葉香誕岵花錫調之雅剌錫曰地草頃青綠

麈角
本朝充貢岵筒麈角无本朝人之貢龜筒象牙

象
充本貢朝以進逵羅斛每遇大而衝流沙出深山高水頂

牙

翠羽

羅斛香

檀香

***

乳香
讀曰皮寶色黃檀皮潔色白者為白檀皮腐色紫者為黃檀皮付者為紫檀皮紫者夷考曰出佛書謂之天澤香言其澤香也又謂之伽羅諸香中旃檀為最良俗

片腦
番佛書謂華夷考曰出渤泥國沙中如松腦理如猋錢狀中有松猋木采則剝出其樹朝貢本朝充貢薔薇水呼舶上來貢者為良

薔薇水
厚以鋸附狀如二青錢就猋夷考曰出占城中尺斷而出其枝汁出如棘如結着他瑾晶瑩木乃醲釀菓花結着瑾晶瑩露渣滲可愛之菓可大海島國醲釀八木

降香
為番舶上充貢夷皮者俗

明角　烏角　玳
刀矢粗日阿魏羅綿長八九尺皮色青黃别名阿魏海上青黃明角烏角玳珠覽者阿魏陽曰畢羅星瀑

阿魏
若稼所有片數種其中夷性愛重蔑羅綿芳水漸稍不滅日兠羅綿入錦婦朝貢

羅綿

***

東西洋考卷之二

梗
中為實本貯水以名此物也物産大利君剳毛春初磨虎掌迷在人乃造彼封成蜜地乍笱射草名紫鈄色敗不能止臭物之鈿中筒溜成藥彼撑羅夷番唐木莊曰藥性極臭而能止臭物故名曰夷箟以夷奇成

獺皮
吳大久歲皮蘇木其大取之脂蘇木如杯其實木流於朝充次貢曰一二寸採彼花本草曰取茎血故名蘇木朝貢

沒藥
餘伐高歲方其大取之脂蘇流次句血竭沒藥根株如棘經門海南諸國採其樹膠凝結成塊亦名血竭一統志曰檀香葉青而行國夷人以奇樹及

大風子
志曰偽仙嵋之木不愛如蟬也名仙嬌孩兒茶木本草綱目治大瘋疾夷人以此大瘋子名曰能止臭物故名曰紫

孩兒茶
云但嚼之不愛如蟬也名孩兒茶木草綱目曰

沈日遹羅斛國是細茶末入竹筒中堅塞兩
頭埋汙泥浦中日久取出揭成塊小而
潤澤者為上大之次之蓬蓬柰谷華夷考言以沸
而焦枯者為次之青島夷考言華產以沸湯漬以
其皮自脫圓蒲如大棗而實也夷言美可啖日

椰子【見椰】　椰子酒【見暹羅叢中酒器即今暹羅
為最】

象

犀

鶴頂

馬揚南人以俗栽剝今之鶴頂問足稱鶴頂本朝雅
南番者剝其鳥黃喙長尺餘

鸚鵡地然後足從之忌以手
摸其背犯者即不依啄而卒故圓蟄則以嘴
鵁慧鳥樓林啄薔四指中分而行則以嘴
龜羅獻六足者　白鼠【學稍】

東西洋考卷之二　十九

六坤暹羅屬國也風土與暹羅盡相類第六坤
地故產椒是暹羅所無

交易

賈船入港約三日程至第三關卅至則偵者飛
報于王又三日至第二關又三月至佛郎日本

關所至關輒聽與其近地交易不必先詣王也
旣至王城以幣帛樫楠之類責貢王然王深居不
得見其俗以海貽代錢是年不用貽則國必大
疫故相沿不政 馱卽今螺山星槎勝覽云每一萬准中統鈔二十貫
輸貽各有故事國人禮華人其摯倍于他夷頃
慕義之國也

論曰林邑夙通中華茶然雄國暹羅自赤土輋
隋亦便有衣被震旦意
明興內附洗沐雲油古城見苦交人則屢詔銷

東西洋考卷之二　二十

請助戰擒倭大固二國之優劣也
其鋒暹羅躪踪蒲剌加則十行折其鋩蓋莫不
義畏而仁懷焉然古城從征而有二心於交暹
羅當海內清夷輒前遣子入學當屬國雲擾又

東西洋考卷之三

西洋列國考

下港考

下港加留吧

下港一名順塔唐稱闍婆在南海中者也一名
詞陵亦曰社婆元稱闍爪哇一名蒲家龍又甲兵為諸
番之雄王官磚塘高三丈方三十餘里屋高四
丈麗飾以金碧地覆板蒙藤花蕉跏趺而坐
為床若席王蓬頭頂金葉冠臂腎縈歎絲帨腰
東錦綺佩短刀跣足跨象或乘牛前導有金鐃

珠簾及孔雀尾傘之屬鈴太錦袍韉華襖坐方
腰官吏曰謂三拜而退出入乘象或
腰與壯士五七百人皆坐侯其過乃起云國人見王
事如宰相無月俸隨量給
主城池帑藏及軍卒其領兵者有差
歲給金十兩勝兵三萬亦民若茅茨
灼但以黃金為禮將婚男造女家後五日迎婦
以牛車載綠棚實綵女其中又作假新人新婦
一襲裝束相類迎向禮拜寺司盟然後抵家其

一

俗有名而無姓五月遊船十月遊山方與勝負
夜前後婦數十人聚隊唱則眾皆和日每月望
行則下首婦唱則眾至親為富貴家隨
以紗帛等物舟十月有竹槍會其國富家婦為
乘一車至會所令男子二人為偶如妻及
各列其旁刺則退及交敵者與妻
各執一令妻各以短木隔者則金錢一個那
者則金錢一個那樂有橫笛鼓板月為夷舞諸
所謂大平閣婆之徵也於中國人則醒惟情性
語言典中國不能相通
病不服藥惟禮佛所褸喪有水葬
火葬大葬惟逝者所欲而巳生子甫一歲以七
首佩之名曰不刺頭俗云吧金銀象牙雕琢為
六頭

東西洋考卷之三

靶無貧富悉佩腰間念爭即拔叉相刺國人
君相語曰病死夭之所厭不若刺死者身自為
雄也其輕命拚生類如此劉宋元希時始入中
國貶史曰元嘉十二年國王黎婆達阿施羅
國賊摩遣使奉表貢宋國王大夫吉天子足下
致化一切種智安隱天人師降伏四魔成等正
覺轉等法輪度脫眾生我師雖在遠亦霑慈潤其
至唐貞觀中遣使入貢祖書曰王閣婆城恭其
王唐貞觀元間國人推女子為王號悉莫
斯城旁小國二十八莫不臣服道上元間國人推女子為之齎金一囊
十八莫不臣服道不拾遺大食君聞之齎金一囊
其威令整肅道不拾遺如是三年太子過以足躐金
賢其鄰行者輒避如是三年太子過以足躐金

二

悉莫怒將之斬之群臣固請悉莫曰而罪實本於
足可斷趾其後為請乃斬指以狗大食聞而
畏之不敢加兵大曆元和咸通之間使者屢至
朝命優恤之和八年獻僧祇奴四五色鸚鵡
咖鳥等憲宗御內四門府左果毅使讓其弟
帝嘉美曲官之訖大和再朝貢咸通中遣使獻
女至宋淳化三年其王穆羅茶遣使來貢云
樂

國有真主本國願得比於外臣宋史曰先是朝
使儋州定海縣掌市舶監察御史張蕭先奏其
主舶大商之狀與嘗來入貢波斯相類譯使其
朝貢文言其國王一號夏于馬羅夜王妃曰落

東西洋考卷之三　三　李挻刻

闍婆婆利又其方言目船主為勃
荷此亦膚其船中婦人名眉珠椎髻無首飾為大
蠻服之狀色青黑言語不能曉拜亦如男子
膜拜一子頭戴金連鎖子手有金鉤以帛帶縈
之名阿嚕
使還賞賜甚厚大觀三年再貢詔禮之如
交阯元遣史彌高興征之終不能制祖撫有華
夷其出師海外諸番者惟爪哇之役為大
我朝洪武二年遣行人賜爪哇國璽書三年王
昔里八達刺遣使奉金葉表貢方物及黑奴三
百人納元所授宣勑二道巳而我使至三佛齊
爪哇妒而殺之齊宋史曰其國與三佛齊互相攻戰十三年王

八達那巴務來貢
上絕其使下詔責王末樂元年西王都馬拔奉
表賀即位二年東王孝令達哈遣使朝貢請印
與之西王亦歲貢使來朝五年西王與東王
戰滅東王時我卅過東王城西王殺我卒百七十
人西王懼遣使謝罪
上曰朕遺金耶令遠人知畏王璽其金賜鈔幣
官請索如約
勑責西王令償阨者金六萬巳催入貢萬金禮
上降勑爪哇更名楊惟西沙專使慰諭之俾無猜惑十三年都馬

東西洋考卷之三　四　李挻刻

諭之八年貢馬及方物十一年復貢是時三佛
齊巳降刺加更名舊港中貴人吳實使爪哇還
奏言滿刺加國王詭稱朝貢從爪哇索舊港舶
爪哇人不敢卽盜
上降勑爪哇更名楊惟西沙專使慰諭之俾無猜惑十三年都馬
板更名楊惟西沙專使謝恩十六年己再
貢而東王久不至蓋先是為西王所破詭言欲
立其子意竟不果而遂滅也正統二年再貢厚
賜之景泰特諭封賜蟒衣繡蓋天順四年王都

馬班貢使還國以綵幣賜其王及妃鄉端簡請

其國人大抵三種唐人土人而外西番賈胡居

久者服食皆絜近紅毛番建禮拜寺彼中蓋其

別種由來漸矣

加留吧下港屬國也半日程可到風土盡相類

云

東西洋考卷之三　五

形勝名蹟

新村　舊名嘸村村中華人也客此成聚遂名新材約
千餘家材主粵人也賈舶至此互市百貨所
充西山樹上辟穀能知吉凶呼爲老仙覆鼎山
溢

麻喏巴歇村　石碇　斤二千餘人皆鄭和所遺之人郎其家俗浮梁之前立一碑志元史頃七八人表景之以
望海夏至日大軍閣婆城
郎野鴉鸚山　吉利門　元史繼進郎不竹蒲至路南二尺四寸由戎牙路

釜山　故云蘇魯馬益牛是中國人相傳唐時族衆流止此一姬一日由山不化至今於麻逸家後

鴟山　故名鴉不遲其處多石相傳是鄭和所遺之者不起及徙百

麻喏巴歇村　石碇

漳佑山

郎里野馬　存猶二三百家唐書麻逸國在浡泥之南僑家

王居訶陵國乃徙婆露伽斯城國唐書吉延東邇遐邈服旁

淡水　卷益去蘇魯馬益二十里

東西洋考卷之三　六

物產

金

銀　唐書曰出真珠宋史闍婆傳曰方言謂金爲没爺羅宋史

檀香　木朝皆言木及謂牙爲充宋本朝言充及宋本朝爲象牙宋史

吉貝　史見宋史藤花簟　充本朝貢時去黄汁更

綵布　宋史有繡紋綵本國智以用

紅花　所謂紅齒近林謂方史及

栗茶菜之綵如紅初郎奴會取以染紅者史

夷雅于港出者蘆薈本草名阿魏一
統志曰草魚名者作脂或俗曰土毒害樹如

胡椒　子蔓生樹附桐上及竹木蔓梢

椰子樹生海田宋史三尺餘日其酒出於人酒蝦蒜舟船

木瓜寶爾此雅謂青鹽宋史沙糖觀海棗而

波羅蜜　蝦蒜舟樹花一及蝦蒜白而寶黑

東西洋考卷之三

蕃吉柿　鞹夷考曰如石榴皮厚潤有橘檬
白肉四堆甘酸可食出哇國夷人呼
為網

赤白荳蔲本朝貢海茶而紫蔓興其名
角茶一名猴葵南越志曰猴蔡赤生故名
石上謂之中之鹿而無子見宋
雛窠而食似芋烘　　蘇木
其五色雞食名相披鳥　　南州記云
　　　　　　　　　　　白鹿見吾史
　　　　　　　　　　　象見史
　　　　　　　　　　　茴香見史
　　　　　　　　　　　海菜
　　　　　　　　　　　倒掛鳥
　　　　　　　　　　　孔雀
　　　　　　　　　　　鸚鵡

羽五色日間焚則收藏之羽翼
間夜則張尾翼而倒掛以放香
復能言俗名相披鳥
　　綠鳩似鸚鵡而小不

交易

華船將到有舍來問船主送橘一籠小雨傘二
柄酋信報王比到港畀果將進王立華人四
八為財副夥財副二人各書記華人諳夷語者
為通事船各一人其貿易王置二酋分別貿易
舖舍貢八至岸待以賓館凌晨各上澗貿易至
午而罷王日役其稅又有紅毛番來下港者起

七

東西洋考卷之三

土庫在大澗東佛郎機起土庫在大澗西二夷
俱哈彼船年年來往貿易用銀錢如本夷則用
鉛錢以二千一貫十貫為一包鉛錢一包當
銀錢一貫云下港為四遇八達之衢我舟到時
各州所未到商人但將本貨兌換銀錢鉛錢迨
他國貨到然後以銀鉛錢轉買貨物華船開駕
有早晚者以延待他國故也

東埔寨

東埔寨郎古眞臘國也其國自呼甘孛智後訛

八

為甘破蔗今云東埔寨者又甘破蔗之訛也土
記云西番經名其國曰澉先爲扶南屬國王姓
浦只蓋甘孛智之近音
刹利氏至質斯多那兼扶南而有之遂雄諸夷
既宛子伊奢那先代立隨大業十三年遣使貢
獻帝禮之甚厚至唐疆土寖闊神龍以來國分
為二北多山阜號陸眞臘南近海號水眞臘人
之仍合爲一今貢舶至者大都水眞臘地也宋
政和六年使者來貢賜服服之宋史日本化
哥拜十四人來貢賜以朝服僧哥言萬里遠國
仰揚聖化尚拘卉服未稱區區嚮慕之試顯許

順賜從之卯

其事付史館

明年辭去宣和二年詔封其國
王與占城等建炎間以郊恩授王檢校司徒加
食邑其國嘗與占城戰戰失利至建元時大舉
復優破占城遂王其地政國號占臘蓋於是地
方七千餘里矣元之置省占城也嘗遣一虎符
一金牌同往眞臘為所拘執元貞中始招諭賓
服之

明興國王保見那獻珠內附二十年七月行人
唐敬還自眞臘王遣使貢象五十九頭香六萬

東西洋考卷之三　九　太

勑求樂政元遣使者
諭即位二年八月國王忝烈婆毘牙遣陪臣九
人來貢賜鈔幣有銓先是中貴入奉使彼中將
歸有健兒三人夜遁去索之不得其王以國中
三夷人充數還朝既引見
上曰華人自逃何與彼事而責償之過且若鄉
語言不通風土愛隔將焉用此而令背井離鄉
之為顧命禮部給道里費善遣之尚書李至剛
曰臣意華人必不甘逃邇彼土或為彼所匿則

此三人於法應留
上曰何須逮許人主但推天地之心以待遠人
可也三年忝烈婆毘牙爼命碼驪王孜往祭之
封其子忝烈昭平牙為王賜綵幣七年奉金鑾
表貢馴象及方物景泰三年再貢王城周圍可
二十里城上石佛頭五簡其中者以金王宮及
府第皆面東宮殊壯麗風土記曰澁事處有金
四十八面王三日一視朝坐七寶林上著朝霞
列於窻旁左右方柱上有鏡
言貝瞞絡腰腹干垂至脛頭戴金寶花冠足躡

東西洋考卷之三　十　太

華屐耳懸金鐺當服白氈風土記曰男女椎髻
以大布圍小布之上惟國主打純花布圍腰加
冠有特穿茉莉之類周匝燦然間上戴大珍珠
上箋繡精石手掌用紅帶金鋼指
三月許手足及指上皆用紅藥染赤色
稽首階干者三王呼上階則跪以兩手抱膊遶
王璪坐議國事詭伏而去風土記曰國主坐衙
史以俟少頃內隱有樂聲外吹螺迎之則地坐
上以次二宮女捲簾闌立金窻中夾臣僚合
掌呵頭螺蟲方絕國主隨亦以身轉身二宮女後
一傾乃傳國之寶言事畢國主轉身二宮女復
廉國中有金塔金橋藏時一會羅列玉猿孔雀
白象犀牛於薜名百塔洲月為正月名為佳得

〔卷十一〕

東西洋考卷之三　十一

富貴眞臘也生女九歲擇僧道去其童身名曰
陣毯國有女應官司每歲四月內擇一處行
條燭問刻畫一處黑至刻畫申報紛臣須行
後當入房手去其帛與其僧納之酒中天明以鼓樂送僧女終爲二亭子坐期父母擇一僧則是夜僧坐其處黑矣先期父母擇一僧子去其童納之至期與僧俱黑候一本他去
火緊枕請國主觀燈者如是半月而後止四月拋毬獵壓殺如近國泉皆來止四月教主洗身已熟地於南門外採蓝之俗稻主郎內出於八月採藍且闘豬鬭象如是一句誂所謂
九月迎佛水浴佛皆水城中敎主五月迎佛水浴佛城中七月燒稻女觀者婦女舞也黙差宮外五月採藍之供佛皆送來火然二丈地以木接續磚成高棚而後拋煙每夜焼煙
詞繡大柳可容千人用爇黍餻花果之屬封岸

〔婚娶〕

婚娶男女兩家俱八日不出門晝夜燃燈相
續人死輿置之野聽烏鳶爲食頃刻食盡者以爲
福報居喪但髡其鬚髮女入於額上剪髮如錢大
曰用此報親文字以麞鹿雜皮染黑隨其廣狹
以意裁之用粉如白堊類磋爲小條子拈於手
中就皮畫以成字永不脫落作字皆從後書向
前鄰不自上書下也沃野彌望一歲可三四穫
風土記曰糞田補蔬其國嫌其不潔
姑道爲八思班誌不知所讀何書但由此入仕

〔卷十二〕

東西洋考卷之三　十二

形勝名蹟

陸伽鉢婆山　隋書曰上有神祠以兵五千人守衛
　王別殺人以夜祀王亦守衛千人

伊奢那城　隋書曰伊奢那城代立居伊奢那成先

則爲淸貴徵時於打布之外頂上挂白線一絲
以此自別既貴曳白線如舊僧皆食肉直不飲
酒肉亦時以供佛王有大故輒僧爲司南
　有到王城者只到海隅一屬國耳故不覩其
　靡或云卽蒲甘地按朱史史一屬國耳故不覩其
　王別殺人以夜祀王亦守衛千人
無蒲所弁無疑是爲眞
　鍍管鐷用金花綾紙貯以間金鏤封以往乃本朝貢夷獨
　所應是爲眞僕誠封以往乃本朝貢夷獨
　無蒲所弁無疑矣待麗

〔婆羅提拔技城〕

婆羅提拔技城眞臘所居處按唐書是水眞蒲風土記曰眞蒲
囊賧林長江巨港綿亘數百里古樹脩藤森陰蒙蔽以來卒多平林
蒼莽遶聲遷其間以至半港始見曠田絕無寸木杳靄寒苗尤尤莭相間皆高山刺竹樹村苦里莭相間皆高山佛村小舟順水可餘日逐
以曰彌味竹莭相間生高山佛村南門外周圍數十百間
佛路牛村象村竹村弄里自餘日內可逐日南
佛上舖列其國銅塔二十四銅象八內中金塔國主夜則王死
身每夜與國主同睡若一夜不往則必獲災禍王也係淡水洋
其上鎮其中重千斤國之土主也夜則人二鼓乃出方與妻先此精雖必一身每夜與妻同睡則淡水洋
以日出方期至矣王與王先此一秘耳人家嶺水
風土高七八丈巨樹罷蔭一個秘耳人家嶺水
王死期日四月至九月每蟄災暋

東西洋考卷之三　　　十三

物產

首皆後入山後十月至三月點雨絕無洋
埋過小舟深不過三五尺人家又復移下

金顏香　一統志曰白而帶黑者為上黑而帶
黃者次之草則香氣清遠出色白者名火
白者名各出

篤耨香　風土記曰香老則氣能聚膏而透明
者如松皮以此為火和作

象牙　風土記曰象之大者坐水濱中有池籠
一隻以為叢龍誘之入圍多年番人以樹
葉葢身坐水濱以取之真膩為上膩為次

鶴頂　翠羽　一統志曰以翡翠作叢籠
而隨殺之其黑黑篤耨香令脂再統
志曰香各篤耨

沉香　真膩為上

速暫香　一統志曰出真臘為上蘻而去木
者謂之速其樹木蘻而存木者謂之
城次者謂之就速其樹木蘻而存木

降香　一統志曰生真臘速什為上番
者取香木取之乃費斫伐彼名海之
叢林中採其草止乃種

蠟布　細腰蜂釀花成蠟收以為燭
藤黃　敬人自樹取得枯一年間花可種

布　綿布亦不能紡織成條無縒無機木
之厚三三千斤塊塊木株輕敲就頭縛成一
腰杇但探只用一竹管

獺皮　夷簟　明角　烏木
胡椒　生蘗如絲蘻蔓開花結子如唐人
風土記曰出蘻草子而圓口中大者有數之

角　燕窩　大風子　蓬羅樹葉似
寄生樹枝間如桑得隋書真似冬瓜
婆那娑樹　似柿隋書真似東瓊花放如
紫檀　

東西洋考卷之三　　　十四

李　田羅樹　隋書曰花似木辰
小興　歌畢陀樹　隋書曰葉似杏實似
檳榔　蘇方木　犀　象　李其實
鐵木　隋書曰色黃其木人以染絳南方草
酒　又名包笒藥風土記曰香客以米為
孔雀　鸚鵡　建同魚　如象吸水
上噴高五六

椰子　

交易

船至箬木以柴為城會長掌其疆政果幣將之
遂成賈而徵償夷性頗直以所鑄官錢售我我
受其錢他日轉售其方物以歸市道甚平不犯
司蠲之禁間有鯁者則就地華人自為戎首也
浮胡魚　隋書曰形似鮦鯌　如鸚鵡有八足

風土記曰國人交易皆婦人能賣之所以唐人
自彼先納士子罷無居鋪但蓬席而
彼必至午則罷人見廬間亦有一鋪到
失地頂禮近亦有司者則被畏呵之為佛見則
虜人曲法人之多故也

大泥吉蘭丹

大泥即古浮泥也本閣婆屬國今隸暹羅其國
以故為城（宋史曰城中居者萬餘人所統十四州
闍者梢刀彼甲以銅鑄甲　宋史戰）
君梢刀彼以之於身護其腹肯其王所居屋覆曰
覆草椎髻以五綵帛繫腰花錦為衫市用金錢
國人服頗劾中國在王左右者為大人王坐
繩床出即大布坐其上象昇之名曰阮襄民居
見華人醉者扶之以歸婚聘之資先以椰子酒
國人宴會鳴鼓吹笛擊鉦歌舞為樂愛敬華人

檳榔欖次之指環又次之後量用金錢成禮喪制
有搾以竹為舉戴棄山中二月始耕則祀之如
是者七年不復祀矣原田豐利臘月七日為歲
節地熱多風雨歲食無器皿以竹編貝多葉貯
之食畢輒棄捐古稱其鄰有藥樹取根煎為膏
服之及塗其體兵刃不能傷也宋太平興國二
年其王向打遣使從商人蒲盧歇為導入都朝
貢其表以小囊緘封數重非中國紙類朩皮而
得瑩滑色微綠長數尺潤寸餘橫卷之僅可盈

據其字細小橫讀之使至詔館於禮賓院優賜
遣歸元豐五年王錫理麻嘑復遣使貢方物乞
從泉州乘海舶歸國從之明興洪武四年王馬
漠沙遣使進金表銀箋并貢方物（續文獻通考曰御史張
砥之往論其國辛丑遣其臣朝貢）
詔賜金綺永樂三年遣使封其國主麻耶惹加
那乃為浮泥國王
賜印誥符幣六年王率其妻子來朝遣使迎勞
之王上金表獻珍物如箋獻

中宮　　　東宮
上宴王奉天門是年王卒于都下
賜謚恭順葬石子岡（續文獻通考曰　樹碑立祠）
有司春秋致祭封其子遐旺為王在安德門外
賜王帶金銀綺帛他物稱是禮送還國遐旺請
封其國後山賜名長壽鎮國
上自為文俾勒于石凡十二年及洪熙元年皆來
朝貢萬曆間國王病卒無子族衆爭立國中相

殺俱盡乃立其女主為王初漳人張某為哪

嗒哪嗒者大會之殤既作哪嗒遂禍出

奔女主既立乃遣人迎哪嗒復其爵婿其女出

入宮中有心疾一日向女主言欲及女主大

恐惡使人按哪嗒家哪嗒自殺巳而國人訟哪

嗒無及狀女主尋悔之縊殺其女官其子為會

市者攜大泥國文也事詳紅毛番考

紅毛番近築土庫于中謀入彭湖五

吉蘭冊即渤泥之馬頭也風俗俱同渤泥嘉靖

末海寇餘眾逃歸千此生聚至二千餘人行劫

東西洋考卷之三　　十七

海中商舶苦之

或謂吉蘭冊即小葛蘭國枝小

大泥相連去彼遠甚但大泥吉蘭冊在

鐵而柯枝與小吉蘭亦俱用金錢以此相同影

響之所自起也姑載之以破疑

形勝名蹟

永樂六年國王麻那惹加那乃

大泥封王爵境上皆屬鹹方國

有從山乞表為一方之鎮王卒子退旺復立

請封為長寧鎮國山御製碑文刻石其上

物產

金薰　㑇小金錢名吧喃見一統志宋及貢　犀角　象牙宋充貢

金星樓勝覽曰大金錢名　翠羽　錫

本朝充貢　武珝見宋史及貢本朝俱充貢

香宋史降香本朝充貢本草曰似片腦郎非

片腦

明角

吉貝布吉貝花織成布明角

西國米樹名沙孤身如

燕窩

錦魴皮

皮

樹加蒙樹

犀　象　孔雀充貢

巴尾樹　荖藤　椰子　檳榔　竹

金翠華然羽族最華輝者鸚鵡本朝充貢

東西洋考卷之三　　十八

變易

華人流寓甚多趾相連也船至獻果幣如他國

初亦設食待我後來此禮漸廢矣貨賣彼國不

敢徵稅惟與紅毛售貨則湖絲百斤稅紅毛五

斤華人銀錢三枚他稅稱是若華人買彼國貨

下船則稅如故

舊港　舊港　詹卑

舊港古三佛齊國也初名干陀利又名渤淋在

東南海中本南蠻別種居領瞰爪哇之間王號

288

詹卑故今王所部號詹卑國而故都為爪哇所
破更名舊港以別於彼之新村云俗名吉　其地
故稱沃土諺云一年種穀三年生金言其朱穀
盛而多貿金也冬無霜雪景慶為城民散居成
犴香油塗身覆屋多用椰葉市用錢布　其國多
好淫水戰甚慣　臨陣敢廻霸於他國
書以國王指環為印朱史曰亦有申國文字置
水而少陸部領乃聚崖築室以苦僮僕環之其
餘民庶悉架室木筏上以苦橦拴開水天則筏

東西洋考卷之三　十九

浮起不能没也或將別尻則起樁去之連屋移
從不勞財力　烏夷志謂好絮淨故於其藥有小
琴小鼓昆奴踏曲之類劉宋孝武世始貢中
國南史干陁利傳曰王釋婆那鄰陁獻金銀寶器梁天監元年
其王憂中國有聖人如是者再因圜夢中所見
遣使獻王盤■容質果與梁帝合歲時望北頂
禮僧闍婆施羅以四月八日慶一
中國今有聖主之後佛法大興
日信我我則奉
汝若往觀乃可於慶中至神與汝
開日汝往觀天子乃鑄慶中

所見武帝容質飾以冊青仍遣使弁畫工奉表
獻王盤等物使人既至模寫國形還國北本書
則焉　符十七年及會通元年几再至後亦遂絕唐
天祐初復通授其使都蕃長蒲訶栗竇遠將軍
宋時貢使絡驛按朱史建隆元年其室利胡島大
夏又遣蒲伽霞里　遣使來茶歲物是年冬至太
廣會蕃王夏池李遣使朝貢　其後國島五耶
押年前廣州舶主李甫不便市舶來言蒲悉悉
押年　陀押使番禺角　至潮州羅來其香藥俱
春秦舶至占城偶風倍佳南海一年使蒲　二送
羅皮遣使來貢茶荔荷里霞　其後使蒲押押

東西洋考卷之三　二十

從當建佛寺以祝聖壽願賜名及鍾詔以承天
之萬壽為寺額鑄鍾給之時咸平六年也其後貢
獻不絕每優賜遣歸元豐時使者入見以金銀
花貯真珠龍腦撒殿用昭殊敬元末史大中祥符
曜皮遣使來貢茶荔荷里霞迷遣使太涓池以使
元年王霞遲蘇勿旺滿述遣使朝貢真珠象牙于
灰綏崑崙奴詔會蘇觀游寺離位于朝覲天禧
及遠賜制慕化之天聖六年首使大中使錢六萬
以渾金道順勑遠國熙寧二年又首使王使錢六
念其樵一里浮慕化之將軍元豐二年賜者萬四
禮僧闍以金帶賜優官其使歸勑羈縻特造千子
軍旂偮旁一萬五百餘賞順郎將畢羅乞賈金
旂銀一萬里焉兩順郎將畢羅乞賈金帶白遠

詔赦及僧紫衣師牒皆如所請蕭綺之三年廣州
南蕃綱首以其國王之女唐宇書寄龍腦及布
興提舉市舶孫逈逈不受言從詔輸之官
市帛以都六年又以其遣使礒裓爲懷遠之將
軍六年以將軍紹聖中再入貢
復至帝曰遠人向化嘉其誠耳非利方物也淳
熙五年詔免赴闕館於泉州洪武二年詔行人
紹與二十六年貢使
趙述往使其國王恒麻沙那阿遣使隨述奉金
葉表求貢
賜曆及文幣六年王俎王子麻那者巫里表請紹封
佛菻九年復貢八年遣使從使者招諭

詔授駞紐鍍金銀印封三佛齊國王久之丞相
胡惟庸事發事連三佛齊懼而貢絕三十年
上念遠夷希至調禮臣曰惟庸謀叛三佛齊乃
生間諜詬我使臣至爲爪哇聞知禮送還朝今
度已悔禍朕欲許其自新暹羅在遠國內久里
恭順而爪哇則三佛齊所悉索散賦以從者也
可移檄暹羅達于爪哇俾戒諭三佛齊嘉與更
始禮臣如
旨以行末樂初年三佛齊竟爲爪哇所破廢爲

舊港是騈南海豪民梁道明竄泊茲土衆推爲
會閩廣窊移從者數千人
廷議遣行人譚勝受往招之道明隨勝受來歸

（廣東通志云譚勝受南海人鄉薦除丞以最召開監察御史生事降行人時閩廣流徒以架道明者數千人以指揮孫鉉偕往招之丞奴與道明俱來道明遂從之朝賜道明襲衣鈔十二表絹七十二疋　按蔡使浙江）

留副酋施進卿代領其衆五年中貴
鄭和奉使西洋還過舊港遇流賊陳祖義
詐降潛謀要殺和料賊無歸順意整兵以待賊

詔給之
後至與戰大破之斬獲無算城祖義至京伏誅
諸夷間之震懾日頁天威也吾曹安意內向矣
是年施進卿遣嬌朝貢
詔命進卿爲舊港宣慰使賜印誥冠服及文綺
後進卿卒二十一年以子濟孫嗣印燬于火
詔給之

彭家山（左　港）

物産

　形勝名蹟

承天萬壽寺宋時賜額今廢

東西洋考卷之三

〔香藥諸物〕（承前）

宋史曰以珠戲宰臣秦之金，償直宜故之。銀入宋時貢。

珊瑚　宋時入貢仲培，此自然者。今摩婆石，朱姚取之。

皆貢蹄治黃金也，物彩光潤澤，入宋時貢玉其瑠璃鼠非其象。牙入貢玉其非其物也。今西南有山下，西溪之作黃石也，其石以揖，燒之作硫黃氣也。

安息香　宋朝時充貢使，殿之脂溢于外，凝以和。

腦香　宋時充貢，殿之脂溢于外，凝以和。

香　華夷考曰香品十有三，一統志曰香出三佛齊。

水晶

沈香　金銀

降香　金銀

子花結實如中國芋栗，萬歲棗見一統志，一火雞嶺崖，軟冠然如紅褐，嘴尖毛如羊毛，脚筋甚粗，好食火熟炭，因名火雞。

美出舊港國，志曰樹如……器用。

吉貝　一統志曰樹如桲開……絕香美。

血碣　没藥株，亦可為藥，器用。編桃　扁桃形如牛月狀，取食。

椒　一統志……烏樠木　一統志曰出福木核桃似櫻。

木香　一統志曰根……薔薇水　一統志曰即薔薇。

蘇合油　魚腮肭臍……

阿魏　**蘆薈**　**沒藥**

班點欲……器用

交易

冊至獻果，幣有成數。詹里人商量物價，雖議償金多少，然非償金，實償椒也。如值金二兩，則償椒百石。其大較云，喜買夷婦，他國多載女子易其椒以歸。舊港則用鉛錢矣。三佛齊風稱蕃盛，國破以後漸覺黨，故都蒲目蕭條，賈人亦希造。

論曰：闍婆真臘，故島外繁華地也。東西之王，水陸之國，禰化已非一朝。渤泥、三佛齊亦雄視諸部，而或以守桃，或以易姓。華人通入司伊國鈞儔中，倭倭輒復驅蠢，逕遠夷，益以覘皇靈之無外矣。

東西洋考卷之四

西洋列國考

麻六甲

麻六甲即滿剌加也古稱哥羅富沙漢時已通
中國後頻遜起自扶南三千餘里皆屬之其東
界通交州即哥羅富沙地也唐永徽中以五色
鸚鵡來獻唐書曰哥羅一曰箇羅亦曰哥羅富沙羅王姓矢利波羅名米失鉢羅
舊隸暹羅歲輸黃金爲賦蓋所部舂國尚未稱
國云永樂三年酋西利八兒速剌遣使上表願

內附爲屬郡效職貢七年
上命中使鄭和封爲滿剌加國王賜銀印冠服
從此不復隸暹羅矣九年嗣王拜里迷蘇剌率
其妻子及陪臣五百四十人來朝命中貴海壽
禮部郎黃裳迎勞于郊
勑有司供帳飾館待之尋陛見貢方物
上御奉天門宴王
賜玉帶羽儀鞍馬金銀錢鈔錦綺王妃冠服其
下賞賚各有差居久之禮送還國廣東通志曰光祿日給牲

牢賜王金繡龍衣一襲金銀器皿幃帳裀褥咸具賜妃冠服遜速甲及子侄陪臣文綺紗羅襲衣有差就館復賜宴八月賜黃金相玉帶儀仗鞍馬并賜王妃冠服九月辭歸賜宴奉天門別宴王妃陪臣如初賜勅勞王副以金相玉帶一儀仗一副鞍馬二疋黃金百兩白金五百兩鈔四十萬貫錢二千六百貫綺羅六百疋絹千疋渾金文綺二金織通袖膝襴二妃以下各有差
禮部餞于龍江驛復賜宴龍潭十年遣使入貢
十二年王母來朝賜如王妃十七年王亦思罕
答兒沙嗣更率妻子來朝言爲暹羅所侵惟
陛下卹翼之
上爲降詔暹羅國王無開兵隙暹羅旋遣使來

謝侵伐之罪滿剌加所得保境息肩者皆中國
賜也二十二年王西里麻哈剌來朝宣德九年
王復至後先賜予甚厚其後貢使不絕天順三
年王无荅佛哪沙卒子蘇冊茫速沙請封遣使
冊立爲王成化末給事中林榮行人黃乾亨奉
使溺海死以故罷遣云王以帛纏首衣青花袍
躡皮履乘轎俗敦朴尚回回教居處如暹羅婚
喪大類爪哇唐書曰嫁娶檳榔爲禮多至二百盤婦嫁從夫姓死者焚之取燼貯金罌沉之海民用陶錫綱魚爲業屋如樓閣然不更

錦板但叠木高低層布連榻跌坐飲食廚厠皆
在其間男女椎髻唐書曰非有肌膚黑漆間有
白者華人也後佛郎機破蒲剌加入據其國而
故王之社遂墟臣隸俛首無從報仇久乃漸奉
為鎮主矣古稱旁海人畏龍龜龍龜高四尺四
足身負鱗甲露長牙遇人則齧齧無不立斃山有
黑虎虎差小或變人形白晝入市覺者擒殺之
今合佛郎機足稱三宇云

形勝名蹟

三

鎮國山　永樂中詔封其國之西山為鎮
國時會龍雅山御製碑文賜之勒石其上
在蒲剌加港外其山甚高　五嶼稱末
鎮于此

物產

猫精石　華夷考曰中珠一統志蒲剌加　犀角　本
朝貢
象牙　本朝貢　玳瑁　本朝貢　翠羽
大如錢質薄而透明如琉璃色如雲母
珠　出石榴子珠　俗名　眼鏡
華夷考曰珠母每目倍明
籠覽瑰曰斗錫　乳
猫覽瑰日內有錫每塊重一斤四兩本朝貢
出蒲剌國○龍腦書以此搉目精神不散筆畫倍明
昏倦不辨細書乃輕雲貌如輕雲若作曖曖
大如錢質薄而透明如琉璃色如雲母
貢象牙本朝蘇合油充貢片腦充貢
吞　不朝貢片腦充貢蘇合油　蕉心簞
　　　　　　　　　　　　　　覽篏華夷勝星

珍之　見華夷來獻　鸎鵡

盞子如鸎胎殼厚踰重錢或班或白烏夷採為飲
酒飲亦醉人　犀　象　黑熊充貢火雞曰出蒲剌
刺菱藦加　華夷考曰裝華葉似苦筍殼彈大取其子
如荔枝樣雞本朝貢
志統沒藥　夷䩚　燕窩　檳榔
宋國蔦根沙華夷考曰山野各名沙弧樹將樹皮如
刺加出蒲剌加大如鵞多紫赤色龍食火吐氣亦煙發也
輾做打麻光塗氷不能入華夷考曰夜黯有
流浴膠汁土內掘出如松歷青內有明
好者都似金珀一般出蒲剌加國　硫黃　烏角
志統沒藥　明角

四

交易

本夷市道稍平既為佛郎機所擄殘破之後售
貨漸少而佛郎機與華人酬酢屢肆輔張故賈
船希往者直詣蘇門答剌必道經彼國佛郎機
見華人不肯駐輒迎擊于海門掠其貨以歸數
年以來波路斷絕然彼與灣夷同種片帆指香
山便與奧人為市亦不甚藉商舶彼間也

啞齊

啞齊即蘇門答剌國一名蘇文達那西洋之要

東西洋考卷之四　五

會也王裝束類蒲剌加官屬罪具宮有內閣百
餘蓋他國所無云相傳風俗頗淳謹言和婟惟
會長好殺殺人輒取血浴身島夷志曰會長一日之間
必三變色或黑或赤每歲殺十餘人取自血浴
然血浴之則四時不生疾疹故民畏服為田磽
少孰然賓船還往財物充牣雅稱富饒貧民捕
魚為生活朝犍獨木舟張帆破浪抵暮郤囘國
徵其賦以為常其先為大食國蓋波斯西境也
隋大業中有牧者探穴得文石詭言應瑞當王
聚衆影呈遂王其地　舊唐書云胡人牧駞忽有
獅子人語曰此山有三穴

穴中大有兵器矛有黑石白文藉角有黑石及及甚多教其友故
人依吉果得穴中石及及甚多教其友故
絆合亡命剌奪商旅其粮遂自立為王胡
拂林各遣兵討之皆為所敗於是強弁諸
國末微以來屢使朝貢年朝貢曰末教弁波
四十萬傳二世開元初復遣使獻馬細
唐末為白衣大食至河蒲羅技以來為
國三十四年傳二世開元初復遣使獻馬細
帶三十四年拜十四年遣使獻天子不
見王無果教也有司切責乃拜　玄宗義不
真干理調見不拜果地有二
其先為白衣大食唐書曰白衣大食有二種一益龍末
調見不拜　玄宗義不
黑衣大食唐書曰二裘深末者皆黑衣代
將討之狗衆換曰二裘深末將討之狗衆換曰
未換永矣徐阿蒲羅技為王號黑衣大食
賜緋袍　其
至德初代宗用其策平西都貞元中使者三人

東西洋考卷之四　六

耳重輪體貌其俳自言遠慕皇化附舶來王詔
符五年大食國老人無一念盧華年百三十歲
趨泰山從之又祀汾陰莊許陪祀　大中祥
宋史車駕東封景德
賜錢縱其還選厚加優賚景德元年又觀燈
至許遍詣諸苑囿寺觀遊覽四年使來僧上
侯其誠願得瞻覲威顏乞不欲回使賜上元
日李亞先來朝舳主蒲希密附方物來嵗平
六年貢使來朝舳主蒲希密附方物來
綵紙寫為官誥以賜嗣此連貢不絕浮化將
軍杖紙寫為官誥以賜嗣此連貢不絕浮化
域因賜王書招懷自是貢舶歲通元年遣使開寶
水朝悉拜中郎將賷遣之宋乾德四年遣僧西

賜袍帶東帛建炎後則懷德者遠也
食竟脩貢如故事則以國費賈之閉關謝貢大
觀中李帝謂侍
廢武偹不偸致金人亂華今復捐數十萬緡
無用之珠王易若惜附以養戰士詔張浚卻
優賜以答遠人之意入明始稱蘇門荅剌洪武
遠人懷之貢賦不絕入明始稱蘇門荅剌
初國王奉金葉表貢馬及方物末樂三年王鎖
丹罕難阿必鎮遣使入貢
詔封為蘇門荅剌國王
賜印誥金幣五年再使來貢已而王與花面王
戰中流失殂子弱不任當膽其如飲泣令于國

曰能復讐者我與爲夫共圖國事有漁翁聞之
率衆殺花面王妃遂從漁翁（吾學編曰求賜）
至其國久之故王假子率所部殺漁翁王王子（年來貢厚賜之十）
蘇幹剌以衆奔嶠山十二年中貴人鄭和擒假
王侄至京伏法漁翁王子感激
聖天子威靈條進方物甚夥宣德中貢使頻至
十年封其王嗣王世世朝貢不絕藪傳後幾
再易姓而爲今王者人奴也主人奴也先是其主爲

東西洋考卷之四　七

牧象良苦其爲我監捕魚稅坐而受匱奴前謝
從此往稅捕魚得大魚輕畀其主自取小者上
後聞之曰奴忘其食捐而奉我聊命侍左右出
則捧檳榔盤後隨一日王召諸大會議事奴從
主伏劍入王居起拿嚴若神而主踸踔惟謹奴
出謂主曰主自視雖貴乾與王主妾曰上何敢
與王齒奴曰將赤吾族奴因間進曰吾主行擁
驚駕顧無妄言將不欲王耳是可取而代也士
重兵出鎮海隅詰曰入辭奴從而後主誠乘間

請屏左右以畢所私王必不疑五拜之（奴拙）
刺王灑王頸血爲主盟手主兵柄在彊誰敢
不服咄嗟而事可定矣主詰朝果入辭奴約
曰王曰臣遠離宮殿情懷戀戀願有所私布請
屏左右王吒左右出曰王爲不道吾殺之吾爲若
主上殿踞殿下曰王爲奴突引王裾前刺王披其
時所擁兵悉集殿外諸會官股慄無敢闚者因誅
其馮語者若而人餘悉拜官有差主既爲王命
奴代爲大將讼所部居亡何奴弑王曰立是

東西洋考卷之四　八

爲今王於是大爲防衛于國拒其宮規制宏壯
宮冗六門不得闌出入雖勳貴不得帶劍上
殿王出乘象象列綺架亭而罹其刻象百
餘披結俱如王所乘象塋者不知王在何許鹵
簿傳呼甚盛犯者無赦法制嚴於他國矣

形勝名蹟

俱紛摩地那山（之能飛渡祚火攻人殂以油）
高勝樹山（澗中出普唐王出在國西南鄰於大）
堅其尸千年不壞
椰嶼有三寶廟
大食王牧處得黑石白丈于此
恒河水大食王將曰

東西洋考卷之四

物産

寶石 本草綱目山海經謂之采石碧者呼為玉人調之鞊今通呼為人稱之曰寶石大者如指頭狀珠小者如豆粒皆毬皮而如南北瑪瑙產者大食色正紅無瑕可作杯斝

瑪瑙 石之堅古論曰瑪瑙石非玉非石中有琱錄曰瑪瑙產有瑈

亡命渡恒為惡利刻奪商旅去於水一畫夜浮去於上交阯番人駕獨木舟往而歸或一手揮楫一手揮槍釋迦經由此山龍涎嶼之西北大小七門皆可過佛云後此山肉由西北大小七門皆衣裾結男女今皆遊前後

水灣　龍涎嶼　星槎勝覽曰西洋龍涎嶼採集龍涎者必在其上

珀 宋時充貢

玳瑁

屏角　**象牙**

鶴頂　**琉璃**

宋時充貢為器飾　宋時物來獻及御雅曰雷藍披古以花坤

龍涎香　**照身鏡**

龍涎香貴遊宦家所必需……

九

東西洋考卷之四

香 本朝充貢

薔薇水 宋時蘇合油　天鷟誡曰天鷟誡曰

安息香　**木香**

本朝充貢宋時獻

片腦 宋時獻　本草綱目丁香

椒 宋時獻西洋布錫本朝充貢寶鐵燕窩本草胡

蓽撥

膃肭臍

蟻 宋時……花錦石蜜

没藥　**孩兒茶**

血竭　**千年棗**

大茴

底

犀

十

操弓伺至射殺之小者不
用弓矢可捕獲本朝充貢
大繩繫之駿馬唐書曰有千里馬號為龍種

象象媒誘至漸以

鸚鵡

交易

舶到有把水瞭望報王遣象求接舶主隨之入
見進果幣于王王為設食貿易輸悦虎稱公平

星槎勝覽曰胡椒番秤一播抵我官秤三百二
十斤價銀錢二十箇重金二兩金抵納印金錢
抵每二十箇重金五兩二錢○龍涎貴香一兩
用金錢十二一斤該金錢一百九十二箇中一
國銅錢九千
價亦非輕

宋時稱本肆多金銀綾錦工匠技術咸精其能

此國逺邁至者得利倍于他國益

東西洋考卷之四　　十一

彭亨

至今富饒猶昔也

彭亨者東南島中之國也
星槎勝覽名彭坑續
文獻通考曰逞羅迤

西國崑山山旁多平原草樹繁茂然鳥獸希少
沃土宜穀蔬果亦饒其城以木圍之方廣可數
里詠茄覆屋男女椎髻衣長布衫繫單衣富者
頭著金圈數枚貧人則五色燒珠為圈束之煮
海為鹽釀椰漿為酒古稱上下親狎民無寇盜
好佛誦經而久乃覆滴世俗漸好怖剡害不為

人像殺生人血以祭云用此祈禳洪武十一年
遣使奉金葉表朝貢求樂十二年遣蘇麻固門
的里來朝弁貢方物其後二百數十年而有娶
佛之事先是婆羅王子者彭亨王妹之婿也贅
于彭亨案佛之副王精悍好鬬其子娶彭亨王
女將婚副王送子之彭亨彭亨王宴案佛副王
戚屬俱會酒半婆羅王子舉觴為壽手指一巨
珠光耀倍常副王心欲之曰王子以是珠見餉
者不惜重貲為報王子固靳之副王恚甚歸而

東西洋考卷之四　　十二

起兵攻彭亨矣二國初為婚媾賊出意外彭亨
人人懾恐不戰自散王與婆羅王子奔金山彭
亨王妃者浡泥王之妹也率眾來援副王焚掠
其城郭宮室以歸是時彭亨國中兒哭三日浡
泥王迤其妹還浡泥彭亨王隨之而分其長子
攝國久之王歸彭亨其次子驍而多智遂逃主
父詠兄自立至今尚為王每為毛思賊掠海殺
貨所掠人遠近苦之
毛思賊者婆羅屬夷也
代作崑崙奴不如指者則
殺以供祭每人得虛三金

形勝名蹟

石崖　一統志曰其國石崖周匝崎嶇如柵寨　金山其上出金有大
餘人採取月進王二十金　金山會守之日遣百

地盤山　席處　狼賓　織嘉文

物產

沙金　即金山所採者排沙揀金金未有鎔雖
黃光閃爍視亦復類沙既煎乃始成塊犀
後其製狹而長蓋夷中一席只卧一
人敬狹等身之外捲以作祝故長

角　象牙　鶴頂　玳瑁　花錫　見一統志　沉香　見一
速香　充本朝降香　片腦者是狼賓所出本朝充織之以織為席
嘉文草蔓生有春用刀刺春去之以織為席溫柔妍雅帖人肌夏微涼而冬微溫故價愈逾
嘉文席　見
狼賓出犀　象　燕窩　胡

東西洋考卷之四　十三

椒　充貢　西國米　柳子　見一統志　檳榔　蕘吉柿
菻藤之則落藤長數丈不煩剪伐可緝績數圍
本朝　蔓抽披地無枝葉有皮暴其外如竹皮剝
者為　狼賓出犀

交易

舟抵海嶼國有常獻國王為築舖舍數間商人
隨意廣狹輸其稅而托宿就舖中以與國
人為市舖去舟亦不甚遠舶上夜司更在舖中

柔佛

叶者音響輒相聞

柔佛　一名烏丁礁林男子削髮徒跣圍幔佩刀
婦人蓄髮椎結王服與下無別第帶雙刀耳會
見王棄刀于地和南而立各有等單位次字用
木為城其外有池環之港外多列沙垓狃中華
無事以船載貨國外有警或出征戰則慕召為
兵稱強國焉婚姻王與隣國王家自相配偶餘
人締結亦論門閥相宜王用金銀器盛食民家

菱莩以刀刺之又置烏薄書浩大及秘密事情
外以繩縛之塗泥封固印識其上宮室覆茅插

東西洋考卷之四　十四

磁器都無匕箸以手拈之而已持齋見星方食
節序以四月為歲首居喪婦人方加剃男子則
再削髮逝者火葬也　兵酋好鬪屢開疆陳彭亨
丁機宜之間迄無寧日先年有大庫吉慈仁其
於王王大信用二王以凡竦已謀殺吉慈石慈仁忠
後二王出驕馬陸地死從者皆見吉慈石為崇
至今人家祀之競傳靈應蓋夷俗尚鬼其固然

矣

形勝名蹟

東西二星槎勝覽曰山與龍牙門相望海口二門阿刂彤分對卓逢萃萬丈之間

物產

犀角　象牙　玳瑁　錫　片腦　膃　嘉文

席是東西竺二所織者星槎勝覽曰田普不宜稼地所自始也木綿布（見星槎勝覽）

椒　燕窩　西國米　血竭　沒藥　檳（見星槎勝覽）

椰（勝覽）　海菜　蕚吉柿

交易

東西洋考卷之四　　十五

易茶檐葳藉諸邦淡洋米以食　道逢賈舶因就

柔佛地不產穀土八時駕小舟載方物走他國

常輸貿易只在舟中無復舖合

他處為市亦有要之入彼國者我舟至止都有

丁機宜

丁機宜爪哇屬國也幅員最狹會眾僅千餘眾

佛黠而雄丁機宜境相接也柔佛狡為有柊疆

之思動為國患悉索敝賦無寧日近始求逼烟

好然安恐無親善事之猶恐其不得當也其國

以木為城王居旁列鍾鼓樓出入騎象以十月

為歲首性好索食啖所須手自操割民俗都類

爪哇大率爪哇一帶酒筅甚廣而酒禁乃甚嚴

民間携酒其取水釀酒國有常賦然上族之家

報不復御酒雖細民無賴者賒時闖入醉鄉則

曹偶笑之上族客至以扶留藤檳榔代名若開

夏則人其一大盤盛有足置地上雜貯有核每

進一物客甞畢則客之從人徑從後取食之

曰不敢習殘鬮主翁也婚者男往女家為持門

戶故生女勝男喪用火葬

形勝名蹟

東西洋考卷之四　　十六

物產

獨石門　鐵釘嶼以形尖故名其嶼外水流甚惡似鱷也其水畫則南流夜則北流

犀角　象牙　黃臘　嘉文席　西國米　血

竭　沒藥　檳榔　海菜

交易

夷亦只就舟中與我人為市大率多類柔佛而

俗較馴而貨較平自為柊術所侵彼國有風聲

獨淡之虞而舶人亦虢焼木池魚之患此易帆

者所以掉贇布顧也

思吉港

思吉港者蘇吉冊之訛也也爲爪哇屬國其中凡
數聚落而吉力石其主也吉力石有王百餘歲
能知吉凶國在山中賈舶僅經過其水濶而未
嘗泊舩彼民出詣饒洞與華人貿易華人所泊
者饒洞也饒洞原野平衍以石爲城其會出入
乘車車以金飾亭御四馬或八馬亦御黃犢前
導百餘鹵簿皆備諸夷見王輒避匿不敢出獨

女人合掌伏道旁其餘風俗多類下港云其與
國爲思嘗尫爲猪蠻猪蠻多盜故華人輒不宁
駐猪蠻有女子名北極十餘歲時軀重數百斤
爲盜所刦負之不能起今爲哪嗜饒洞之後
金後山修竹成林茉莉白花不假培植人皆爲
身只一紙蔽其下體種豆供發覆者善射逐獸
鹿猿猱火燔而食饑嗽其肉渴飲其血佐以
酒足跡未嘗下山

形勝名蹟

保老岸山　一統志曰在蘇吉港此山出頂上嘗有雲覆其上毎到時則有與保老山相對

牛郎山　義里山　白嶼嶺　吉聖問山　椒山

饒洞國外賈舶望加黎洲

杜枚村　八節洞

物產

金　銀　珠　犀角　象牙　玳瑁　沉香

檀香　降香　錫　銅鼓　龜筒　夷箶　蠟

椒　檳榔　椰子　血竭　畢撥　蘇

木犀　象　孔雀　火雞　鸚鵡　頻伽鳥

倒掛鳥

交易

吉力石主爪哇而臣饒洞蘇嘗寵諸國他國貨
萃下港者彼中亦時相通我舟到時諸國屬國雖
欠饒洞以與華人貿易雖在愛邏亦蕃戚之鄉
地向就水中爲市比來販者漸移少新築鋪舍

文郎馬神

文郎馬神國以木為城城只一半餘半皆山也
挨水經註稱文狼人野居無室宅依樹止宿食
生肉採香為業與人交市若上皇之民又馬文
淵遺兵十餘家住西屬國不返也土人以其流
號曰馬流世稱漢子孫今之文郎馬神卽其
後裔播遷　　　王宮繡女數百人王出乘象或泛舟
兹土云　　　王宮繡女數百人王出乘象或泛舟
以繡女自隨或典衣或持釖或捧檳榔盤王經
冊趺坐榻上繡女生地下與王相向或用女人
刺舟威儀甚盛民居多縛木水上築屋以居如
三佛齊男人用五色布纏頭腹背多裸或着小

東西洋考卷之四

又十八

袖衣蒙頭而人下體以縵圖之初歲食以蕉葉
為盤及通中國乃漸用磁器又好市華人磁甕
畫龍其妖人苑貯甕中以苑其俗不淫姦省論
苑華人與夷人通輒削其髮以女妻之不　歸
也女人蓄髮髮苦短見華人髮許長心慕之問
何以致此或詒之日我生長中華用華水沐之
耳夷女競市船中水欲以沐髮華人故斯之以
為笑端焉女人慕悅華人輒持香蕉甘蔗及某
莉花相贈不妨往復嘲謔弟國禁甚
嚴無敢入山深處有村名鳥籠里彈其人蓋生

尾見人輒掩面窺灘欲走然地既沙金夷人攜
貨往市之擊小銅鼓為號貨列地中主者退丈
許深山人乃前視貨當意者置金于貨之側主
者遙語欲舊則持貨去不售則懷其金蹦蹦歸
次隣境又有買哇㺜有買哇㺜每夜半盜輒人頭以金裝
之故夜必嚴更以待

東西洋考卷之四

十九

形勝名蹟

金山　卽鳥籠里彈深處幽澗湖流驅舟良苦雨
幾劉人腸華商卽乘輿以行未有不中道返者也

突大山　班節糸禮山　加會嶼

物產

沙金　是金山出者夷人持鶴頂文郎出者最多降香
貨往市易每處往實歸者文郎亦獨華撥獐

藤蓆　紅白色間而成

皮　血竭　肉豆蔻　犀　孔雀　鸚鵡

交易

故王有賢德始開港時待貿舶大有恩信王子
三十一人俱不令对出恐擾遠人也其娶為買
哇景國主之妹故王既殂嫡子嗣立買哇㺜人

尊之為欺詐買貨輒緩償直至解維每多負逋
商人從此希造矣其地父人悉蕩小舟以飲食
來市至售貨物則男人司之市用鉛錢

迟悶

迟悶者吉里地悶之訛也其國居重迦羅之東
田肥穀盛沿山皆樠檀至伐以為薪其氣蒸人
爾不病者地又苦熱旁午必偃首向水而坐全
可辟瘴男女斷髮短衫夜卧不蓋體俗亦以立
為爭夷人見王則坐地合掌無姓氏不知年歲

東西洋考卷之四　二十

物産

形勝名蹟

犀頭山　頂有巨石石有竅王歲時祀之有巨蚖由竅中出食所祭都盡石頂人不敢覦

檀香　他國獨盛　華撥　荳蔻

交易

亦無文字紀事以石片子為記如千石則總于繩上一結亦有會長互於則兩造各牽牟入曲者沒其牟宜者仍帶牟以出結繩束矢之風其猶存于絶島乎

市上城稍遠毎賈舶至王自出城外臨之妻子
及娼侍皆從防衞其盛曰有輸稅郤不多
夷人欣伐檀香樹絡繹而至與商貿易尚王歸
則貿易者不售美歡厭有紛紜也須請王更出
乃至星槎勝覽云歸商舶到彼皆婦女到船交
易與所傳微異今俗至今稍革耶
論曰蒲刺加率挈世朝天用深
帝眷答刺彭亨供茲包茅均彼梢矢其他諸國
前籍之所未名錐夫固義御之末光谷王之餘潤
主客獲涨禁蠻夫固義御之末光谷王之餘潤
也

東西洋考卷之四　廿一

東西洋考卷之五

東洋列國考

　吕宋

吕宋在東海中初為小國而後寖大〔吾學編曰〕故亦富厚人質朴不喜爭訟永樂三年國王遣其臣隔察老來朝弁方物其地去漳為近故賈舶多往有佛郎機者自稱干系蠟國從大西來亦與吕宋互市會私相語曰彼可取而代也因上黃金為吕宋王壽乞地如牛皮大蓋屋王信而許之佛郎機乃取牛皮剪而相續之以為四圍乞地稱是王難之然重失信遠夷竟予地月徵稅如所部法佛郎機既得地築城管室列銃置刀盾甚其父之圖吕宋殺其王逐其民入山而吕宋遂為佛郎機有矣干系蠟國王遣會來鎮歲一更易今華人之販吕宋者乃販佛郎機者也華人既多諸吕宋往往久住不歸名為壓冬聚居澗內為生活漸至數萬間有削髮長子孫者萬曆二十一年八月會郎雷氏敢裹系勝征美洛

東西洋考卷之五　一

居役菁流寫二百五十八人充兵助戰〔政和堂集把總魏惟秀楊安頓潘和五等洪亨五為兵月高角為夷人偃晴官鄭振岳為週事郭惟大等〕殺苫壽備當潘和五等謀日叛日夜駕船稍倦輒筆之或刺死耳不然亦且戰死未晚也議既定夜半人內刺會頭大呼夷人驚起不知所為悉被丑或落水死和五等悉獲金寶兵器駕其船以歸失路之廣南為变會所掠獨郭惟太等三十二人走免附冊返舍既死子郎雷猫吝擁兵駐朝霧馳回代立為會遣僧來訴明年閩無淺賈舶招囘久住吕宋華人會為給糧以歸致書及詞重訴父寃吕宋嗣王其文一道用金葉封攜來內廂郎雷氏敢裹系勝是猫吝爺亦奉賈舶系蠟國王命鎮宇東洋呂宋等處兵差官未境日本征伐唐人有備樂之雖有偹兵況日本熱國有土卒精壯過敵無不平鋒何是以懼前者華人散會官司係少不安生理今之華者因收國驅察其被害之人當以警後乞以正法紀從兄巴禮於致之人以償其命以警俊乞追究法紀窮萬里懸情惟父文寃萬里懸船往貴省奔訴父寃萬里懸情惟

東西洋考卷之五　二

奏秉公追究，治從元巴禮，厚遣歸國，感佩

報。又訴詞一紙，爲辯明父緣守國欵討

美洛，時有澗內唐民願充助敵者二百五十

人，自備行糧立功給賞。時父與唐兵同到

女遂地方，有佛郎即人與唐兵競，莫計合萬

帶船璫慾戒原船，橐載金銀錢數多，郵進合至牛夜

華器捕魚，其烹而食，卽至四十餘唐人，各行殺死僅

陰謀不軌，將父夜命盡行殺，命財貪目死唐人各

存寶帶巴禮書，祀二人報書，將澗城廊兼盡

四人逐日思見，澗地接邇國，通邐番兵橫爲

未完，而日本交遏夷情，恐將報息再議將貝

彼議設新澗，拼卸城外廳，聞計回國，勸諭不擾害者

之唐人，每海再議，將貝寶駕舡逃奔僕城時

澗此非木心，革命蕭墙之變，其議報憲逃僕

想來人必能道其詳者，激切含宪伏望作主轉助

東西洋考卷之五　三

達施闔撫許孚遠其疏以聞（許孚遠瓜蹷署曰）我

行……民往販呂宋中，多

無頼之徒流落彼地，不下萬人，番酋築盖

鋪舍聚割一街，名爲澗内，受彼節制，已非一日

去秋彼會抽取我民二百餘人爲兵，刑殺慘悉

遂致激變，此變夫以性之輕動干戈

不戢自焚，成此變固其自取，而殺其酋長亦已甚矣

寶貨逃之交南，我民狼毒亦已甚矣

督臣川禮遣僧歸國，置惟大等于理潘和五竟

留交夷不敢還，夷人故奴視華人，徵賦溢格稍

不得當，阿辱無已，時犯者卽嚴罿以法，自玆釁

既結頻二日深，夷盆虜使我矢，其後又有機易

山之事，自採金中貴璫蠻尾四出，妄一男子張嶷

東衛新酋其說上蹷曰，呂宋有機易山，其上金

豆自生，遣人採取之可得巨萬，無禁有

詔下，闖廷臣力言其謬，不報，闖當事持之，乃遣

海澄丞王時和及百戶于一成往勘其地，夷初

聞使至，大駭，諸華人流寓者見，會言華人曰

使者諸流寓先結蓬席爲廠，如公署狀，酋陳

姦便於還報，諸……

兵衛邀丞入，亦爲丞設食，然氣豪甚，問丞曰汝

東西洋考卷之五　四

華言開山，山各有主，安得開也，且金豆是何樹

生來，丞無以對，數目嶷嶷云此地皆金不必問

豆所自盆，嶷欲借

朝命歸之，襲破兵之諸流寓，苦解俾歸爲戮於

大笑，酋留嶷欲兵之諸流寓……

司寇逝釋，令登舟，時三十年四月也，丞歸病悸

宛嶷以奏事不實坐誅，傳首海外，然夷竟病中

國有啓疆意，盆暴崖諸流寓，諸流寓無賴者聲

言，今日之事汝爲政，一旦天兵下海門，汝輩豈

為石人乎語稍稍傳布夷益疑明年夷遂決計

謀殺諸流寓詭言將征他國需華人寸鐵輒厚

售之即切肉小刀價至數錢華人利其善價輒聽

人為一院家無復寸鐵乃約日勒黠名籍分三百

菜園屯聚為亂八月朔日夷其大崙山攻菜園夷

傷無數久之聚益眾日夷山揭竿應敵夷亦少挫酉

旋悔禍遣人請和華人慮其誘我撲殺彼使夷

怒設伏城旁初三日華人在大崙山幾甚不得

食且宛攻城夷人伏發燃銅銃擊殺華人萬餘

華人大潰或逃散餓宛山谷間橫尸相枕計捐

二萬五千人存者三百口而已是役倉徨無主

盟又糧與丞俱乏故搏手困窮膏塗遠見長大

在大崙時風雨大作人立雨中夜半坌見長大

有光煴爆大地震動每驚矣自相觸殺夷乘其

斃而屠之是月淫雨亦大水漂沒萬家受禍同時

陽九之厄也後夷酋下令招撫其所掠華人

貨悉封識貯庫中移書圖當事俾諸戚屬往領

明年賈舶乃稍稍去奸商黃其者盟酋舍輒月

領他貨稱為某子甲姻黨細載乾沒云三十三

年有

詔遣商往諭呂宋無開事端至是禍良已留者

又成聚矣佛郎機身長七尺眼如猫嘴如鸚鵡

如白灰鬚捲而髮近赤其僧擁重權

國有大故則會僧為謀主人論死者誦經

勒之首肯然後行刑宛重則拘兩足

特詣寺懺悔有陰事報客向僧為說法

鞭之數十恐痛不敢言夜留宿寺中聽僧意所

指畫唯唯而已婚姻父母不能定性僧所決之

人宛貯以布囊就寺以葬所畜財產半入僧室

矣先是呂宋國王兄弟勇甚既為佛郎機所戕

輒出此逐鬼云逐鬼

牛者柵木為場置牛數十頭於中環射之牛叫

擲宛以此逐鬼云至呂宋社在呂宋者不至至則謀襲

人呂宋滿剌珈遂至易社在呂宋者初嘗攻敗

婆羅婆羅放藥水毒殺之故奔呂宋其在中國

東西洋考卷之五　七

為亞珠珥為亞里高佛金為阿羅銀為巴勞礁

真珠為亞里高佛珥為綿花為牙犀角

言交易折天為西羅日高鼻白皙廣人能辨識之○其山島皆為文池方

殺去猶刺中黨類更番耕作折毀諸夷以雜商人往來不可長策朝議驅逐之餘悉擒斬夷為文買

屋城寨嶮隘行折掠之禍近日滿刺求廣人能辨識之

交易折天為西羅日為梭羅日高鼻白皙廣人能辨識之

刺加使臣逐番御史丘先年港遣火者亞三具奏皆言浦燒

至廣州灣口銃藥如雷以進貢為名駕大舶

會典載舊例南頭諸澳皆樹柵特無突

至廣州灣口銃藥如雷以進貢

火銃逆其國主先年港遣火者

小兒剌意雄臣刺屢屢到灣間熟路往求窺伺我國土即驅逐其奪國哄

真珠為亞里高佛玕為綿花為牙犀角

為亞珠珥為亞里高佛金為阿羅銀為巴勞礁

形勝名蹟

金城雄其灣中矢

覆鼎山　其形似棄倒覆故名上有野夷巢

樓遠望似佳蛛故華人蒙以佳佛食之人與呂宋相也

大崙山　攻米特也華人時至澄圭半遶山欽望之牛

嶼為相類因夷人以想邇山卽

伏一銃其以其要害地也應

加溢山想邇山卽呂宋耳

大湖　假港　港口即紅毛出沒始築城貝初

物產

金末樂時充貢奸人所捉銀錢大者七錢五分黃幣時次

塵小者九分名黃村叢又次一錢八分名佛郎機携來于

三錢六分夷名突層俱自佛郎機携來

東西洋考卷之五　八

花面 貝花　夷名巴　柳哥其
卽吉里問 蘇木　夷名居

交易

舟至遣人馳詰會以幣為獻徵稅頗多綱亦太

密我人往往留彼不返者利其近且成聚故也

蠻陬而後彼亦戒心于我恐族類既繁後為

亂輒下令每舶至人只二百為率毋溢額舶歸

所載回必倍以四百舶縮額我人當放舟時多

詭名充數聽其查覈中流輒逃回彼土內舊有

城中後旣猜嫌

政敝城圯新潤

大港是東洋最先到處彼中一大部落也硏石

為城佛郎機以曹萊鎮未穀繁盛他產不過皮

角之屬未至港有筆架山

南旺在大港相連再過為審雁為雁皆小小

村落所產皮角子花

玳瑁港塘勢方轉入故稱玳瑁灣而邐山環其外

几角往昌宋必望表而遯故茲山推望嶺為烏灣

名玳瑁然玳瑁非其所出所出蘇木耳再進為

里銀中邦是海中一片高興

東西洋考卷之五　九

曰蓬在呂宋之南產螺蚆

甍老夾央在呂宋之後產子花油麻椰子

以窗從文武樓一蒂可蓬產只蘇木其地有龍
隱山最大

屋堂亦名室同城郭森峙夷會屯聚糧食處所
也其咽喉名漢澤

朝霧倏名宿霧佛郎機未據呂宋時先聚彼中
與其國人相親好佛郎機之破呂宋朝霧人有
力焉佛郎機德之既奄有諸土率虜使其民獨

與朝霧爲婚媾城戍儼然一大會擁重兵守之
向歲呂宋王之子求報父寃自稱奉命駐劄朝
霧是也所產蘇木子花海菜以上俱呂宋屬國
也呂宋王如中國總兵官巴佛郎機人主之者
皆呂宋王所遣偏稗爲政其間所在各建諸拜
寺威有巴禮司彼夷化諸國風俗與呂宋盡相
類故咧列焉

蘇祿　蘇祿高薰

蘇祿在東南海中永樂十五年其國東王巴都
葛叭答剌西王巴都葛叭蘇哩峒王巴都葛叭
刺卜各率其妻子會目來朝幷貢方物

東西洋考卷之五　十

賜王冠服金錢錦幣器子女姻戚待從賞賚
有差會典曰賜王紗帽金箱玉帶鈒花金帶金
王妃冠服銀紗紵絲錦紵絲紗羅器皿等物
物餘冠帶衣服諸物服三王者東王爲長西王
亞之峒王又亞之空國來歸鱗次
開其子都麻合爲蘇祿國東王十九年遣使來
關下亦嚮化之篤也還次德州東王以疾殂于
驛亭命有司營塟更爲文樹碑墓道留其姬妾
內侍十人守墳蒲三載然後還國遣使
貢令賈舶到者言其城撼嶢巇之巔雅稱天險

疑是阿王所都佛郎機屢擁兵攻之不能克聚
落不浦千家山塗田春間埴衆麥民食沙中魚
蝦螺蛤氣候半熱男女短祆纏皂縵繫小印布
煮海爲鹽釀蔗編竹爲布峙從鮫室中探
珠蒲袖自成生涯云

形勝名蹟

石崎山　一統志曰國以尾角與
　　　　此山爲保障

尾角嶼

珠池　入夜燈
水面　　之
浮光　　珠池高堅

物產

貢珠一統志曰色青白者玬珣充本朝貢珠鼓　片腦
本朝貢錫　㟲錫　降香充本朝貢竹布充本朝
貢綿布充本朝貢黃蠟本朝貢蘇木充本朝
貢豆蔲
　　　　鸚鵡

交易

舟至彼中將貨盡數取去夷人攜入彼國深處
售之或別販旁國歸乃以夷貨償我彼國值歲
多珠時商人得一巨珠攜歸可享利數十倍若
夷人探珠獲少則所償數亦倍蕭索頷逢年何
如耳夷人應我舟之不往也每返棹輒留數人

東西洋考卷之五　　　　　　　十一

為質以冀後日之重來

高藥與蘇祿相近出玳瑁

猫里務　絹巾礁老

猫里務即合猫里國也地小土瘠國中多山山
外大海海饒魚蟲人亦知耕稼末朝永樂三年國王
遣使囘囘道奴馬高奉表來朝㝷貢方物國於
呂宋隆壞故奧呂宋使者偕來其後漸成猫里
俗亦近馴故船人為之語曰若要富須往猫里
務益小邪之善地也有緼帛礁老者數為盜海

上駕舟用長槳其杪如瓠之裁半瓠中以盛水
者入水蕩舟其行倍疾望遠濤中僅微洳數點
倏忽亡賊至趨避不及無脫者猫里務既重遭寇
告死亡數多遠轉貧困賈舶往者應為賊所惡
稍稍望別島以行

形勝名蹟

羅黃山　上有白石

物產

蘇木　子花

東西洋考卷之五　　　　　　　十二

交易

小國見華人舟㠭然以喜不敢凌厲相加故市
法最平礁老在海上行刼弟欲人之詣彼土也
舟往販者每善待益自藏其殺機焉

沙瑤呐嗶嘽

沙瑤呐嗶嘽　班隘

沙瑤呐嗶嘽其地相連呐嗶嘽在海畔沙瑤稍
紆入山限皆呂宋一帶第不屬佛郎機部署男
女畜髮椎結未服無內外領或用布丈餘抄摺
男子多襲以二三重婦人一襲而止男着皮履

婦人乃鄧跣足足極細潤耳皆穿大孔令可容
極重金銚衣服卽錦綺或甚奇細必剪破
服之以衣服多為富字亦用紙筆第畫不可辯
築枝為城豎木覆茅為官拜則兩手和南伸身
俛伏跪屈足而俯兩手支地人多奉佛在處禮
拜寺甚賤凡入寺者將宛堆柴坐其上自下焚
之男女之禁甚嚴夫行在前其妻將宛堆柴坐夫
徑及其妻所嘲笑之人亦不敢逃聽其剌割盜
不問大小輒論宛其死人願到家與妻子別輒聽

東西洋考卷之五　　十三

海山

物産

形勝

去及期妻子自送詣酋酋令架高棚登棚自剖
其腹孕婦以水灌之仍用水滌所生子置子水
中生而與水習矣又有班隥者卽蚊蟲山山甚
奇往往有仙人出没山頭火光日夜不斷故亦
名火山山險巇倍常人跡罕到其上極至半山而
止人皆扁頭赤身亦佛郎機虓令所不到處也

蘇木　子花

交易

僻土無他長物我舟往販所携亦僅磁器鍋釜
之類極重至石延然竟少許不能多也舟至詣
酋亦有微贈交易朴直

美洛居

美洛居俗訛為米六合東海中稍蕃富之國也
會出威儀甚備所部合掌伏道旁男子削髮女
乃椎結腦後嫁女多市中國乘酒器圖飾其外

東西洋考卷之五　　十四

富家至數十百枚以示豪修譸會設二大盆乘
酒置坐隅列旁視遶不敢輙場酌之長大者起為夷
舞年少環列旁視遶不敢輙場也先是佛郎機
來攻國人狼藉請降赦其會令守舊為政于國
歲輸丁香若干不設兵戍令彼國自為守和蘭
旣輒張海外無安頓處忽舟師詣城下虜其
酋語曰若舍事吾吾為若主殊勝白頭人皆白
頭故會唯唯又禪理國事如故佛郎機聞之怒
云悔不殺奴污吾又奴故及耶亟治兵征美洛

有偏淵內華人命當一隊刑法酷惡華人中途
殺夷王駕其舟遞歸事其呂宋考其王子自朔霧
馳還呂宋嗣立爲王飲恨久之盍出兵竟父所
志紅夷雖主美洛每一二載大衆輒返國旣去
復來呂宋王兵抵境外值紅夷空國言返斬關
以入遂殺美洛居酋立所親信主之紅夷繼至
後破呂宋曾子爲嗣自
是每歲征鬪遞爲勝負華人某者流寓彼中慧
而黠有口辨遊説兩國間分萬老高山山半爲

東西洋考卷之五　　十五　金

界山比屬和蘭而山南屬佛郎機各罷兵並雄
茲土
形勝
萬老高卽兩國
香山雨後香墮沿流滿山採拾
不了故常帶沙泥之色王
分界處
每檄致之委積充棟以待
他壤之售民間直取餘耳
物産
丁香東洋僅産于美洛居夷人用以碎邪日
多罷此則國有王氣故二夷之所必爭
交易
向時舟所携貨有爲紅毛夷所特需者倘遇佛

郎機必怒謂此舟非關我輩來直是和蘭接濟
將貨掠去且橫殺人故必緘固甚密不令得見
若紅毛人見有佛郎機所需貨怒亦如之解紛
之後稍息厓柴然一淵兩蛟商彼者亦難矣
文萊
文萊卽婆羅國東洋盡處西洋所自起也唐總
章二年王旃達鉢遣使者與環王使者偕朝自
後久絶永樂四年遣其臣勿黎哥來朝幷貢方
物

東西洋考卷之五　　十六　正

賜王及妃文綺俗傳今國王爲閩人隨鄭和征
此留鎮其地故王府旁舊有中國碑先年曾爲
佛郎機所逐國人走山谷中放藥水流出毒斃
佛郎機無數佛郎機遂奔呂宋其砲故有一石
城一木城後折石城於長腰嶼築岸閘潮今所
遺者木城耳王削髮裹衆金繡巾腰佩雙劍出自
步行從者二百餘輩其親屬稱邦奇蘭貴重與
王相亞王有金印一枚重十六兩印上篆文作
獸形一隻云是永樂間所賜者夷人婚娶請印

卬背上恐或假籠中國以哃喝其部落非果鑄
自上方也入禮拜寺每祭用犧念佛素食惡殺
民間不得食猪肉食猪肉者論死此地有毛思
番在厝行刼所得人貨中分與王

獻花禮神得利回取雙雞繫刀于足俾闍慈前

聖山國北境通聖山人跡罕到此沿其名爲
　神亦大奇也　死卽以贖

形勝名蹟

夷人自謂此山爲天下第一山挨于閣長

腰萭　毛交𦆑　鯉魚塘　浮納招廟
　初時押爲國長

工總管量庫三人陣亡合葬于此因廟食
物以祭舟中有人不拜則病彼國人將行亦

物產

眞珠　本朝充貢

玳瑁　多纖理充貢文玉屬東洋文

瑪瑙統志見一車渠魏文帝賦也

片腦萊國生耳深山中老而中空乃
　藏根柢間行而不上瑟瑟不可得

黃蠟　充貢本朝

荖藤

交易

華船到進王方物其貿易則有大庫二庫大判
二判秤官等會主其事船旣難出港最宜蜑行

有時貿易未完必先駕在港外

東番考　不在東西洋之數附列于此

雞籠淡水

雞籠山淡水洋在彭湖嶼之東北故名北港又
名東番云深山大澤聚落星散凡九十五社記云
社或千人或五六百無君長徑賦以子女多者爲雄聽其
號令性好男暇時習走足蹜皮厚數分硬棘刺
如平地不讓奔馬終日不息縱之度可數百里
男女推髻于腦後裸逐無所避女或結草裙蔽

體人過長老則背身而立俟過乃行至見華人
則取平日所得華人衣衣之以示豪侈別
者仍掛於壁裸逐如初男子穿耳女子斷齒以
去仍掛於壁裸逐如初男子穿耳女子斷齒年
十五十六斷唇兩旁二齒
以此爲飾手足則刺紋爲華美衆社年
畢賀費亦不貲貧者不任受賀則不敢更言刺
紋男子惟女所悅女則視女可室者遺以瑪瑙
一雙女不受則他往受則夜抵其家彈口琴挑
之口琴薄鐵所製齧而鼓之錚錚有聲女延之

宿未明便去不謁女父母自是宵來晨去必以
星迨產子始往婿家迎婿始見女父母或云
既留爲婿則投以一箒一鋤傭作女家有子然
後歸姙婦產門外手柱兩杖覘地而娩遂浴子
於清流焉人宛以荆榛燒坎刓尸煹之環而
哭既乾將歸宮而埋於土所烘居數世而
地乃悉汚其宮而埋於土他夷人無此葬法也
四序以草青爲歲首而皆旱耕名記曰山
冶畬種禾山花開則耕禾穀種落地則禁殺人
爇抜其穗粒此中華稍表穀種落地則禁殺人

東西洋考卷之五　　　十九　振

調行好事從天公乞飯食比收稻訖乃標竹竿
於路謂之挿青此時逢外人便殺矣村落相仇
訂兵期而後戰勇者數人前跳被殺則皆潰其
殺人者賀之日壯士前故見殺也次日卽解嫌
日壯士前故見殺也次日卽解嫌和好如初其
議之位置如橫階陛長者居上以次遞下無位
廣長數雉聚族以居無曆日文字有大事集而
地多竹大至數拱長十丈伐竹搆屋而茨以茅
者乃列兩旁至宴會置塑圜坐酌以竹筒時起

東西洋考卷之五　　　二十　振

跳舞口鳥鳥若歌曲焉其人精用鏢竹棟鐵鏃
長五尺九咫銛甚攜以自隨武鹿鷔弑虎虎
麑居常禁不得私捕鹿冬鹿羣出則約百許人
削之鏢鏃命中所獲連山社社無不飽鹿者取
其餘肉雜而腊之篤嗜鹿腸剖其腸中新咽草
盲噉之名百草膏畜雞任自生長老死不與他
射雉亦抜其尾見華人食雜雉輒嘔君島中不
善舟且酷畏海捕魚則於溪澗蓋老死不與他
夷相往來末樂初鄭中貴航海諭諸夷東番獨

遠竄不聽約家貽一銅鈴俾頸之蓋擬之狗國
也至今猶傳爲寶富者至掇數枚日是祖宗所
貽云後忽中國漁者從魍港飄至遂往以爲常
其地去漳最近故倭每委延闞中偵探之使亦
居山後時初朋聚濱海嘉靖末遭倭焚掠稍避
歲一再往

堯港
　形勝
　　墳山　琉璃氣每作火沿山絿縺　沙巴里　大幇坑
　　　光　　　　　　　　　　　　　　　　　大圓

物產

薏苡

甘藷　漳名番藷以其自東番攜來也其
肌肉正白如脂肪南人專食以當米穀去皮
末狀如寶如傘皮紫而肉白蒸嚼食之味如蓣
蕷蒸熟切如米粒以
尤橿煥是名諸種
香採媆苦草雜米釀之一一
間有佳者飲能

椰

佛手柑　酒名山記曰俚俚
　　　　　日米甘

鹿俟俟千百為羣

交易

夷人至舟無長幼皆索微贈淡水人貧然售易
平宜雜籠人差富而怪每攜貨易物次日必來
言售價不準索物補償後日後至欲以元物還

東西洋考卷之五　　廿一

之則言物已雜不肯受也必盡捐少許川塞所
請不則誼謹不肯歸至商人上山諸所營戲面
者輒踉躍延致彼家以酒食待我絕島好客亦
自踈莽有韵

論曰合東洋諸國僅足當西洋大國之三呂宋
既折入干糸蠟已非貢夷之舊宜蒙故貌與相
羈縻而已蘇祿婆羅買頻藏珠會均執玉異防
風之後至同儷曰之齊誚宜其久也雜籠雖未
稱國自門外要地故列之附庸焉

東西洋考卷之六

外紀考

日本

日本古倭奴也漢光武時遣使入朝自稱大夫
安帝時始稱倭奴國靈帝光和中其國遞相攻
伐女子早彌呼能以鬼道惑眾國人共立為王
無夫有一男子給王飲食通傳言語男弟佐治
國自為王以來少有見者以婢千人自侍惟男
子一人給飲食傳辭出入居處宮室常有人持
兵守衛
早彌呼死更立男王國人不服乃立宗女

東西洋考卷之六　　一

臺與為王自魏至隋朝聘不絕隋開皇中遣
司訪其風俗使者言倭王以天為兄以日為弟
天明出聽政日出便停理務云委我弟王遣朝
貢此大無義理訓令改之又大業三年其王遣
使者曰聞海西菩薩天子重興佛法故遣朝二
國書云日出處天子致書日沒處天子無恙云
覽不悅謂鴻臚卿曰蠻夷書有無禮者勿復以
聞明年遣文林郎裴清使倭者數百人設儀仗
角來迎後十日又遣大禮哥多毗從二百餘騎
勞郊薜遊至其都既清...

隨清使來貢唐咸亨後稍習夏音惡倭名更號日
本武后時使臣復入粟田請從諸儒授經副使

仲蒲至慕華不肯去自此交物日增矣唐人書日
進德冠頂有華蔭四披紫袍帶好學能屬文
受經詔四門助教詔宴于亢醴殿間元豐初復
易姓名乃還中朝衡歷以歸其副即鴻臚書王友能
人莫識貞元末使者朝貢其舍人書其興能王友似
先勢願留使者赴闕熙寧五年僧誠尋至天台國清寺
顧留詔使赴闕神宗以其誠遠人有戒紫處之開

貢方物宋史日僧然者太平興國中國多中國圖籍
衡然之來後得孝經及越王孝經新義皆金縷
紅羅標水晶軸諸黎令其僧寂照過問答並景
印大藏經詔給之之景答並問孤圓通朝朝通
華言而繕寫甚勤以筆札問孤圓通朝朝通
宋時屢遣僧入

東西洋考卷之六　一

寶寺盡賜同來僧紫方袍是後連貢方物而來
者皆僧也元豐初通事僧仲迴來賜慕化懷
德大日本爲風濤飄至者悉厚給之乾道三
年日本舟至明州衆不得食行乞至臨安
復百餘人詔日給錢米俟其國舟至日遣歸
年日本七十三人後飄至秀州免倭人
之紹熙六年復有飄至者給錢米遣歸國

元世祖使趙良弼招之不至
嗣發水犀十萬征之全師漂沒元史日敗卒于
新附軍爲唐人不殺而奴之聞等是也久之莫
戰盡死餘二三萬爲其覊去盡殺蒙古漢人
七月至平壺島柁五龍山八月一日風破舟諸
紫各自擇堅柁乘之棄土卒山下衆議推張
青其後萬五亦逃還十萬之衆得還者三人耳

終元世竟不通然亦不能爲寇洪武二年倭寇
山東淮安明年再入轉掠閩浙
上遣趙秩諭其王良懷能臣卽來毋患苦吾
遣不能舍自爲備良懷言蒙古嘗使趙良好
語餂我襲以兵今使者得毋良弼後乎其亦將
襲我也秩日
聖天子蕩平區夏四裔來庭此非蒙古時也吾
遠宣國家威德耳豈狙汝耶良懷氣沮乃遣僧
奉表稱臣入貢

東西洋考卷之六　三

貢語謾
詔詰責之十三年再貢皆無表以其征夷將軍
源義蒲所奉丞相書來書偌其命銅其使明年
從之憲草類編日廖永忠上言陛下定四海誅
海島時因風便以肆狼戾通遠萬里獨倭夷梗
請令沿海添造快舡巡徼倭來則大船薄之快
舡逐之彼欲爲寇不可遂也上善其言
上亦遣二僧往諭然其爲寇掠輕舸以便追造
海舟防倭德慶侯廖永忠請備舸舸以便追造
復貢命禮臣爲檄數而衛之已復納兵貢艘中
七年來貢無表文九年表

東西洋考卷之六

四

助遠臣胡惟庸惟庸敗事發

上乃著祖訓示後世絕不與通而令信國公湯

和汪璟侯周德興分行海上視要害地築城設

衛所兵戊之大年盤錯矢吾學編曰信國公和

議日本小夷屢擾東海上卿雖老鳳賜強爲朕行

視要害地築城方致仕矧老強爲朕行至京

論二十年罷浙東西防倭衞所是年沿海五十

遷江夏侯周德興築福建海土十六城永樂元

年王源道義遣使入貢

賜春世豐封其鎮山賜勘合百道剋期期十年

賜冠服文綺給金印道義捎捕獲諸島冦來獻

上

一貢八年道義宛子源義持立遣使冊封頃之

我兵獻海上俘其首皆倭人羣臣請誅之

上釋歸于璽書是義持爾父昊天事大職貢不愆

先烈之不圖而輕犯上國罪在必計朕所隱恋

者未忘爾父之恭耳爾熟討之義持奉表謝罪

未幾後冦遠左都督劉榮大破之　　吾學編曰都

　　督劉榮總兵

守遼東轄海上候堡伏兵伺倭十七倭入王

家出島傳烽至榮幸精兵疾馳望海堝賊數

千人直抵馬雄島榮發伏出戰遣奇兵攻之

斷其歸路賊奔入櫻桃園榮合兵攻之斬首七

百四十二生捕

八百五十七

是時方招來諸島夷貢使絡繹

靖二年再奉使至是時國王源義棺屛不能御

之禮臣恐失外夷心置不問賜飛魚服遣歸素

朱縞也入倭有寵于王易姓名先使守臣白奰

德四年王源義澄遣宋素卿求貢素卿者鄞人

慘毒每不恣言成化時廷議鄰貢竟從中格正

兄竿上沃以沸湯十卒婦男女剖視賭酒爲樂

攘竊厲而已倭盆縱無忌至焚官廨擄民舍譟爲

廣寧伯宣德七年命中使往論自後遞貢遞掠

倭來爲欺詐源海復騷頑是捷始戢論功封榮

東西洋考卷之六

五

其會諸會爭貢以邀互市及賞齎右京兆大夫

高貢使宋素卿來左京兆大夫內藝與遣宗設

兼道先素卿至俱留寧波故事夷使以先後至

爲序市舶中官賴恩墨素卿賂先素卿設大

忿攻素卿遂躪諸旁縣奉舟去御史以聞于素

卿獄論宛因罷市舶絕貢者乞易勘合不許仍如

王源義晴復貢乞易勘合不許仍申約必如

期卅以三爲率每卅不得過百人不者鄰勿受

夷性桀驁約如故內地姧豪往往與爲市不償

量夷索通夢則响喝官府逐冠兵出則陰泄之
倭速其去且樹德也如是久之倭大恨言我挾
王質求不得值何以還報島中海上七
命無賴之徒交構為亂撫臣朱紈日夜飭兵甲
設閩粵上章暴治之撫東南之禍大作于時特
嚴斜察上章暴勢豪交通罪統蹶日去外夷之
難去中國之盜易去　統竟為豪所中自殺賊盆
中國水冠之盜難　嘉會諸邑時王忤為中承拮据粗有成緒旋移
獨三十一年殘浙東明年犯上太舍被上海崇德

東西洋考卷之六

六

倭四出流刧諸道與戰俱不利三十三年張經
為總督經前督兩粵有威惠調勇兵繳倭兵未
集而工部侍郎趙文華以禱海至文華素夤緣
相嵩尚貴華願指經經自以大臣位其上不官丁
文華遂劾經養寇并及天龍詔逮訊時經已與
賊大戰王江涇破走之斬首二千人進攻陸涇
壩賊又敗之倭大釗經上疏自理不聽竟論死
西市以周琭琰代經胡宗憲代天龍琭未幾去以
大同去本天龍代之盧鐠湯克寬兪大猷為浙

楊宜代屬文華督察其師倭寇盆文華戰于
陶宅敗績遂還朝賊別部自日照簽刧頴自
上虞登掠高埠皆不滿百人官軍莫能禦轉掠
浙西南亘破南陵源水橫行數千里殺傷蔽野
至蘇州始為參政任環所敗大猷等遂奔海上
朝獲頗多而閩廣倭大至三十五年十月有倭
由漳浦登崖所過焚掠無計漳自此歲歲苦倭
漳志曰三十六年海寇許老謝策等突至月港
攜殺千餘家是冬倭泊浯嶼往來漳潮間流毒
甚慘三十七年夏庭月港焚燒人家奪舟去
冬海屍誘倭三十餘倭泊浯嶼三十八年正月

東西洋考卷之六

七

散庭行刧二月倭數千目朝綦
延刧海濱長泰南靖平和諸庭楊宜阮罷去宗
憲代之以阮鶚代宗憲文華復出督師時浙賊
惟陳東最疆徐海後至血東合勢雄甚當事意
在議撫而鶚進圖桐鄉鶚固守不能拔
乃解去葉麻唐阮中承傳曰賊徒奔桐鄉公先
馳入城與知縣金燕宛守女牆
不能入拊胡公讀禱曰吾與胡成矢公怒
神銃射之穿退宗憲欲搆二賊遣人至海所若為
好語者東疑之則厚賂海使執東自贖海許諾
乃計擒東以獻而自率其眾別營梁庄鶚遣官

316

兵盡藏東巢進攻海干梁庄海苑弱浙暫平李
定曰海奔攘沈庄憑險設守諸道兵觀壁不敢
進公躬率重兵赴之別選壯士夜潛渡濠薄賊
柵焚之海重甲突其明年誅王直宜徼人也嘯
閭創蟄之賊遂滅
逼海上有盜道能號召諸夷治艅艎巢五島中
導宗憲王滶等共集衆與相署置倭永皆宜等爲
姦商王滶等共集衆與相署置倭永皆宜等爲
禁戰諸夷宗憲遣洲行以陳可顧副之宜爲言
厚先是鄞諸生蔣州者上書督府言能說宜使
日本方亂誠令我輩得自歸無難倭矣遣養子

東西洋考卷之六

八

毛臣同可顱還白宜語而傳送洲至豐後島島
主留洲稍爲傳諭者島居二歲乃遣僧德陽隨
洲來貢宜亦許俱至宗慈遣毛臣還報宜所以
遊說百端至是宜乃來御史王本固疏言不宜
招直直至覺有異乃先遣滶入見曰吾等奉招
而來調宜信使遠迎宴犒交至也今行李不通
而兵陳儼然公母誰我平宗憲曰國法宜爾母
我釁也與約誓堅苦宜終不信曰米爾可遣滶
歸宗憲立遣之復以指揮麥正爲質宜乃使毛

臣王滶守而身入見頓首言苑罪且陳與洲
效力狀宗憲慰藉其至令居獄中候命跣開有
詔誅宜始宗憲未無意殺宜以本固爭之強宗
憲不敢爲請宜死王滶毛臣殺夷正率餘衆擄
刑山征之諭年乃解三十八年倭寇江北巡撫
李遂討平之遂一如皁與賊遇白蒲諸將諸
軍未嘗見大敵印小推難俊矢約勒軍中毋得
言戰賊益進策曰城分道入過如皁必且令合
則道有三曰泰州濡天長鳳洲卽皇陵必且令合
自黃橋逼底陣聚城都而梗漕欠之告從富女要
而東海濱荒涼擄京絕矢吾
得地則部將防過令辦得過天長低

東西洋考卷之六

九

倭悉平
其寇閩景劇者曰張璉璉饒人也三
南靖俱被倭饒殺掠草寇乘風所在爲亂璉又
城屯住十餘日方去促戰稍利詔安龍巖雲霄
十九年夏由潮襲漳郡無寧土
攻破寧德福清永福諸邑宗憲檄諸將戚繼光
往援時賊擄橫嶼阻水爲營官軍諭年莫敢進
繼光所部用命至則令軍中人持束草塡河力
戰大破之歸來勝卻福清牛田倭又破之繼光

東西洋考卷之六 十

每至郡邑從當事謌飲父老請師期繼光曰予兵疲且休矣緩圖之賊偵者歸告不爲備酒罷輙督兵行數十里夜半襲破其巢郡邑人尚知兵出也繼光歸賊復肆四十年冦漳州陷鎮海南靖而月港人自稱二十四將雄據海上久之

先是張維等二十四人造船通倭官府莫能禁戊午冬遣兵劉捕維等率爲賊攻劫由是益橫據堡爲巢致用倭爲亂故用以賊攻賊之計遣金幣招致洪迪珍於倭衆由詔安取道而潮川進擊八九都橫坂城外倭敗走而卹珍等盆横張維復拔巡海道周賢宣檄鄧士元同檎之自此地方告寧而設縣之議起矣

四十二年賊陷興化復命繼光往時賊方巢壺海繼光督軍薄戰因風縱火賊麋巢中無脫者因捕餘冦於連江仙遊追至漳浦大破之明年討吳平林道乾于詔安滅之當是時微繼光樂無聞

劉時廣申倭亦爲總兵劉克克所敗斬獲無算

自東南中倭以來十餘年間中外騷擾財力俱匱蕘黔之屠膽口極倭亦大傷至盡島不還隆慶時海上連冦會一本等後勾引入犯我亦嚴爲備旅至旋撲非如嘉靖之季矣倭自平清盛秉政一門尬攘要路爲淫暴於國萬曆十四

太初

東西洋考卷之六 十一

年平信長爲關白其義子平秀吉者先是母爲人婢得娠欲勿舉念有異徵育之秀吉幼微賤販魚爲業醉臥樹下信長出獵吉驚起衝突將殺之見其鋒頴異常因留養名木下人嗣從征伐有功爲大將已而信長爲明智所殺秀吉與行長誅明智慶信長子自立爲關白倭奴既盛散入諸國間萬曆初使臣封琉球聞中山王往往爲倭所苦至十八年阻中山王勿通貢聞撫以聞朝議置腥亶不問二十年正月秀吉帥行長清正等入犯朝鮮朝鮮承平久武備弛王李昭聞變怔怯遂陷三道太妃及世子爲倭所執詔北走義州絡繹告急遣祖承訓往援全師皆沒

上震怒以宋應昌爲經畧率大將軍李如松督諸將東征渡鴨綠江戰平壤大破之倭奴宵遁我師追討遇伏袋戰碧蹄館師遂少挫自是連戰不利大司馬石星慶內閣有厭兵意力主和議以布衣沈惟敬往遊說焉倭潜小西飛來議

貢賴養謙係鑛相繼爲

總督賚其擊肘不得展　中朝力陳其僞童蒲公

車大司馬持之堅

上爲下御史曹學程于獄至論死於是中外莫

敢言乃遣臨淮勳衞李宗城及沈惟敬持冊封

秀吉爲日本國王使至秀吉不受封宗城逃還

朝鮮陪臣李元翼知關白無意罷兵議乘釜山

漸池作攻後之計爲惟敬所阻久之倭益肆羽

敬芳午和議訖不成

上始慕大司馬星誤國狀下獄論死二十五年

東西洋考卷之六　　十二

邢玠爲經畧楊鎬爲經理鎬誓師躬自督戰屢

嚴清正圖秀吉秀吉糧盡請利鎬曰受降不受

和也倭眾若其會大用霎我師沾濕不得駐倭突

圍出戰我師敗歸鎬生奪職萬世德爲經理無

何秀吉死倭人及首援舍而還世德追破之斬

獲甚夥朝鮮以寧當朝鮮解嚴然燬倭涎叔者

張至久之事定而後解嚴然燬倭涎叔者

閩撫竊發海外掠我賈舶春秋汛遣了斗憂

待時竊發海外掠我賈舶春秋汛遣了斗憂

富人射利之徒又詢給別引挾霎貨走後覲

其厚宜且陰輸中國情形亂未歇也三十九年

上俞廷臣議嚴越販之條者殺無赦奸計稍

戢而倭已將他部攻破琉球虜中山王以去中

山王入倭之二年得還國上章補貢自陳包芽

不入之罪廷議以中山王既降倭恐藉貢使爲

倭偵探謀道之四十三年琉球使者重來泊閩

海上閩當事當驅之使歸嚴內防也四十四年夏

倭將有事東番漂渡閩越聞在處爲薑　閩遣

材官董伯起偵之徑擒之去其明年倭曾村山

東西洋考卷之六　　十三

等安命小卅送伯起來歸弁獻方物上章求市

當事以章表不中式拒不納厚犒之遣還然比

年以來無日不中倭秋襲料羅冬晤大金春屯

彭湖大抵遭風飄怒艸岠取水元非入犯顏當

者無不摧殘官軍不能制聽其撐斥旋擊碎流泪東湧

中承臺命將以討擒之旋以捷聞閩自戒倭後

他往至夏五月有倭冊爲風濤搖舟碎流泪東湧

諭增置遊擊將軍一人領舟師備倭戎容亦稍

振云夫倭在東海中分五畿七道三島又附庸

國百餘最稱魁然然唐宋之世酷慕華風爲不
侵不叛之外國雍容文雅宋時滕木吉來朝上
令挽射矢不能遠詰其故云國中不習戰也史
日海寶周世昌遭風至日本七年得還與其國
人滕木吉至上船見之以國人唱和詩來上詞
甚雕刻膚淺令滕木吉以所持木吉以所持木
生好殺天性然哉倭地北跨朝鮮南盡閩浙其
幾番殺氣而華人導之禍遂裂耳詬云喜盜輕
我國家而遂稱天驕之雄益造物者笑開東南
往朝鮮也自對馬島開洋信宿至閩浙順風旬

東西洋考卷之六　十四

月至其主居山城故稱山城君山城之南爲和
泉又南爲沙界沙界之東南爲紀伊紀伊之西
爲伊勢山城之西爲冊渡左爲攝津左之西爲
攝摩右爲但馬右之西爲因幡冊渡西爲美作
左爲備前左之西爲備中右爲因幡右之西爲
伯耆之西爲安藝出雲之西爲石見安藝
石見之西爲山口谷國即古之周防州也山口
之西爲長門關渡在爲渡此而西爲豐前其南
爲豐後又其南爲日向豐前之西北爲筑前西

南爲後筑後筑之南爲大隅大隅之西爲薩摩
薩後東南懸海爲炎路海爲土佐後爲伊豫爲阿波阿波相
近懸海南爲肥後又其北爲肥前西懸海爲平
之北爲肥後又其北爲肥前西懸海爲平
戶平戶之西爲五島北爲多藝爲伊岐極北則
貢必由博多歷五島而行回則徑趨長門歲歲
對馬島蕭島皆有酋長山城君勞空名耳倭不
宣其號令內相攻據後而豐後肥前屬後之
清明後至五月重陽後至十月常多東北風利

東西洋考卷之六　十五

入寇故防海者以三四五月爲大汛九十月爲
小汛其入寇多薩摩肥後長門三州人次則大
隅筑前筑後博多日向豐前和泉諸島耳男
子魁頭削髮聯同文身婦人被髮紛紜足皆徒
跣亦間用屐男而前無顙不甚別生每戰輒赤體
提三尺刀中舞而前無敢捍者遇又爲蝴蝶陣勢
且益熾夫中原百貨彼國之所必須嚴絕
百端既不勝內熱微開一線又多憂外潰則衣
御之不可以已也亦久矣　隋書曰內官有十二等小德

次大仁次小仁次大義次小義次大禮次小禮次大智次小智次大信次小信員無定數有軍尼一百二十人猶中國牧宰八十戶置一伊尼翼如今里長也十伊尼翼屬一軍尼其服飾男子衣裙襦其袖微小履如屨形漆其上繫之於脚人庶多跣不得用金銀飾故時衣橫幅結束相連而無縫頭亦無冠但垂髮兩耳上至隋其王始制冠以錦綵爲之金銀鏤花爲飾婦人束髮於後亦衣裙襦裳皆有襈攕竹爲梳編草爲薦雜皮爲表緣以文皮有弓矢刀矟弩䂬斧漆皮爲甲骨爲矢鏑雖有兵無征戰朝會陳設儀仗奏其國樂戶可十萬其俗殺人強盜及姦皆死盜者計贓酬物無財者沒身爲奴餘輕重或流或杖每訊獄不承引者以木壓膝或張強弓以弦鋸其項或置小石沸湯中令競者探之云理曲即手爛或置蛇瓮中令取之云曲者即螫手矣人頗恬靜罕爭訟少盜賊樂有五絃琴笛男女多黥臂點面文身投水捕魚無文字唯刻

木結繩敬佛法於百濟求得佛經始有文字知卜筮尤信巫覡每正月一日必射戲飲酒好棊博握槊樗蒲之戲氣候溫暖草木冬青俗無盤俎藉以槲葉食用手餔之性質直有雅風女多男少婚嫁不取同姓男女相悅者即爲婚婦入夫家必先跨犬乃與夫相見婦人不婬妬死者斂以棺槨親賓就屍歌舞妻子兄弟以白布製服貴人三年殯於外庶人卜日而瘞及葬置屍船上陸地牽之或以小轝○唐書曰王以金玉文布爲衣左右佩銀花長八寸以多少明貴賤○宋史曰奝然善隸書不通華言問其風土以書對云國中有五經書及佛經白居易集七十卷並得自中國土宜五穀而少麥樂有國中高麗二部四時寒暑大類中國東境接海島夷人所居身面皆有毛國王以王爲姓傳襲至今王六十四世文武寮吏皆世官其年代紀所記云初主號天御中主次曰天村雲尊其後皆以尊爲號次天八重雲尊次天彌聞尊次天忍勝尊

次瞻波尊次萬魂尊次利利魂尊次國狹槌尊次角龔魂尊次汲津丹尊次面垂見尊次國常立尊次天鑑尊次天萬尊次沫名杵尊次伊弉諾尊次素戔烏尊次天照大神尊次正哉吾勝速日天押穗耳尊次天彥尊次炎尊次彥瀲尊凡二十三世並都於筑紫日向宮彥瀲第四子號神武天皇自筑紫宮入居大和州橿原宮即位元年甲寅當周僖王時也次綏靖天皇次安寧天皇次懿德天皇次孝昭天皇次孝天皇次孝靈天皇次孝元天皇次開化天皇次崇神天皇次垂仁天皇次景行天皇次成務天皇次仲哀天皇國人言今爲鎮國香椎大神次神功天皇開化天皇之曾孫女又謂之息長足姬天皇國人言今爲太奈良姬大神次應神天皇甲辰歲始於百濟得中國文字今號八蕃菩薩有大臣號紀武內年三百七歲次仁德天皇次履中天皇次反正天皇次允恭天皇次安康天皇次雄畧天皇次清寧天皇次顯宗天皇次仁賢天

皇次武烈天皇次繼體天皇次安開天皇次宣化天皇次天國排開廣庭天皇亦名欽明天皇即位十一年壬申歲始傳佛法於百濟當此土梁承聖元年次敏達天皇次用明天皇有子曰聖德太子年三歲聞十人語同時解之七歲悟佛法于菩提寺講聖鬘經天雨曼陀羅華當此土隋開皇中遣使泛海至中國求法華經次崇峻天皇次推古天皇欽明天皇之女也次舒明天皇次皇極天皇次孝德天皇白雉四年律師道照求法至中國從三藏僧玄奘受經律論當此土唐永徽四年也次天豐財重日足姬天皇令僧智通等入唐求大乘法相教當顯慶三年次天智天皇次天武天皇次持總天皇次文武天皇大寶三年當長安元年遣粟田眞人入唐求書籍律師道慈求經次阿閉天皇次皈依天皇次聖武天皇寶龜二年遣僧正玄昉入朝當開元四年次孝明天皇聖武天皇之女也天平勝寶四年當天寶中遣使及僧人唐求內外經

東西洋考卷之六

野陸奧出羽凡八州其六統一百
十六郡陸奧出羽道凡八州總
模武藏安房上總常陸江美濃十四飛驒十
賀伊勢志摩安房上總常江
和泉伊勢
卽今王次冷泉天皇次圓融天皇次
天皇此土今爲封土内
皇遣僧宗睿入唐傳教者止此
年會問昌中遣空海大師山及延曆寺
成當會昌中遣僧宗叡入唐諾樂
皇當此土山城等五畿内
元行葛野入唐
台山嵯峨山大臺山及延
敷及傳戒之女次曰獻天皇次高野姬天皇

十八

道統三十州
其出雲石見
道有播磨美
道有竹前豐前
尼蘓尼九州各統
波藏尼島
薩摩尼九島
道有雲石
交獻通考曰男拔髮垂背婦人被
干三百二十九課丁一十三萬四
器凡有物皆尼之外又下可計見
容者黑其額髮而齒會時而食其
百黐其額髮
體道遇尊長脫鞵而過
形勝名蹟

東西洋考卷之六

物產

壽安鎮國山
王都處
所謂邪馬臺
東奧州
平戶島　元史金產黃金
五龍山
阿蘇山
八角島
相板關
赤門關
一岐島
聚樂院
快樂院
千丈溪　至千丈溪

議定會於
不知九日岐島
防有城徙城築西
數各千隻

十九

金銀　俗奇貨然也日東奧州產黃金　西別島出白銀以為貢賦
金　統志一曰
者金今赤有入中國益人多竊之
倭刀　能卷之有利
絹織　統志其
硫黄　宋史貢硫黄甚利中國可
紅　紅米史紅米
絲　宋時貢絲　白宋史景初二年貢白
青玉　間有一種色如青時或成妙有光大日雞眼睛夜則
青玉　見南渡
瑪瑙　華夷考曰本生土石出
如意珠　隨書
水銀
鐵　統志一曰
花布錦　統志
本螺鈿
琥珀
銅　統志一曰
珊瑚
錦　魏志錦雜綵二匹
細布　魏志白細布
屏風　畫屏時貢
水晶
石
刀
扇　今持起如　倭扇頭如打成　我朝亦做其制天下遂

通明見一統志曰以漆
硯統志曰泥金畫漆之法古亦
至無有宜德時遣漆工以歸
至倭國傳其法以為楊椒囊志
至宋史見南史曰有獸滋味犀
象多犀象宋史曰

黑雉

獸虵皮堅不可斫上有孔乍開
作開時或有光射中虵則死矣

山鼠　南史山鼠又有大虵吞此

自市舶罷而倭不能求射利之徒率多潛往倭
報厚結之欲以誘我乃舶主之黠者至冠進賢
衣綺繡詭稱閩撫材官與重申互市之約彼雖
在疑信亦厚遣之以蔗幾幸而售耳其意乃滋

交易

東西洋考卷之六　二十

不可測矣宋史曰交易用銅
錢文曰乾元大寶

紅毛番

紅毛番自稱和蘭國與佛郎機鄰壤自古不通
中華其人深目長鼻毛髮皆赤故呼紅毛番云
顏師古曰西域諸皮其形最異今胡　一名米粟
人青眼赤鬚狀類獼猴者其種也

果佛郎機據呂宋而市香山和蘭心慕之因駕
巨艦橫行爪哇大泥之間築土庫為屯聚處所
竟以中國險遠垂涎澳地常抵呂宋呂宋拒不
納又之香山為澳夷盜而狼卜累年矣東

瑤特跪以聞無不得請者守臣敢抗
允奈何錦曰宋瑤在閩貢金錢辟若弟善事之
有彭湖峒秀往海外可營而守也會曰偽守臣不
談中華事錦曰若欲肥而豪無以易漳故
在大泥與和蘭貿易往還忽一日與酋麻常郎
者久駐大泥與和蘭相習而狼商潘秀郎震亦

東西洋考卷之六　廿一

明詔哉會曰舍乃為大泥國子移書閩當事一
移中貴人一傭兵觀察之以歸防海大夫閫所延草
也俾潘秀郎震賫之以歸防海大夫閫拱聖問
之大駭曰當道繫秀于獄震續至遂匿移文不
投初秀與夷約入閩有成議遣舟相迎然夷食
指旣動不可耐旋駕二巨艦及二中舟尾之而
至亡何巳次第抵彭湖時萬曆三十二年七月
也是時汛兵俱撤如蟄無人之墟夷遂伐木駕
竟以鱗介得窺衣裳矣李錦徐學得一漁舟
緘白以又

附之入漳偵探詭云為夷所屩逃還當事者已
廉知其踪弁繫之嗣議使錦秀諭令夷人還國
許以自贖弁拘郭震與俱錦等既與夷首謀不
欲自言其不售第云我國尚在依違而巴材官
詹獻忠捧檄往乃多携幣帛辰酒覬其厚償海
濱人又有潛裝華貨往市者夷益觀視之如㲉
屢遣官諭之比兄夷語報不願夷視之如㲉蒙
振落也而家瑯者巳遣親信周之範馳請海上
與夷訂盟以三萬金為中貴人壽賞入從中持

東西洋考卷之六　　廿二　金

之盟巴就會南路總兵施德政遣材官沈有容
將兵往諭沈多才畧論說鋒廻從容調夷月中
國斷不容遠人實徧處此有詿汝逗留者即是
愚夥四海大矣何處不可生活嗣又闘牆使在
此更日堂堂中國豈之金錢巨萬萬爾為鼠董
所誑銑既不返市又不成悔之何及麻郎見沈
豪情奕氣嘆日從來不聞此言旁衆盛相譁
日中國兵船到此想似要與我等相殺就與相
殺何如沈厲聲日中區甚憤殺賦弟㒵等既與說

為商故爾優容爾何言戰鬭想是元懷作反之
意爾未覩天朝兵威耶夷語塞之心悔恐為之
範所賣乃呼之範索所儲金錢歸只以哆囉唓
玻璨器及夷刀夷酒遺瑠將乞市夷文代奏而
都御史若御史各治如法剿於是德政嚴守要
害屬兵拭甲候旨調遣兵民從海外入者一錢
不得着身挾錢者治如法益接濟之路途窮又
聲言預作火攻之策夷虔玆事必無濟理又且
坐困乃以十月二十五日挂帆還錦秀震獻忠

東西洋考卷之六　　廿三　呉

等論死及戌有差嗣奉
旨使殷商至大泥移檄和蘭夿更為緝人所誤
云或謂和蘭長技惟冊舶鉅耳舟長三十丈橫
廣五六丈枚厚二尺餘鱗火相銜啣五瓺上
以鐵為網外添打馬油光瑩可鑑舟設三層傍
鑿小窓各置銅銃其中每銃張機臨放推由窓
門以出放畢自退不假人力桅之下置大銃長
二丈餘中虛如四叉車輪云發此可洞裂石城
震數十里敵迫我時烈此筒沉不能為厲也其

役使名烏鬼當居舶投于海徐出行濤中如
御平原舩後銅盤大徑數尺譯言照海鏡識此
可海上不迷奉天甚謹祀所謂天主者于中其
會所居及卧內俱哆囉嗹蒙其四壁每華商詣
會守門者撞鍾爲報侍者二人出傳語值會卧
或別冗則坐牀間以俟傳見乃進或爲設食以
一大片置盤中人分一刀切而食之與華人語
數侵華人若華人與他夷人爭鬭則爲華人左
祖嘗調華人曰此身浮泊世間須有鱗甲爪牙

令可畏若葷牝雞耳譏其不舍鬭未嘗以狸膏
萬曆四十五年在呂朱港口迎擊華商大肆刼掠舶主苦之
蒙其頭也

物產

金　銀錢　琥珀　瑪瑙　玻瓈　天鵞絨

瑣服　哆囉嗹　刀

交易

商舶未有抵其地者特遷羅爪哇渤泥之間典
相互市彼國旣富裹蹄華人貨有當意者輒厚
償之不甚較錙故貨爲紅夷所售則價驟湧

論曰壁言天下之大其猶上林乎珍禽異羽競響
齊騫鳴即振峨剌巢殊方片翻分之固頸長頸短
合之皆腹毳背毛獨倭猶皇梟也不能華子之鳴
東行能無惡子之聲哉和蘭繼至蜂目巳露象
齒終焚絕之此爲時矣

東西洋考卷之七

餉稅考

宋時發舶海上郡國有司臨水送之嘗登泉山
見刻石紀歲月甚夥爾時典禮重云閩在宋元
俱設市舶司國初因之後竟慶成弘之際豪門
巨室間有乘巨艦貿易海外者姧人陰開其利
竇而官人不得顯收其利權初亦漸享奇贏久
乃引為亂至嘉靖而弊極矣二十六年有佛
郎機船載貨泊浯嶼漳泉賈人往貿易焉巡海

使者柯喬發兵攻夷船而販者不止都御史朱
紈獲通販九十餘人斬之遍都海禁漸蕭顏海
濱一帶田盡斥鹵耕者無所望歲只有視淵若
陵久成習慣富家徵貨固得稇載歸來貧者為
傭亦博升米自給一旦戒嚴不得下水斷其生
活若輩悉健有力勢不肯摶手困窮於是所在
連結為亂潰裂以出其久潛踪於外者既觸綱
不敢歸又連結遠夷鄯以入漖之民始歲歲
苦兵矣卒四十四年奏設海澄縣治其明年隆

慶政元福建巡撫都御史塗澤民請開海禁准
販東西二洋蓋東洋若呂宋蘇祿諸國西洋若
交阯占城暹羅諸國皆我羈縻屬國無侵叛而
特嚴禁販倭奴者比於通番接濟之例此商舶
之大原也先是發舶在南詔之梅嶺後以盜賊
梗阻改道海澄隆慶六年郡守羅青霄以所部
雕耗一切官府所需倡辦里三老良苦於是議
徵商稅以及買舶賈舶以防海大夫為政萬曆
三年中丞劉堯誨請稅舶以充兵餉歲額六千

同知沈植榗條海禁便宜十七事著為令于時商
引俱海防官管給每引徵稅有差名曰引稅西
洋每引稅銀三兩雞籠淡水稅銀一兩其每請
後加增東西洋稅銀六兩雞籠淡水二兩請
引百張為率盡卽請繼原未定其地而限其船
十七年中丞周寀議將東西洋賈舶題定額數
歲限船八十有八給引如之後以引數有限而
願販者多增至百一十引矣其後以引稅之規有水
餉有陸餉有加增餉水餉者以船廣狹為準其
餉出於船商陸餉者以貨多寡計值徵輸其餉

出於舖商又應間有藏匿禁船商無先起貨以
舖商接買貨物應稅之數給號票令就船完餉
而後聽其轉運焉　西洋船面潤一丈六尺以上
者徵餉五兩每潤一尺加銀
五錢東洋船頗小量減西洋餉十分之三陸餉胡
椒蘇木等貨計值一兩者徵餉二分雞籠淡水
地近船小每船面潤一尺徵水餉
加增餉者東

洋呂宋地無他產夷人悉用銀錢易貨故歸船
自銀錢外無他攜來卽有貨亦無幾故商人回
灣征水陸二餉外屬呂宋船者每船更追銀百
五十兩謂之加征後諸商苦難萬曆十八年量

減至百二十兩每歲夏仲至秋中風汛屆期買
客揚帆歸抵海外經過南灣浯銅諸寨及島尾
濠門海門各巡司隨報餉館遂程遣卅護送以
防寇掠實欲稽察隱匿寶貨云自萬曆四年餉
溢額至萬金刑入章程錄至十一年累增至二
萬有餘二十一年倭寇朝鮮閩以震鄰禁止逼
販海上人輒遠禁私下海或假借縣給買穀捕
魚之引竟走遠夷中丞斥孚遠深念之恐復為
變如嘉靖時移檄招諭凡留販人船不論從前

欲於中左所設官抽餉如漳例漳郡守持之謂
割漳餉以給泉兵則漳餉當匱且有不漳不泉
富繦為奸者將柰何奏記力言其不可獨推稅
不屬海防官聽上裁告匱卽隆慶間開設舶稅
往往僅數千金萬曆間增至萬兩以此佐之猶
且不充至二萬餉鐵罏兼以尺土田凡屬官者
廉無遺利在十三年始給司牧然亦必盡數追
完方克有濟見餉額共三萬三千有餘奏銷稅
二萬餘大都六萬上下而水陸如二十一餉月
糧修船置器帑幣不下六萬官兵禁海戒用括
諸費歲支則有蘿餘積減於庫禁海則有恙餘
其便均地漳餉匱履則在水則泉利

諫任潼泉餉則諸在泉其不便均也今欲東
西洋分屬潼泉割潼餉以瞻泉兵不惟潼之兵
食無從措給從此私販之徒綠泉爲姦利不潼不
泉東影射公然四出不可究詰者又什百
昔日本府籌之未見何如耳於是潼泉分販議罷
不行而上章請改設餉館給關防會二十七年
上大推天下閩稅中貴入高寀衙
命入閩山海之輸半蒐羅以進內府而舶稅歸
內監委官徵收矣 時議委三司首領 正稅外索
 一員典委官合管
辦方物費後不貲諸虎而冠者生翼橫噬潼民
潤潤頗有司調停安輯之不大沸澄令龍國藏
 時郡守韓擢

東西洋考卷之七　　　　　五

也三十四年有
旨封開礦洞各省直稅課有司照常征解
旨進內庫方物雖折辦又
命甫下海內方忻忻竹舞而所在稅監仍奏請
轉解及辦進方物且言稅歸有司奴董無所事
事乞召回千是
旨紛出元後互異稅銀准解工部又總解稅監
勅該監照舊辦進其布政司銀既彙解而稅監
分進內庫方物難折辦又
者又欲州縣有司徑解及代辦方物有司莫知

適從紛然久之藩司其咨戶部請畫一而部咨
回覆以藩司一邦之主若金花稅糧等銀何莫
不由藩司而州縣敢于徑解乎近者南贛巡撫
 題奉
明旨各處稅課都着類總解監分解應思是
各處者指各省直言也類總解監者明命布政
司類總也若由州縣徑解當云各解何須類總
爲乎方物乃稅監芹曝之誠非有司貢獻之禮
撫臣既題准折辦及措處加平等費續奏
 題奉
明旨照舊辦進金未有有司備辦之

東西洋考卷之七　　　　　六

終正在今日丞當移會該監備將歷來
明旨開導其詳使知類總二字
旨意昭然徑解之舉終屬悖謬矣自是議稍定
當事復申前餉官之議以海澄洋稅原議輪委
各府佐徵收但列外府官遠來住劄非便而增詣
供應人役所費倍繁不若于本府佐剌五員歲
委一員管理事無專屬既於原議不悖且于事
體爲宜當路報可於是本府官承委歲一更代

云四十一年

上採諸臣議撤家鎔還

詔減關稅三分之一潭稅應減萬一千七百當

事悉罷五關雜稅獨以洋商羅大海之重利卽

不減猶可支持僅獨三千六百八十八兩然不

可謂非

聖世洪洞之恩也夫賈人占風犯濤博十一於

鱗介之國幸而取嬴遠望故里關山欣同隔世

有續命縷乃墨者既憑高攬之黠者蒙者又從

東西洋考卷之七　七

旁百計沒之情倍可憐當議鍤時主者曰豑使

之走不測風濤與蛟龍爭命也比於征賤丈夫

不必議此亦未足賦商人之口夏以弊賓開而

無變計則中閭雖撤遺毒尚沿賦雖減猶未減

惟是上下相維美意行其良法使害馬既斂

泣長收縱鰡少猶多也四十四年推官蕭基署

郡符蒿目商困條上恤商釐弊凡十二事海看得

飽稅初僅三千其後增益至壹萬又加倍之道中

使而雜始盈二萬七千近春恩命減三分之

一議減三千其臺弊耒裔硯善連遭商人羽毛

劉落行道相戒給引引夕將添可支

東西洋考卷之七　八

復今不爲蓬正上下泝病安所威止請先言其

而後親其便可乎一官害夫衾廷下爲爲富其

至求委登使如田夫逐鹿一有泰委以罷以

之腹夫不能彈其數而尤貨放指戮鼠

故衙例計允囊其又足未到船鍤者之乎

倍之外尤者有日船夫報役之平

名稱止計允賣青商之蠹賊也

討而驗查而冠例而而死旬貨者

船營如使委罷以相委者

宮焰命一常鍤四方操霧散指先實

其二分於萸皂快人役同類分至商主

其仍肥飽而書喜怒則張嗚其

吏異命船商以受壓商從彼順之

匪無饋館之春夫宜於東善量

半宜船則壞而匾筍之殘商之

盤垔計例尤者未晝夫館勢之

費代爲打黠而市棍包引之徒分門戶別

表裏簡弩狙繪之雄絲緷縺以相應和彼各

艙之罔抛命財詿詭於中流以求

求脫免者故積年操柄是削商之刀鍤三害

不莄將見吏書以積包者爲市棍土困鍤爲

人往水飽命酢圖腹以窮浸漸一分則受一分則省日計

役往赳石般減飽以妮條尺才棕頭冗議十

使而納諸詿索寂莫其利弊清今酌以載其以定

字甍以某船往某處看引量尺寸在成冊而重科之吏

則依納某官雖不必復量候其約之船然互相代

也令雖以令年理末一年之勞而稽事廢宜駕緩外議以

春事已駕緩外議以今秋九十月始○一議撤後

印信官單之規原給引時商船量報梁頭登引而本海道發印信官單一本發與商人以備照報各艙貨物遞送掣驗如所報有差錯船沒官物貨斤數不同貨沒官此厲禁也重以道印之册至嚴崇也誰敢犯之邇因內監委官單付餉館書吏命各商先替草單吏書從中任其加會商欲不臧報貨物不可得者是穢叢也合無請復舊規將道印官單於請引時發下商人令出在船散商親填貨物多寡如不能書者即寓代爭某人與主商樑頭濶狹備造官册隨送隨驗隱報者如律究治亦釐弊清商之急務也○一議出水免委官驗船洋船多以百計少亦不下六七十隻列艘雲集且高且深委官二員竭力莫勝適以飽索常例止矣而奸商藉經驗護送之名益便於挾帶犯載是滋害也夫一船一商主司之即散商頁載而附者安能逃其耳目合無專責一人仰船主親遞甘結同港諸船主共相保結嚴以一體連坐之律又廣開首舉之門

能首實者給重賞如此責命必鮮有犯者而出水雜費杜矣商已當受其利矣故委驗之官斷可已也○一議入港先委官封釘封釘前無此例近年始有之防漏貨也然滔滔洋波何地不可匿載何必入港而封之適以飽官差之需索乎只宜嚴禁地方套小艇先出海外接載餉貨須命巡攔澚甲之人防之然假巡緝名色駕船者多是漏載之奸應示禁巡攔澚甲之船在大担內者只就海畔瞭望不許近泊商船在本港者從溪邊巡視不許在商船邊往來倘商梢登岸止用小艇渡載而撈檢有夾帶貨者究沒其巡攔澚甲人役如三五成羣生事指騙者亦究治此法三令五申未必不可以杜漏貨而錮商害也○一議禁加起夫匿貨漏稅應盡沒官律有明禁至凛凛也自有加起之名而商人始不得實報留其餘以待加起於是明用錢少暗用錢多如報道本船一千担其加起作一千二三百者有之甚則加起作一千五六百者有之是

官與商爲市也此加起者歸何手乎而考成徒以虛報故事登册宜額餉之虧失也合無照舊規貨物逐一開報有加起者以漏貨論大書告示使民遵守商貨盡數開填餉額必有羡無失即船寡之年無虞乏矣故革絕加起與樑頭加增者並禁於以絕乾沒杜衙蠹足國餉有三善焉○一議驗船後船貨二稅船貨二稅俱從在船貨物多寡精粗勻科命艙商自秤以防船主多科之弊邇因有常例有加增有菓子銀有頭鬃費名色不等俱從商首取給任其科索東洋船有斂三百餘金者西洋船有斂四百金者悉歸商首操縱不止餉一費一甚餉一而費二矣衆商爲喉主商爲腹怨聲載道率此之由自今以後合無容艙商自納自秤彷收糧銀之法投入櫃內商首不得科索止命銀匠數人驗銀足色限十日內通完違限者方指名差追不得混票更嚴禁管餉收餉人役揩索情弊亦蘇小商而杜奸商之一端也○一議禁包引給引時積

年市猾每每包引包保至五大船者串慣主商倡言給引費至數十兩而後來諸商自給引者只得如數出費彼且從中瓜分及船回銷引時又倡言費銀數十兩而後之銷引者只得如數出費彼又從中瓜分此輩坐富作奸已久甚至揑名給引虛造僞結將引移東轉西賣與越販如朱彩德等其證也近畧訪鄭心齋等究治奸今後引從商人自給保取里隣實保無容包同衙役作弊犯者重治以清市猾○一議洋船隨至隨驗以便起貨海舟入澚跋涉久而幾壞裝載重而甚危而巨颶時作覆沒堪虞乃衙門吏胥不飽欲壑不爲稟驗以致風水叵測閣破濕漏如前年之秋可鑒也自後船至即行抽驗限以三日爲期不得踰期才驗違者究治所謂早一日得一日之便者也○一議蘇遊兵之害洋船啓行既有經館驗船經縣蓋印抱引出洋法綦密矣何必更用厦門司蓋印復添設浯銅遊盤詰乎夫盤詰所以防四月後踰期之船杜

也分守叅知洪世俊力持之一條上中丞臺若宜
指悉報可俾舉畚甲船事有重大難決者悉詣
府決之而餉大夫亦遍禀奏德意惟謹賈人子
各得意去辟之旱魃之後而堅奏稍弛廷臣章數上近
吐雲矣若通倭之禁問歲稍弛而堅奏稍弛觸石之
乃歲歲申飭犯者毅不待時然禁宗嚴而倭患尚
削此又司閫者所不得問也

水餉

萬曆三年提督軍門劉詝允東西洋船水餉等

東西洋考卷之七

十一

船出六十下者亦少然就給引之時可量酌
日補出六十下者亦少然就盤府以便稽實如每年
減者隨多寡之資逐年仍送查盤府以便稽實或留
法無餉充歲之豐歉以豐年仍約餉節可用或
洋餉無論多寡歲之豐歉以今徵餉所一船議一
縣乏途券并索額則宜先徵一船酌其餘夫每年為
而飄泊有歸舊規一牛留習後者以餘有于連
應宜寬以待徵期無假道從寬免不得可不已一得一
失水被波及之誅求侶家俱同港冬而索水然然
飄道之誅求其家父子於斷腸招倭僻灣也自
餉銀合請示禁○一議復免向徵免亦向徵
商也一議復向徵免亦向徵
火筭苞直藉隆措詐阻滯拖延是費而屬兵
越嚴也今一繫嗜為利孔盡行留難總哨目兵

可依不然已去而辭猶躍乎何得○就舍籲革方
商郎有應切索名狙值官平交公名弟挾得於就舍籲革
二有應用心使藉主商索諸項宜名挾在成
近查應取去此而○中使藉主商索在成
歸衛役其膠役幾矣無餉一其一貨務平嚴號方
惟役之幾矣無餉一船跟指功束此皆禁
矣無役取其膏而司官勢之為任發其使多驕指功束此皆禁餉
其無繫之餘益一耳○司官勢各本一止議物銀禁貨十
節吏書舊從府撥上之竊百科一物議百物禁貨十
取數果少不過從西洋呂宋二處禁船乃萬稍增
權宜申請以失額亦不為厲船隻稍之增
數果少不過從西洋呂宋二處禁船隻稍之增

第舡則　時海防同知沈榷議詳

東西洋考卷之七

十二

七尺以上每尺抽稅銀五錢該銀三兩五錢
八尺以上每尺抽稅銀五錢該銀四兩
丈四尺以上每尺抽稅銀五錢該銀六兩
稅銀二丈九尺以上每尺抽稅銀五錢

五兩以上潤一丈每尺該抽稅銀五兩
十五錢以上潤一丈該每尺抽稅銀九兩五錢
零尺八尺以上潤一丈該每尺抽稅銀五兩
尺以上潤一丈該每尺抽稅銀七兩
尺八以上潤一丈每尺抽稅銀九兩

銀八兩
船闊八尺一丈六尺以上每尺抽稅銀五兩
十一丈六尺以上潤一丈每尺該抽稅銀九兩五錢

東西洋考卷之七　十三

陸餉

萬曆十七年提督軍門周詳允陸餉貨物抽稅
則例

萬曆三年陸餉先知葉世德呈詳改正時價不等海防同知逐一酌貨物高下

胡椒每百斤稅銀二錢五分
蘇木每百斤稅銀一錢
檀香每百斤稅銀四錢
沉香每百斤成器者稅銀二錢
　不成器者稅銀一錢二分
花梨木每百斤稅銀二錢
象牙大者每百斤稅銀五錢
　小者每百斤稅銀二錢
黑鉛每百斤稅銀六分
白藤每百斤稅銀二分
水藤每百斤稅銀一分
番鍚每百斤稅銀一錢六分
嘉文蓆每百張稅銀八分
鶴頂每十個稅銀一錢
翠毛每千枝稅銀五錢
交床每張稅銀六分
竹簟每張稅銀一分
綿布每百疋稅銀五錢
鹿皮每百斤稅銀三錢
牛皮每百斤稅銀四分

照西洋船丈尺稅則量抽十分之七
販東洋船每船
該銀二百六十一兩

豹皮每張稅銀六分
狐皮每張稅銀一分
獺皮每張稅銀一分
獐皮每張稅銀一分
鹿角每百斤稅銀六分
犀角每斤稅銀四分
沙魚皮每百斤稅銀六分
螺鈿每百斤稅銀四分
黃絲每百斤稅銀四錢
馬尾每百斤稅銀二錢
甘蔗每百斤稅銀四分
烏油每斤稅銀四分

東西洋考卷之七　十四

泥銀每百個稅銀一分
錦每疋稅銀一錢
鮫魚每百斤稅銀四分
麻每百斤稅銀二分
銀朱每百斤稅銀六分
青紙每千張稅銀四分
棕竹每百斤稅銀六分
魏紅每百斤稅銀二錢
安息香每百斤稅銀一錢
羅紗每疋稅銀六分
隆真香每百斤稅銀一錢四分
孩兒茶每百斤稅銀一錢
乳香每百斤稅銀八分
血碣每斤稅銀四分
布每疋稅銀六分

萬曆四十三年　恩詔量減各處稅銀漳州府
議東西二洋稅額貳萬柒千捌拾柒兩陸錢叁
分於雅令應減銀叁千陸百捌拾柒兩陸錢叁
分於薩尚應徵銀貳萬叁千肆百兩貨物抽稅

萬曆四十二年

見行則例

胡椒每百斤稅銀二錢　蘇木每百斤稅銀一分六釐　象牙每百斤稅銀四錢　犀角每十斤稅銀七錢　黑鉛每百斤稅銀二分　西洋布每疋稅銀三分　東洋布每疋稅銀二分　胡椒每百斤稅銀八錢

沉香每斤稅銀一分八釐　花香每斤稅銀二分　烏香每斤稅銀七分　乳香每百斤稅銀一錢　白蔻每百斤稅銀二錢　蔻沒藥每百斤稅銀二錢　檀香每百斤稅銀四分

中者每擔稅銀九分　下者每擔稅銀四分　鶴頂每十箇稅銀六分　燕窩上者每百斤稅銀五錢　下者每百斤稅銀三錢

東西洋考卷之七

十五葉六
張燮

犬者稅銀三錢四分六釐　黃鹿皮每百張稅銀六分　大風子每百斤稅銀七分　床板每張稅銀一分　被每床稅銀四分　草席每一百領稅銀五分

牛角每百斤稅銀八分　檳榔每百斤稅銀九分　竹每百斤稅銀一分　交趾絹每疋稅銀五分

黃絲每斤稅銀四分　水藤每十斤稅銀一分　藤席每領稅銀五分　孔雀每隻稅銀五分

黃臘每百斤稅銀五分　錫每百斤稅銀六分　烏木每百斤稅銀三分　藤每百斤稅銀五分

紫檀木每百斤稅銀六分　紫檀每百斤稅銀八分　烏木每百斤稅銀二分　珠每發稅銀一分

東西洋考卷之七

十七

泰京每百斤稅銀七分　西洋布每疋稅銀八分　銅鼓每面稅銀八分　銅器每百斤稅銀七分

魚翅每百斤稅銀五分　馬鞭每張稅銀四分　馬皮每張稅銀三分　土絲每斤稅銀八分

床板每張稅銀一分　琉璃燈每箇稅銀四分　青花碗每箇稅銀一分　粗銀布每疋稅銀六分

猿皮每張稅銀六分　犀牛皮每張稅銀六分　翠鳥每隻稅銀一分　蛇皮每十條稅銀一分

漆每百斤稅銀二分　火炸每斤稅銀六分　白琉璃每個稅銀一分

豆胖大子每石稅銀一錢　粽米每石稅銀一錢　竹枯每百斤稅銀一分　沙每一花稅銀一分　草竹皮每百斤稅銀二分　紅花每個稅銀一分

東西洋考卷之七

十七

后花每百斤稅銀二分六釐

萬曆四十五年督餉通判王起宗呈薛番船載木回港徵稅如西國米例上詳

商民休戚有攸關焉每年商船入港或夜而私接濟者番舶既泊下矣或盜賊竊發者盤驗而至三者不載米者不由五盤六驗則貨之多寡價之貴賤所照盤其貨物則載貨多端其貨發賣之地則至賤不足以償課今夫大國規課則載米獨非盜合犬狗之食者耶夷地報物麻里咕至不載米者一載米而獨有者載米五十石以上者非是合作食者

而後不護載貨厚利令各舶內有載米五十石者

東西洋考卷之七　十八

本府海防同知相繼署稅務凡七人

羅拱辰　廣西馬平人隆慶三年任清軍同
知後以才望海防隆慶六年稅務初
起公首稱斯錄若于葉城圭與城民
惜之面八卦印圖神龜負其後卒官吏民
海波微萬曆間城爲豪所毀驅其石去至今

沈榷　廣東南海人萬曆元年任當路請
海稅禁約十七事
擢廣東湘人萬曆轉思羅公條之之勳矣
當路才之後凡事有平恕之思

周裔登　廣東南海人辛未進士萬曆七年任
部員外郎民有平恕之思
擢廣東僉憲

督餉職官

各府佐貳官委署餉務只一人

趙賢意　浙江東陽人乙未進士授邵武府推官
六年也未幾中貴人橫
掾刪權各府佐遂罷遣
保尚書戴燿撰○能薛最著郡家督漳餉時萬曆二十

舒九思　浙江奉化人舉人萬曆二十一年任
之論劾罷去當路始炭如政爲防海大
夫私物而輸
掌之議起矣

王應乾　廣西馬平人舉人萬曆
二十年任

葉世德　浙江溫州人舉人萬曆
十七年任後擢王長史

姚應龍　浙江慈谿人舉人萬曆十三年任公慈
堤多英御事胥有成局後中謫去竟能
名

東西洋考卷之七　十九

本府佐貳官輪署餉務凡有八人讓以本府輪

杜獻瑤　南直上海人舉人清軍同知署三十四
胄起家不妄取予擢宗正大夫人爲立碑郡人
侯展驍霞中濯鱗軍籍清廷
副使鄭懷魁撰○予侯
九載漢吏任事夜燭清疑晨嚴烏化警
而樔轅無脫巾之號○惠政命
龍堆鱗谷之間
而恨其最著
可占矣茲擢宗
以佐郡者轉而佐國又
商息盾門
材他郡
管不後惜

鍾顒　江西定南人歲貢督捕通判署三十八
人安之

陳欽福　江西南豐人舉人海防同知署三十五
年餉公門市心永在脂不潤擢廣東提

沈有嚴　南直宜城人舉人海防同知署三十七
秦也耶鄭僑功成宜播輿人之誦竿祐德
厚永垂峴首之思其勤貞珉爰蒞不朽

呂繼梗　浙江新昌人舉人督捕通判署三十八
有篇章其後彼劾罷去
命懸箠楚魏卅至營餉郡事議兩臺
保尚書戴燿撰○夫盜東南偏一澨也民故宮
耕種之饒以海爲田始歲輸不驗九于虔中使

東西洋考卷之七

二十

至竭澤漁矣民安土任貢猶將撫其洞敝況不危
生以供上實與以長便俾上不至病園吾呂
加溢為臭也加驗者從一皆報商人私相
而行易生紛紛者命事竣實功商人有罷而
為營私者方圓之所不可渾利私相責其
又不便矣吾吾濟何知梗商者惟恐以抑人
飼商人生易也加驗得從一皆報商人私
不便市藩者得不可如侯則額不及至侯亦廉
實驗者一皆報可而是船一餉病有種其能
不便可罷而侯得目焦餉病有種其能
兩臺藩者得不可如則額不計侯曰則而
飼如臺使甲臺使掃當塗舉燁然侻東之恭閩
侯則當塗舉燁然侻東之恭閩有
而濟而至至賢屬曰風濤匝務而
掃當塗舉燁然侻東之恭閩有後為有
侯曰則而返諸餉者也測島
病以可未重無擾而役為輇念之至若
生以供上實奧以長便俾上不至病園吾呂
至竭澤漁矣民安土任貢猶將撫其洞敝況不危

襄朝典

弥應奎　浙江長才卒官同知署三十九

邵圭　年餉公長才識心傾之立碑頌美後自左十一

理別侯以昂如眠減預制犀照者賈之水谷以鏡照者
漳津前世家尤臨湘廣蘄水後人甲辰進上推官署
一日興便商惟恐廢耳遂相與臺使
請曰此法奧賈帕常相雛法者德
抑亦行法少便必識奉尼者德
以昭對得犀燭犀照者賈之
今而如減來聚制為以垂懇積如鏡
航如昂如眠來聚制為以垂懇積如
低侯為思棣由十石可漂重劃然此法
現別侯以昂如眠減預制犀照者賈之水谷以鏡

東西洋考卷之七

廿一

廉切其明實米務從寬恤便六蓋侯心切惠商而拘
量貨先侯餓時每餓未諸商務漂省若半刺承勞委
其船派餓躬聚斯役只存其半徼隨貨侯登時往便如一徼
其餘禁口上進着方物三減完強市額諞不報用楊林
餘矣禁口五間着方物三減完沒市額諞不報
自世稽丁巳我流雲慧於郡佐利害是博遞人命其
館先屬海防商令議之於郡佐利害是
視其誠飲不勝蠅蛭破浪奧天利甚捷是以人爭返
出海之象珧香椒射天利甚捷是以人
金發餘罐與諸夷相貿易以我之綺紈磁餌易
其病侯一驗便侯陵之會其理之

東左右甚嚴檢防臺宿毉甚周是以諸商議代貞
眠以其犯口磨而疆介不俟客一詞也蓋一簡之
漁汎汎侵我邸粗其至邦如林一聿切眾生波深
夷指南為氣針此邊遠取星匪臨斯今琉璃為照
百家列葦哉宜思頳頫侏俾侯壘特無吞官一民
也家民為政勤而露峽者夫圭海郵梁山之民
用不矣其沐浴其齋有頳忱俾侯壘特無吞官
矣其為政勤而疆介練者夫圭海郵梁山之
心畏虺漁汎汎侵天惠針此邊遠取星
呼告語載陸刻篆豐碑後求所欲燒羅蜜酎是歡
似蒂棠載陸刻篆豐碑後求所欲燒羅蜜

東西洋考卷之七　廿二

可議銅之議屢門原設於府及泉州二署當汛到舡諸職方為隸泉州為公舘之設三故易地設

正嶼漳州無遠官卑遠單弱其勢難單殊非關防體統不便且本府

兒人勢單殊非關防體統不便

驗驗始放開駕近政委各館輪職冬春之間已

諸議於圭嶼商船出海向屬浩官兵于厦門盤

舡餉輪管因政餉舊往履

起宗以餉節再建驗舡為便奏記

督餉館二年新設海防館建為海防館基嘉靖四十年迴判王

公署

右郎靖海館舊基嘉靖四十

論曰司關掌國貨之節以聯關市此周制也漢

時商各以其物自占率二千而算一軺車二算

船五尺以上一算匿不自占占不悉沒其緡錢

告者以半畀之從此綱基家矢市舶之設始于

佑訏工料覆詳亦一勞永逸之計也

職目撃而身歷者俯候詳示另議處

既可稽查舡之回港也亦便羈管不同于此

不阻于風濤雖易地而

設立公館駐本與所

且今築城堡其上添制兵船議于圭

適在中央乃商船必由之路又澄邑所屬

洋上相地度形圭嶼一山浮於海口環山皆海

沈時積潮商船不就閘往來

至厦門兩經潮汐衝突波濤一週風則輕舟難

東西洋考卷之七　二十三

唐宋大率夷人入市中國而商於夷未有

今日之夥羨且夷人來市似乎以逸待勞

介窺我版圖紛然其擾不若自此之彼境內

溝閘賴以來垂數十載榷額之時贏時縮榷司

之謹淘濕榷政之遞因遞革據牘覆按抑可

深長思矣

東西洋考卷之八

稅璫考

高寀者順天安人也勿給事

上前累遷御馬監監丞先是大學士張位以國

帑匱耗請開採以充邊儲比

三殿之役於是四方言利之徒奸升積猾率上

章請遣中貴出督礦歲輸巨萬萬足供大工又

徐及摧稅

上俞其議廷臣爭之強不能得也燕山獨指揮

馮綱千戶胡志嗣請以寀使閩

帝命寀徙閩自市舶鎮守先後報罷四封老雅

人不識貂璫爲何物比寀銜命南下金鉦動地

戈旗絳天在在重足莫必其生命而黠吏通凶

惡少年無生討者率塑纒而喜營充稅役便覺

刀刃在手鄉里如几上肉爲寀在處設關分遣

原奏官乃所親信爲政每於人貨湊集置胛書

聖旨其上舟車無遺雞豚悉算然稅額必淨澄

之賈舶爲巨寀躬自巡歷所過長吏望風披靡

漳守韓擢每股掌玩之澄令龍國祿者強頭吏

也分庭人見寀不爲屈嚴約所部不得爲寀驅

其人輒張自豪國祿庭答之寀在郡志甚欲其

跪劾其阻撓韓守調寀曰澄故留亂所不即及

者以有龍令在也倘令危民何能即發激而生

變若亦豈有賴焉寀氣奪而止自後每歲輒至

既建委官于港口又更設于圭嶼既開稅府

于邑中又更建于三都要以闌出入廣搜捕稍

不如意并觟貨沒之得一異寶輒攜去曰吾以

上供三十年貿舶還港寀下令一人不許上岸

必完飾畢始聽抵家有私歸者建治之繫者相

望于道諸商嗷嗷因鼓譟爲變聲言欲殺寀縛

其參隨至海中沉之寀爲宵遁益自廷不敢復

至澄其開採之役竛竮龍嚴亦顯爲寀不論有礦

無礦但其應開之出聚徒踞冶覓得不償失廬

賄乃止其與宦人盧慕相連遠邇小鈙掘必飽行

歷野官爲寀詗而已三十二年澄商淪秀郭震等

□渤泥國王卒以利□□□□來市為請稱渠錦囊
所載舊湖與元係彼國通商處所乞修故事夷
舟徑趨彭湖當事者嚴絶之紅夷則遣人厚賂
寐大將軍朱文達者與寐厚善嘗以其子為寐
乾子寐謀之文達曰市幸而成為利不貲弟諸
司意有佐佑惟公圖之文達喇喇向大吏言紅
夷勇鷙絶倫戰鬥事事精利合闖師夷因索方物
其鋒不如許之寐道周之範往報夷因索方物
夷會麻帝郎贈餉甚優并遣通事夷目九人赴

東西洋考卷之八　三

省候風未行恭將施德政巳奉憲檄遣沈有容
諭夷無為細人所誤德政整兵料羅少候進止
麻帝郎知當事無互市意乃乘風歸寐竟上疏
為夷乞市
上俞中丞及御史言置璫疏不納海上人悉北
向稱萬歲寐聞之頻是曰德政權神機管右副將軍
此恩甘心之矣明年德政權神機管右副將軍
後軍都督文達私語寐如許歸裝悉異香大貝
寐心動遣數百八邀之途掠其裝以去既胠篋

東西洋考卷之八　四

無他長物始遣還三十四年
上命封閉礦洞諸稅咸歸有司瑠喊勢稍殺然
巳屢攉太監賜緋魚服其在會城築亭臺于烏
石山平遠臺之巔搰傷地脈又于署後建塔京
樓䂓制宏壯幾坿王家諸棍受寐意指諷人為
立碑平遠臺頌寐功德恬不為寐原奏官魏天
爵林宗文百計媚寐由是得幸道復生能御女
取童男女腦髓和藥餌之則賜道一方云生
種子寐大喜多買童稚顱剖腦貧困之家每

割愛以售惡少年至以藥迷人稚子囚而就寐
倖博多金者稅署池中白骨齒齒買必婦數
人相逐為秘戲以試方術歌舞變童又不下數
十八備極荒淫天爵等術旣售盆自為得計導
之橫噬如陰雲毒霧蒙被草木無不焦枯子衿
路相遇避塵稍緩困辱隨之縉紳奉使過里與
寐徵芥蒂者關前行旅旐摻掠里市貧民挾
貨無幾寐朝夕所需無鉅細悉行票取久乃給
價價僅半額而左右司出入者又幾更橫索錢

始得到手如是者歲歲為常澄稅已屬有司轉
解然宷日遣稅棍詭名督催乃買取方物迫勒
減價商民無所望天閽中驛卒習為驕悍獨宷
稅役經過榷縮項欲死每一人索馬三四匹人
夫稱是往來驛路雖大騷然四十二年廣東稅
璫李鳳病有
巳插血訂盟伺宷卅至必揭竿擊之寧死不聽
青命宷兼督粵稅閩父老私討粵稅視閩稅為
鉅宷必含閩適粵所在欣欣祈解倒懸然與人

東西洋考卷之八　　五

家人也宷宪寵蜀望奢神氣盆飛揚不駐如饑
烏壽暗兩樹間擾物之念愈動遂造雙梳二巨
艦詎稱航與其意實往通倭上墅黃旗兵士不
得詩問時施德政為閩都督尤之海門無從速
綏中丞衷一驤橄所部緝洽之而浦城入有為
璫役所苦者伺控兩臺袤逮其役使材官馬仕
驟于之理四月十一日宷所未償值商人數百
輩自金繒以逋未鹽所負金錢巨萬舉起閩署
永領辦氣常激宪揷所練習亡命群歐之立斃

數人餘眾趨出復從魏摟射之放火延燒民屋
數十餘家眾爸奔潰次早遠近不平各群聚閩
署約數千人宷露刄躍馬率甲士二百餘突犯
中丞臺是時
皇太后哀詔新至輅門解嚴宷斬關而入阻未
叱遽犯且劫一驤俱出步至憲臺會副使李思
誠愈事呂純如都司趙程等後先繼至始釋中
永返署而議司與宷偕還時萬姓走護大兵徐

東西洋考卷之八　　六

集一殺宷無難諸司應傷國體以理解散之曰
粮休矣
明言自有處分無狂闖也乃乃解去至次早又
招海防同知陳豸為贄始聽思誠等出中丞若
御史上跣暴宷諸紳狀大小臣工即闕之牘為
上始下一驤跣散宷回京徐聽處分十六載之
風霾一朝開朗矣宷雖奉
嚴旨然尚踟躕未肯就道必盡釋稅役諸械繫

東西洋考卷之八　七

者乃起行龍若前八盜既已就擒不妨寬假束
縛圖獻仔於闕下今日馭瑞亦滇如此聊為委
出以聽去九月九日宋發榕城遣材官黃應
龍覃繼榮護之以歸遵
朝命也宋輜重塞途日行僅一舍馳賄乞援于
大瑞既將抵京不卽歸命公然引疾棲遲里門
朝議譁然久之然後入見
上怒命繋之聞宋在請室中竟日股戰後不知
所終　制要袗頓謀叛亂事近　皇上大沛德意

税減三分之
一海內百姓歡欣鼓舞大小臣工戒舞
仰聖德為閩稍致廢稅監之利凡取盈
百姓慶幸狂歌輒出紅袍打倭人之戒嚴恐
塊取大珠海編每引取銀數萬兩括取五珠無遺
倭派懼減減五一切敢怠漁之利則漸致罷稅
戶大鹽派商編通船二隻引取銀數萬兩又
故斥久卽撤回其督住倭人狙取金紅又以其他
損減仍供應每定取取青金七者餘五打括
不税亦卽減一輪供木油苦餘以黃人之十
赤仰懼減一督稅戶炭紫者括其他五人又
税減三分之一海內商舶番數龍鳳鋪行計其
珍丁餘倭戶珍珠辦通歌舞出紅袍等五百金
金商項及百家錫置編應水菜果酒各取足百人
各有驗派使用價宋受其毫釐而各棍人自取編
立金項餘物用賓客如士盡及各棍心以命典家
之產編派無遺毫搴其嚴而非甘枉此皆水卽命典家博
動天赴臣派泣訴日以百拷訊皆甘心以命典家博

東西洋考卷之八　八

臣等每善諭百姓猶如防川性恐一旦次裂不
能故隨出里諭乃宋稔惡彌甚四月次裂不
各行賠禁諭宋持刀彌傷六日率領數十餘
數月之間及宋通宋家又通近民家殺傷一
十二日出七首稍稍逃亡不恩招二潘停六
戶廷機欲得將宋家三十餘而司肆暴居六
突出數司領欲稍陸兵各而十餘百家
形惕君念其宋亂如都冤露殺民是潘停
悖誠蔡性死殘害其亂民殺民不縮殺獨也
而宋綴金臣無惡宋知盟餘家殘害始
太后演戲陛民殺有靡樂典家下借兵宋始
張臣被脅解宋如釋居民不縮殺智通盟各居
因勢升遷暫民民如舒故民不縮殺智通
如之楊榮典皇上不速名烈婚禍猶止在地方
大小而為原民而皇民以克情李

私身宋呼為自宋以權刑餘姓又外援挾戈叛逆則
他結倭外援操戈叛逆則禍
勢士富以采斂免兵圄萬姓倭幸甚命臣
國早賜刑餘兵圄萬經招集蓄異籌執臣
見歷辱兵施通海邪幸事命臣
尉他結倭通萬招集二兵狙何止假打稅監之暴
童身宋造倭城因先負劫以陳三而家自陳
叛戒期兵城呼為通為蔑號先負同知縣自陳
陵期夫拘之車皆百戰因雲集稅府自而其
君嚴正兼執天率倭狙近臣以因陳惡之
父不形督其率宋之命論肆籠百姓惡以汎
不敢受爱才以犯其鋒其邊海伏奸要害
昂愛才以犯其鋒其邊海伏姦要害

東西洋考卷之八

九

則贅大府高漈然恩斯上繫民從
竟惟禍官宋于震故時之而瘼此法
恨事閩臣一怒醒求威待彼必
私同稅省不朝殛顏弛任望而雷漸次
年知監變勝萬行在負臣素霆死布
息矣高宋隕民封列擔無若役置兵卒
不狹惡逆待此之宜臣逃薰逼臣之制
通優逆懇命帖誅陳為罪腐倭上逞翦
矣拘萬禁悖但賊本則弗傷其割
羊禁狀第貶死地臣保迁紀早國陳海
仁始具三乞無之為封蝶綱圖體倭通
廉猶前速疏郡君狀避禰兵難采故倭
公輪下為賜之伏在困國死濡不而
正門者霆罷惡望而燃加重原遺兒勢放監
百環不威闔臣使皇節遣上貪惟陵朝以
姓守敢以久以腥臣柄皇夷上兵內

東西洋考卷之八

十

城流以夾囚狀于司者烺數迕主正綱
竟倭國而使買聚㸑如上近刑驛罪地奪乾
外侍私於然倭道棺屍而欽日如蟻事民恨可
侍私室以燃媚海尚旋知執民役知臣限為圖
親以親腹倭那執骨異陳之懷惟聲潘高宋收拾
軍召骨碎知有同而署烈等火三十蔡繫始
訓募之志昔積志烈君火忌三其有人華戮不
線乃藁之稍陳民禁彈鐹先兒家機逆明危信臣
行命頑待兒命管惡則臣脅而槍等宋逆刑言
陣傳狡猶窩傳令兒身貧釋殺而蠻遘亟二木
匠習刀作法身賊固則戴異天賜部議無
百人作百鄉同死長百之次外轉勢帖愈覆矣
大修養於然足燼幽罪盟官首火難而共以王行伏

殺家𫝀役人放火之譬宋日夜治兵欲行恩
滅宋與閩民巳成不共之勢即臣等多方撫戢
論以待吉而衆怒鬱勃竊發難料儻島夷恃宋
內變五日海程楊帆率至即閩省陷危天下響
震寧惟一時之害哉頃　皇上不以臣愚誤任
閩撫若臣貪位固祿儕俗苟同不以民瘼吏治
加意是臣負　皇上爲不忠今臣不避危險以
捋虎不愛死亡以報國乃民被殺而不能伸孤
寡號天之冤官被執而不能洒冠裳塗炭之禍
斬孤雛而忌噐叩九閽而不應是
皇上負臣而臣負此心至於目擊危亂如厝火
積薪樸之不能置之不可跋胡疐尾進退維谷
徒有痛哭流涕嘆生之不辰耳惟　皇上念陳
豸一日不釋則百姓恨深一日而釋豸以雪其
恥高宋一日不誅則國家禍深一日而誅宋以
正其刑仍弛無藝之征以甦憔悴則雷霆雨露
一時並施庶可轉亂爲治否則闘事有不忍言
者矣○第五疏爲瑞變臚陳巳數愚臣誠信未

乎尸位非宜循分引退事臣惟人君不能任未
信之臣志士不能受虗拘之祿若顯用其人而
陰疑其心雖忠告如藥石必以爲鴆毒而不食
矣既任以事而仍奪其權雖強顏而展采皆視
爲土偶而弗靈矣方今朝多　上哲野有遺賢李
何以臣之未信具員節鉞致　皇上懲毒廢藥
一方受病浸至不救又令臣以枯叢受士偶之
媟嫚哉以稅監高宋害民賊國通外夷囚命官
具疏四陳而槩置不報豈不知三諫不聽不再瀆
而厭厭以捧身求退進其極後臣子之心不若
是悲也故終爲　皇上再申前說如下堂之婦
一數藏獲之姦夫　皇上詘臣言若不聞必以
前疏枚舉未足盡信耳頷言出憑虛駕空則可
無信言出隔別浪傳則可無信如宋僇辱陳同
知囚繫三月兩次　大行皇太后詔到凡在臣
工俱出郊恭送宋深拱不臣且恃終拘執陳同
知如故曾不得出塗炭以盡臣禮此非臣以釋
爲禁也宋造船通倭違禁之物無所不有明豎

上用黃旗大書總督劄廣使官兵不敢盤詰乘
風往來海上飛報旁午訓得稽留今二船見泊
會城船中周桂等看守可據此非臣以無爲有
也其被殺潘六等屍親見在號冤白骨暴野被
兇鄭欽等露居見無僂託一塗焦土俱鑿鑿人
有主名此非臣以生爲死以僞爲眞也且宋自
蹤閩之始即勾引紅毛酋　皇上允前撫臣之
奏竟遂公然以軍資禁物載輸于倭資寇召兵
禍在不遠稅既有司徵解此外即有孝順私進
皇上庚不過二三萬止矣乃宋假託剝奪投各
屬訖籍及海洋商船歲得數萬他金珠寶玩派
取無價者不可勝計在閩一十六年總得數十
餘萬金每進稅銀橫數動踰百計驛遞鈔關可
查一至德州先以其半假作商貨分途竊運及
抵雄縣又以十之六七公行裝入文安厚藏私
室所獻　皇上曾不滿百中之一耳　皇上明
眷南顧念此鉅萬之數非橫奪民間從天降乎
從地出乎閩八郡多不食之土民以販鬻爲生

人人而奪之歲歲而刮之非冤殞於刑逼即自
經於溝瀆比屋而是呼號震天君門萬里雖隔
絶不聞以宋家之金銀山積即閩民無罪而死
無告訴者當以國量矣此亦事理之眞而確乎
有據者若猶以爲未信則見在拘執同知於造
海船放火殺人亦不可信耶海內方駭爲非常
之變而　皇上故縱宋使行意自如欲殺人則
立斬數十餘命碎其屍使無所葬欲放火則立
燬三十餘家亦其地使無所依欲通倭則操駕
巨艦橫行海洋而大小將領無敢置喙欲執官
則辱陳同知于囚奴而一地方之撫按目擊而莫
可誰何臣若喪節隳守一切望宋風旨悉置不
問則　皇上嚴勑臣以撫安軍民整飭庶僚者
爲何事而臣受節鉞叨居督撫而杭顏司道之
上者爲何官於此而猶戀尸位之爵祿安犬馬
之豢養不亦羞朝廷辱縉紳哉則臣之去在情
理已然而勢亦不容已者矣臣當高宋眥辱之
後已決意掛衣然猶低回遲速間者誠望　皇

上則臣言除寀出閩民湯火之餘庶幾不負明恩而後一去謝寀令 皇上疑臣以義不可留而去去等耳第不能傳寀之去稍裨地方而僅以明巳之志臣實媿之然國體之全毀閩土之安危實係寀之去留所關非小非斬寀無以謝九廟神靈無以慰天下萬姓伏望 皇上將臣先臣賜罷斥仍將寀亟行撤回正法庶朝綱正而亂臣不致遠誅臣不勝激切○附湖廣道御史周起元爲稅監戕殺生命要脅重臣乞速行正法以存國紀以安地方事福建稅監高寀素行貪殘最於別璫歷年海商貴重美麗奇巧之珍百入於寀未必一貢于 皇上臣生長之地耳而目之久矣谿壑既盈虐聲久播入粤粤人不交歸閩閩人震恐不意忿肆鴟張大開狼噬剋剝我 皇上取用各行物料即一草一木莫不按數予值而寀剝刻樓船連舸揭百尺之維檣窮雕飾之極麗所取物料浩煩槊欲白沒彼市闠之夫挾貲何幾令一物且盡付烏有誰能甘之

相率控訴自無延怍乃簡梟雄以作威陳利兵而相向揮刃放火市民驚駭圍擁賊集怨氣冲騰然不旋踵而解者豈誠畏寀哉盍撫按禁約干上司道府縣曉諭于下毋敢抗法雄行以干三尺且又慮寀造一偏之言以誣 皇上反以揮刃放火誣坐小民萬里君門不易自白是以死者駢首就戮生者含冤解散竟不敢逞于一擊也寀是時宜下罪巳之詞自執殺人之叅隨付之有司猶可稍逭萬分之一乃越日搬堅執銃統率驍騎乘守衙之偶撤徑弄兵于稅門撫臣袁一驥節制一方爲民造命寀不能遂其揭澤之貪夙懷憤忿輒敢按劍要挾三司副使李思誠僉事呂純如捋虎鬚以解厄寀復留而要盟 皇上試思從來稅監最貪最狠最毒曾有放火殺人劫節鉞要留方面如寀之大逆不道者乎 皇上利根未肯割斷稅使未肯全撤釀成時事至此臣讀撫按疏揭叅以鄉人之見聞不覺髮指而繼之以痛哭也近者邢洪馳兵

器于禁地盧受假狐威于票擬皆漫不處分今寀又見告矣望 皇上亟行兩觀之誅用雪三山之忿非僅僅撤回墩鎖可以了事臣聞省會人情洶洶防川不決決必滔天宿火不發發必燎原萬一戈矛起于肘腋海濱因而搖動倭夷乘以生心寀粉骨不足惜 皇上豈善爲社稷計乎寀之言曰多進孝順便可保全首領寀以累年括摎掠百萬蓄藏出其珍玩綺縠歌舞角觝享用作樂之剩貲可以結左右之歡而及于寬政儻一遂其姦是 皇上不惜太阿之重而僅易此阿堵也昭之史冊爵累令名豈淺鮮哉臣不勝激切待命○袁中丞疏初上時周念切桑梓即中夜草疏繼之故寀恨周獨深因有謀占澳頭公館之誣也○又袁中丞參駁稅監疏○爲罪璫悖旨要挾飾詞瀆奏捏陷無憑侵盜有據懇乞早賜正法以警奸邪以全國體事先是稅監高寀激變地方種種不法蒙 皇上俯允臣疏特准撤回乃寀離閩後逗遛途次比五

踰月乘傳擁衛百無顧忌所攜珍寶從海中已多抵換沿途竊匿不知幾許弁髦明旨曾無天日近閱邸報見寀四疏又復咆哮據首疏以告病爲詞公然乞養外宅旋有回監管事之請夫寀之在閩殺傷民命當斬燒劫民房當斬造船通倭當斬囚執命官當斬椎擊童男女至死而吮吸其腦髓當斬 皇上日照月臨業洞悉姦貪悖逆之狀需其至京自有處分乃戴罪視息之餘而自請供職覦 皇上爲何如主矣 皇上試看內外大小臣工凡奉旨逮繫乞恩貸死不暇曾有請復原官自求敘用者乎眞膽大包天者至讐臣反噬誣爲權門鷹犬正所謂得其惡言不足怒臣不任受亦可無贅所可恨者身未入都差官以稅課餘鹽銀兩解進是明以小利嘗我 皇上而駕言拖欠搶奪尚欲貽地方以不結之局至棲住公館妄言變賣熒惑 聖聽此其肉尚足食哉臣聞報後即欲具疏駁叅允以事關錢糧仍須嚴覈隨行各司道查議據

布政司署司左參政金忠士回稱福建稅額六萬福興等府分委徵收解監完足自稅監激變放火殺人氣燄方張何人敢搶及奉旨撤回地方加謹防護該監在日並無搶欠之說顯是混賴止有古田麴稅已徵在官因變後請旨未經轉解竝無葉家包攬情由且稅銀六萬該監既中止五萬三千五百其六千五百明係侵匿相應題參又據按察司署屯鹽道按察使蕭近高回稱運鹽司續領依山鹽引四萬道除引價外餘價鹽課該二萬四百有奇內尚有未經發賣鹽引致課銀四百餘無出原非拖欠又據漳南建南福州兵備道參政劉洪謨陳德元副使呂昌期回稱該監駐劄原無額設衙門澳頭圭嶼雖有公館已經倒塌其浦城詔安閩安等處係民間店房因監役住宿地方量為修葺未動該監分毫公費何從變賣各到臣該臣會同巡按御史李凌雲看得在外官司各有衙門開設一二公署為過客經臨之所建造修葺非官帑則

民貲也即官有遷移而署仍其舊曾無可變賣者稅監原非常設之官其入閩之初地方有司罔敢委使命于草莽故到處擇空閑剏署為之棲止原無剏建以監署為名止該監初年一駐海澄即狹小公署旋欲移居海口委有澳頭圭嶼二館之建該監方借建館科斂民財而費一派十閩邑騷然幾至大變若論地方之耗費當日何止三千而脂膏入監棍之手雜石木料曾不足數百計自該監入省數年來敗垣頹瓦所存寧幾勿論變價無多即欲變賣其誰售者總如閩安詔安新港等處原非該監居住不過監棍借棲民間何曾動該監絲毫之費而哆口于百以欺　皇上乎若省城烏石平遠國初以來即有公會廳亭不知創造何年至欲壞為已有亦稱三百餘兩之費真逢人說夢者惟該監先年烏石山曾建一閣省城風水不便前撫臣丁繼嗣勸令自行拆毀尤昭昭耳目此而可欺孰不可欺乎况自稅監以來撤回如梁永高淮不

下五六輩當年亦必并露處者曾不聞公署變賣何獨寀而造此惡孽也又據疏稱餘價鹽課內商人洪國裕尚欠四百夫依出鹽引原創自該監其第二次復請鹽引四萬道除引價先行解進節發各商出賣其上餘價鹽課銀二萬三十八兩有奇其滴珠在外即該監疏稱歷年解內之數尚有鹽引未經發賣該課銀四百餘緣鹽商消乏前按臣不便行即該監在地方不能強派故遲留至今夫引尚未發銀于何出而可謂拖欠乎即是在各商非止一人何他商不欠獨洪國裕敢于逋欠也猶記臨行時聲言恐嚇各商謂此番不加津貼到京必行攀害故各商有私餽至一二百金者獨國裕不應銜恨而以逋欠故入之耳最後一疏復稱搶去銀兩九千八百兩不言搶下何地搶于何日臣且就其疏折之夫該監激變地方在四月十一日火箭齊發煙燄熏天地方救死不暇誰敢攖其鋒者比入臣署迫脅以百餘棍持刀衝突而另踞親兵

一枝居守仍以火器兇械擱擋前後監門兩道臣同詰其室該監張目嗔視微有混賴意兩道臣叱之云庫門封識宛然即卓上擺設一甌不動安得為此昧心語渠聞之口噤此十二日事也及奉旨差官護送地方兢兢惟恐有失而謂其有搶劫乎至古田出水麴稅自有司徵解絕無絲毫短少累年稅簿可查且有造麴之人即納造麴之稅何從包攬按籍亦別無葉姓者祇四十一年秋冬麴稅例于次年上納起解已當激變之後方在請旨仍收貯該縣耳崇安未解二十七兩之數事亦類此一稱拖欠一稱包攬駕空鑿虛欲陷害地方乃所捏搶銀之人首為林世吉而方塌鼻其家奴也次則張嘉謨曾文宇嘉謨係名色把總物故有年文宇係絲線經紀原非衙門員役不知因何中傷若林世吉以任子起家郎署向年該監交通紅毛番世吉倡言不可遂致蠹尾即如變賣疏中舊添御史周起元以霸占公署為詞所開此釁者因起元不

恐系梓塗炭抗疏激切遂含沙以洩其私憤耳獨不思舉朝借劍章滿公車固東西南北之人也爲國除姦豈皆有漗頭圭與之可覩哉若臣不自量首撲兇殘[illegible]鷹犬之詈辱矣乃臣因全疏而得該監侵盜之實不敢不直陳者盍福建稅銀六萬兩爲額有司奉行務足前數而後即安從前解內銀兩疏不發拟無從覈其虛實今據該監之疏開福建每年稅銀五萬內一半解進內庫二萬五千兩一半解工部助工二萬五千兩外雜費三千兩滴珠二百五十兩加平二百五十兩合之僅五萬三千五百兩耳其每年六千五百兩竟無歸着此孰非民之膏脂可竟置勿問乎有謂該監每遇取解動稱備辦方物銀三千兩或亦在此數內竊謂方物以孝順爲名宜其自備而亦取足稅銀于名何居然或各省稅監通例臣亦不敢深求就方物外尚餘銀三千五百兩未經開載將謂起運路費耶則長途原有勘合之應付將謂解部雜費耶在

該部萬無耗羨之誅求料該監必不敢以此藉口其爲侵匿入已無疑矣每年侵匿多則六千五百少亦不下三千五百合十六年所積何止十萬而在外朘削一切無名之征不與焉 皇上亦安用此盜臣爲也據自陳疏僅留一二公署尚圖變賣以充國用其忠赤何如而顯行乾沒其狀若彼不一追究則有限之民財爲勝此漏卮而此輩尚復知顧忌哉故由前則種種不法當正典刑由後則師無爲有說謊之罪不容誅也徵多解少侵欺之罪不容誅也伏乞 勅下法司從重究擬籍沒其家爲姦欺悖旨之戒庶法紀修明所全國體亦不小矣

潘相江西稅監也

上既撤寀命相兼攝閩中稅務 四十三年六月二十八日奉

聖旨所奏內官高寀不諳事體以致人心不安激變地方撫按官差的當官員伴送來京定奪其原管稅課并兼攝廣東稅務俱着歸併江西潘相不妨原務兼攝督理待三殿工有次第即奏請停止其地方不安撫按官出示曉諭撫綏該部院知道七月十七日邸報到閩 然稅進表牋俱屬有司類解藩司轉解相僅使命時一還往不能大爲害

國初又有提督市舶內官蒞閩卓洪范士明俱宣德間遣梁著楊某俱正統間遣韋查董讓俱弘治間遣然市舶之設是主貢夷及夷商來市者與今漳稅不同第以均屬稅璫故附列之

論曰以內庭貔虎子之人而舌簸憲准手握利

權則夫竊帝之威而厲蒼黔倖人之國以結夷虜彼寧復有榮名之顧禍敗之虞哉咀撓足以制郡縣而橫決且至凌節鉞山頹海沸霜履冰堅自其常勢耳此古人所以嘆鹿馬之易形而問豺狼之當道也

東西洋考卷之九

舟師考

海門以出洞沫粘天奔濤接漢無多崖埃可
村落可誌驛程可計也長年三老鼓枻揚帆藉
流攢波獨恃指南針為導引或單用或指兩間
憑其所嚮盪舟以行如欲度道里遠近多少准
一晝夜風利所至為十更約行幾更可到某處
又沉繩水底打量某處水深淺幾托如兩手分
開者為一托此暗中摸索可周知某洋島所在與

某處礁險宜防或風濤所遭容多易位至風淨
濤落駕轉猶豫循習既久如走平原蓋目中有
成算也舟大者廣可三丈五六尺長十餘丈小
者廣二丈長約七八丈亏矢刀楯戰具都備俬
遇賊至人自為衞依然長城未易卒拔為造舶
費可千餘金每還往歲一修輯亦不下五六百
金或調水軍戰艦其堅緻不及賈客船不知賈
舶之取數多若兵艦所需縣官金錢僅當三之
一耳毋舶舳主為政諸商人附之如蟻封衞長

合併徒衆亞此則財副一人爱司掌記又總管
一人統理舟中事代舶主傳呼其司戰者為
重庫上檣拖者為阿班司椗者有頭椗二椗司
繚者有大繚二繚司舵者為舵工亦二人更代
其司針者名火長波路壯潤悉聽指揮書雲有
常占風有候此破浪輕萬里之勢而問途無七
聖之迷者乎

海澄港口

內港水程

舊名月港隆慶六年奏設縣治此間
商人發舶必用數小舟曳之舶

乃得行計一
朝至圭嶼　圭嶼屹立海中爲漳之鎮邑人衡
史周起元力請當道建塔其
上弁構天妃宮文昌祠大士閣監司邵
奉佐工諸商亦其襄盛舉泝門洄渦
近又以海寇竊發舊城弁設遊兵以
困中左所從前賈舶盤驗舟於此
駐門會家海侯風開駕二名
擔東西洋出擔門分路矣

西洋針路

鎮海衞太武山打水二十托米圖經稱未有生
有壇址大擔門用
大小柑橘嶼銅山

〔上半葉　右〕

灣坪山

南澳是漳潮接連處萬歷四年設副總兵鎮此築城周圍五百丈其外遠望只一帶岏者與灣相連內有湾玄鐘副總兵移鎮於赤石界過東畔打水五托船從灣內過更二托水五托打水四托更十用坤申針取烏猪山中上具有都公廟舶過海中有神請其過此東美山托對開打水四托鞋山五十托水十四托更取七州洋七州山上有七州山神祀之如回取烏猪過彩船送之

東美山

烏猪山中上具有都公廟舶過海中有神請其過此打對開打水四托鞋山十五托水十四大星尖鞋山

南亭門

大星尖鞋山

七州山上有七州山神祀之凡往交阯崑崙等處經此山若遇風則舟人呼籲神求庇更十五托取銅鼓外過二托取一百里海中有玉苫長沙一名萬里石塘俗云七州洋里石塘廣寬百里其間出青鹽山在瓊州萬州東又雲有萬里石塘萬里長沙千里石塘百里石塘俱在海中以為界琉球之西南昔有番舶觸此遭風沒溺者聞其下多珊瑚樹故舟人怖之又雲望之峰尖如插螺髻插天芒角崢嶸高出雲霄半在半見此山從雲中見海船過此極險稍犯之便成齏粉東俞廷為立圖經云正南巨浸也七州洋在其中南汜黎母諸山隱隱見云嶼上人言南風晴明天氣清朗早晚望見山上人家指掌可數珠翠如碧峰插天芒諸山隱隱峰尖巉巖如插螺髻插天芒角崢嶸

東西洋考卷之九　三

〔上半葉　左〕

女酉為東洋針路考起七州洋志內有甘文昌南亭門

凡往交阯崑崙等山若犯此則多海難過此用單申針三更取五十托水更用坤未針取烏猪五十托打水三更用坤未針取七州洋用坤未針五更取銅鼓山百里石塘東俞廷立圖經云萬里石塘也○七州在瓊東南大星尖打對開打水十四托更用坤未針取五十托打水三托大星尖鞋山五托打水十四托更取七州洋

南亭門打對開打水十五托鞋山十五托打水十四托更取大星五星尖打水五十七托鞋山打水十四托更取七州洋

大星尖五星尖鞋山東是廣州

七州山打水七托中有七州山神祀之

〔下半葉　右〕

南匯軍民萬戶府統志曰東至占城西至老西至古城莊西至思明府老西至古城莊西至思明府

交阯東京一統志曰東至占城北至日

又從七州洋用坤未針五更取銅鼓山三更取獨珠山此昔日交阯之界獨珠山州俗名曰獨山獨山之北是廣東欽州山其山周圍百里彎環抱一港口名曰瓊海門又有海門山瓊志曰交阯洋圖志曰銅鼓山日

又從七州洋用未申針取崑崙山又取玳瑁洲是廣南諸番往交阯占城朝貢之道崩城澳南海郡偏東也又交阯占城朝貢由交阯取羊港人遭此別離頻番人雲潮音未嘗聞有靈慮交阯郡遙離別天時交阯奉人應別天

洋唐沈氏氣分寒北千崇必少廟詩曾聞十伯更交阯取往名五一木銅鼓山六十里南洋崑崙山五○舶在萬州番人掘得相攻名獨猪山州山瓊志曰獨猪山將于飛鳳催艤北辰渡海用坤未針取銅鼓為獨珠山此昔海險用坤取玳瑁洲在占城國有人渡海用坤未針諸番掉打崙山州山瓊志占筆羅山是廣南港口廣南

獨珠山州俗名曰獨豬山瓊志曰獨豬山交阯東京一統志曰東至占城北至日

廣南為驩州國朝為廣南州交阯洋

〔下半葉　左〕

安附安縣

又從交阯洋瀛海未申針三更取小長沙港其內為海順化港國朝為順化府○清化府為漢九真郡

又從交阯洋口小長沙港其內長沙港古老石船傍西行看成高門打水三

西京國朝為清化府為東高門又從交阯洋更用坤未針取清華港入清華港九眞郡

提夷馬陵橋遠有焦出水內外俱可過松

杯興郡新州港國朝新安府

又是更用坤未針取羅山十一对羅山近看馬陵橋其內為批水

新州港國朝新安府

提夷馬陵橋遠有焦出水二十五托用丙午針四更至安

東西洋考卷之九　五

占城國羅灣頭，打水五十托，用坤申針五更，取赤坎山近打鶴頂山，水二十托，防任若山往柯枝。

任山東打，自赤坎由交人十八托用單申針分沿山而行，凶礁在西洲尾，淺沙宜認潮水毛晩托落用。

毛蟹州，若船及嶼恐犯天䃆崎明要潮將至也。

占城國，西王常避人，從昆崙山近打鶴頂山，水二十托，用坤庚取毛蟹州，甲庚四更取鶴頂山，更取鶴頂山。

針有看風两邊開船身及鶴頂二更取鶴頂山。

人針到甘是破蘇㕵故占人自又名甘眞臨爲東埔寨，郎名古占眞臘臨爲東埔寨人，自呼甘眞臨智曰一統志曰。

連加際唏北抵蒲甘占城南又訛臨爲東埔寨。

退午港俱是甘西接蒲船占南。

東訛港爲甘西接。

東西洋考卷之九

新州交杯嶼，雨具相對如交杯，狀故名西丙打丙午三更，取牟眞牟嶼。

嶼南有小石角礁好拋内打水十托，丙午八九針三更取牟眞。

煙筒山名雖交嶼，而變極可，拋此午貌針五更針，午貌針五更。

靈山彩霽有勝覽赤頂日星方搓往來人敗下。

伽俻皃山龍不見山山有遠三。

○古名林邑唐名，東北至廣東海一統志曰。

占城國東一統志曰。

經燃彿放伽似取此托南羅用單坤至崖州可十日程南。

二十托取南羅用坤至崖州可十日程南。

抵雲月占國月占國後，可半王占城後。

環似王占城始名。

東西洋考卷之九

大橫山，出水拋到此爲假嶼，正是邊遶過嶼南路也其邊過嶼北，西北一派是右排山低其。

橫邊山及小小横山，遠望開堂打，西西北打高大東。

筆架山，似筆架十架外。

眞嶼，嶼外成淺水打水十五托。

山横山及黎頭山。

頭嶼山及黎頭山。

八拋礁便用庚戌取小昆崙山。

八東酉人山一盤廣存遠俗云。

方失莫取用庚戌取。

中山一盤廣東勝覽曰。

又從赤坎山單赤山五更取昆崙山崑崙山丁怕七州。

崑崙山此非沁源之崑崙然。

小崑崙山用單庚及礁迷高而。

又從赤坎山取崑崙山。

東西洋考卷之九　六

圭頭淺，打水四十托用單乾三更取竹嶼，乾亥沿山及庚酉。

暹羅地乃古赤土及炎羅利。

暹羅貢道由此及暹羅属國。

又從昆崙山三十更申取眞嶼用辛酉六坤六坤也其地。

吉蘭丹港口大泥也我朝泥也入暹羅属國也其地。

又從昆崙山二十八更取眞嶼用辛酉六坤。

又從昆崙山相連大泥。

亨國一名彭坑單山，用坤未針三更取斗嶼更取彭亨國彭。

五更取地盤山。

東西洋考卷之九

七

地盤山
在彭亨港外外抛水二十八托東西竺一名東西竺更取羅漢嶼卽桑佛此桑佛地界也丁樵烏

羅漢嶼
從北邊有淺宜防往來用丁未針十托乾亥針三更取崑宋嶼

柔佛國
一名林加通

龍牙門
星槎勝覽曰龍牙門山門相對如龍牙狀中有淡馬錫今人打水夜船行以火照之如龍門比二十

箭嶼
取箭嶼五托取五嶼假五嶼打水三十托取五嶼用乾亥針三更取崑宋

崑宋嶼
用乾亥針五更開此先時酉開五更

麻六甲
卽蒲剌加國也音訛耳在古為五嶼人

吉里問山
水打

哥羅富沙地

又從東西竺
用丙午針十更取長腰嶼與鱷魚嶼若往丁機宜用坤申針出門用單酉針過鐵釘嶼西是坤身畫港入鱷魚嶼南流而夜流再進由第二更國

長腰嶼
北邊正路打水二十六托獨石門針

丁機宜
屬國辰巽宜用丁午針十更可到

龍雅大山
過用單午三佛齊人稱其國王

又從長腰嶼
取龍雅大山收入所破以名其址故爲詹卑居于此國既因哇以

饅頭嶼
針三更取彭家山坤用

七嶼
到此又用丁未七更取彭家山彭家山坤用

東西洋考卷之九

八

又從彭家山
更取辰巽針進峽門十托用丁午針三更打水八托又橫港用丁午針五更都麻橫港

進峽門
用丙巳巡坤門十托見

三麥嶼
單過嶼一山名邪未眞好食人不眞假丁午針五更都麻橫港

覽邦
嶼打水十四托又麻橫港口用單丁午針五更覽邪

錫蘭山港口
中望一山名覽邦山遠望高山爲石星槎勝覽曰錫蘭山港口時常發日紅寶

石海
旁有珠簾沙常取螺蚌傾入池中作爛淘珠貨有海邊有一盤石上卽足跡長三尺許常許此足跡國初時有巨釋迦從翠藍嶼來貢其後復五托貢使今下港社婆至元始稱婆至今下港亦名咖喇吧

翠藍嶼
身有水不乾稱迦上印藍嶼來貢之其後貢使卽婆羅南海中者今下港

至下港
以針六更下港恭鄭中貴王三寶間至閣婆俞釋之其

又從浦剌加國五嶼
順塔再進入鎮海耳咖喇吧亦名

花嶼
托用單戌針過淺舨宜雞籠骨嶼對開三十五托戌幷辛戌四更取單嶼也用

骨嶼
遠對開過打水六托戌幷辛戌四更取單嶼所輕與

雞籠嶼 / 雙嶼 / 單嶼
雙嶼對開打水十六托打水

東西洋考卷之九

九

馬鞍嶼　取搭林嶼巽巳五更

又從玳瑁洲　用單丁五更失力大山用丁未取東西董三更

東西董　從西董過船似石礁狀

失力大山　近山遠似坤未用坤申馬鞍未巽針

塔林嶼　在尖西有山五更用老古辰巽石巽針正東

亞路　坤身打水三托用乾戌

巴祿頭　其旁覽曰勝覽採山人香

惡水灣　黑花紬敘交老遠也

亞齊國　先名大食今一名蘇其

吉寧馬哪山　山上有池貯水不竭池上石壁有古篆刻其文字不可識

勿里洞山　西去長腰嶼六里洞山吉里問

問大山　身防巽巳防坤身

岬山　奧此山俗呼先見嶼

又從保老山　用乙辰針近吉港五更取吉力石港

吉港饒洞　郎郎蘇饒洞國名相近此而吉港饒洞也

吉力石港　郎社侭生

雙銀塔　未用單丁

磨里山　尚從崖崖取雙銀塔乙三更

保老

吉里

東西洋考卷之九

十

馬閣　防用乙水分路近嶼有淺可用乙巳五更單巽五更

又從吉寧馬礁　往文郎馬閣郎郎馬閣是五更正路用丙巳取吧哩

池悶　諸國最遠處也是郎吉里地問

大小雲螺　大雲螺小雲螺此不宜近收去進泊有真假門二里馬山

火山　內洞中有泊處悶出火眞山

郎木山　古茂也用辰巽嶺前有老嶼重迦羅

重迦羅　羅人界相接高山

蘇律山　郎是美羅港郎是

東洋針路

文郎馬神國　文狼

太武山　更取彭湖嶼七

三寶港　用乙卯針二更取龜嶼

密三寶港　嶼用乙卯針六托是正路有淺宜防打水五七

倭于此猫着萬里石塘嶼淺用單戌及世力山打水五托防多盜賊人

三更大山辰巽取單戌及沙美亞東港口好遶殺人

前有大山郎文郎馬神國文狼

東洋針路

太武山　更取彭湖嶼五

虎頭山　甲卯嶼進入紅豆嶼大港浮大

彭湖嶼　是澎湖間一要害有遊兵防沙馬頭

筆架山　五更自土山馬用辛

哪哦山　酉針十更取容雁

港　更取哪哦山

灣　用辛酉

又從寄雁港懷頭門用丙午單
巴針五更取六藐山與用單
午郎梅嶼單午四更取
麻里荖嶼
更取蘇安山
及玳瑁港

寄雁港南是淡水港水下一灣有小港是米呂
夢下一老古灣是磨力目再過山頭爲
塘崕

玳瑁中邦丙午是傍佳施欄用壬子針
之壁故各用丙午及單
午五更

里銀中邦用丙午及乙卯五更取表山
之東是初貢頭巾礁出福建入
午針十更取沙塘淺閘是貓里務

呂宋國辰針十五更取
頭巾礁收呂宋國

東西洋考卷之九　十一

又從呂宋磨荖央山入
移國即與呂宋貢使偕來

務國即合猫里國也求樂

又從呂宋磨大山隱以窑港

以窑港擺翰至高藥港取窑港
毛十更西邊取

又從窑港取交溢一名一班溢
嗶嘩其內爲沙瑤

漢澤山用單巳針五更取荖

又從漢澤山取交溢
根礁老港用乙辰針十更入千子智港于

交溢稱下爲逐奇馬礁
見紹山針七更

紹山是米洛居地介佛郎機駐此

東西洋考卷之九　十一

又從呂宋蓬荖葉洋山五更取磨葉洋山
葉洋未取小煙山其上有仙人掌用

七峰山用單丁未荖圓取羅蔔山

小煙山丁未五更七
巴荖圓取

聖山自聖山東去突出二大
聖山尖爾傍皆荖古石中只

蔔山更取聖山

葛蕌山用丁未針十

芒煙山用丁未針五更取

又從交溢用丁未針十

子智港對面是盆羅里稍上是紹

又從交溢取對犀角用單坤
犀角嶼外有三四白礁南
入蘇祿國對東王西王峒王其後
祿國只東王來貢不絕疑是爲東
主則矣商前弃矣峒王地

東西洋考卷之九　十二

一海舟行基險用單未及崑崙山
坤未針五更取崑崙山
名之用未針單未坤
針取腰嶼與過嶼門此盆
收毛花飄即盆羅
文萊港口

塘文萊港用辰
以凌羅
終馬

東番人橋爲小東洋從彭湖一日夜至魍港又
交里林以達用辰巽針十五更取
雜籠淡水

祭祀

協天大帝者漢前將軍漢壽亭侯關壯繆也萬
曆四十三年上尊號

打狗仔又

東西洋考卷之九　十二

東西洋考卷之九

天妃世居莆之湄洲嶼五代閩王時都巡檢林
愿之第六女也母王氏妃生於宋元祐八年云一太平興國四年
國四年三月二十三日始生而地變紫有祥光
異香幼時通悟秘法預談休咎無不奇中鄉氏
以疾告輒愈長能坐席亂流而濟人呼神女或
曰龍女雍熙四年二月十九日昇化一云景德三年十月
初十
蓋是時妃年三十餘矣厥後常衣朱衣飛
翻海上里人祠之用賜禱應宣和癸卯給事中
路允迪使高麗中流震風八舟俱溺獨路所乘

神降于檣竟無恙使還奏聞特賜廟號曰順濟
紹興己卯江口海寇猖獗神駕風一掃而遯其
年疫大作掘坎湧泉飲者輒蘇洊封昭應崇福
云乾道巳丑都巡檢使羞特立以如默佑捕及
有功疏聞于朝加封善利淳熙間加封靈惠慶
元戊午調舟師平太奚寇神在空中以霧障之
賊為晝昏而我師睛明如故以此賊無脱者開
禧丙寅蕩迫淮甸忽半漢旌旆雲集望之則妃
廟貌也賊披靡解圍景定辛酉巨寇泊祠下禱

十三　金

東西洋考卷之九

神不九羣肆暴慢醉肝廓疽間神縱火焚之各
自瞷而墊有司以聞累封顯號順濟英烈協
正善慶等號元以海漕有功賜額靈濟國朝末
樂聞內官鄭和有西洋之役各上靈蹟命修祠
宇巳丑加封弘仁會濟護國庇民明著天妃自
是遣官致祭歲以為常冊使奉命島外亦明禋
惟謹

神凡舶中來往俱晝夜香火不絕特命一人為
神不知創自何年然舶人皆祀之〇以上三
司香不他事事舶主每曉起率衆頂禮每舶中
有驚險則神必現靈以警衆火光一點飛出舶
上衆悉叩頭至火光更飛入幕乃止是日善防
之然畢竟有一事為驗或舟将不免則火光必
颭去不肯歸
都公者相傳為華人從鄭中貴抵海外歸卒于
南亭門後為水神廟食其地舟過南亭必遙請
其神祀之舟中至船歸遂送之去
靈山石佛頭舟過者必放綵船和歌以祈神呪

十四

占驗似可解似不可解似似有韻似又無韻

偽波濤之聲氣非委巷而徵歌也

朝看東南黑勢惡午前雨暮看西北黑半夜看

風雨　右占天

天外飛遊絲久晴便可期清朝起海雲雨霎

時辰

風靜鬱蒸熱雷雲必振烈東風雲過西雨下不

移時

東南郊浚雲雨下巳時辰雲起南山遍風雨辰

時見

東西洋考卷之九　　十五

日出郊遇雲無雨必天陰雲隨風雨疾風雨片

時息

迎雲對風行風雨轉時辰日沒黑雲接風雨不

可說

雲布滿山低連宵雨亂飛雲從龍門起颶風連

急雨

西北黑雲生雷雨必聲旬雲勢若魚鱗來朝風

不輕

雲鉤午後排風色巳屬人猜及雲鉤內出秋風鉤

背來

亂雲天半遶風雨來多少風送雨傾盆雲過都

曉了

紅雲日出生非霽莫出行紅雲日沒起晴明未

堪許　右占雲

風雨潮相攻國風難將避初三須有颶初四還

可懼　望日二十三颶風君可畏七八必有風訊

頭有風至春雲百二旬有風君須記

二月風雨多出門還可記初八及十三廿九二

十四

三月十八兩四月十八至風雨帶來潮傍船人

難避

端午訊頭風二九君還記西北風大狂回南必

亂地

六月十一二彭祖連天忌

七月上旬來爭秋莫船開八月半旬時隨潮不

可移　右占風

烏雲接日雨即傾滴雲下日光晴朗無妨

東西洋考卷之九　　十六

353

早間日珥狂風卽起申後日珥明日有雨一珥

畫日雨珥雙起

午前日暈風起此方午後日暈風勢須防暈閉
門處風色不狂

朝日烘天晴風必揚朝日暈燭地細雨必至

早白暮赤飛沙走石日没暗紅無雨必風

虹下雨霄晴明可期斷虹晚見不明天變

返照黃光明日風狂午後雲過夜雨霧霑日　右占

斷風早掛有風不怕曉霧卽收晴天可求

東西洋考卷之九　十七

霧收不起細雨不止三日霧蒙必起狂風　右占

電光西南明日炎炎電光西北雨下連宿

辰闕電飛大颶可期遠來無處遲則有危

電光亂明無風雨晴閃爍星光下風狂電　右占

礱砧放洋大颶難禁若近沙岸仔細思尋

海之沙塵大颶雨必起二日不來三日難抵　右占

烏鱗弄波風雨起二日不來三日難抵

東風可守回來新昌做白蝦弄波風起便和海　右占

月上潮長月没潮淚大汛潮尤小汛月上

水漲東北南東旋復西南水回便走水落

攀定且守船走難總鈕定必囟直至沙岸

走花落矴神鬼驚鈇鈇要知矴地大洪泥硬潮　右占

水醒水忌

每月初一卅日初二三四五六水醒至初七平

交十五水又醒至十六七八十九二十日

水俱醒廿一日水平如前水醒流勢甚緊凡船

到七州洋及外羅洋值此數日掛酌船身不可

偏東宜扯過西自初八九十一二三四水退流

東西洋考卷之九　十六

東廿三四五六七八水俱退東船到七州洋及

外羅値此數日掛酌船身不可偏西西則無水

宜扯過東凡行船可探西水色青有拜浪魚

貪則水色黑色青有大㤂木深流及鴨鳥鱉

見如白鳥尾帶箭此係正針足近外羅對開貪

東七更船便是萬里石塘內有一紅石山不高

如着見船身低下若見石頭可防可防水痕忌

日忌行船裝載大月初一初七十一十七廿二

卅日忌小月初三初七十二廿六日忌

逐月定日惡風

正月初十廿一日乃大將軍降日逢大殺午後
有風無風則雨
二月初三廿七廿七日午時有風雨
三月初九廿二廿四日有大風雨
四月初八十九廿三日午時有大風雨
五月十一廿九日申酉時有大風雨
六月十九廿七日卯辰時有大風雨
七月初七初九十五廿七日巳時有大風

東西洋考卷之九　十九

八月初三初八十七廿七日有大風
九月十一二十五廿七十九日有惡風雨
十月十五十八廿九廿七日府君朝上帝卯時
有大風雨
十一月初一三十九日有大風雨
十二月初二初三初五初六十二廿八日有大
狂風

潮汐

古今論潮備矣長為潮退為汐匪朝至夕至之

論也請或以為海鰌出入或神龍變化或曰出于海
或天河激湧皆居中土不習見潮者之論夫天
地間一氣耳海潮者地之喘息耳記云卯酉之
月氣以交而盛朝望之日氣以變而盛朝潮獨
大此以餘月論也周翠渠云海居地上地
有俯仰潮有往來氣升于北則北盈而南虛
地必南俯故潮皆南趨氣升于南則南盈而北
虛地必北俯故潮皆北趨此以地乘氣潮因地
論也唯俯仰俯仰之形與喘息之義畧有異矣月臨

東西洋考卷之九　二十

於午為長之極歷未及申酉則極消月臨於子
為長之極歷丑及寅卯則極消此以大陰之天
盤論也若每日之子午亦有潮退每日之卯酉
亦有潮至于八時皆然晝刻不見太陰安得
復論天盤平余安道云海之
專故潮因之東海南海其候各有遠近之殊尤
非方之不同而氣有獨盛亶若晝潮大於春夏
夜潮大於秋冬潮之極漲常在春秋之中濤之
極大常在朝望之後則天地之常數通四海皆

然者漳人之候潮也夜則以月晝則以時於指
掌中從日起時順數三位長半蒲退半盡以六
字操之無毫髮爽海上漁者於海嶼則知風海
動則知雨潮退則出潮長則歸其方言云知海
十五潮滿正午又云月上水齱流月斜水半月落水
日暮潮平又云月上水齱流月斜水半月落水
汐晝潮則呼日南流上汐則呼日北流落至駕
舟洋海雖憑風力亦視潮信以定鄉往或晦夜
無月惟瞻北斗為度至海外之潮巳平而內溪

東西洋考卷之九　廿一

猶長則氣盛而未艮俗所云港尾水又云廻流
水是也海口以潮平為度其穿達支窺仍以百
里而緩三刻不可以此而分遲遠為　見漳州志
論已造車室中出而合轍善舟者亦然夫輈
翼不分螽測多仓直狎夷酋為鷗鳥而谷王波
臣皆周周所可衡翼而濟也嗟乎堂蔡冠山云
無殊於戴粒問蜩方角亦何有於觸蠻所可圖
者真正於海波而爭秒之心為險耳

東西洋考卷之十

藝文考

交阯

唐　降楊於陵賀安南破環王國制　白居易
省所賀安南破環王國者變夷犯疆方鎮致討
克徒襲敗荒徼清平卿素蘊忠誠又連封壤疾
既同於山藪勢益壯於輔車想聞捷書當倍愒
懷載省所賀深見乃懷　占城元和三年犯安南
擊廷之故　楊於陵為節度使遠兵
有此制

東西洋考卷之十　一

宋降交州制

率土來王方推以恩信舉宗泰國宜洽於封崇
眷拱極之外臣舉親之茂典爾部領世為右
族充保遐方鳳慕華風不忘內附屬九州混一
五嶺廓清靡限滇海以旌義訓介爾壽脤茲寵章
列藩特被鴻私以旌義訓介爾壽脤茲寵章
可授開府儀同三司檢校太師封交阯郡王　宋史
日丁部領為交州帥疑大勝王著其子璉節度
使九三年遣使璉附制以璉檢
校太師靜海軍節度使安南都護八年遣
使貢犀象香藥朝議崇寵部領故降制

宋賜黎桓詔

丁氏傳襲三世保據一方卿既受其伺睥為之
心瞀克狗邦人之請無負丁氏之心朕且欲令
璿為統帥之名卿居副貳之任制裁制置悉繫
於卿侯丁璿既冠有所成立卿之輔翼令德彌
光崇獎大忠勳熙朕亦何客若丁璿將林無取童心
如故然其奕世紹襲載綿星紀一旦拾去節鉞
隆同士伍理既非便居亦靡安詔到卿宜遣丁
璿母子盡室來歸侯其入朝便當撰日降制授

東西洋考卷之十　二

卿節旄兀茲兩途卿宜審處丁璿到京必加優
禮今遣供奉官張宗權齎認諭旨當悉朕懷宋史
曰太平興國八年黎桓自稱權交州三使留後
遣使貢方物弁以丁璿表來上帝賜桓詔桓已

不專據其上
不聽命

宋受黎桓制

王者慈建皇極寵綏列藩設邸京師所以盛會
同之禮胙土方面所以表節制之雄劔茲玷焉
之隅死修設羽之貢式當易帥爰利建侯不忘
請命之恭用舉醻勞之典權知交州三使留後

黎桓兼賚義男特禀忠純能得邦人之心彌謹
藩臣之禮往者丁璿方在童幼眛於撫綏桓乃
肺腑之親專掌軍旅之事號令自出威愛施行
璿盡解三使之權以狗衆人之欲遠輸誠款求
領節旄士燮明化越俗而咸乂尉佗恭順禀
漢詔以無遍宜正元戎之稱以列遠侯之貴控
撫夷落對揚天休可檢校太保使持節都督交
州諸軍事安南都護充靜海軍節度交州觀察
處置等使封京兆郡侯食邑三千戶宋史曰雍熙二年遷

東西洋考卷之十　三

宋報交州詔

牙校張紹馮貢方物繼上表求正領節鎮三年
秋又貢是歲十月降制授桓使持節都督交州
仍賜號邑推誠
順化功臣

卿撫有南交世受王爵而乃背德釺命竊暴邊
城棄祖考忠順之圖煩朝廷討伐之舉師行深
人勢感始歸迹其罪尤在所純削今遣使修貢
上章致恭詳觀詞情灼見悔艾撫綏萬國不
異邇遐退但以邑欲之民遷却炎陬久失鄉并侯
盡施送還省界卽以廣源等賜交州郎位封李曰

尊南平王。熙寧元年，加開府儀同三司。二年，表
言占城阻貢，帥兵討之，虜其王，以其使
康寶象，又改神武。五年，日神龔，命廣西轉運使
歸其三州官吏千人以上，刺之。才送官客以乾順約，
元男子年十五以上刺額曰天子兵，二百二十一日
户牖中設燈燭，目行一二十里則止而偽更，
鼓以報，凡數月乃至。
蓋示海道之遠也。

東西洋考卷之十　　四

御製諭安南國王詔

前者朕令安南來見，期以三年遣使一朝所貢，
表意而已。若事大之心求堅，何在物之盛。今使
者黎公等至，仍前遠貢豊物，何不遵朕至意盡。
彼中奈亂犯綱，更王易位，有所疑猜乎。然君臣
之分本定。昔王荒昏於上，致令如斯，登非天假
手歟。族又聞方今之王，亦族中人為之。或者可
吁。中國聖人有云，神器也，不可為也。為之者敗之，執者
失之。今天下神器而為之，必畏天地而謹事神，
伍及黔黎庶鷹，王爵儻懷天地而虐燕民，又非
久長之道。且安南限出隔海遠君，最爾天造地

誕命王於彼者，以主生民。中國有道之君必
不代尚強。無知者必征。今朕統天下，惟願民安
而已，無強凌弱，衆暴寡之為。安南新王自當高
枕無慮加兵也。○御製諭安南使臣阮士諤
國，愍爾陳氏叔明命，爾歸復達爾邦奧，朝久馳山川
供物廣然，則物度之上不足備內，
何貢王三年一至，我之至意，數來無誠，物廣寡

東西洋考卷之十　　五

萬里神交際……王居遐荒，山川阻隔，險封疆之
際遙迢，中國之邊。若欲互生情愛，福及黎民大，
則一送往迎來，母必自侮。若泛無施以小詐，則大
不體，則人行禮非物，必而自侮者，又非事而今王。
特真如我阮士諤貢來朝久，叔明言忠中多，
已諭安南知貢物人，王知故國王弒御史御勅相尚，
誠人情乃書速遣人，仁至以數侮，許者人意歸。
爾國必自侮，然後人仁至以境內。○御製諭安南
人南國王自侮族知，卻人吁輕輕故。○御製諭安南
親往安南歸款，朕恐於待彼王禮，尊專命內。
我內臣既達爾邦土境，士諤用星奔日馳，兼程
久長阮士諤來貢，朕何至爾邦，土諤知所在，故出門入户至

之禮排延席宴之間興端非一此果禮之誠歟挿
悔之設歟安地中國雖稱藩僻居退荒實是容
邇雖自日統地在我國有道之君雖山阻川隔
制甸在我國有官令爾等來爾必欲分高忱今
安南雖非有官及其
至不令見斯似非爾歸失務叛明來朕務叛勿
我干故茲勅諭
惶懼無已爾勿我干故茲勅諭

御製諭安南陳叔明詔

朕聞春秋諸侯之國皆自喪其福然後相繼而
滅亡者云何益逆君命而禍黔黎故天鑒不可
逃也假使當時諸侯惟天王之命是從登不同

東西洋考卷之十　六　振

周之固何期捨長富貴而貪高位致富貴若草
秒之朝露賢不云乎毋為禍首毋為福先爾叔
明自臨事以來國中多事民數流離此果爾兄
弟慕福而若是耶抑民有愆而致是耶易不云
乎積善之家必有餘慶積不善之家必有餘殃
天地之廣民民者眾若卯有道固封疆勿外求
則世為永福若越境殄民禍命未可保也爾安
南與占城忿爭將十年矣是非彼此朕所不知
其冤未伸而釁未解將如之何爾叔明如聽朕

命息兵養民以逐天鑒後必無窮之禍若否朕
命又恐如春秋之國自取滅亡也昔人有云以
道佐人主者不以兵強一下何也殺伐之事好
還故知者不為爾其圖之鑒春秋之失毋蹈往
轍登不美乎○論占城安南二國詔○朕居中
海內諸國皆來朝貢方物古城安南上言安南
田兵連年侵境朕乃人道上順天道故爲爾封
疆睦鄰境各安其民世敦善鄰之道哉朕兩國
久長安民乃人身其無兩國之道以樂安南
損害及生民不可測者此當行今遣諭爾兩國
怨其患將有不可測者當行今遣諭爾兩國
天下主治亂所理行

東西洋考卷之十　七

彼此果有所爭當罷兵以租睦鄰境爲念畏
天保民安疆土以永傳于孫登不美歟敬茲
詔前者想宜知悉○阮廷檜歸省論安南國王粉
因於占城之役○阮廷檜行中阮臣歸國之
至於顋前王終古选至朕親見疾疾若淨人毅以內臣歸
爾今六年矣朕特介親并養族此果爾自今已後再
臧今王至無舉朕脩修睦睦之道以自今已後
無窮故茲勅諭

御製諭安南陪臣謝師言等歸勑

盛暑時來涉山川之遠晨進昏止吞煙脈霧勞
已至矣然是脩職貢而以小事大之行爾承國
王之令事畢而歸盛暑未終涼水汗漫非冊不

濟舟則舟矣爾當中庸其心凝然其神則天假
颸風渡衡陽之浦不期而濟之必矣不然巨魚
尾浪鼇背風生蛟蜃氣而雲橫八極非誠心
無二者豈不危然是時檣傾而舵權欲良工以
完之奚速成也哉茲朕以天道人事表裏而論一
如朕命吉哉故茲勅諭公文○御製命中書回安南辨在西南
本非華夏風俗異未免有之苟全以安則夷
夷難同比終是文章之國可以禮導若不明定則
儀式使知遵守難便責人中國外夷若互有道
彼此歡心民之幸也何在繁文之後與安南往
來中書行移詔書無故不輒往使彼得自由
豈不有便外夷者歟中書昭示安南知會三

東西洋考卷之十

八

正

牛來貢陪臣許行人許五人而止進見之物須
至微至輕必來使自捧而至免勞彼此之民物
誠而已
開設交阯衙門詔未樂五年三月初一日
朕祇奉皇圖佫遵成憲弘敷至治期四海之樂
康末保太和俾萬物之咸遂凤夜兢業弗敢怠
遑仰惟
皇考太祖高皇帝混一天下懷柔遠人安南陳
日煃慕義嚮風率先職貢希其勤悃須賜鴻恩
封安南王長有其土子孫世襲與國咸休賊臣

欸季犛子黎蒼久畜虎狼之心竟爲吞噬之舉
殺其國主戕其闔宗罩被陪臣盡罹慘酷
殺戮荼毒生民雜大佛窟怨襲狐疑狙狡
鼠黠狼貪詭異姓名爲胡一元子胡奁隱蔽其
實僑栖陳氏絕祠請詔襲封朕念國
人無所統屬蜀不逆其詐聽信所云俾成姦
謀輒遣跳梁之念全無忠憚靡應不爲自以聖
優三皇德高五帝欺天無倫無理倚國號

東西洋考卷之十

九

日大虞竊紀年爲紹聖非惟恣橫於偏方實欲
抗衡於中國伴奉正朔受頒曆而焚之招納通
逃聞追索而隱匿朝貢之禮不行兇暴之情盆
陵涵淹邪育孝有圖大之心鋒明谷蠰盆動侵
陵遠之七寨攘其女子以蒭髡鉗毆其人民以
蹈湯火歇占城之屏主伐其國以遭襲奪其土
疆奕其貢賦逼受僞印冠服令其從已背朝屢
被感俠數求告愍朕矜愚眛未終絕之特遣使
臣曉以禍福啟其自新之路開其向善之門諄

360

一切再三諭其改悟益見冥頑狠愎稔惡弗悛未
幾安南王孫奔竄來京訴陳其事黎賊一聞謬
來効款求釋誕阨之罪迎立陳氏之孫示彼至
公曾何茶帶卽遣送歸國賊乃伏兵要殺於途
弁殺朝使遂人賜占城禮物又殺使臣而奉
之昔苗民逆命爲有徂征之兵爲伯偓創湯有
徯蘇之旅夷妄干天憲興言及此盡然傷懷志
時獨茲叛夷變妄干五兵戕棄之日正萬國义安之
在厞民登恣窮武　　不得卫告于神祗聿興問

東西洋考卷之十　　　十

罪之師爰舉九伐之典用除殘暴以解倒懸乃
命征夷將軍成國公朱能筆率偏師帶甲八十
萬討之特勅將士臨陣來敵者殺無赦其求降
者悉宥師渡富良江賊率衆號七百萬來拒尚
遲怒蛙之勇以嬰霆擊之威其双繞交勢卽披
靡我師輒之如摧枯拉朽斬首百萬級盾擒東
都途平西都四郊無結草之固前徒有倒戈之
師黎賊孼黨卽時殄滅其投兵乞命者卽釋不
誅所至市不易肆人民安堵徧東陳氏子孫立

之其國官吏者老稱爲黎賊滅盡無可繼承陳
請安南本古交州爲中國郡縣淪污夷習于兹
有年今幸迎掃攘搶刈棘蕪薉頗復古州縣典
民吏新庶再觀華夏之淳風復見禮樂之盛治
府猶與情從其所請合行事宜條列于後　於
戲威武戴揚益亨心之所欲元惡旣殲寔有攸
之同情廣施一視之仁求樂太平之治布告中
外咸使聞知

為丁璿上宋太宗表　　黎　桓

東西洋考卷之十　　　十一

臣族本蠻曾辟處海裔修職貢於宰旅假節制
於方隅臣之父兄代承閫寄謐保封畧閗敢忽
邊燹爰暨淪亡將陰堂構義吏者老乃屬於臣俾
權軍旅之事用安夷落之衆土俗獷悍懇請愈
堅拒而弗從慮其生變臣卫攝節度行軍司馬
權領軍府事頒賜眞秩令備列藩干冐宸扆伏
增震越　宋史曰丁璉旣卒嗣立大將

太宗怒以黎桓遷讓别舉族禁銅之代總其衆左
蘭州團練使全興其人黎桓遣牙校江上洋
監門衛將軍崔亮爲陸路兵部署自興八作使張醮爲
寧州刺史劉澄軍器庫副使王僎爲
水路兵部署自廣州路人

蠻方物來貢仍爲丁酉上表上寮其欽緩王師
襄不報王師進討斬首二千餘級六年春欤破
于白藤江口轉運使候仁寶宰前軍先進全典
等頓兵候登仁寶累之不進及澄至幷軍由
水路至多羅村不遇賊復同花歩桓
許降以誘仁寶遂爲害諸將班師

平南獻俘露布　　　　　　　　　明張輔

徵負固海隅豺狼之孽孽蛇虺之遺圭毋肰賊國
姓名胡一元及子黎蒼更姓名胡奎者僻居炎
本根而絶忠寧存乎萌蘗安南逆賊黎季犛更
獻俘之禮渠魁盡獲海嶠蕭清蓋剗惡必鋤其
伏以天討有罪聿興弔伐之師武功告成爰舉

東西洋考卷之十　　　　　　十二　　吳

主潛移陳氏之宗洮荼毒生民數犯朝廷之邊
境攻圍詔使侵暴隣邢僭稱大虜竊紀年號酷
刑威衆人懷荼毒之憂横欲剝民家被掊剋之
害邺冤動地無辜籲天
聖恩嘗許其自新狂竪怙終而不改擠過迪天朝
之使賊殺故主之孫克其三苗舞法荅荅於原
宥罪浮及側漢兵必事於剪除臣等恭奉制書
總率師旅鷹鸇鶚先雲氣而度半南貔虎熊
羆挾風威而喻嶺嶺表屢破重關之險飛度長江

東西洋考卷之十　　　　　　　十三

狄突傳報賊衆引兵駕象以來侵憤激諸軍嗚
備欲致彼賊以就誅狂悖猶欲鴟張醜類仍懷
兒於扣中暫爾偷生須叟延命因駐我師而設
萬人乃督舟師進逼膠水逐鯨鯢於海口困虎
罪惡者動以千計土人效順願同追勦者何啻
噲江仙侶市廛安堵郡邑鄉風士民上書陳其
聚迅掃於艦灘困牧賊黨猶燼火之然撲滅於
窀蒿之夷東都立平西都亙下餘孽蕘如蟻蟄之
遂援邪之城殲夷羣醜乃乘破竹之勢分逐

東西洋考卷之十　　　　　　　十三

釰抵掌而往捕臣彬臣旭戒行既遠都督柳升
驚報候來賊復入於黄江船悉來於閜海遝僑
將朝射仁鑑等犯賊子關臣輔遂用弩弓躍馬
督陳麾兵調驃騎將軍吳旺劉塔出游擊將軍
林帖木兒神機將軍張勝丁能朱貴横海將軍
王玉都指揮黄義指揮李敬等領精兵而直前
惡擊登崖之勁賊都督僉事柳升黄中鷹揚將
軍江浩徐泰都指揮徐正等率舟師而力戰奮
勒游水之逆徒殲其羣克繁斃其首將滬水盡赤

長江屍壅而血腥殺氣騰空終日雲昏而霧慘
臣晟率都指揮柳宗等領馬步官軍水陸夾攻
大肆刃屠餘燼潰散臣彬臣旭聞報繼至於臣輔
率驃騎將軍朱榮等乘勝追襲由嚕江至於黃
江賊徒棄槊奔逃獲海艦及其戰艦亘抵閔海
聞賊首輕舟復竄海濱遂洗滌脅從綏懷降附
臣晟等率都指揮俞讓等亦由嚕江亘至龍王
海口復獲到戰守船隻釋其拘繫人民臣輔等以
賊巢既傾克徒盡散遂振旅於膠水復陳師於

東西洋考卷之十　　十四

交州誓殄賊以寧邊當奮身而勵衆議留臣旭
蕭卿黃江等處臣輔馬步官軍倍道兼
進勦窮海取追擒賊首臣輔仍調柳升等臣晟
調指李節等各領戰艦出水路窮追師過清華
府縣江賊衆猶暴螫尾而致壽欲送蟶臍以當
輪邀分調前除官軍勦殺戈船邀殺戈船夾峙
走才戟爭馳而蟄風披靡盛夷敗鰍士氣倍奮
舟師至典史門淫鵾淺睛衆水涸賊衆捐舟而
先遁我軍進棹而莫前⋯⋯雲作沛然雨下水

敢殺尺信川祇之效靈船過千艘登人力之能
不待渡河而冰合焚勞拜并以泉流有開必
先慶罪人之斯得惟動不應仰
聖德之格天師進演州府荼龍縣探知賊逃
于義安府狐疑猶豫方謀三窟以庇身雷勵風
飛不可一日而縱賊臣輔率都指揮陳欽等出
土田縣舉厥江東臣彬率都指揮俞讓等舉厥
江西各從陸路掩襲龕游龕震愶焚舟欲竄於新
平餘黨離披投杖來降於海口臣輔復調黃中

東西洋考卷之十　　十五

等躬率大軍馳驅至日南州柳升等舟師先於
奇羅海口敗殺賊徒拏其戰舸五月十一日其
所領承定等衞軍士王柴胡等生擒賊首黎季
犛黃中所領指揮陳欽等於海口擒獲賊男黎
澄十二日莫遂下頭目武如卿等於益州海畔生
擒賊首黎蒼及男黎柄臣晟尋跡追襲黎亦
至日南州據阮大等報初十日於奇羅海口擒
獲賊弟季貔弁姪黎源智等其胡杜范六才阮
彥光叚擊等賊之爪距亦既就擒目昭阮飛

東西洋考卷之十　　十五

東西洋考卷之十　十六

處歷代兵威所不能加執知

宗族偽官咸生擒於麾下自謂蠻煙瘴雨之僻

載不容神人共憤今父子兄弟皆綁縛於轅門

梁狃於故習雖加兵而致討終叛服而不常覆

古交州漢唐佳能羈縻熙朮元猶被侵侮偕姚

炎荒息妖氛於瘴海臣輔等稽諸載籍安南本

迫脅招撫流離秦宣恩命遂更生掃魑魅於

之上簞食來迎救民水火之中室家相慶竟有

卿阮潢杜瀟等賊之心瞀悉皆降附過師枕席

聖德神功之齊天六合全封而莫敢敵勘定之

速邁三年之充鬼方俘獲而還陋六月之伐獵

犹雪前代之遺恨解邪民之倒懸將士歡呼知

天心之助順蠻夷舞忭信人道之惡盈是皆聖

恩淵深明見萬里之外天威煊赫坐牧三捷之

功數百種雕題黥吝之民咸躋壽域幾千魚

臨監縈行之地畫入輿圖復隆古之封疆布中華

之體制逦前所平州府四十八處縣一百八十

六處戶三百一十二萬五千九百所獲象一百

東西洋考卷之十　十七

二十二馬四百二十牛三萬五千七百五十

八千八百六十五其所俘斬獲軍資器仗別

奏條上今將生擒賊首偽大虞國上皇黎季犛

等獻俘闕下臣等會無汗血之勞獲仰敵愾之

志皆遵成算得效微勤平安南夷克清大慈蔚

俘而告廟社仲答神靈盛酾以賜蠻夷用昭天

憲聿新萬年之治化末樂四海之清寧

　　附尚書黃福賀

再平交阯表○天地以生物為心四時順序聖

人以安民為德一視同仁千戈泰戢而海宇清

平禮樂修明而神人歡慶恭惟

皇帝陛下奧

天同運如日方中齊厥罩之文明重華協帝邁

周武之功烈廣大如天德廋所加邇咸服聲

為律而身為度車同軌而書同文夫何交阯之

欠荒敢炘中華之蒜致愛羣士實古頑尤在

漢唐僅能羈縻至宋元尤魚致潤魚而莫嗜

之派漫蟻聚蜂屯之盜孑遺童稚囊括而

塵滿鼠之餘蘗敻絕珍誅共拯救

象垂而論橫擢至彼乃肆跳梁之恣為不

每而戒諭紛拏造物之心憤激賜神人之怒

旅興歷算用人偷師天戈指靡蕩穴盡空

觀武功之載戢興圖舊物干戈永戢

行之勤錫武功之盛觀古之封疆布中華

愛興歷算用人偷師天戈指靡蕩穴盡空

臨監縈行之地畫入輿圖復隆古之盛德冠

古之功致雨賜始開太平

田川精彩盛之遺恨地臣領懦嘅幸遇聖明

化均萬里遠喻銅杜古之功致雨賜始開太平

百粤之新藩遠掌二司之重奇拜命惟謹懼德
弗堪易俗移風勉承流而宣化彰善癉惡罪輝
濁以揚清慕皇藝之良尚隆唐慶之治然退
敝之地雖與威報之心悉同此露而下拜敢效
室家相慶際風雲之會臨之清光于以謝生成之大德臣
率領以來朝天闕遙祈生成之大德臣
華封之三祝祈聖壽於萬年

征南碑

明　田汝成　廣東提學副使

皇帝承運文敷武謐宇內熙皞百靈薦祉元儲
應期將以誕告多方外諭四裔廼坐明堂朝群
辟按圖數貢至於安南曰兹邦不庭甘有餘稔
登其叛哉曷往誥之禮官肅將瀬行會有迪臣

控曰臣南喬黎氏之嫡亂也國有不令之雄曰
莫登庸者實篡黎宗遂臣草莽惟
陛下憐察
皇帝若曰信兹稱亂其往討之廼命兵部左侍
郎蔡公經安遠侯柳公珣經累邊務以需大舉
蔡公簡委賢豪恣謀畫策而左黎政翁君萬達
實擴其北廼圖川發間諜探要領時匆栗礪
矛鏑選偏裨練卒乘義問昭乎日星威稜抗乎
風霆交人聞之大懼笙庸此款奉表而稱曰臣

黎氏之陪隷也黎氏式微國亂無象臣以
皇靈削交章竊惟有靈宇黎氏天絕屬續之晨
■解佩印而屬之臣竊惟有靈宇黎氏天錫元寶衛姑守之晨
請命以聽命也臣恐駭逃匿國人周章索臣
天朝也臣不得已苟從夷俗護印五年而犬馬
之齒耋矣復以屬臣之子十有一年再嘗遣使
款關而關令嚴不敢容方物弊不敢移易也封
題皦然臣父子曰旦夕稽首北望曰天監在兹夫

黎氏不請而屬之臣臣又不請而屬之臣之子
廼罪廼罪復更何言第黎氏忽亡而國人謬擁
避跡無所謹以工地人民之數咸簿錄之惉獻
關下事聞
皇帝若曰咈哉我並其挾詐以緩我師其往覈之
廼命兵部尚書毛公伯温節制六省咸寧侯仇
公鸞統握諸軍糒曰聽以軍往遠卽征之毛公
蔡公協忠同心以作義勇乃勒兩粤勁士分爲
三軍副總兵張經將中軍翁萬達監之叅將李

榮將左軍副使鄭崇古監之都指揮白法將右
軍僉事李文鳳監之勒滇南勁士分爲三軍都
指揮胡紹將中軍副使鮑象賢監之都指揮方
策將左軍副使鄭驤監之都指揮王立將右軍
副使張綗監之幕府遂穆進止機宜則惟翁君
與爲于是八蠻五獠悔食之長吳鉤蜀之
狼蠢鼯鳥章之土伐牡介象左言之
巖巖縱縱脉列輞合箕張翼舒闌騈乎桂海交
人聞之愈盆大懼登庸之使疊跡轅門櫪祿哀

懇懇以降請轅門僉議以爲在古降儀或牽羊
以表順或舁櫬以請誅彷彿于斯乃見惻怛臖
庸頓首敬諾轅門迺答鎮南之關兔龍與抗黃
幄陳兵森庀登庸徒跣囚首白組繫頸楮穎稱
曰臣爹鎖遊魂也無異國家
陛下不發乘輖曳尺縲牽而剒之縣首蠻衖以
昭誠不諼是
陛下以不忍群黎之故而宥臣微臣幸糈群黎
黎以延殘喘臣聞命已來魂魄飄變懷懷荒懇

又不足以感格
皇乾重煩訊使誥責誠僞宛罪臣共順之
情殻練之狀繪圖不足爲獻剖心不能自明惟
陛下衰之臣率土編户也戮之惟命俘而放之
四荒惟命謹以天地之量覆育螻蟻宥之故穴
亦惟命若以天地之量覆育螻蟻宥之故穴
先朝所錫金印遣從子文明表獻臣眛死言不
勝隕越轅門僉議以爲其辭順其儀恭其衷無
爲遊卽征之天之命也服而舍之武之經也爲

之解組而遣之按兵不進以狀聞
皇帝君曰鳴呼皇天以子一人撫輯四海匪威
力是懲匪玉帛山河是愛惟荼生塗炭延慶黎
氏守職無狀衆叛親携至天絕莫氏宣力北
户按堵族亦嘉之其華王晉易國黐置都統司
以莫氏爲都統使世掌其土以共王命
詔至諸軍解嚴南土罷呼颷馳鼎沸矣是役也
君子以莫氏知命者四繫組以請宛也歸地以
黷罪也國印而獻之以完寶也不百方物以明

没世詩曰畏天之威于時保之其得不殆而且

世官世宜哉當兵事之初興世嘗以藩僚分守

左江悉厥顛末昔愍其勞而今欣其靖世廼廼

而銘之曰奧有交州叢爾瀛介三代之隆摜於

荒外巍泰遠洎廼關其疆髮敎漸被歷漢而唐

五季紛綸土會竊攘涉宋而驕盆煩逷戾

大明受祚陳氏奉賨

皇祖嘉之俯仍舊封季夆賊逆毒蔓雕題

文皇征之培敎鯨鯢索亂于陳絕不可廼建

東西洋考卷之十　　廿二　正

載輈載詞蓄武不究交人間之喙喙嘽嘽傾𪅌

庶弁朱鋆曰麗玄甲雲屯藉令裁之倈如唯𪅌

旣嚴旣明翊川翁君廉信以臣鋪敎義勇鷹揚

而墮遂覆厥宗莫民承之諸夷𤈦懷不請而襌

于義則乖

皇帝赫怒澳蝉徵師如雷岳峙海馳緯武

宣廟慈弘包荒肆有錫爵給甲樹爲藩邦三葉

經文緯武兩司馬嬌嬌元候從天而下司馬有令

省垣約以繩墨黎利再叛詐擁陳後

舉落俯訴仰于蓬跣繫組蚁伏而進順效率全

請同早櫬匪寇篡盜庶幾有辭

皇帝憐之遂以德來乃削其爵而畀世官比子

內吏輯我龍編交人驪呼曰父母且完我婦子

築我室廬燁燁天成肝睫而在瀌瀌天恩合哺

以戴如春之育如海之容訓爾孫子惟

王之共虞格茁民瀌於七旬交人來款曾不浹

辰商伐兕方三年而服宰割交州曾不遺鏃我

紀其事勒之貞珉伏波銅柱又何足云

附莫登款

東西洋考卷之十　　廿三

關泰記○登庸荒儌細民限於知識然每逢嘽

比極光被南郡仰如中國有聖人久矣况天威

振動惟下有賜春駞蕩之仁懾感交弁冒可云

諭竊窺惟幾亦庸主黎氏末運迍遭相從淪沒黎德

攝國竊未幾又付之子方苟全兵廼重以歷境重

國事付國人水危朝夕見罪於上閒而罪暫奏庸

委涉擅專雖君門而罪及龍菴未及夷臯暫黎

豈容自昧于積嘉靖十七年謹遣阮文泰齎素

門有罪熙庸有無奉天言慈渥無涯祈附惠涼切

猶執其罪釁瞞人水危朝夕切見登畺軍

授受以方已不安今若惟是圖人求糟朝夕

習欲動惟已方瀕海代循所請貢罪歷

靡遠寧庭分方誠末至不龍立動亡國人祖

戮羣黎登北坚尚呼率同阮如桎等恭候南關絕

東西洋考卷之十

廿四

烈躬出境詣京廷而稽首輸款以投誠登庸
欽力自貪次死不堪遠國主衰緣已亲老莫肯
力固守以見臣簡謹親侄筆稱
海國飾世朝許詰誣延祚福
內屬皆有天朝之省阮威德亚明
書刑布氏中藩事例從宜懷明待
氏稱不黎氏都共朔順有夷情祚
仍係陳氏故故相禀襲稱廣明先
餘暗往逝速再沿正朔者唯東一悟
元泰合如昔嚴戒慄紀之金勒欽國統
乙丁脂自不果浪如所稱古林徐州登
又遞為庸欽合補地果以類補其本嗣元
人献上亦慮突性以投降聽處實情具奏金銀
獻上亦慮突性先朝故事一死尚恐身不敢差人
欽登為庸殄於後年分免罪之外果登庸不先
遺奉應合充貢者廣補以果浪如二年求其免
貢者以果充貢物命金勒欽州本木庸不敢先
如昔嚴戒慄誠命肅稱攻討萬里希四

天朝原賜本國王印信登庸此宜謹守不敢擅
用伏望垂察

東西洋考卷之十一

藝文考

占城

劉宋魁林邑興將帥詔

林邑介恃退險久稽王誅龍驤將軍交州刺史
檀和之忠果到劉思考經濟京命攻討萬里推
鋒法命肅齊文武畢力漆巳奉公以身率下故
黃門侍郎領越騎校尉行建武將軍龍驤司馬
能立勳海外震服殊俗宜加褒飾參管近侍可
蕭景憲協贊軍首勤捷顯者揔勒前驅尅珍巢
欠必能威服荒夷撫懷民庶可持節督交州廣
州之鬱林窜浦二郡諸軍事交州刺史

宋書杜傳曰林邑不賓求頒
交阯太守仲進軍向區粟城不許廣虐求頒
史司馬蕭景為前驅二十三年使交州
刺史檀和之代為前鋒軍至朱梧戌遣
所遣府司馬蕭景宣太祖戌遣使交
南之太守仲進軍向區粟城
逃景區聚珍寶二月軍至朱梧戌
遇景區聚珍寶又斬扶龍大首皆是未名之寶
攻城軔之斬扶龍大首范陽邁父子銳
延身奔逃所獲珍異皆是未名之寶上嘉將帥

之功

南齊報林邑詔

林邑蠢爾介在退外世服王化當根純乃誠款
懇到率其僚職遠績充宣良有可嘉宜沾醫號
以弘休澤可持節都督緣海諸軍事安南將軍
林邑王〔南齊書曰楊邁子孫相傳為王夷人范
林邑王留根純攻奪其國纂立為王永明九年
遣使貢獻金簪
等物詔荅之〕

梁答林邑詔

林邑王范天凱介在海表乃心款至遠修職貢
之

良有可嘉宜班爵號被以榮澤可持節都督緣海
諸軍事威南將軍林邑王〔梁書曰天監九年文
贄子天凱奉獻白猿〕
詔荅之

明封占城國王詔

谷爾占城國王素處海那僉居南服自乃祖父
世篤忠貞向慕中朝恪守臣職全族肇承天統
撫馭萬方欲率上之威窒營馳書而往報術
能畏天命知弇中國卽遣使猶來貢方物思
法蘭人之訓以安一境之民春爾忠誠良可尚

嘉是川遣官齎即仍封爾為占城國王尚慎終
如始末為藩輔

明賜占城王璽書〔洪武二年〕

二月四日虎都蠻奉虎象至王之誠意朕巳其
悉然都蠻之使朕巳在途矢朕之遣使正
欲報王知之曩者我中國為胡人竊據百年途
使夷狄布滿四方廢我中國之彝倫朕發兵討
之垂二十年芟夷既平朕主中國天下又安恐
番夷未知故遣使以報諸國不期王之使者先
至誠意至篤朕甚嘉焉今以大統曆一本鏤金
綺紗羅絹五十疋專人送使者歸且諭王以道
能奉天道使占城之人安以生業王亦未保
祿位福及子孫上帝定鑒之王其勉圖勿怠〔御製〕

谷爾占城國王阿荅阿者物〇洪武
十八日占城國使至為朕上壽并王誠意極專來
諭占城國王阿荅阿者上壽并王誠意極專來
使奉命萬里之外交其益能期將爾此耶墮表
辭知後奧安南之外交其益能期將爾此耶墮表
果知卽摘伐休兵能期將利爾番之
莫大於好生也天之所惡莫大於好殺一古人有云殺無休息好
好用兵也地之所好生人之所惡終無云殺
之好所惡生殺天之所好不生天
為義者安南兵出攻在占城之千占城來勝人
之好用莫大好殺人也能行仁者有血氣者無不

安南守土均之後可已而王能
保守均之戰利彼彊長必欲逞
兵矣此如宋責固不勝負漁
利之書矣不占城在朱書被兵三
矣朕惟宋自仁若故戒飭王至
惟吉者也故勅諭王再三
歸慢王入其境俗難保而
帰門合以甚惟誠勅書
夫禮設所以付勃諭中書
者必以禮物不以若禮肆
部歸待之之使受侮者但中
慢王而已禮之物已使
陳設晨朝來朝貢至王
常相職不法所納以以四
○茶毒職請發兵除害特命師
末樂十三年戒諭占城既命師平之
禮壽以安當思感德守分用保爵土若
稠頼天道不撫下人不聞侵地安
心将遊天道不撫下人不聞侵地安南欵

前爾其
鑒之

遣祭占城等國山川碑記

族頼天地祖宗眷祐位臣民之上郊廟社稷以
及嶽鎮海瀆之祭不敢不恭邇者占城安南遘
使奉表稱臣已封其王則其國境內出川悉歸
職方考之古典天子望祭雖無不逼未聞有遣
使致祭其境者今恩與管天之干共亨昇平之
治故遣使往祭千神祇欸格必能庇
其國王世保境土使風雨以時年穀豐登整民庶

得以靖安庶耶一代同仁之意是用刻石以垂
永久至諸國皆勒石其事
洪武三年遣使往占城安南祀其山川
八年禮部尚書
牛諒言天下神祀
非天子所當祭
奏以夷所出山川附祭
南占城真臘廣東則廣東
又言福建則泉州附祭
福建省雲南雨既廣居本
各省山川神位宜以東西
夷山川神位宜分東西
中書頒行

宋占城王陽旆排

入貢表

前進奉使李良甫廻伏蒙聖慈賜臣細馬二疋
旗五面銀裝鞦五□銀纏槍五條弓弩各五張

及箭等戴恩感懼稽首稽首臣生長外國邊遠
天都徧承皇帝聖明威德廣大臣不憚介居海
裔遣使入朝皇帝不棄蠻夷曲加俊賜然臣自
為土長聲勢向早常時外國頗相侵撓況以前
民庶如朴隨風星散流離各不自保近蒙皇帝
賜臣內附駵駿及旗幟兵器等鄰國聞之知臣
荷大國之寵各懼天威不敢謀害今臣一國安
寧流民來復非皇帝天德加護何以至此臣之
一國仰望仁聖覆之如天載之如地臣自恩惟

鴻恩不淺且自天子之都至臣所居之國渉海
綿邈不啻數萬里而所賜之馬及器械等並皆
全而至皆聖德所及也自前本國進奉馬有
姓旗方矢之賜臣今何幸獨受異恩此益天威
廣被壯臣士壃臣雖殞身無以上報兼臣貢使
往復資給備至恩重山岳不可具陳今特遣導
使李波珠副使訶散等進奉犀角十株象牙三
十株玳瑁十斤龍腦二斤沉香百六十斤夾箋黃熟
香九十斤檀香百六十斤出得雜二萬四千三

東西洋考卷之十一　　六

百雙胡椒二百斤簟席五前物固非珍奇惟表
誠懇臣生居異域幸遇明時不賞殊珍惟重良
馬儻皇帝念及外國不罪悉求若使介南歸願
垂頒賜臣之幸矣本國元有流民三百散居南
海會蒙聖恩許放還今有猶在廣州者本國
舊有進奉兵籍以付常占令造船舶乘便風部領
數點集兵籍至於萬里感恩一心
歸國盡安生聚以實舊壃
事上臣之志也　宋史日淳化元年王賜施拜自
新生徧造國遣使李稣貢期

屬方物表所為交州所炎人民財寶皆為所畧
物賜黎桓詔令各守疆界三年遣使李良荹貢方
物賜王白馬二兵器笏等本國
鈴銅香爐如意膝賜之汜戎衣王遣使馹頭腦金
裝求貢上覽表遣使詔問頒還者奉金
袭付波珠使還復賜白馬二遣為常制

入貢表

宋占城王

占城國王楊會俱眈茶室离頻首言臣聞二帝
封疆南止屆于湘楚三王境界北不及於幽燕
仰囑昌時實邁往跡伏惟皇帝陛下乾坤授氣
日月儲英出震居尊承其御極慈悲敷於天下
聲教被於域中繁茂前王功芳祖后叅生是念

東西洋考卷之十一　　七

黃屋非心無方不是生靈有土金為臣妾貢風
遍布霈澤周行凡休照臨其增徒隹拜臣生于邊
鄙幸釀華風蟻垤蜂房聊為遂性龍樓鳳閣尚
阻觀光再念自假天威獲全封部降無侵奪俗
有舍蘇舞道下臣問竄上國蒙陛下恩露行葦
福及豚魚特因廻人頒賜戎器臣惟望闕梵香
歡呼拜受心知多幸曷谷淇恩聖君既念於賓
王微懷肯志於遠職今遣專信臣布祿多地加
副使臣隊連麻叚加耶等部署土毛遠尤歲貢

暹羅

東西洋考卷之十一　八

宋史曰咸平二年王楊普俱蜜遣使求貢以良馬介胄戎器等賜以景德元年遣
副使蒲陁陁婆施南亞佛朝表函藉以文錦布
香葯來貢……本國舊隸交州後奔佛逝此之舊
遣使奉地加等……
遠賜物甚厚

苑罪不敢私制惟望恩頒干旌晃旒不任
威儀斧鉞……

御製諭暹國王詔　洪武初年

君國子民非上天之明命后土洪恩曷能若是
華夷雖間樂天之樂率土皆然若為人上能體
上帝好生之德協和人神則綿給世世無間矣
爾能曜縤內脩齊家之道外造睦隣之方數遣
使中國稱臣入貢以方今時王言之可謂賢德
豈不名播諸番今年秋貢象至朝朕遣使往諭
特賜爾暹國之印及表一襲爾當善撫邦民為
多福故兹詔諭想宜知悉　附洪武二十八年論
暹羅國王如○敕

東西洋考卷之十一　九

自有天地以來即有君臣上下之分且有中國
四夷之禮我朝混一之初海外諸番莫不來庭
豈意胡惟庸造亂三佛齊乃生間諜給我信使
肆行巧詐豈不知大琉球王與其宰臣皆遣子
弟入我中國受學　皇上賜襲暑之衣有疾則
命醫胗之　皇上之心仁義兼盡矣　皇上一
以仁義待諸番國何三佛齊背大恩而失君臣
之禮擄有一蕞之土欲與中國抗衡儻　皇上

明禮部移暹羅國王檄

震怒使一偏將將十萬衆越海問罪如覆手耳
何不思之甚乎　皇上嘗曰安南占城真臘暹
羅大琉球皆修臣職惟三佛齊梗我聲教夫智
者憂未然勇者能從義彼三佛齊可謂不畏禍
者矣爾進羅國王猶守臣職我　皇上眷愛如
此可轉達羅國俾以大義告三佛齊　三佛齊
爪哇統屬其言彼必信或能改過從舍則與諸
國咸禮遇之如初勿自疑也　三十年六月禮部
旅不通上曰洪武初海外諸番與中國往來商
賈便之九三十國胡惟庸謀亂三佛齊間絕

我使臣于彼爪哇國間承節送還朝
後使臣阻抑諸大琉球
城其膈暹羅自人貢以來至今
符諸番番國不薄但未知諸國之心若何今欲遣
使諭爪哇禮部偹連朕意移文暹
達爪哇知之於是爪哇國王令轉
禮部咨暹羅國王

爪哇

明賜爪哇國王璽書　洪武二年

中國正統胡人竊據百有餘年綱常既隳冠履
倒置朕起兵討之垂二十年海內悉定朕奉天
命巳主中國恐遐邇未聞故專報王知之使者

巳行聞王國人捉只某丁前奉使于几還至福
建而元亡國來居京師朕念久離爪哇必深懷
念今遣人送還頒去大統曆一本王知正朔所
在必能奉若天道俾爪哇之民安於生理王亦
永保祿位福及子孫俾爪哇勉圖之勿急　永樂十

國王都馬坂剌○前內官吳賓等言爪哇
延禮待勑使有加無替此王以灌勑加國索
舊港之地而懷疑惧朕推誠付人若朱茀之必
有勅諭全軍朕延勑書王何疑焉下人浮言
慎勿聽之今賜王文
綺紗羅至可領也

奉劉宋太祖表　闍婆國王

宋國大主大吉天子足下敬禮一切種智安隱
天人師降伏四魔成等正覺轉尊法輪度脫衆
生致化巳周入于涅槃舍利流布起無量塔泉
寶莊嚴如須彌山經法流布如日照明無量淨
僧猶如劉宿國界廣大民人衆多宮殿城郭如
忉利天宮名大宋楊州大國大吉天子安處其
中紹繼先聖王有四海閻浮提內莫不來服悉
以兹永齋飲一切我雖在遠亦霑靈潤是以雖
隔巨海常遣臣屬顧照至誠華夷來納受若蒙聽

許當年遣信若有所須惟命是獻伏願信受不

生異想今遣使主佛大陛婆副使葛抵本宣微

誠稽首敬禮大吉天子足下陛婆所啟頋見信

受諸有所請唯願賜聽今奉微物以表微心書

跋摩遣使奉表謹……宋……是時甫通中國云

大泥

宋入貢表

勃泥國王向打稽首願皇帝萬歲壽今遣使人

貢向打聞有朝廷無路得到昨商人蒲盧歇船

東西洋考卷之十一　　十二　　金

泊水口差人迎到州言自中國來比詣闍婆遇

猛風破其船不得去此時聞自中國來國人大

喜即造舶船令導達入朝貢所遣使人只願平

金見皇帝每年令人入朝貢每年修貢願風吹

至占城界望皇帝詔占城令有何打舶到不要

留臣本國別無異物乞皇帝勿怪

舊港

宋賜三佛齊國使者詔

吾以聲教覆露方域不限遠邇苟知夫忠義而

來者莫不錫之華爵耀以美名以寵異其國爾

慕悅皇化浮海貢琛吾用汝嘉俾超等秩以昭

忠義之勸　宋史曰熙寧十年使大酋領地伽羅……

奉梁武帝表　　干陀利國王

常勝天子陛下諸佛世尊常樂安樂六通三達

為世間尊是名如來應供正覺遺形舍利造諸

塔像莊嚴國土如須彌山邑居聚落次弟羅滿

城郭館宇如忉利天宮具足四兵能伏怨敵國

土安樂無諸患難人民和善受化正法濟無不

東西洋考卷之十一　　十三

遍猶憂雪山流注雪水八味清淨百川洋溢周

回屈曲順趨大海一切眾生咸得受用於諸國

土殊勝第一是名震旦大梁揚都天子仁蔭四

海德合天心雖人是大降生護世功德寶藏救

世大悲為我尊生威儀具足故至誠敬禮天

子足下稽首問訊奉獻金芙蓉雜香藥等願垂

納受　梁書曰竣陁……元年遣長史圓跋摩奉表

麻六甲

勞滿剌加國王遣國剌　永樂九年

王涉海數萬里至京師坦然無慶益王之忠誠
神明所祚朕與王相見甚驩固當且留但國人
在望宜往慰之今天氣向寒順風南帆實維厥
時王途中善飲食善調護以副朕眷念之懷

屬有道之柔遠蓱無外以宅心伏惟皇帝陛下
德合二儀明齊七政仁宥萬國光被四夷屢歌

啞齊

上宋太宗表　　大食舶主蒲希密

東西洋考卷之十一　　　　十四

飛生異象回拱於北辰百谷琉源炎輸於東海
浴擊壞之民重譯走奉珍之貢臣顧惟殊俗景
慕中區早傾向日之心願欎朝天之願咋在木
國曾得廣州蕃長寄書招諭介入京貢奉盛稱
皇帝聖德布寬大之澤詔下廣南龍綏萊裔阜
通遠物臣一乘海舶發率土毛涉歷龍王之宮
瞻望天帝之境庶違玄化以慰宿心今雖居五
全之城猶賒雙鳳之闕自念衰老病不能興退
想金門心日俱斷今遇李亞勿來貢謹備蕃錦
藥物附以上獻臣希密九進象牙五十株乳香

千人百斤賓鐵七百斤紅絲吉貝一段五色雜
化蕃錦四段白越諾二段都爹一琉璃瓶無名

共一塊薔薇水百瓶

宋史淳化四年李亞勿表上蒲希密詔賜希密錦袍銀器至道元年蒲希密遣其副蒲押陀黎貢方物附表來獻云艾希密表來獻崇政殿前歲訪其言遠來貢物致金銀器物鳳瓶一恩降勅賜法錦袍紫綾纏頭二十令還對冠帶彼儌令閤門宴犒館延鞀數月遣回降詔答賜黃金準其所貢之直

呂宋

折昌宋採金議　　明高克正邑人翰林院檢討

東西洋考卷之十一　　　　十五

聶爾敝邑一介在海濱頻年驛騷民困日甚邇採
金使者又見告矣澄民習夷什家而七間機易
山未有能舉其處者有金與否果可望氣而知
乎白冊使四出所得金幾何可按籍計也輒云
海上開採葳輸精金十萬白金三十萬將取之
寄抑輸之神乎夷德亡脈好利更甚安有無鏤
黃白生鋼以待我者取之能必夷之不攘臂爭
乎能必我之取不爲大盜積乎明命已頒欽商
巳揚揚乘六而來叟若曹亦未知澄事耳採金

海上非餘皇十餘艘卒徒千餘人不可行而是
十餘艘千餘人者非可空手而亡米而炊也
誰為備之而誰為給之至計窮而欲奪商船以
應上命欲民財以應上供則士崩之形成而脫
巾之勢見吾所應者不在風濤之外也桑梓之
地疾痛與俱惟合臺為萬姓請命以杜亂萌澄
邑幸甚第二議。有問不倭者曰舒商人以採金

金於朝整敝邑富民家藏與每年通夷所入不
探而歸乃私槖而官弗問也探金則歸必不輸
一開哨探者如今則私貨獲利必竭此闌出私
貨行藉此闌出之事與哨探利與哨探利必虛
以今日通番獲利必竭此番獲利必不輸金於

足富黃金十萬白金三十萬之數其誰肯以身
委風波而金輸朝廷故商人不敢與其能出貨
以遍番夷而搆蠻者必虛詞厚結以冀貸之雄
一開哨探者如響此闌出私貨行藉此番獲利
餘勢乃抗官府惟所欲為或可如子則本毋且
以則萬里內之使不遣責其往矣奉命以四五
十張巔一之擔不寒而慄自備舟隻可至
十十月前乃一月往歸則迅速可本毋且疏煩
數月見矣明年乃為侍御史省郵船則造無年
約抵璧之風院難聖除於叔季自滇至計無所
以於朝廷以杞包今其罪自滇至計無所出
珠必於朝廷以欺罔今其罪自滇至封疆之王
為金無所施又投加亦在
為國詞誠忠而羣小果不足信也

日本附

魏報倭女王詔景初六年

制詔親魏倭王卑彌呼帶方太守劉夏遣使送
汝大夫難升米次使都市牛利奉汝所獻男生
口四人女生口六人班布二匹二丈以到汝所
在踰遠乃遣使貢獻是汝之忠孝我甚哀汝今
以汝為親魏倭王假金印紫綬裝封付帶方太
守假授汝其綏撫種人勉為孝順汝來使難升
木牛利涉遠道路勤勞今以難升米為率善中

郎將牛利為率善校尉假銀印青綬引見勞賜
遣還今以絳地交龍錦五匹絳地縐粟罽十張
舊絳五十四紺青五十四紺地句文錦三匹細班華罽五張白絹五
十四金八兩五尺刀二口銅鏡百枚眞珠鈆丹
各五十斤皆裝封付難升米牛利還到錄受悉
可以示汝國中人使知國家哀汝故鄭重賜汝
好物也　　　附宋永初二年詔○倭讚萬里修貢遠
誠宜甄可賜除授○宋大明六年詔○
倭王世予興奕世載忠作藩外海稟化
空字境恭脩貢職新嗣邊業宜授爵號

元與日本書

朕惟自古小國之君境土相接尚務講信修睦
況我祖宗受天明命奄有區夏退方異域無不畏威
懷德者不可悉數朕即位之初以高麗無辜之
民久瘁鋒鏑即令罷兵還其疆域及其旌倪高
麗君臣感戴永朝義雖君臣父子討王之
君臣亦已知之高麗義之東藩也日本密邇高
麗時通中國至於朕躬而無一乘之使以通和
好恐知之未審特遣使持書且布告朕志冀自今

東西洋考卷之十一　十八　金

以往通問結好以相親睦且聖人以四海為家
不相通好豈一家之理哉以至用兵夫孰所好
王其圖之
又命趙良弼往使書○蓋聞王者無
境故二人嘗馳信使修好俾實聞之○吏抑有
復二人勑諭高麗慰撫以疆場安靖復
繼此欲通問屬高麗道梗坐是弗果登
不然此日本素狐疑王亦不可知
因此欲通使與之偕來所
必發使與之偕來所
猶豫以至用兵夫誰所親
如猶豫以至用兵夫誰所
樂為也

御製諭日本國王詔

冀宋失馭中土受弑金元入主二百餘年終
易俗華夏腥膻凡志君子戰不與俗及元祚終
英雄罷畔聲教紛然朕挙弦三十萬礪及以觀
不幾命大將軍律九代之征不逾五載戡定中
原邃爾東夷君臣非道四櫻鄰那前年果較勝
負於必然實構隙於妄誕於賊沙君滄溟闊知
帝賜奇甸傲慢不恭縱民為非將必殃乎故茲
詔諭想宜知悉　洪武三年諭日本國王良懷
朕聞順天者昌逆天者亡自古

東西洋考卷之十一　十九　太

帝王居中國而治四夷歷代相承咸出斯道惟
彼元君漠北虜夷竊主中國汚壞彝倫荷上
天祖宗之佑百神效靈諸將用命海內之
使持書飛詔西域高麗安南諸夷高
遠邇前代之師西漠諸夷高
後入十萬出塞追逐諸冦
少夷入貢非非致罰冦
夷君書不致美乎嗚呼
日之小邦非故逆天道不自安分
支之外東容不延致爾酮
理承平之以御製設禮部尚
保難容之平亦延爾酮
其戒飭卿以御製設禮部
○帝賜部尚書呼卿知本國王知
守巳告俾知璚海為險巇頭若角為奇
○生帝賜卿知本國王嗚呼本國王

377

大申海隣邦縱民為益將假手於人禍有
矣吾奉至尊之命移文與王王若不審巨微乃
井底鳴蛙仰觀天無乃構隙之源乎中國之與日本往
器物及前貪商不能詳細如將往日本與中
禮法洪鏡觀天無乃構隙之源乎中
彼歸慕意故誠如若暴意報禮厚薄故若叛服
國則必受兵如若暴意報禮厚薄或爵或爵皆有自
歸慕意故日本帝王或遣使來貢古勿論自
漢倭奴晉宋梁隋唐宋之朝皆遣使上表自田生
倭後惡名遂改日本其國上古始自中國之稱有自
日本貪商不能詳辨如將往中國至可細
彼往代晉宋間往事可鑒王
兵其誠誠故如吳大帝慕容廆千百年間往
之其審
之

封國偏遠作藩于外自昔祖禰躬擐甲胄跋涉

上宋順帝表　昇明間年　倭國王武

東西洋考卷之十　二十

山川不遑寧處東征毛人五十五國西服眾夷
六十六國渡平海北九十五國王道融泰廓土
退孽累葉朝宗不愆于歲臣雖下愚忝胤先緒
驅率所統歸崇天極道遙百濟裝治船舫而
驪無道圖欲見吞掠抄邊隸虔劉不已每致稽
滯以失良風雖曰進路或通或不臣亡考濟實
忿寇讎壅塞天路控弦百萬義聲感激方欲大
舉奄喪父兄使垂成之功不獲一簣居在諒闇
不動兵甲是以偃息未捷至今欲練甲治兵申

及兄之志義士虎賁文武效功自刃交前亦无
顧若以帝德覆載摧此彊敵克靖方難無替
前功竊自假開府儀同三司其餘咸假授以勸
忠節
　宋書曰詔除武使持節都督倭新羅任那
　加羅秦韓慕韓六國諸軍事安東大將軍
　倭
　王

上宋大宗表　僧奝然

日本國東大寺大朝法濟大師賜紫沙門奝然
誠惶誠恐頓首頓首死罪謹然附商船之離岸期
氏之敵雖云辛僧之揖誰恐鴻臚之誠奝然誠
容傷鱗入處不忘漢主之恩枯覺金門奝然

東西洋考卷之十一　廿一

惶誠恐頓首頓首死罪謹然附商船之離岸期
魏闕於生涯塋落日而西行十萬里之波濤難
盡顧信風而東別數千重之山岳易過妄以下
根之甲適窺中華之盛於是宣皇頻降恐許荒
外之跋涉宿心充愜粗觀窗內之壤奇死平金
闕曉後堂堯於九禁之中爐焰嬌前拜聖燈
於玉臺之上就三藏而目宗學巡數寺而優游遂
使連華運文禪筆出於北闕之北貝葉印宇佛
詔傳於東秦海之東重蒙宣恩忽逾越求跡李夏解

台州之嶇孟秋違本國之郊爰遠明春初到舊
邑緒素欲待俟伯慕迎伏惟陛下惠溢四溟恩
高五嶽世秘黃軒之古人匡金輪之新荷然空
諧鳳凰之窩吏還螻蟻之封在彼在斯只仰皇
德之盛越山越海敢志帝念之漂縱粉百年之
恵之至蓮差上足弟子傳燈大法師位喜囘等
拜表以聞僧奮然來朝選國後數年
遣其翁子喜囘奉表來謝
身何報一日之惠漆筆拭淚伸紙搖亀不勝真

請許處倭會䟽　　明許孚遠
福建巡撫
都御史

東西洋考卷之十一　　廿二

為偵探有據廷議紛紜竊乞審定大計殄滅往
會事臣入境之初據指揮沈秉懿史世用辭奏
石尚書宦道打探倭情看得沈秉懿老而黠不
阿使令還報石尚書史世用貌顏魁梧才亦倜
儻遂選取海商許豫令世用扮作商人同三薩
摩州二十二年三月許豫囘報舊年七月舟船收
日本莊內浦港距薩摩州尚遠探得州會
禪等列潜去寺見同伴張一學等密往關白居

作城郭探其動靜起居八月關白同義久幸侃
儀後等囘九月初三日豫備禮物以指揮作容
西進見幸侃日恐非商販儀後答曰亦大夫
明一武士也侃將自穿盔甲送豫有大隅州正
興寺倭僧玄龍來問日船主非容探我國之
皇帝不忿綏兵救援近遊擊將軍來講和好福
建許軍門欲發商船　未審虛實先差一船人
官耶豫權答曰是因爾侵伐高麗
貨來此原無他意倭僧將信將疑十一月義久

東西洋考卷之十一　　廿三

會幸侃等差倭使黑田喚豫覆武前情倭僧玄
龍與豫兩寫對答喜為延信仍奉文書一封旗
刀二事付豫進送軍門以圖後日貿易通利之
意延二十三年正月豫始得囘弁豫會所上文
書旗刀幸侃送豫盔甲一副又莊內國倭會滕
一雲送豫倭刀一把根占國倭會平重虎送豫
為銃一對逐一呈報一探得關白秀吉今
大閤王年五十七歲子繞二歲奉子三十歲
日姦雄詭詐六十六州皆以和議舉之一侵人

高麗被本朝官兵殺死不許其數病疫亦不討

其數亏盡箭餚人損糧絕詭計講和方得脫歸

一關白造船千餘大船長九丈關三丈用櫓八

十枝中船長七丈潤二丈五尺用櫓六十枝諸

倭六候和婚不成欲亂入大明等處一日本縣

每年至長歧貿賣逢報大明消息仍帶倭奴假

作佛郎機潛入廣東覘伺動靜一關白奸奪六

十歲亦用之一日本長歧地方廣東香山灣番

兵十八歲至五十歲而止若奸巧機謀者雖七

十六州必拘留子弟爲質令曾長出師以侵高

麗實寔苑地各國暫俎雠恨不忘察義久等廿

有惡成樂敗之意一浙江福建廣東三省人民

被虜日本生長雜若干有其三住君年久熟識

倭情多有歸國立功之志乙思籌策令其回歸

又據商人張一學將到關白城郭偵探事情聞

報一平秀吉有三師名右田淺野大谷大小謀

議俱是三人一吉發兵令自備乾米絡繹接應

處遠含冤一豐護州曾首野柯踏聞大明助兵

民膽逃回吉剌殺一家一兵入朝鮮內浦港拘

選七十八人回者止二十八人日向國大船裝倭三

百回者止五十人損失甚多一薩摩州乃船隻

慣泊之處人發往呂宋船四隻與交阯三隻東埔

一隻進邏一隻佛郎機二隻興販出沒此爲咽

喉也一器械不過黃硝烏鉛硫黃日本産出熖

硝隨處惡上煎煉烏鉛亦多惟烏鉛大明所出香山

澳乃發船往彼販賣煉成鉛彈一日本有罪不論

輕重盜時殺戮壬辰吉兄病故妄殺乳母十餘

人祭巳吉在名護屋回闖女婢逼奸將男女西

人燒大堺野中宪殺七十餘口一吉自檀政出

城君懦弱無爲土辰征高麗將天正二十年政

爲文祿元年自號大閣王關自付與義男孫

七郎字見吉年三十智勇不聞一麂涼朝鮮良

被虜厚給衣食欲拜爲軍師謹等萬斿苦楚有

家子女糧殞草宿萬斿苦楚有秀才廉思謹願

此臣又屢關邸鳥一封貢一事本兵經畧大臣

輿臺省諸臣持論不洽兹月於此臣在封疆不

東西洋考卷之十一　廿六

容無言窺料平秀吉一彼詐殘暴之夫其本以
人奴慕窺至此彼國諸酋思攘奪者甚衆陰謀
伐國構怨亦深如結薩摩州將幸悅過令州官
義久殺其弟中書以自明義久不得已佯爲降
順心未嘗一日忘秀吉也奪豐後州官之妻爲
妾民間妻女充牣如內淫虐百端諸州質子禁
而今令遠道輸糧原無虞大兵動大衆之羣令
則徵發騷然舉國非沸日事殺人而虞其應者多

行不軌而虞其毒故出則蒙苞卧則移徙彼亦
自知不免于禍自底滅亡可討日而待也今夫
謀動干戈驅無辜之衆赤而欲盡寘宛亡之地
此神明所不與恃其取智以襄朝鮮之故智以襄朝鮮
憑其破朝鮮之餘威思犯中國怒臂當車豈可
久長且彼雖數十萬衆航海而來我洽海舟師
以主待客勝算在我而又絕其鄉導乘其所之
彼未可遽入吾地也戰艦雖巨而多離舟則不
能守守之則不能登陸……其數萬計日須救

東西洋考卷之十一　廿七

百無幢我堅壁清野使無所掠食則困蹙五至
襄時倭犯浙直閩廣間雖受……卒就殲滅駐
人朝鮮不下二十萬死亡過半倭俩可知矣
最親信曾無主者不過一二夫之勇左右羽翼非
以臣策之必不能得志於我而不戢自焚豫讓之謀故
蹢躅亦理勢之必然今中外洶洶畏蜀如虎者
皆過也若封貢之說諸臣言之甚詳縻羈復寬
喙窺謂山城君雖懦弱名分猶存一旦以天朝

封號加之借逆之夫且賓山城君何地崇效怕
亂平紀廢倫非所以令衆庶而示四夷也北虜
俺答之孫把漢那吉來投我執以爲質而彼甲
辟末之因而還其孫與通貢市假以王封先帝
有不殺之恩此北虜無要挾我屬國君踣
乘今非若此也秀吉無故興兵陷我屬國君踣
戰後暫退金山尚未離朝鮮而我封貢則退不
聽其往來講封貢君謂許我封貢則退不許
封貢則進要耶并耶近朝鮮國王李昖奏將倭

賊於金海金山築城造屋運遺種器焚燒攻掠

無有已時尚可謂退兵乞和耶大乞封固非秀

吉本謀然藉名號以甘言脹諸夷益以怒往遣之

志則秀吉亦姑爾從之行長小西飛讋於平壤

王京之戰既未能長驅直入而又兵入朝鮮死

亡數多恐無幣于秀吉則亦姑假封貢之說以

綏秀吉而綏其怒是以沈惟敬苟且之謀得行

其間我經界累總督諸臣不過因惟敬而過信行

長諸賁又因行長諸會而錯視秀吉不知秀吉

東西洋考卷之十一　　廿八

貂狼之暴狐兔之狡必不可信義處者也觀請

封表文未云世作落難之臣永獻海邦之貢凶

封及貢其已露於此要而得封必復要而求

禪又安肯收兵還國懦然聽命領彼惡不能得此

盡歸島不留一兵還國懦然願從令倭

於彼也即使暫時退兵旋後入冦敗盟之罪又

將誰責耶議者多謂封貢不成倭必大舉不知

秀吉妄圖情殷久著封貢亦來不封貢亦來特

逞速之間耳伏乞明詔天下以後會平秀吉干

犯天誅必不可赦之罪兼論曰日本諸會以擒斬

秀吉則有非常之賞破格之封朝廷不封克逆

之夫而封其能除克逆者以此曉然令於天下

然後姦雄袞膽豪傑生氣平秀吉不久當殄滅

無難也臣以為今日之討莫於用間莫於

備禦莫重於征剿何者倭會倡亂惟在秀吉一

人諸州會長面降心異中間有可義感者有可

利誘者秀吉原無親戚子弟肱心脊之人籃

東西洋考卷之十一　廿九

待非常奇士密往圖之五間俱起不煩兵戈而

元克可擒故曰莫妙于用間備禦之策屢奏其

筋亦嚴矣臣惟遼陽天津密邇京師一由朝鮮

度鴨綠江而上一出山東海面乘風帆遄遐有

疎虞震驚宸極宜將東征之兵挑遴分屯兩地

以防不測各省宜重兵防更於今日嚴為整備候

其入冦或筍或角彪力殲之此不可恃其不來

而一日懈緩者故云莫等於備禦然用間妙矣

恐未可必得志於彼備禦恐矢恐未能使彼膽

於我臣以為彼不內犯則已果其內犯大肆猖
狂乞我
皇上定議征討特發內帑百萬分助諸省打造
戰艦二千餘隻選練精兵二十萬人乘其空虛
會師上游直擣倭國此堂堂正正名其為賊敵
乃可服者也故曰莫重於征剿或者謂興師遠
涉為費不貲臣計山東浙直閩廣備倭兵餉歲
不下二百萬積之十年則二千萬征剿所費不
過一歲之需而足若倭奴蕩平海防又可息肩

東西洋考卷之十一　　三十

各處餉銀可坐省其半一勞永逸未有若期舉
矣又閩元世祖舟師討倭溺十萬眾五龍山下
談者恒為曰實臣科世祖辟雄其實虜人不諳
海上形便當特將師必多達官彼以不習波濤
不識風汛之人顛倒沉溺百萬何用今東南舟
師必知波濤必知風汛無憂覆溺試觀浴海商
民與敗名國者百鮮失一故元事非所論於今
日也夫人情長倭而應其求又株守而憚於往
定以倭酋得恐嚇要求誠知備禦之策攻代之

謀不忠其求復制其往兵志謂未戰而廟算勝
者此辈是也臣非不知諸臣恒恃勢之難從權
變羈縻之術何敢輕為撓阻但灼知封貢非利
不封貢非害敢效愚忠仰贊廟畫惟
皇上斷而行之則順逆之分明華夷之防定久
安長治之討從此可得矣
論曰文告表狀古今之所馭夷大率盡此蓋聯
則聯之以信服則懷之以仁硬則威之以兵行
遠惟文傳信乃數讀此者愈以悟一張一弛之
道而見同軌同文之徵矣

東西洋考卷之十一　　三十一

紀事考

尚書大傳曰堯南撫交阯於禹貢荊州之南垂
幽荒之外故越也周體南八蠻雕題交阯有不
粒食者焉秦開越嶺南立蒼梧南海交阯象郡
漢武帝元鼎二年始弃百越各七郡置交阯刺
史督領之時又建朝方郡巳開扡垂遂辟交阯
於南越之時又交阯外域記曰越王令二
使者主交阯九眞二郡也漢遣伏波將軍路博

東西洋考卷之十二

討越南越王令二使者齎牛百頭酒千鍾及
郡民戶口簿詣路將軍乃拜二使者爲交阯九
眞太守　見水經註○按後漢書男女同川而浴故稱交阯
蜀王子將兵三萬討雒王雒王服諸雒將因稱
王後南越王尉他舉衆攻安陽王安陽王有神人名皐
通下輔佐爲安陽王治神弩一發殺三百人南
越王郡軍住武寧縣遣太子名始降服安陽王
稱臣事之安陽王不知通神人遇之無道通便
去語王曰能持此弩天下不能者亡天下通

夫安陽王有女名眉珠見始端正珠與始交通
始問珠取父弩視之始見弩便盜以鋸截弩訖
逃歸報越王越進兵攻之始之安陽王發弩弩折遂
敗安陽南入王下船逕出於海　見水經註
馬援南入九眞至無功縣賊渠帥進入餘發渠
師朱伯棄郡亡入深林巨藪庫象所聚群半數
千頭時見象數十百爲群又分兵入無編至居
風師不降並斬級數十百乃清　鑒九眞路所
經也去州五百里建武年　馬後所開○俱見水經註

東西洋考卷之十二

馬援所過輒爲郡縣治城郭穿渠灌溉以利其
民條奏越律與漢律駮者十餘事與越人申明
舊制以約束之自後駱越奉行馬將軍故事
任延爲九眞太守九眞俗以射獵爲業不知牛
耕　東觀漢記曰九眞俗燒草種田前...人十耕也　每致困乏
延令鑄作田器教之墾闢田疇歲廣百姓充給
又駱越之民無嫁娶禮法各因淫好無適對匹
不識父母之性夫婦之道延移書屬縣各使

漢書

384

年二十至五十女年十五至四十皆以年齒相
配其貧無禮娉令長吏以下各省俸祿賑助之
同時相娶二千餘人是歲風雨順節穀稼豐衍
其產子者始知種姓曰使我有是子者任君
乢多名子爲任於是徼外蠻夷慕義保塞遂止
罷偵候戊初平帝時漢中錫光爲交阯太守
敎導民夷漸以禮義化聲侔於延王莽末閉境
拒守建武初遣使貢獻封監水侯頤南華風始
於二守焉漢書

東西洋考卷之十二　　　三　　李

永和二年區憐攻象林交阯刺史樊演毅兵救
之雖擊破及者而賊勢轉盛御史賈昌使在日
南與州郡討之不利方畧問
不繼帝以爲憂召公卿問方畧拜祝良九眞太
守張喬交阯刺史喬至開示慰降者數萬顆外
到九眞單車入賊中招以威信降者依中州例
復平　見後漢書
李進中平間代賈琮爲刺史請交阯依中州例
貢土其後阮昊以戊才任至司隸挍尉人才得

與中州同選蓋自進始
建康元年日南蠻夷攻燒縣邑扇動九眞與相
連結交阯刺史夏方招降之後君風令貪暴無
度縣人朱達等攻殺令羃至四五千人進攻九
眞太守倪式戰歿都尉魏朗討方降漢書
日南衆轉盛延熹三年詔拜夏方交阯刺史方
威惠久著日南相率詣方降　見後漢書
周乘爲交州刺史上書云交州絕域習俗貪濁
疆宗聚姦長吏肆㑧侵漁萬民臣欲爲聖朝掃

東西洋考卷之十二　　　四

清一方特屬城解綬者三十餘人
士燮拜交阯太守氣宇寬厚謙虛下士天下喪
亂不廢職貢詔封龍度亭侯建安末吳孫權遣
步隲刺交州燮奉節度修貢不欽封龍編侯
註曰龍編初名龍淵立州之始鑿
龍䲧編於南北二津故攺龍編
交州治羸陵縣元封五年後治蒼梧廣信縣建
安十五年治番禺縣詔書以州邊遠使持節并
七郡皆授鼓吹以重威鎮　見春秋
漢交阯有橘官長一人秩二百石主貢御橘吳

東西洋考卷之十二　五

光武中交阯太守士燮獻橘十七實同一蔕以
為瑞異羣臣畢賀　見南方草木狀
龍編縣功曹左飛化為虎數月還作吏　見交州記
呂岱為交州刺史交阯太守士燮舉以燮子徽
領九眞九守以陳時代燮表分海南三郡為交
州以戴良為刺史海東四郡為廣州岱自為刺
史徽不承命舉兵戌海口拒良岱督兵三千晨
夜浮海邨良俱進微不知所出率兄弟六人肉
袒迎俗斬送其首微將甘醴等率吏民攻郡俗

詹擊大破之復進討九眞斬獲萬計遣從事南
宣國化林邑諸王遣使奉貢　志見吳
日南張重舉計人洛正旦大會明帝問日南郡
北向祝日耶重曰今郡有雲中金城必不皆有
其貪日亦俱出於東耳至於風氣喧暖日影仰
當宙官民茈止隨情而東西南北廻背無定人
莊因悍果於戰鬭使山習水不開平地古人云
三者天地以隔內外况綿途於海表顧九嶺
面瑞逆非復行路之運醒信圌荒之冥域者矣

東西洋考卷之十二　六

越人鑄銅為船在安定江潮退時見出交　見水經註
王機遣使乞為交州會杜弘溫邵及交州秀才
劉沉謀友陶侃擊破之又遣別將討機斬之諸
將請乘勝擊邵侃笑曰吾威名已著但一圅紙
足耳于書諭之邵懼而走追獲於始興加都督
交州軍事　見晉書
日南野女羣行不見夫其狀晶白祼袒無衣襦
見博物記

盧循寇交州刺史杜惠度以火攻燒其船艦一
時潰散循赴火死傳首京師封龍編侯註　見水經
書盧循勢屇先鴆妻子又召俊妾問曰我今
殺誰能同者多云尚當先殺妾誰能同者
云官尚當先殺就某妄顏生於貪生所難死
者自投於水慧度收其尸斬之與此不同
虞國為日南太守有惠政出則雙鴈隨軒及還
會稽鴈亦隨焉匹卒獪棲墓不去　孔曄會
稽記
高騊為安南都護時南詔陷交阯驅擊破之進
靜海軍節度使　唐書曰駢大破南詔牧所獲賍
獻王廷綬王廷湊鐵而驕恣拔扈不奉詔駢帥
會遷鎮諸洞二萬計晏權綬海門徼骲北歸

而驛遣王惠贊傳會遷首京師見檻檻甚盛
安權李進贊懼匿島中間關至京天子憫書摩
南皆賀進驍檢校刑部尚書仍鎮慶交
政政都護府為靜海軍授驍節慶

交州有鳥如鵲頭有毛冠尾長一尺五寸絀
黑色欲取諸鳥先選高枝研槎柯惟留三兩
枝以膠搏着取鳥王置其干鳥王鳴呼烏聞
聲爭集其處或衒果實或送虫蟻皆送烏王諸
烏者膠橑子干收之 見寰記

胡盧笙者交阯人多取無柄之瓠剖之而為笙上
交十三黃吹之音韻清響雅合律呂 嶺表
錄異

東西洋考卷之十二
七
正

宋太宗遣李若拙以玉帶賜黎桓桓出郊迎然
詞氣悖慢曰向拙如洪鎮乃外境蠻賊也皇帝
知非交州兵否若交州牧命則首攻番禺次擊
閩越豈止如洪鎮而已若拙曰上初聞寇雛木
知所自然以足下拔自牙校授之節制固當盡
忠豈有他處及見洗送海賊事果明自然大臣
僉議朝廷建節帥以寧海表今蠻賊冦宝是交
州力不能獨制請發勁卒數萬會交兵剪滅之
上曰未可輕舉慮交州不測朝音或致敗為牧不

東西洋考卷之十二
八
正

若曰秀黎桓討擊當漸清謐今不復會兵也桓
避帝曰海賊犯邊臣之罪望君容貸未加誅
貢首A謹守職約保未清於漲海因北望頓首
謝史　見宋
黎龍廷遣黃成雅來貢會舍光殿上以成雅
遠欲稍升位箸訪宰相王旦旦于產朝周襲
以上卿之禮箸產固辭受于卿禮而還國家惠
綏遠方優待客使固無嫌也乃升雅于尚書省
五品之次　見宋史

李天祚遣使入貢詔館懷遠驛安撫使范成大
戶經畧諸蠻安南在撫綏之內陪臣登得與中
國王官儿禮政和間貢使入境皆庭謁不報謁
宜遵舊制詔從之　見宋史
元遣柴椿再論陳日烜來朝若不能自覲則積
金以代其身兩珠以代其目副以賢士方技以
代其土民不然修爾城池以待番處　見元史
交阯舊土年九十九別號浚浚叟因波海船瓊結
窟于金仙水石上養一雞大如倒掛于日置枙

啼卽蠻覺又畜一胡孫小如蝦蟇以線繫几案
間道士飯已卽整几食其餘又有龜狀如錢置
金盆中時使出戲末稍常以詩自娛云流動乾
坤影花沾雨露香白雲飛碧漢玄烏過滄浪月
聰米雁靜蛙鳴鼓角忙龜魚呈瑞氣無物汙禪
床僧惠洪見之歲日公小閩中別道神也後莫
知所之見廣州志

莫瑤庸本東莞蜑民父流寓安南宜陽縣社長
名之曰洋蓋無定跡之義也以漁爲業蜑庸有

東西洋考卷之十二　　　九

勇力黎滎以爲都力士竟至篡國而終爲義于
阮敬所鴆〇見月山叢談以上交阯
從林邑至日南盧谷浦口可二百餘里從口南
發往扶南諸國常從此口出也故林邑記曰盛
絃滄之狼遠極流服之無外地濱滄海衆國津
逕見水經註
一巳南厚鹿蒲岡鳴呃命疇警嘯貽野孔雀飛
翶歠日籠山渡泠口至九德邑見林邑記

松原以西烏獸馴良不知畏方寮婦孤居散
至老南移之嶺崿不踰仭舍庶懷春於其北翳
翠鷗景乎其南雖嘆嗟薩接鄰城闇跌兹難
連俗姓塗分故也見林邑記
林邑城西南祭出東北畯水重塹流浦周繞城
下東南塹外因旁出城東西橫長南北縱狹北
邊兩端廻折曲入城周圖入博城二支上起博
城一丈開方陳孔上荷板板上屑閣門上架屋
屋上構樓觀鷗尾迎風拂雲譽者鬼一但制

東西洋考卷之十二　　　十

走壯拥稽古夷俗城開四門東爲前門當兩准
渚濱於曲路有古碑夷書銘讚前王胡達之德
西門當雨塹北廻上山山西卽淮流也南門
度雨重塹對溫公壘交州刺史溫放之征林邑
今東城南五里有溫公壘是也北門濱淮路
斷不通城內小城合堂庬殿南壁不開青陳卅
埤樓題構椽多諸古法廻廊曲披綺牖紫隱椒
房嬪媵無別官觀路寢永恭共在殿上臨路東
軒逕亘六十語子弟臣付昏不得上屋有五十餘

丘連甍接棟簷宇如承神祠鬼塔小大八廟層
臺重樹狀似佛剎郭無帶里邑寡人君居海崖蕭
條非生民所處
比景縣日中頭上影當身下與影爲比故以此
影名縣關蚓曰比讀薩茈之茈影在巳干言爲
身所庇也　見水經註
林邑王陽邁死子咄立慕其父復政名陽邁　見南齊書

東西洋考卷之十二　十一

阮彌之征林邑楊邁出婚不在阮謙之領七千
人先襲區粟未入壽泠二日三夜無頓止處竢
海直岸遇風楊邁攜婚部伍三百許船夜於壽
泠浦相遇闇中大戰謙之手射楊邁殂工以瓟　見水經註按末書曰風
弱之餘制勝理難自此還　見阮彌之遣隊主相道
生三千人越討攻　區粟城不克引還
宗愨隨檀和之區區栗城林邑王傾國家拒其
裝被象前後無際士卒不能當愨調獅子威服
百獸乃製其形與象相禦象果驚奔遂克林邑
見宋書

小水咮咮暴漲常旺飛溜或堊霏沙漲淸寒無底
分溪別墅津濟相通檀和之束橋大戰楊邁被
剗落溺冢即是處也　見水經註
隋煬帝時常駿使赤土遝入海見綠魚群飛水　見水經註
上浮海十餘日至林邑東旋山而行海水色黃
氣腥舟行一日不絕云是大魚糞也　見北史
范頭黎死宛太宗崩詔於陵所刊石圖頭黎之形
於玄闕之外　見唐書

東西洋考卷之十二　十二

大中祥符四年占城貢獅于詔畜苑中留二彎

人以給養上憐其懷土給資糧遣還　見宋史
占城交阯素仇後同入貢占城使者乙遜交人
詔遇朝日朝文德殿分東西立墅日則交人入
垂拱殿占城毯紫宸殿大宴制東西坐　見宋史
有人往林邑於海嶼上得鯨頭骨如數百斛困
頂上一孔大如甕俗以爲珠穴　見宇記
林邑人殺象怒希帶陣以關人登樹取衣掛趙
枝緣宅樹而走象見衣以爲人存以鼻汲水灌
樹枝倒不見人踏碎其衣而去象病首必向南

死肉籠連皮煑易熟牙箏足掌肉稍佳見南志

占城犯姦者男女共入牛贖罪負國王物者以
繩拘於荒塘物充而後出之見宋史

占城野水牛甚狼是人家耕牛走入山自生長
年深成羣但見人身穿青者必趕來抵觸而死
見華夷考

古城尸頭蠻本是婦人但無瞳人為異與家人
同寢夜飛頭而去食人穢物飛回復合其體
郎活如舊若封固其項或移體別處則死矣人

東西洋考卷之十二　　十三

病者臨蒍時遭之妖氣入腹必死見星槎勝覽

林邑山楊梅大如杯椀以醞酒豬梅香耐非貴
人重客不得飲 出林邑記

海棗身無閒枝重蠻三四十丈樹頂四面生十
餘枝葉如栟櫚五年一實實大如杯鹽昧極甘
美泰康五年林邑獻百枚 出南方草木狀 以上占城

赤土豪富之室恣意華靡金鑲并王賜不得
服用書 見隋書

赤土甘蔗作酒雜以紫菍根酒色黃赤昧亦香

美書 見唐

勘合虎簿洪武十六年始給暹羅以後漸及諸
國每國勘合二百道虎簿四扇如暹羅國暹字
勘合一百道及暹羅字底簿各一扇送貯內府
羅字勘合一百道及暹字虎簿一扇發本國收
填羅字虎簿一扇袋布政司收此遇朝貢塡寫
國主使臣姓名年月方物令使者齎至布政司
先驗表文次驗簿此虎相同方許藩遠至京每
紀元則更換給 見廣東通志 以上暹羅

東西洋考卷之十二　　十四

訶陵有三十二大夫大坐敢先為最貧 見唐書

闍婆不設刑禁雜犯罪者隨輕重出黃金以贖
惟寇盜者殺之 見宋史

爪哇港口一州長尾獼猴萬數一黑色老雄猴
為主一老奮婦隨側婦人無嗣者備菜酒往禱
老猴喜則食物餘諸猴食盡卽有雌雄二猴來
前交感婦回家便有孕否則無孕 見華夷考

爪哇國舊傳鬼子魔天與一圖象吉面紅身赤

菱生于百餘常食啖人其中人被啖幾盡忽

日雷震石裂中坐一人衆異之遂爲國主郎領

餘衆驅逐罔象而除其害後一齒安業至今國

之遺文後書一千三百七十六年考之肇在漢

時至我大明宣德七年。〔見星槎勝覽〕〔以上爪哇〕

東西洋考卷之十二　十五

真臘城皆疊石鄰無女牆亦有監門者惟狗不

許入門城甚方整四方各石塔一座曾受斬趾

刑人亦不許入中有石塔所屋塔中有肝銅佛〔臍中常有水流出〕

真臘惟國主打純花布大臣打踈花布惟官人

打兩頭花布新唐人打兩頭花布人亦不菲以

暗丁八殺故也暗丁八殺不識體倒也國有丞〔司天等官皆國威爲之金轎扛四金金傘柄爲之金轎扛二金金傘柄又其次也止一金金傘柄呼巴丁而巴亦銀轎扛呼廝辣的者銀呼其次銀轎扛地油傘柄爲之裙鄰短〕

人知樂人醜黑不知宮人及南棚南弟也婦女

多有其自如玉一布經腰之外皆露臀酥國主

之妻亦如此國主凡五妻正室一人四方四人

娘婢三五千番主與正妻同坐金〔德中諸宮人〕

次第列兩廊供俸入之役者呼陳家蘭不一

千鄰有丈夫與民間雜處只額門前削去其髮

塗以銀硃及塗兩疊後以爲陳家蘭別耳〔此產中無病且收歛數常如至女夫印抱嬰兒〕產婦

同往河内渫洗大遇遠役只可數夜過〔十數夜婦必日我非並魃如何孤眠〕

殊不可曉一夜只分四更一輪亦如中

東西洋考卷之十二　十六

國開建除之類有兩日最吉三日午平四日最

凶何日可出東方何日可出西方雖婦女皆能

算之十二生省與中國同但呼名異耳婦以馬

爲十一賽雜爲藥猪爲真盧牛爲箇之類

真臘爭訟雖小必上聞有縫音杖但聞罰金重

事亦無綾斬生腦地或死納罪人於内實以土

石堅築而罷次有斬指去鼻者但姦與賭無禁

姦婦夫或知之以兩柴絞絞夫之足痛不可忍

竭盜與之方免人家失物歿人爲益以鍋煎油

極熱令伸手於中果偷則手爛否則皮肉如故

又爭訟莫辯曲直國官對岸有小石塔十二座

令一人各坐一塔無理者必生瘡癬或咳嗽之類有理者晏無纖事以此剖判謂之天獄

真臘地苦炎熱日非數次澡洗不可過初無浴室孟桶地家有一池否則兩三家合一池男女皆裸形入家有一池或三四日城中婦女至城外河中漾洗河邊脫去所纏布大水者動以千數雖府第婦女亦預為蓮頂皆見唐人眼日頗以此為遊觀之樂 有病多入木浸浴及類頻洗頭便自痊可

東西洋考卷之十二　十七　振

真臘雀田皆不用藏嫉其不潔也唐人到彼告不言及中國雀産之事恐為所都經涸既畢必入池洗淨止用左手右手留以拿針按隋書曰淨左手為穢每旦澡洗以楊枝淨齒嚼誦經呪又澡洒食能還用楊枝淨齒又讀經呪巨舟以硬樹破胶為之匠者無鋸但以斧鑿開成版凡要木成長亦以鑿鑿斷起至匠然船上以茭葉蓋覆郁以檳榔木破片歷之胝船名為新拏所粘之油魚油所和之灰石灰也小舟都以一巨木鑿成槽以火重軟用木撐開腹大兩

頭尖可載數人名為皮闌以上俱貞臘風土記

三佛齊人民不輸租賦有所征伐隨時調發自 衛足舂撞禊見朱史

治平中三佛齊地華伽羅遣使至囉囉入貢殿風船幾覆禱天有老翁現雲端旋忌時寇殿廣州天慶觀老君像在先礁中至囉囉親之卿向所見也及還告地華伽羅遣入諂廣鴬工重覆以樓明年地華伽羅没剪其爪爰送道士莽建施錢十萬置出田於囉塘以充常住鑄大鐘之囉塘至今祭焉為 見廣州志

東西洋考卷之十二　十八　振

神蘢高三尺許前半甚黑後半自花毛純可愛止食苦木不食腥膻出舊港國上 見華夷考以

大食男子鼻高而黑女子曰賓撮飄郭而曰五拜天神有禮堂容數百人率七日王高坐為下說法曰殃敵者生天上殺敵受禍故俗勇于闘 見唐書

大食海中見一方石上有樹幹亦葉青樹上生小兒長六七寸見人皆笑其手脚頭著樹枝

取一枝小兒便宛收在大食國王宮　見舊書

大食國出胡羊高三尺餘其尾如扇每歲春月刲取腊再縫合之不取則脹宛有大尾羊　見方國志拔大毛薄皮尾上旁廂重二十斤右則以車載之唐書謂之靈羊

嘉靖三十四年三月司禮監傳諭戶部取龍涎香百斤檄下諸藩懸價每斤償一千二百兩往之亟取真者廣州獄夷囚馬那別的貯有一兩三錢上之黑褐色密地都密地出夷人繼上六

東西洋考卷之十二　　十九

兩褐白色周狀云褐黑色者採在水褐白色者採在山皆真不贗而客地山商周鳴利等再上

運前十七兩二錢五分馳進內幣萬曆二十一年十二月太監孫順為衛東宮出講題買五斤

司劍驗香把總蔣俊訪買二十四年正月進四十六兩再取於二十六年十二月買進四十八

兩五錢一分二十八年八月買進九十七兩六錢二分自嘉靖至今夷船聞上供稍稍以龍涎來市始定買解事彇每兩價百金然得此甚難

見廣東通志　○以上硇砂

成化間撒馬兒罕使臣柱道至廣東將往滿刺加市後犯入貢所過震驚布政使陳選為按成

犯本井澤國所產假借意旨入海宣索為援成

中貽議海外與則　見昭代

紅毛鬼接溮英咭唎不納蒲刺加何其舟回遮殺

始盡以上麻六甲

人到吉里迺悶多染疾病十死八九蓋其地瘴氣及淫污之故也　見星槎勝覽　右池悶

東西洋考卷之十二　　二十

佛郎機在爪哇南二國用銃形製同但佛郎機銃大爪哇銃小國人用之甚精稍不戒則擊夫

數指或斷一掌其人嘉靖初佛郎機造使來賣

行使皆金錢其人好食小兒每一兒市金錢百

文廣之惡少掠小兒競趨之其法以巨鑊貯湯以鐵箄盛小兒置鑊上蒸之其汗盡出乃取出

用鐵刷刷去苦皮其兒猶活剖腹去腸胃蒸食之

往二三年兒被掠益眾海道注鑊以兵逐之不

菁去又用銃擊敗我兵乃使舍水者入水鑿沈

其舟盡擒之汪鋐由此爲後爲吏部尚書會
北虜入寇鋐建議請頒佛郎機銃於邊鎮詔下
所司施行三邊賴其用然銃疏語諄復可厭兵
部郎中吳緝見而笑之鋐怒黜爲銅仁府或
戲之曰君被一佛郎機打到銅仁府談然今在

呂宋者鄰不聞
食小兒之事

呂宋最嚴彼童之誘華人犯者以爲違天報論

死積薪焚之 以上
呂宋

裝清使倭東至竹斯國又東至泰王國其人同

於華夏以爲夷州矣不能明也又經十餘國達
海岸自竹斯國以東皆附庸於倭 見隋
貞觀五年日本使者入朝帝矜其遠詔有司毋
令歲貢進能龍州刺史高仁表往諭與王爭禮不
平不肯宣天子命而還末微初獻琥珀大如斗
瑪瑙若五升器 見唐
唐日本王子來朝王子舍棋勅顧師言爲對手
王子出楸玉局冷煖玉棋子云本國之東有集
真島島上凝霞臺雪手談池池生玉棋子

冬溫夏冷故謂冷煖王又產如懷王其狀類枇
杷須爲局光潔可鑑師言汗手至三十三工
勝頸未決師言汗手凝思方敢落指謂之鎮神
頭乃是解兩征勢也王子瞪目縮臂已伏不勝
廻語鴻臚曰待詔第幾手那鴻臚詭對曰第三
手師言實第一其可得乎王子曰願見第一手
子勝第三方得見第二方得見第一人
欲躁見第一其可得乎王子曰小國之一
不如大國之三信矣

倭國有天王自開闢以來相傳至今不與國事
不轄兵馬惟世享國王供奉而已國王受國事
掌兵馬盛衰疆更替不常 續文獻通考
元豐時明州言得倭國太宰牒道仲回等貢絁
二百匹水銀五千兩以仲乃海商貢禮與諸國
異請自移牒報而各其物宜從之 見宋史
日本人善嗽茶道傍有茶店遨入啜茶如漢人
入酒館 見續文獻通考
肥前州島酋村山等安者受彼武藏總攝之命

監主市易勿交關唐人者也明石道友乃領倭出
敗渠率駕舟送偵探官董伯廻來還旗書單黃
凱旋四字　　　　　海道副使韓仲雍馳至海上籠絡倭水月

而閩不格得犯相會物志　故頻年發遣　
瀷有信闕末已沿泊占城物收見　諸國甚實原使韓
之狀或經遠患由平會　天朝商人買也友諭國甚
柄隔閩或漁捕通　殺途一販何影鹿間掠國財遍
害急由駐泊占城　傷汝一粒內故妄猜則何故使欲
致漢有取利者國　各出身緣赦地或有他謀侵頻
誘奪附船天朝商　起官各旣掠忌遂稱別無經港十
利末免殺途一　國遠商被賊風相飄王生入嚴臨久籠
者國沿汝一粒　有根賊風謹唐人因浙禁廢住販有船
王寔恐出各起　必查海守待入嚴臨久破住販有船
不嚇起官身緣　之唐人因浙禁廢有船船
知聞者國遠商　而　　　　　　　　　水

　　　　　　　　　　　　　　　　　　　　　東西洋考卷之十二

天遠圖一質行知船至發
朝伯主則問訓軍先今
子欲係練門是今商
不心而彼分都遇其一也達老
之　時猶總還官逗分兵迫中利軍
恩　中常隔摧崑追　不及未敢
不民華絕關絕不敢央官漁
沒伊人情亦如問剖一則又藉海
小賷年物送名剖過一則又藉道
中供到別贖五名咸藉海到
國費獻五年或又皆而取得自歸
恩征五年　日　領　　　本國
　　　　　　　　　　廿三

順
國本國聞如唐人撥置則
　奏道番中番番長
　聞中番　落一
　道惟庸之　港　　旋日
倭長一　動尚傳也頒旨時
　五之事尚傳有　妄院汝
　港事尚寸難盡覽　　上道
　尚末微貨難歸　　宋天
　　　　遍過汝若番　朝琉
　　　　　　　主不　球
　　　　　　　　交　示
　　　　　　　　　　　　廿五

顧
春信風彩
以沈恭
友等輕
三字顧
干特侵琉
收意強
隨倭好
闢倭圖
好問何
何求稱
吾西販
求稱吾
別送前
當責不庫矣恭

珠舶寶出園塵談所必資抑狐掖之竝採云爾

勝載者咸彙而存焉外之則碎金屑玉合之皆

近織屑或菌傳于前籍而事近荒唐本傳所不

疆列于正史商事近迂緩或猋考于圖故而事

論曰逸事非盡禪官之殘簡流俗之瑣談也或

東西洋考卷之十二

十五

萬國總説三卷

〔清〕朱克敬撰

《萬國總説》三卷，清朱克敬撰。克敬（一七九二—一八八七）字香蓀，晚號暝庵，甘肅皋蘭（今蘭州）人。咸豐間補湖南龍山典史。是書卷上迻録日人岡本監輔《萬國總説》，而别爲歐羅巴洲、亞美理駕洲、亞非理駕洲、阿塞亞尼亞洲四洲總説，並印度記，略述諸洲各國地理位置、歷史沿革及治亂興衰之故。卷中據前人記載，參以見聞，考述俄羅斯、法郎西、英吉利、德意志、奧地利亞、日本、意大利、瑞典、西班牙、丹國、荷蘭、比利時等十餘國疆域、政制、貿易情形，皆與中國通商往來之國。卷下則條摘丁韙良所譯西洋《萬國公法》，分原始、明用、立國、禁令、交接、使命、盟會、兵事第一、兵事第二、兵事第三及和約，凡十一篇。據清光緒十年（一八八四）敦懷書屋刻本影印。

甲申深秋之初

萬國總說

秀卿题

光緒甲申仲秋
敬懷書屋校刊
書局發售

萬國總說

岡本監輔　日本人

地形如球周圍三百六十五度三分之一水居其二陸居其
一泰西八分水爲五洋曰太平洋曰大西洋曰印度洋曰
南冰洋曰北冰洋土爲六洲曰亞細亞曰歐羅巴曰亞非
理駕在地球之東半曰南亞美理駕曰北亞美理駕在地
球之西半其外大洋島嶼甚多總之卽一洲名阿塞亞尼
亞

地球以南北兩極爲軸而赤道橫繞其中日輪正照地氣
炎熱赤道南北各二十三度二十八分爲黃道限製溫漸
得其平又再北再南各四十三度四分爲黑道去日漸遠
凝陰冱結凡天下富強諸國率在黃道限內其沿革事蹟
歷歷可徵赤道限內次之漸近黑道風氣矇昧生齒稀少
風俗獷狉無復史載可稽

萬國古今沿革不可勝記其說天地開闢互有異同如我
國古傳三神成造化之始二靈爲萬品之祖天祖天孫統
理大八洲實灼然不可誣也中華上古有盤古氏少至
伏羲神農氏年代邈不可考核造唐虞始有文物足徵至
於西人所傳詳諸亞西亞記或曰人類大別五種曰黃色

目白色曰黑色曰紫色曰銅色原其始祖各自不同

萬國開闢之初其民茹毛寢皮頑蒙無知有聖人起開物

成務使之漸進禮義古初各國槪皆君主專治其八亡則

其政熄德行文章與君主存滅百年以來學者唱自主說

曰獨立不倚遊于法中爲生人之通誼天下公器八身至

重不可委大權於一人而受其制縛以死刑爲涼德以交

戰爲野蠻思神聖當國遵守永遠息兵之約則自今以往

文化之開未可以自今以前例之也

歐羅巴洲總說

歐羅巴幅員不過亞細亞四分之一亞非理駕三分之一

大西洋海水由西北灣環注入曰波羅的海又由西南東

注日地中海再分小汊注東北合巨浸日黑海環波羅的

海南盡地中海北至黑海之北岸爲歐羅巴全土曠野居

其二山嶺居其一海隅灣泊甚多田土肥瘠不等

全洲分南北二部北部寒冷有俄羅斯瑞典普魯士墨斯

地亞日耳曼丁抹荷蘭瑞西法蘭西英吉利諸國南部溫

暖有西班牙葡萄牙意大利希臘土耳其諸國都邑壯麗

道路修潔人生必需之物遊戲之具盡備動植尤爲繁庶

惡毒之物絕少

洲內戶口三億高加索族最眾芬士刺伯薩謨厄匈牙利

鞳靼該馬克土耳其諸族不過高加索族三分之一高加

索族技藝精微冠絕五洲理學政治彝倫靡不講習商買

爲本關有稅而田無賦航海貿遷不辭險遠宗教大率奉

耶穌所在設禮拜堂唯土耳其全土俄羅斯數部崇回回

教間有奉猶太教者

上古歐羅巴人游獵爲生食肉寢皮希臘各國首被東方

之化耕田造器百務乃興繼希臘者爲羅馬創業亞紃疆

土四闢始成混一歐土之勢後衰亂爲戰國四分五裂無

所統一而交運智識大進中國人嘗創火礮西歷〔紀元一

千三百年代末日耳曼人蘇爾的斯始模造之未得運用

之法及帖木兒郎王撒馬兒罕有歐人來投爲兵攜火藥

礮位以歸諸國講究練習盡得其妙更變通其法創爲鳥

銃用以攻敵百戰百勝以巨艦涉海西闢亞美理駕全土

東得印渡南洋諸島聲勢縱橫四海

亞美理駕洲總說

亞美理駕洲分南北中央一綫相連形如蜂腰北距北冰

洋南近南冰洋長約三千七百里東隔大西洋與歐羅巴

亞非理駕兩洲相望西界太平洋直對亞東境無別

土廣狹不等極西北一隅與亞細亞之極東北隔一海

港全洲延袤等亞細亞大半荒蕪氣候南北迥塞中央灣

暑如蒸寶藏甲于天下動植諸物繇行充斥舊無牛馬羊

豕犬猫自歐羅巴傳之今則蹄角徧地

美理駕洲有英屬亞美理駕美國墨西哥諸國南亞

北亞美理駕洲有委內瑞拉新加拉那太厄瓜多巴西秘魯玻

里非智利諸國二洲中間有羣島羅列曰西印度

洲內戶口約八千五百萬分四種曰印度人即土人先哥

倫波創見散居大陸種類殊多風俗言語各異曰白人即

哥倫波以後歐土各國流寓之裔曰黑人係亞非理駕人

裔曰雜人分三族或土母白父或黑母白父或黑母土父

三種膚色不同其敎法土人崇奉異敎歐人遷至後傳耶

穌敎徧于各地學藝與歐羅巴同亦由歐人薰陶推美國

爲首

西歷八百年間歐羅巴北方海盜成羣出沒忽得一島曰

發祿據而有之遂爲藪宂八百六十一年盜魁航海回島

爲風所驅至一地泊舟登岸四無人聲亦無室廬叢林茂

樹掩映山谷會天大雪名之曰雪洲後八呼曰冰洲即愛

撒蘭又有一島滿地綠草名曰綠土尋那威人遷居九百

八十年新建邑里四方遷居者曰彔一千二百四十八

瘟疫流行死傷大牛其不死者爲鴨斯基毛人所殲迄今

遺址依然冰洲傳記稱一千年間有數舟揚帆抵一地草

木不生磐石嶙峋呼之曰石地盎今新著大島之東南也

又行海濱有山巋然壁立白沙徧地林木叢雜呼之曰木

地盎今新蘇格蘭再行海濱土壤豐腴因止以過嚴冬地

產葡萄甚甘美蓋今合眾部新英蘭

八百年代那威八創見愛撒蘭九百年間搆室屋于哥里

蘭其事歷歷足徵當時歐人未有巨艦曹于航海之術而

能航此地可謂奇矣如印度人居在此地其說殊不可解

自墨西哥迤南諸部尙存城堡寺院市街故墟屋瓦煙突

鎔金諸器類皆數千年前物墨西哥石冢二千許其大者

高十二丈八物形狀大與印度人異意古時有數百萬開

明之民立國會有天變人物一切蕩滅即度人自亞細亞

遷徙也或疑往昔韃靼八經白令峽抵亞美理駕見最北

所存之物最古遽南漸新則其說亦非無理倭海阿密蘇
里亦有巨大建築及畫圖彫象諸物足以想像數千年前
開化之狀
愛撒蘭哥里蘭及北極地方爲北亞美理駕土人鴨斯基
毛及印度人種所棲息鴨斯基毛人種似　巴蘭人恐數
千年前歐人移住也相傳往昔迦太基人發見南亞美理
駕徒其民然至哥倫波時二三千年間無人筆其說者要
之道亞美理駕事迹者以哥倫波爲隔矣
一千四百年間歐羅巴諸國航海術大開然人民智識漸進

當時人未知地體圓轉之理皆謂航海至地盡處則類墜
鬼界或謂大洋遠處有怪物充斥意大利人有哥倫波一
千四百三十六年生于熱那亞父爲船師哥倫波幼從父
于船族人有艦船巡哨海上以抗回教入威尼斯人者哥
倫波助之與敵人戰于海上敵放火一船焚死哥倫波投
海凰免而猶不懲艾專事航海間而猶好講航海術
乃抵立土本聚海客伯勒斯列羅女見其家所藏海圖及
測量器忽憬悟謂地體渾圓航西不止當抵印度否則西
方必有一大陸葡人嘗見巨蔗于海濱又有奇形草木及

彫刻木浮于洋面或異人尸漂至哥倫波聞之益信其說
不錯將航海驗其實歸熱那亞訴諸政府以爲狂不
可哥倫波再至葡西航數日終無所得而還哥倫波
甘言慰諭陰發數隻舶　約翰第二約翰以爲然欲收奇功
怒使其弟巴爾索羅摩見英王顯理第七說之身負一子
赴西班牙途上資竭乞食遂達都城見王匪地難多及后
依薩伯拉說之王與后初弗信居八年遂納其言有人讒
哥倫波哥倫波攬淚將辭去依薩伯拉深信哥倫波止之
貨所愛寶王粧其貲許行其志曰功成爲新地牧伯一

千四百九十二年八月三日哥倫波率一百二十八人駕三
隻船自巴路港發西南進達加拿理島更正西行二月餘
望見水涯現雲峯以爲陸地者數會羅盤針不指北斗舟
師膽落忽見海面如鋪綠草蓋潮水堅凝也船不能進舟
人極口罵哥倫波詧之遑船哥倫波溫言撫慰約三日西
進旣而見水漸淺薟葦樹枝浮于波上陸鳥飛翔檣上及
夕陽西沒茫乎不見一物命卸帆以避暗礁至夜半遙望
火光閃閃映波檣上人忽大呼曰陸地陸地眾喜極而泣
拜哥倫波不睡待天明認一島嶼在前窺以遠鏡有隄磯

草色蒙茸乍覘人烟舟人奏樂一齊鼓棹傍岸哥倫波左
手提劍右手執旗踊躍上岸土人成羣來觀駭愕甚以為
神人乘大鳥自天降至葢以船為鳥帆為羽翼也土人皆
裸膚如銅以金環穿耳鼻問地名答曰瓜亞那哈尼哥倫
波以為大助更名曰三薩瓦多猶言神聖救護是為十月
十一日事實後小松天皇應永十九年九月某日也哥倫
波以玻璃片珊瑚鐵釘諸物交易黃金更南得古巴島與
聖多明哥島聖多明哥本名海地有土人數族各有頭目
曰加什及從童僕乘車輿而至見船內諸器具驚訝久之
哥倫波將復命會一船膠淺破壞一船漂亡不知所往乃
以破船作小寨留三十八居之欲示威土人將手統操練
忽火煙噴起飛丸迸發土人有絕叫而倒者更放大礮鐵
九轟激摧船一面土人益震怖一千四百九十三年一月
四日哥倫波發海地東馳數日遇颶殆覆心期必死書是
行所見之狀工羔皮紙藏諸木桶以瀝青密封投之海中
以冀其漂至陸地旣而風稍穩獲免三月十七日船入巴
路港西人發礮鳴鐘祝之岸上人出觀者如堵哥倫波登
陸赴都城巴塞羅內車載珍異物品整列鹵簿朝王宮王

特禮延見大賞其功明年九月又發十七隻船拉一千五
百人轉針路稍南得加里比諸島居民蠻野殺入啖之人
骨頭顱成堆遂復抵聖多明哥不見小寨亦無一人存者
葢西人虐土夷土夷羣起殺之也哥倫波愕然更設一砦
其地名曰依薩伯拉讚后德也土夷萬餘戰盡驅逐之土夷
步騎兵二百餘藝共二十與土夷新地荒涼心懷不平相率歸
窮迫從命獻賞會同行八厭之知也西王遂使八來監使者
本國語哥倫波哥倫波不之知也西王遂使八來監使者
素與哥倫波相惡命之歸待王命哥倫波歸見王辨析其
訐事得解一千四百九十八年哥倫波又裒八隻船載罪
囚若干而行將開礦山益轉南而行得特尼答島遂達南
大陸一角卽令加他日邪邑會疾疫流行糧食匱缺不得
已還三薩瓦多西人多欲奪哥倫波于王王遣其臣勃哈日拉總
黨至亞美理駕護護哥倫波于王王遣其臣勃哈日拉總
裁事務勁哈日拉亦惡哥倫波納總言縛以鐵鎖押送本
國船長重哥倫波為入欲解城枉哥倫波不肯曰欲見西
班牙人所以報余王諒其無他待之如故唯罷官位一等
哥倫波毫無所屈一千五百二年又發脆薄船四隻欲過

405

巴拿馬峽出南洋探印度洋遂抵牙賣架三船皆壞有二
士剗大木為舟乘之出大洋十日達海地裝船閱八月至
牙賣架迎之哥倫波竟恿懼病遘西班牙會依薩伯拉卒
匪地難多不錄其功仇人又多妒其功皆曰如哥倫波發
見新地人皆曰一日盛會有一貴紳亦言之哥倫波直
取一卵謂眾能置之頭上者眾相顧默然哥倫波
壓潰之置頭上帖然不墜眾曰吾亦能之哥倫波曰諸君
唯口能之耳余身能之突是余之所以異于諸君也一千
五百六年卒于西國哈拉多里年五十九遺言葬屍于海

地以其嘗繫巴之鐵鎖纏墓哥倫波所得諸地初稱新世
界未及發見大陸一千四百九十九年英國船將加波的
奉王命探其地達大陸恭今拉不拉多也後佛羅稜斯入
亞美理駕至其地記錄風土基詳其書盛行于世因號
其地曰亞美理駕哥倫波之始開亞美理駕也羅馬教皇
亞懣山德第六謂新地宜入已有歐羅巴諸國君長奉舊
教省亦皆以為非得教皇允准不得移民教皇為人寬宏
平分其地授西班牙葡萄牙兩國遣人征服諸地役
使土夷西人取西印度羣島設厚穿拿府于吉巴羣置鎮

帥他國傚之其意在欲得金銀蓋時人稱新地為鍍金國
謂其主以金粉塗身形似金像金宮殿皆以矢理石營之白
光粲然奪目當門二獅子以金鏈繫之前有噴水井金管
四條迸出銀水宮中祭壇用純銀築之安大陽巨像以金
造之其所以誇稱往往如此而當時歐人皆信之不疑
西班牙人用兵取墨西哥秘魯諸國漸蠶食西南各部流
徙雜居蠻山開礦以此致富葡萄牙海舶乏巴西見其土
曠徙國人墾辟法英二國亦相繼至法據南北英據中土
荷蘭丁日諸國亦來住後多為英所併英得其東北西得

其西南一千七百七十五年美國叛英僅餘北境一千二
百十年墨西哥諸部皆叛西班牙葡萄牙王子留王巴西
歷傳之久別為一國不屬于葡是以南北二洲之域惟英
人據其北部餘皆擁地自擅不受歐羅巴約束

亞非理駕總說

亞非理駕為四大洲之一與歐羅巴隔地中海與亞細亞
隔紅海而蘇葉一線地與亞細亞接連狀類人頸洲內草
木紛緣穀果極夥有一種大樹名巴兀婆又一種名龍血
樹據木理推之牽五六千年物奇種飛潛異形獸蟲緐衍

充斥可驚可怖由其地炎燆難徧歷不能周知下幾內亞

東境山川十餘萬方里未通人跡

腓尼墨人一周亞非理駕在紀元前六百八年後一百五
十年有希臘文士曰希羅多達斯記商舶環行此地之事
云四圍皆水惟東北隅僅有片土名蘇彝接屬大陸初放
舟自紅海駛印度洋秋時登岸耕植收其所產乃去如是
者三載繞日巴拉太峽達挨及國當環行時日在其右道
路遠近不能稔悉後二千九百二十二年葡萄牙人始得審其

地理

亞非理駕八出于挪亞子罕罕以巴伯塔營築後至挨及
國定居于此其子美內士創建王國實紀元前二千一百
八十八年也子孫繁衍徧于各邦或曰洪水初平罕罕之裔
密四來率其族徙于亞非理駕之北境先美內士一百六
十年

洲之北境古多名邦今皆恩部係自亞細亞轉徙蓋自挨
及國至亞皮西尼多爲土耳其亞剌伯二國人與沙蘭生
人混者撒哈拉大沙漠及其傍近地方則亞剌伯人住焉
以牧畜爲業轉徙無常其東西南皆土番洲內諸國今尚

推挨及國爲第一摩洛哥桑給巴次之馬達加斯架始改
政體漸通歐洲

阿塞亞尼亞洲總說

太平印度之二洋羣島列或斷或續統名阿塞亞尼亞
爲六大洲之一地氣各異溫和居多其酷熱則有海風能
解暑藏篠衍難以殫述草本各地不同動物紛絃有異于
他洲者

洲內戶口約二千萬率多生番漁獵爲業裸體文身性粗
獷慣劫往往喜啖人肉技藝拙無所事事唯馬來細亞

八稍辛勤工藝略精其敎門或尊囬敎或奉釋敎或拜諸
神間有奉耶穌敎者至于歐人遷居者其學藝敎門與本
國人無異

洲內島嶼分爲三域一曰東印度羣島又名馬來細亞一
曰澳大利亞巴不亞羣島一曰南海羣島南海羣島又名

不里尼西

印度記

緬甸之西雪山之南有廣土突出南海形如箕舌所謂印
度也印度有五形入海之處爲中南兩印度與緬甸毗連

為東印度雪山揿抱為北印度跨印度河距阿富汗為西

印度縱橫數百千里高原綿邈氣候炎燠其民種類不一

相傳上古有二族一曰月朝一曰日朝並出于天神日朝

後王拉瑪為父所逐與其妻西達遁住山間十四年眾推

為王錫蘭島王拉巴拿一身十頭驅幹偉大恃其勇力奪

西達去拉瑪玫錫蘭殺拉巴拿立其弟為王威震四鄰遠

人歸心拉瑪死子孫世襲月朝緜衍于南西印度耶提提

王九著訓人民闢疆土二朝時文學禮義彬彬四方屬望

一說西歷紀元前二千一百八十年高加索族入西境居

卷上

印度河旁二千年始拜婆羅門教造梵字著肥大司此土

書一千六百十四年始高加索族與土人戰一千三百年二

族媾和通婚一千年始與猶太通七百七十年始立四司

尼加朝傳十世三百六十年六百年佛教大興五百四十

年釋迦卒然其事蹟之詳不可得而聞也五百二十年間

印度西境俱為波斯屬地波斯王大流土收其稅得波斯

稅額三分之一實為神武天皇即位前二十五六年事

後馬基頓人西亞人拔克德里人相繼來伐印度大半

常歸其轄一百二十六年轄靼人為本國所逐至中國境

不能入轉攻拔克德里滅之爾後諸國互有沿革紀元一

千年間土耳其八馬毛多與子波斯建伽寺尼國稱王屢

伐印度克之版圖甚大一千二百二十八年卒費沙拉據上印

度自立為王越二年復馬毛多所侵略之地一千五十年

米山德第三為王都于勒和既而國中分裂相爭

一千一百九十四年阿富汗君長高黎侵印度陷其諸

城一千二百六十年高黎為其下所害土耳其人甲丢伯創

建特里國為王是為土耳其第一朝曾成吉思汗起子蒙

古失其屬地十傳終一千二百八十八年甲丢伯裔伯魯

卷二

土為特里王是為土耳其第二朝許蒙古人移住明年為

其姪阿老丁所弑阿老丁自立破蒙古兵三傳為烏罷一

千三百三十七年烏罷帥師逾雪山寇中國卒于途國勢

浸衰一千三百五十三年伯羅士為特里王是為土

耳其第三朝伯羅士勸農工阜貿易在位三十七年國內

無事稱為賢明五傳至馬毛多國大亂分裂為二千三

百九十九年帖木兒郎自西轄靼來侵大肆搶掠屠殺十

萬人征服五印度為蒙古別部未幾而去一千四百十四

年耆一精為特里王立舍德朝是為土耳其第四朝三傳

終四百五十年阿拉丁為特里王立魯日朝是為土其其

第五朝一千四百八十八年昔剛德為王即位之十年歐

人始至十五年力克王與哥陳王戰滅之明年葡萄牙人

助哥陳復國尋開可陳錫蘭諸埠頭一千五百十七年愛

布拉罕嗣立與蒙古戰敗死國亡

爾汗死復位在位僅一年卒子亞格巴爾立為人豪雄卓

度取特里地印度諸國屬土耳其三百年至是巴卑

一千五百二十四年帖木兒郎五世孫巴卑爾大舉入印

爾立國于特里勢甚張卒子武米恩立為西爾汗所廢西

舉即位之明年叛民喜馬篡立攝政白蘭攻之喜馬敗死

王復位居五年白蘭叛王親討之遂征服四鄰一千五百

六十五年築阿格拉城為都一千五百八十年遷都于勒

和勝兵六十萬國力日強一千五百九十四年分國為十

二省愛教法駁雜思別設一教以齊民志未果一千六百

五十年病卒在位五十一年鄰國無伺釁者王時英荷二

國始來設東印度分可英國水師駐防子西令立國號奇

汗久譯言平治天下也一千六百二十八年西令卒子沙

日罕立盡殺大臣復都特里一千六百五十七年王子四

人相攻三子敗死一子名阿倫格弒王自立焚滅國中寺

祉使國人強奉回教不從者處極刑大廟疆域施仁政殆

有統一全國之勢一千七百七年卒步哈德立卒子哈德

立伯羅土弒之自立阿布達又殺之步哈德孫馬罕未德

嗣立一千七百三十八年以事殺波斯使臣波斯來伐大

肆劫掠收贖金十六億六千六百萬元而去一千七百四

十九年阿富汗來侵拒之不克是歲王卒亞美立乞援麻

刺多麻刺多逐阿富汗自據其地居五年亞美被廢亞倫

格第二立亞美起兵攻之兵多疫死遂退一千七百六十

年王被害西令第二立與英人戰敗績割地請和一千七

百八十五年麻刺多來伐請援于英英兵未至王為麻刺

多所虜麻刺多入抉王目取特里一千八百三年英人與

麻刺多戰克之遂得特里一千八百六年亞格巴爾第二

為王仰英俸自給一千八百五十七年印度各邦合兵擊

英不克英人獲特里王流之緬甸自是濱海各境皆屬英

一千年以來歐羅巴諸國朵頤印度者甚多一千五百年

代備人始至孟買建城通市致富荷蘭八姊之遣兵艦攻

奪其地設立埠頭纔敗十年六百年代末英人甲便日土

抵東印度設於司擅商權凡十五年英船將蘭加斯德功

甚多遂取諸邑築礟臺移植其民荷人復妬之與英人戰

令莫臥爾人假英人力派土豪是時法人亦來設埠頭一

千七百五十六年英人逐法人就其地造築家屋極壯麗

明年英人與孟加拉首長索拉約朵刺戰大破之盡取其

極兇暴云

商會首

地一千七百六十五年英公司與莫臥爾和孟加拉遂為

一千七百六十七年賣索王之子非德爾阿厘起兵抗英

阿厘有大志陰養兵卒一千七百六十年攻賣索取之乘

勢併吞四鄰英人忌阿厘與麻刺多人台兵擊之一千七

百六十九年與阿厘和一千七百七十四年英商曾遺瓦

倫哈斯丁土攻印度盡降之一千七百七十九年阿厘煽

動麻刺多及其他土豪叛英起兵法人資之兵器糧食哈

斯丁士以計解散其謀又與麻刺多人和明年阿厘死一

千七百八十六年阿厘子帖布陸曾擧起兵與英人戰一

千七百九十九年帖布薩軍敗死之英人與麻刺多分其

地一千八百十七年英人擊麻刺多破之會大疫英兵死

者一萬人明年印度全境大疫

一千八百二十四年英人掠新嘉坡及旁近郡島一千八

百二十六年古據麻刺甲一隅一千八百二十九年英八

下令禁殉葬一千八百三十三年始用土著人為官以分

商會之權一千八百三十九年築礟臺于亞丁及百林島

是時英人更掠波斯灣要害造鐵路于幼發拉的的河畔

一千八百四十三年英人出兵掠取信地遂討塞哥塞哥

人初據本若建國其酋長林日星為人雄武雇歐人練兵

旅四鄰畏服既而林日星歿歐人皆歸其國兵士橫暴不

奉命侵入英屬地一千八百四十五年英將率兵攻本若

舊戰破之塞哥人懼償兵費請和英人駐兵一萬備之一

千八百四十八年本若民叛作亂全國應之英將高弗邀

擊破之明年本若全歸英管英人解散塞哥兵執首謀者

幽酋長子是印度全地無復抗英者

一千八百五十七年五月孟加拉民羣起作亂安日河旁

近諸部悉應之眾凡十一萬皆帶新式兵器進至特里據

要害見英人不問男女皆屠殺之放火搶掠立莫臥兒帝裔彪巴茵為印度皇帝年八十餘派將卒捕隱匿英人者襲各處銀行搶掠無所不至英公司發印度西北屯兵攻特里亂兵悉聚于岡坡爾屢襲英人英人糧盡約降亂兵誘英人至河心自兩岸狙擊之英人男女死者大半餘皆為虜英人不屈大將巴布洛以兵二千四百攻岡坡爾三戰拔之會烏德大軍來侵英憚勞瘁索尹吉利相繼據盧各腦脇之巴布洛擊烏德兵不克卒于陣軍中無不悼惜明年三月哥林幹布伯將兵一萬來援一萬二千繼之每戰皆勝自是亂民氣欲漸衰至六月始平公司奉土地歸政府轄于是巴力門建議以印度為英政府所管廢藩屬之名置印度事務宰相專任總鎮及各鎮臺諸務罷參議官十五名總民政八名政府所任七名使同僚撰之必取其嘗任印度職務者施仁政以懷土八造鐵路架電綫阜棉花諸產物藏人漸增會計有餘人心自進高明

印度東南有錫蘭島土八謂高山為錫蘭島有高山因名古時人民頗留心文詞技藝至近時荒陋殊甚相傳釋迦賣生于此嘗從伽藍峽來登錫蘭山山上至今尚存足跡

山下一寺貯釋迦涅槃眞身及舍利子居民尤崇佛教佛教自古行于此土如大陸內地皆奉婆羅門敎云一千七百九十六年英人驅逐荷蘭人盡有濱海之地會錫蘭酋殘虐失民心乃進攻其都城可倫破之取全島遂歸英近有奉耶穌教者

印度人容貌肚乎偉象溫和好文學學者往往傳梵字書議論高妙尊信婆羅門教愚民或轢死靈車下或以子女為犧牲人死則棄諸水以飽魚鼈有伉敎篤者積薪焚夫屍跳入火中人民分四族貴族不得與平人婚犯者處刑貧者平居裸體以寸布圍腰下屠屋壁以午囊男子胸烙小印頗上刺絞女人穿鼻帶環中國人以為五印度並奉佛敎是大誤然佛書稱恆河卽今安額河諸佛晉薩羅漢繪塑之像多裸上體或耳帶環脛東卻卽印度本俗僧服裝裟及合掌膜拜亦皆印度土俗也則以其地為佛敎所從出不足深怪也自達摩航海入中國佛敎大行千東洋諸國紅衣喇嘛敎起于烏斯藏後崇喀巴別倡黃敎蒙古諸國靡然從之可謂盛矣然自回敎起其敎漸傳東北而錫蘭亦多舍佛敎而拜馬哈麥者至今五印度

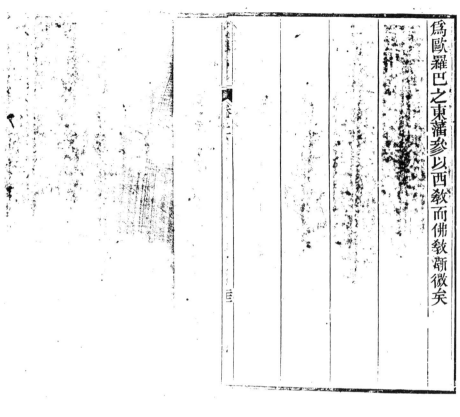

為歐羅巴之東藩參以西教而佛教漸微矣

萬國總說卷中

皋東劉韞齋先生鑒定

吳蘭朱克敬慎庵著

長沙左　　　宜錄九參

海外諸國大者數十小者百計多不勝紀紀其與中國通
商者凡十有三附錄者二

俄羅斯國據亞細亞歐羅巴兩土之北境復跨海據亞墨
利加之西北隅拱北冰海加栱環長約二萬餘里窵外第
一大國也其西土西界瑞典曹魯士奧地利亞南界土耳
其波斯東界西域西部其東土南界哈薩克回部略磧喀
蒙古黑龍江綜其全土在亞細亞者十之六在歐羅巴者
十之四然其新舊兩都城皆在歐羅巴其富盛之部落雄
麗之城邑萃於西偏進東之地雖廣莫乃荒寒不毛之土
其會盟戰伐亦皆與歐羅巴諸國為緣國勢在西而不在
東故緣之歐羅巴其國古稱薩爾馬西亞以前為西北
散部受役屬于閩奴唐懿宗咸通年間有酋長藤利司者
招引族類肇造邦土傳至烏拉的米爾諮羅斯諮爾世立
國始有規模周世宗顯德年間有王后理國政始崇希臘
諸教其嗣位之王有十二于國為十二部由是兄弟鬩

腦互相政伐日就衰亂宋理宗年間元太祖西伐滅阿羅

思阿速欽察三部皆分冊於俄由是爲蒙古

別部元裒俄羅斯故于後其士卒乃立長子尤赤赤爲汗由是爲蒙古

立彼得羅幼時其姊貪權欲據王位彼得

羅遜禍隱寺內爲僧旣爲衆所推立卑禮招致英賢與圖

是舉下離心傅至波利期後國勢衰弱內訌四起時波蘭

方强日見削國人惴懼思得賢主以靖國康熙四十年

辟地日廣達于東海之隅州殘忍虐殺數萬人由

典兵力驅逐蒙古後其士卒後有國王號以萬者有雄略

立長子尤赤亦爲汗由是爲蒙古稍稍振起明嘉靖初借瑞

國事躬敕士卒騎射兼習火器悉爲勁旅由是政令更新

國俗爲之一變境內旣平乃次行邊界開通海口嘗以俄

人不善駛船變姓名走荷蘭投舟師爲弟子盡得其術芳

歸治舟師與瑞典戰勝之瑞典割芬蘭以講遂建新都于

海嶺曰彼得羅堡疏通波羅的海水陸皆操形勢戰勝

攻取疆土恣關彼得羅歿其后嗣位敏慧有權藥擇任賢

將威震鄰國彊土益廣乾隆二十年王后加他鄰嗣位招

致他國百工厚給廩餼教國人以藝重廣延交學兼修武

備南鄰之土耳其回部大國與俄搆兵數十年后屢挫其

鋒割其北境又分割波蘭三分之一后死嗣王卽位見弒

子亞勒山德黎繼立與法郎西連兵數年講和而罷弟尼

歌拉士嗣立伐土耳其大捷波斯來侵擊退之割其日耳

日等屬部威聲甚著咸豐四年甲寅歲西一千八百五十四年俄主復

攻上耳其英法二國合兵救之連戰不利憤懣而卒子亞

歷山德第二立俄國政令多主于上撒丁王懼俄國之讐

食欲抑裁之因倡言民主法之善俄君擅權私已之非將

黜俄主權以便民五年乙卯約英法土共攻俄圍西巴斯

多卜城將篤多勒使拒之五月二十四日戰千海上俄

兵敗績失兵船二百五十隻九月八日復戰于西巴斯多

卜城俄軍大敗燒輪重棄城遁諸國連兵自五月至十

月死傷五十餘萬明年英法復議合兵攻俄奧國居講

解諸國聽之三月土人英人法人撒人舉入俄人盟于巴

黎斯各返侵地限俄國彊域不得過太惱河以黑海爲公

地許諸國商船往來俄國不得設武庫于海濱土國人民

奉希臘教者俄國不得越制以阿蘭虛爲局外禁俄人築

城皆俄人志存經略四方堅忍不拔旣拓地至高加索之

南尋東略至堪察加悉有之嘉慶二十三年戊寅與波斯

戰勝得其地數百方里咸豐九年巳未平高加索諸番據
地至黑龍江明年與英法美共冠中國邊疆立約通商遣
公使駐京師又益闢西伯利邊界以窺亞洲腹地備兵船
于裏海築城塞千烏拉開屯田自裏河至鹹海又征浩罕
及機窪國盡役屬之同治六年丁卯復與中國約定統轄
中亞細亞之制置鎮將沿黑龍江修築城堡屯兵戍守建
廠造船以便水師又東據伊犂以瞰泰隴南滅基發攻土
耳其波斯以逼印度士字所隸北盡北冰海西至波羅的
海東至大洋海又跨海據北亞墨利加之西北隅其國大

略分四部在歐羅巴境內者日波羅的海東部西抵波羅
的海東至烏拉嶺北迎北冰海南盡黑海南北約七千餘
里東西約五千餘里地平坦而膏腴波蘭部在海
東藩部之西南地腴兼產百貨高加索新藩部在亞細亞
西邊地較膽瘠西伯利部在亞細亞北境與中國接壤長
約一萬三千里寬約五千餘里地最苦寒其民約分五種
日薩剌瓦族日力丁族日芬族日甲才族日貂太散民
其設官首政府承宣上令次
分四部一日國曾掌大政王公貴臣任之二日司律院掌
刑法兼度支三日教法院掌學校四日宰會院分內廷外

國陸軍海軍內國教育會計刑法王室私邑製造監督十
一局各司其事戶口七千三百九十餘萬陸軍一百二十
萬五千餘兵內有額兵八十六萬餘海軍兵船三百十九隻
中有鐵甲艦二十四隻軍法森嚴每臨陣軍士屹立如石
無敢移步者

法郎西歐洲強國也東北界比利時西北與英吉利隔海
相望東界日耳曼瑞士東南界意大里亞暨地中海西抵
大西洋海西南界西班牙縱二千二百五十里橫二千六
十里舊分三十三部近析為八十六府其地古名舉盧又

名牙里亞為塞爾達野番部落漢元帝時羅馬大將愷撒
征服之墾田置吏漸化其俗羅馬衰亂為北狄所分據齊
高帝建元三年佛耶哥酉長哥羅昧有雄略始驅除北狄
建國改號曰佛郎西傳三百餘年絕至唐德宗時有北比
諸為王聰敏好學奮起修政國勢漸振傳至孫甲利泰甫
益強盛征撤遜部奪其王斬四千五百八十因略定日耳曼
諸部并兼羅馬地羅馬故王為加冠時洋教王有人權加
羅馬東王約為上交傳數世宗支爭權各部亦擅兵相攻
國又衰亂宋太宗雍熙四年國人立大酋武額加頒多為

王傳數世嗣絕更立瓦羅義斯為王宋理宗時王路易嗣
位長于吏術而馭眾寬慈嘗帥師伐麥西戰已勝察軍士
倦苦即輸幣議和歸由是遠近慕義號為中興元順帝時
國為英吉利所滅有幼女年十六招餘眾擊退英軍恢復
境土明萬歷二十五年王顯理被弒顯理第四出旁支嗣
位發奮自修廣布仁惠百姓歸之萬歷三十七年被刺斃
百姓哀哭嗣子孱弱用小人國政亂傳至路易第十四汰
而喜兵諸國來朝每淩侮之諸國怨畔乾隆三十八年王
路易第十六嗣立好漁色內寵驕橫民不能堪作亂弒王
乾隆五十四年推領事官拿破侖等攝政拿破侖者佛風
將用兵如神征麥西有大功王忌之置散地國人推戴即王位自恃武
略欲混一士宇繼羅馬之蹟滅荷蘭廢西班牙取葡萄牙
兼并意大里曼士日耳曼諸小部割普魯士之半奪墨地
利亞屬藩侵嚏國圍其都城嘉慶十六年以大兵伐俄羅
斯圍其舊都俄人燒之而走師還而天縣塞凍死者十七
八諸國乘其憊合力攻之佛師大潰所得土全失嘉慶二
十年各國遣公使會議于維也納亞部城凡拿破侖所侵

地各歸主立約不相吞噬拿破侖既敗殘喘沮避位立
故王之裔路易而已相之嘉慶二十一年與英吉利戰于
北境兵敗被禽英人流之荒島路易即位數年死弟查理
立愚戇不任事在位九年國人廢之擇立支屬賢者路易
非立名曰人民王謂土地不屬王而公屬人民也〔時為泰西一八百三十年〕
清道光十年庚寅大王性寬仁納諫有賢聲用兵摩洛哥
又連年水旱公會紳士欲廢古法及財產傳家之例均貧
富一男女之權姦民乘間作亂聚眾攻王王兵敗出奔臣
民共推前王拿破侖之姪釲魯斯路易為總統釲魯英敏
有才略嘗慮起兵欲奪王位戰敗被囚以計得脫至是與
眾民誓務均好惡以保法境民大悅未幾忽
惟上劫臣民留已為總統十年又大會國人尊己為法國
世襲皇帝既稱尊號欲揚威海外咸豐三年癸丑十八一
三十起兵攻俄羅斯勝之咸豐五年乙卯俄人請成乃與
英俄墺土撒五國會于巴黎斯約四事以便商賈咸豐八
年戊午撒人與墺人構兵王助撒擊破墺壘兵威望益著同
治九年庚午西班牙無主國人欲迎德意志王族為王法

王懼西德交親將不利于法貽書咀之德王不聽法王怒
與兵伐德四戰皆北法王入師丹城德兵圍之大將麥馬
韓巳彥之兵皆不相及法王力盡出降德人遷之加須兒
城來王鼓眾圍法京分兵擊下諸郡自九月至于二月法
京食盡乃推多亞爲總統詣德營請成割亞撒西全部及
羅來內半部地輸兵費五千兆佛狼德兵乃退多亞旋以
老辭位麥馬韓代之仍改民國舊制卹商賈輕賦息兵
講好漸復富強法廊西地形平衍多江湖舟航圓達瀦洫
便利爲歐洲上腴國置宰相一人別立五齡公房又于紳
士中擇四百五十九入立公局國有大政公所議之相無
權宣命而巳額兵三十萬戰船大小四百二十隻水兵五
萬艦大者載礮至百二十門又有火輪船數十隻巡歷地
中海民多巧思自來火火輪車船鐵路皆其房創造鐘表
殊形詭製日出不窮尤伺游懷喜武功臨陣不返願勝則
舉國歡呼傷亡千萬不恤其酋長沈鷙好謀知兵者多立
法驗厲事不敢犯境外所併諸國如南印度之本地治利
南亞墨利加之亞阿那亞非利加之阿爾及耳印度海之
不爾奔等處甚多近又攻安南分據其國之牛法人最重

行教歲費數百萬所王之處或懲焚殺行之不巳益其謀
國多以傳教爲由繼以通商遇有釁重兵臨之因據其地
故保護教民尤力
英吉利歐洲強國也地本三島孤峙海中迤東兩島相連
南曰英倫北曰蘇格蘭兩島南北約二千餘里東西闊處
五六百里狹處三四百里迤西別一島曰阿爾蘭南北約
七八百里東西約五六百里三島皆與法郎西隔港相望
近或數十里其地古時爲塞爾達土番部落後爲北狄所
據獏宣帝五鳳三年羅馬大將愷撒波海平英倫建爲別
部屬意大里者數百年六朝時意國衰亂英吉利更屬北
狄分合無常陳後主元年有厄伯德者始據英倫立國迎
教師爲制法度由是漸強唐時虜爲丹國所攻居民逃散
德宗貞元十六年王子亞腓烈嗣位素有勇略又嘗從意
國教師游精通藝術練兵擊破丹法諸國外患始平乃墾
田勸農招徠商旅開學堂立保約大冶後世衰弱復
爲丹國所滅宋眞宗時英人威廉者勇毅有謀請於敎皇
擊走丹國戍兵遂王英國嗣後興廢不常明嘉靖三十六
平女主以利撒畢卽位賢明知大體勤於政治助荷蘭擊

破西班牙國勢益振萬歷三十一年女主卒無子國人迎
其姻斯哥西亞王熱給斯為王二國遂合為一熱給斯辯
給有才好講禮制萬歷四十二年查理第一立性拗僻好
戲狎不卹民隱由是士民怨叛公會皆散王將與法郎西
戰授甲無應者順治四年為國人所弒有大紳某夙負才
望攝王政以定國自稱保護主申明法制參以變通英人
稱便與西班牙荷蘭戰皆勝之攝政數年倉庫充實乃致
位于世子查理第二查理不修政事國勢復衰其弟嗣位
素習洋教强民從之民怒迎荷蘭王為主王奔法郎西康

熙二十七年荷蘭王入倫敦即英主位號曰威廉第三雄
武有大略法度嚴明百官盡職積練兵雄武聞于四國
王卒國人復迎日耳曼王若耳治第一為主能順民俗民
大和是時英商艘通行四海日益富强王卒子若耳治第
二立修法度辨等威定親疏平訟獄國稱大治西伐西班牙
勝之又伐法郎西割其藩屬乾隆二十三年若耳治第三
立勤循禮法遠近稱之未幾復併五印度地印度土壤最
饒兼產百貨英人偏設埔頭招徠商賈又課民種鴉片分
版各國歲獲稅銀萬萬嘉慶朝法王拿破侖侵伐四鄰所

向摧服旋滅西班牙以其弟王之各國無敢言英人獨發
兵救西班牙與法人連兵數年大破其軍禽拿破侖流之
荒島復西班牙王位由是威振遐邇道光九年威廉第四
嗣位能守舊章安民和眾道光十八年卒無子遺命立兄
女維多里亞為王維多里亞英達有斷能治國事始遣火
輪船出大西洋立公私通信法除渴羅令民甚便之道光
二十年庚子因販煙事與中國搆釁是年夏以兵船掠邊
境戰頗利既而水利堅諸國居間又更議和道光二十五
年乙巳攻印度之信地滅之道光二十九年己酉又取印
度之本若咸豐元年辛亥秦西一千八百五十一年發兵擊緬甸時有

兵船四百四十五隻水手四萬水兵一萬五千皆熟習風
濤出入海洋如履平地四年甲寅合兵援土耳其與俄羅
斯戰于黑海之歌里米連戰皆捷俄兵死傷數十萬越二
年復與中國搆兵俄羅斯米利堅法郎西皆以兵會戰于
廣東天津互有勝負凡四年乃復議和同治十三年甲戌
以水師攻亞非理駕西洲亞西揚挾其首都放火敵力盡
請和亞非理駕西岸悉平此外北亞洲尚有六部由印度
海東岸漸拓而南又有阿喀喇麻喇甲息力諸埔頭又王

緬甸西北開阿薩密部又于南洋得大島曰壘大利亞二

小島曰搠日曰倫敦于是五洲皆有英國屬地英國各部

以英倫爲基立國之舊境也南北約千里南北數百里廣

狹不齊地最腴分五十二部蘇格蘭在英倫之北南北約

爲一島南北約七八百里東西約四五百里西曰額爾西逸

八百餘里分三十三部阿爾蘭在英倫之西間以海港別

又迤南有島曰威地近法郎西二島曰額爾西逸

西有萌島蘇格蘭之側有撒多島皆其近屬各島物產皆

備國制相二人一專司國內之政一專司外國之務此外

大臣一管帑藏一管出納一管貿易一管訟獄一管璽印

一管印度事務一管水師事務各有佐屬都城有上下議

政院上者官掌之下者紳士掌之國有大事王諭相告

病當與除者先陳下政院酌議以次上達于王訟

上政院公議可否轉告下政院詢謀僉同而後行民間利

獄亦如之刑賞征伐條例諸事官主之征稅籌餉紳之

戶口二億四千萬居天下民數五分之一幅員之廣幾及

俄羅斯陸軍五十三萬四千水軍四十七萬八千

國兵十萬益專指　兵船四百六十隻商船二萬七千七百

倫敦護國兵也

隻兵船大者載礮一百二十小者數十槍礮精銳比于德

法咸豐八年俄羅斯米利堅法郎西皆因之以入中國遂

有庚申之役近復開墾南洋各島沿路屯兵以備停船買

炭又自印度修鐵路以達雲南旁攻緬甸爲日辟兵之

命阿非利加洲人最愚傍海諸國多掠其人轉賣他國名

曰黑奴英國約各國公會集資贖之多至十餘萬口置之

阿非利加荒地與種畜使開墾十年以來已成一國而沿

途立禁搜查掠賣之風亦息法寬而民不犯殺人者絞餘

皆監視輕重爲久暫歲斷死囚不過一二人士八被四

而出卽不敢與縉紳齒或逃往他國光緒時有華使至其

國一僕遺銀票于市役夫得之卽舉以還亦無德色又一

僕行于途一人戲以棒擊其手旁一人見之怒曰何敢侮

遠人卽告于行院囚之兩月其八精銳堅忍爲歐羅巴之

冠得一民法卽勤行不已加以上下同心休戚相共故國

勢日強鄰邦莫與之競

德意志舊名普魯士同治間始改今名亦歐洲大國也北

距波羅的海東界俄羅斯南界墾地利亞西雜日耳曼諸

國及荷蘭比利時界東西約二千一百里南北約一千一
百里其地古時屬北狄南宋時日耳曼人征服之立爲別
部後爲波蘭所併明萬歷間日耳曼之巴郎德不爾厄部
復取其地立國奉職忠謹日主悅之屢益以地康熙三十
九年乃自王其國其王長于韜略節衣損食以惠兵民子
菲哩特第二嗣位雄武有大志屢勝強敵擴地愈廣王卒
姪嗣位淫泆無度沈湎于酒國勢驟衰嘉慶十一年丙寅
法王拿破侖以眾兵來攻王啡哩特威廉第三初嗣位力
不能禦割半境以讒國遂削弱久之民苦法政思叛王因
之與諸國合縱攻法大破法軍盡復故地王乃增修國政
勸農工設學館惠商旅出是百姓親附遠人向風王卒子
弗勒得立咸豐十一年辛酉泰西一千八百六十一年王弗勒得卒布
倫士立性英邁宰相俾思麥果敏有才軍師毛奇通練兵
略王委任二改舊制稍黜士民會議之權政由上出有不
便乃聽公議更改不得先事聚謹同治三年甲子攻丁抹
勝之取病斯丁及斯勒瑞克地國威大振塞國與意國有
陳王助意攻塞戰于易北河大破塞軍乘勝逐北圍其都
城舉人請成法王又爲之解乃共立和約于巴拉加府併

諸小國暨北日耳曼二十國皆屬于德償兵費四千萬達
列爾墨國銀墨遂不得爲盟主德國自爲法國所破尊意
講求兵事令境內男丁非殘廢無賞賤皆隸兵籍又設兵
學校教習韜鈐民年二十一入伍爲正兵五年爲備兵二
年爲後備兵五年爲末後入朗脫威見隊卽中國團練之屬
年又令朗脫威見隊勇服役
五年王與宰相軍師常親臨教練兵士先令讀書然後授
以地圖陣法及運用火器之術德國素爲法弱至是驟強
法王忌之同治七年戊辰西班牙逐其女主依薩伯拉第
二遣使迎德王族子何軒索勒侖公爲主法王貽書止之
德王如約法王又欲德王立誓世世不得以公族爲西班
牙主德王曰百世後事何能預定謝不聽法王怒興兵伐
德各國居間講解皆莫能釋同治九年八月法兵臨境王
與宰相俾思麥元帥摩爾德格軍師毛奇太子弗勒得力
分將兩德軍禦之兩國兵皆百餘萬德兵特整重每戰法
彈如雨德軍伏地不動侯其懈突起馬之法軍多敗三戰
及子師丹虜其王遷之加須見益發兵圍法京城法下郡
縣越六月城中食盡法人乃改國爲民主推麥亞爲總統

親詣德營求成割亞撒西全部及羅來內半部與德輸兵
費五千兆佛很作匯使匯王乃振旅而歸時南北日耳曼
皆奉德敎令以兵助戰至是南北日耳曼二十五邦咸上
書推德王爲帝王遂卽帝位俄奧英各國皆遣使稱賀由
是德威盛爲歐洲冠王選賢任能誠而有禮撫愛兵民
如其子弟軍行王後至旅舍皆寓病兵王別止一小舍
國者聞德法交戰多歸從軍或車財助餉男女將婚者皆
相約緩期以待調發王善用兵而雅尚文學凡泰西各科
及中國經史詞章之學皆設學館敎授卽聾育跛躄亦各
就所能敎以技藝俾得自膳學校之盛與英國比兵器
銳則更過之國制民及歲者工人肄秀入大學否則罰其父
母年二十以上男丁皆入伍學藝三年放歸歲秋親閱賞
罰之故其國兵多而強舊時額兵僅十六萬五千近已增
至一百四十餘萬咸豐十一年七月始與中國通商遣公
使註京師
歐洲強國俄奧英法并稱墺西八稱墺大里中國或稱墺
地利亞或稱墺斯馬加其地北界普魯士俄羅斯南界土

耳其抵亞得亞闍意大里亞各國西界瑞士暨日耳曼
各國東西三千一百餘里南北一千八百餘里唐宋以前
建廢不常元初有日耳曼人羅爾德福據其地自稱東國
明正德間國內亂併于日耳曼康熙三十九日辛巳日耳
曼亂各國皆自王東國亦自立稱墺地利亞乾隆問墺王
約色弗第二與俄人共滅波蘭分其地自是幅員浸
廣與英法并雄是時法國獨強效日耳曼諸國盡取之嘉
慶二十年乙亥法日拏破侖兵敗于是歐洲諸國會于維
也納以法國破亂日耳曼諸國無所屬又小弱不能自立
推墺王爲盟主護持經理之同治五年丙寅泰西一千八
意國人殺墺成兵而叛德國助之墺王與戰敗績日耳曼
諸國皆背墺遂爲屬國墺主懼改弊政達下情
核軍實分其國爲二都日墺斯地亞日匈牙利往來巡視
設公政局公議院以理庶政示上下同心無敢私擅數年
國勢漸振同治八年七月始與中國通商遣公使駐京師
米利堅距大西洋海西距大洋海東約萬里南北五六千
撒東距大西洋海西距大洋海東約萬里南北五六千
里若三四千里不等地本荒野英吉利闢草萊徙民耕作

久之遂成都會歲征租稅無慮千萬英國倚以富強乾隆
四十年英與法搆兵聚斂劇米人華盛頓家達有才為
眾推服因倡議拒英長吏更與和盟約為鄰國事自建君國英人攻之八年不克
入其國都墨六懼割新墨西哥之武達及嘉理福尼三地
華盛頓曰得國而傳子孫是私也君以牧民宜擇賢者為
之仍各部之舊分建為國每國正統領一副統領佐之以
四年為限限滿集眾眾議曰可更留四年否則聽眾別
推各以所推姓名投匭視之眾多者立之八年後不得更留又
于眾統領中公推一人為盟主主會盟戰伐之事號曰合

眾國自是墨洲不用兵者六十餘年道光二十七年丁未
泰西一千八百四十七年大統領薄克與墨西哥爭狄撒州起兵伐之
以和二十九年已酉總統費馬爾始遣使通好于日本咸
豐十年庚申南加羅里那等十部叛發兵討平之是歲
與英俄法諸國通好中國遣公使駐京師自庚申以後南
州諸部多叛發兵擊之轉戰數年死傷數十萬至同治三
年甲子始盡平之明年四月大總統林根為刺客所殺亞
得烈潤遜代之下令盡貸南州諸叛黨罪買俄國地在北

州西北者同治七年戊辰合眾國神際議潤遜縱惡之罪
廢之推格蘭多為總統美國征南州叛黨時英人陰助叛
黨奪美國船六十六隻又虜商船數隻美國讓之要巴西
意大利瑞西諸國公使平議以英人犯局外法償兵費一
千五百五十萬圓其國四境東距大西洋海西距大洋海
合眾國皆在東境華盛頓初建國時止十餘國其後時有
歸附增至二十六國西境多土番近關兇關土先以
兵殺猛獸除荊榛然後招民耕鑿至四萬戶則建城邑
置君長別為一部附諸國之後數十年來西境已增三部
所合之國在東境者十有八國在西境者八地界遼闊附
庸之部東三西二又于西境關南底阿地數千里分為三
部米利堅各國天時和正水土平腴無沙磧瘴癘五穀蔬
果皆備產棉尤多且民英法諸國咸取給焉國政簡易刑
薄稅輕每二年千四萬八中選才識殊眾者一人八人居京
城參賞國政各國皆設公會于京城選賢士二八居京
參決大政六年為期每國設刑官六八主讞獄亦由公舉
有不良者眾廢之歲入四千萬圓官祿兵餉之外常有贏
餘統領雖財賦額奉萬圓外不得妄取絲毫額兵三萬

七千三百八十五人水軍鐵甲船四十六隻淺船九十七

隻哨船三十二隻國中丁男除儒士醫士天文生外二

十以上四十以下皆注冊給牌爲民兵有事各備餱甲從

征設隊長領軍等官有職無俸農隙會而習戰其國白人

多流寓黑人多土番民俗溫良敦厚篤子謀生尤好學問

所在設學館學分三等曰學問研究天文地理暨西教曰

醫藥主治病曰刑名主訟獄南北亞墨利加羨延數萬里

文雅富強以米利堅爲最地去歐洲亞洲諸國皆極遠專

務通商不事爭併故養兵極少而上下同心民有餘力鄰

國亦無敢犯者

日本在東洋大海中依山島而居地方數千里爲畿五爲

道七各統數十郡或百餘郡爲島三各統二郡郡大者視

中國一村戶可七萬國主不易姓交武皆世官稱刺史二

千石如漢制文字同中國立法嚴八少關爭犯法者輒走

山谷自殺國自兩漢時始通中國建武二年奉貢朝賀安

帝永初元年復入貢魏時朝獻者一人貢者二晉時貢使

凡六至隋開皇三年遣使詣闕大業時復遣使上書有日

出處天子致書日沒處天子之語煬帝怒絕之唐與貢獻

益數錢起有送僧歸日本詩云上國隨緣住來途若夢行

浮天滄海遠去世法舟輕水月通禪寂魚龍聽梵聲

惟憐一燈影萬里眼中明天寶十二年以新羅道梗始改貢道由明

州綱首以方物貢元世祖至元間遣的黑由高麗往論日

本不納又命秘書監趙良弼再往始以其使來十一

年命經略都等以舟三百載兵一萬五千八百征之入其

國境矢盡兵還十八年命范文虎阿塔海將兵十萬征之

至平壺島遇風盡喪其眾單舸遁還明洪武永樂間屢遣

使人貢而寇鈔不已永樂十七年總兵劉江破其兵于望

海堝俘斬二千餘人寇稍緩嘉靖初復屢寇浙江奸民汪

直徐海陳東毛烈皆以海商爲官吏所苦引敵入寇張經

督兵防海頗有斬獲以趙文華譖論死日本益陷蘇松玫

掠旁縣胡宗憲爲總督誘徐海汪直斬之餘黨往來閩浙

爲寇不已復命戚繼光俞大猷等禦之屢敗其兵萬曆二

十年日本將平秀吉復寇朝鮮朝鮮軍潰王奔愛州遣使

求救帝命李如松救之襲平壤大捷斬級千二百再戰于

碧蹄館爲日本兵所敗兵部尚書石星請遣使封日本主

為王諭令入貢使至日本主大怒曰稱王稱帝吾自能之
何待韓虜之封契其冊璽使者歸于是再遣邢玠楊鎬等
備日本戰多不利未幾日本船遭颶風將士溺死者數萬
自是不復內侵　國朝康熙時間有寇鈔　聖祖貽書論
之書用敵體日本懷德不復窺邊沿海商販與內地民八
無異咸豐時與英吉利造火輪船三十餘隻憎礮機器與
西洋各國校勝其國驟強西洋諸國皆憚之同治九年庚
年始遣使至中國立約設馬頭于上海遣公使駐京師如

西洋諸國光緒初又攻滅琉球移兵攻高麗高麗頗患之
意大利歐洲名國也（通商條約作義國蓋譯音之轉）歐洲最先開國者為
希臘一切草創意大利繼之始有上下之分刑賞賦稅之
制其地東北界奧地利亞北界瑞士西北界法郎西全土
斜倚地中海狀若人股土壤膏腴氣候和適西方稱羅樂土
意大利在周泰時最強盛歐洲各部皆屬鄲所稱羅馬混
一之世也天主教十字軍皆生其國故遠近畏服無敢異
同其後主德浸衰不能統攝各部自為君長意大利遂同

列國久之為法郎西班牙所侵分據其地康熙時墺國
擊破法西兵共分其地而法國最強意常為法役屬嘉慶
十九年甲戌（泰西一千八百十四年）法王拿破侖兵敗意人乘間盡
收故地未幾墺人復以兵脅意兼轄其國墺用法嚴且重
斂意人苦之屢結眾叛皆為墺兵所敗咸豐九年巳未墺
人與法人戰敗績同治五年丙寅始與中國通商遣公使
駐京師是年德國又攻墺大破其軍南北日耳曼諸邦皆
歸于德墺失盟主之權國既虛耗不能遙制意遂自立為
國意雖衰弱而向為歐洲宗國且教皇所自出故列國皆

尊仰之過盟會常居首座如春秋之魯云
瑞典在歐洲極西北境舊與哪喊為二國繼併為一故又
稱哪喊其國東南距波羅的海西北距大西洋海北負北
冰海南約三千餘里東西約一千餘里地寒瘠多荒野
民鮮粒食宋時始立國明初為丹國所滅後數十年故瑞
王孫瓦挪有雄略遣民復故土更立瑞國其後嗣王多
不修政好用兵困講武備敦結鄰好國乃稍康二十年
斯攝王位能卹民困嘉慶十四年巳巳國咸加爾於
各國公使會于維也納以丹國有屬地挪耳氏在瑞境瑞

亦有地在丹每因疆場至用兵請互易之自是兩國改仇
為好其與中國通商始道光二十七年至今略無齟齬焉
其國不強故人多巽順勢然也

曰斯巴尼亞即西班牙之譌國在歐洲西北境東北與注
郎西接壤東南距地中海西界葡萄牙北距大西洋海西
南至東北約二千四百五十里東南至西北約二千八十
里地少雨不宜五穀民多事牧畜建國于隋開皇中唐時
為回部所滅宋元以來回部散亂無所統屬明成化十五
年舊部共推依撒伯爾為王復建西班牙國依撒伯爾能

修國政國勢漸強又闢亞墨利加諸荒島徙民居之開拓
日廣墨西哥諸國皆奉教令其後國多內訌日就衰
弱同治七年戊辰（泰西一千八百六十八年）國人倡自由之議欲改國
為民主聚眾逼王宮女王出奔國人乃置總統旋又立君
久不能定內政益荒屬國皆牧常為大國所淩墟內多金
銀礦歐洲八號為金穴其人長于貿易舊有　朱埔頭同
治三年九月交通諸商于中國獲利甚厚故雖弱而不貧

丹國一名曛國（萬國史記）南倚日耳曼北西東三面皆海
東北與瑞典鄰地長近千里廣三四百里歐洲小國也地

將少敛麥民多捕魚或剽劫為生宋初有酋長哥爾摩者
糾眾攻英吉利破其國都得重賂而夫自是連年侵擾出
沒無常鄰國皆患之後數傳有駕奴特者自立為主始創
國制整軍旅滅挪耳瓦伐英吉利破侖敦遂兼王英士後
國衰英人復取之嘉慶二年英人兵船至波羅的海丹以
互鬭州礮遮港口英人與戰互有死傷乃盟而退嘉慶九
年與法國攻英為英兵所破入其國都由是耗弱屢為墨
德諸國所侵同治二年癸亥五月始與中國通商

荷蘭在歐洲北境東界日耳曼南界比利時西北距大西
洋海縱六百里橫僅三百里近海卑溼而饒沃民善操舟
歐洲海道之通始于荷蘭人火輪船亦其國所創建國最
早漢時巳通中國南齊時為法郎西所滅以後或部落散
處或為小國附強大以存明正德中有阿蘭治者智勇過
常人眾推為荷蘭王會西班牙往復洋教以峻法總民阿蘭
治因民之怒起兵或西班牙禁洋教十年屢破西軍西班
牙遣客刺殺之子某嗣立猛毅過其父糾兵復戰大破西
軍西人乃輸兵費議和檬蘭由是更立國分遣商賈于東
南洋各島古立埔頭國漸殷富嘉慶初法王拿俄命鸞食

諸國併滅荷蘭拿破侖敗荷蘭復自立迄今爲自主之國

同治二年八月又與中國立約通商其人勇于貿遷無遠
弗屆宇內有埠頭處皆有荷蘭商船故國小地瘠賦歛重
而民不甚貧

比利時本荷蘭別部在歐洲西北隅其地北界荷蘭西北
距大西洋海南界法郎西東接普魯士縱約五百里橫三
百里初屬荷蘭後自別爲小國或屬西班牙或屬墨國法
國嘉慶十九年復與荷蘭合國以其尙洋教常薄之比
利時怒復叛荷蘭自立同治四年亦與中國通商九月立
約

與中國通商者多歐洲人墨洲即亞墨利加省文惟米利堅一國
近有墨西哥巴西二國亦請通商尙未定約墨西哥在北
墨洲西南境本西班牙所闢荒地後生聚漸衆遂自立國
尺十九部戶丁八百萬巴西在南墨洲境幅員甚廣有南
墨洲之半其境東北皆距大西洋海西北界可命比亞西
界祕魯玻利非亞西南界巴拉圭烏拉乖縱橫九千里明
宏治十三年葡萄牙始闢其地後葡萄牙爲西班牙所滅
地復屬荷蘭葡萄牙復國又奪取之益闢墾招非洲非利

文次省黑人居之百餘年間遂成大都嘉慶時葡萄牙爲法
國所逼奔巴西以其子爲巴西王久之逃歸國人立其世
子遂自立國不屬荷荷萄牙近更強大有限四百萬倣歐洲
諸國稱帝二國之民皆耐勞地曠人居之

按泰西各以其開闢後于中國二千餘年故其俗樸民
敦頗有中國唐虞以前氣象其法簡而必行其性獷而
不詐以近於朴以求制度漸備用兵理財之事愈講愈精而
十下同心進取不已泉達火然殊未可量蓋連就前賢紀
載及近日間見錄存大概俾有心者知彼之驪懷我之

弱推求諸政風俗人心而不以口舌爭強有位
者懷來諸政敎人才而不以器械舟車爲要道則天下

辛其矣

萬國總說卷下

景東劉韻齋先生鑒定

　　　　　　皋蘭朱克敬瞑盧著
　　　　　　長沙左　官楨九參

西洋有萬國公法一書乃其地儒者所撰各國君長奉為
經典和戰交接之事據此以定曲直無敢越達者今摘錄之

凡十一篇

　原始

萬國不相統誰能為一定之法使之必遵將諸國交接之
事揆之於情度之於理為一定之法則萬國不能外矣公

法之說創於荷蘭儒者虎哥〔初名平各國公師互相辨論戰條規法〕
其大旨有二一曰法本人心之同然以定是非卽所謂
率性之道也一曰義法本人心之所是非以定各國交接
和戰之準卽所謂修道之教也而推其所出仍本於天人
心所同是卽天之所嘉卽萬國所當其守人心之性也其
天之所棄萬國所當其戒卽所謂天命之性也非卽
各國史冊諸篇以及民情風俗參酌成之以平諸國之爭
又有萊本尼子與根不蘭霍畢寺布番多斯果德等諸人
引伸其義辨析是非更加詳密又於是非之中推究利害

又有霍畢寺布番多二人著論義亦相同由是諸國之君
莫不遵守常戰則戰當和則和無敢異同有不遵公法強
執是非與兵革則萬國羣起攻之蓋西洋之有公法猶
中國之有四書六經也事雖近理而公法所不載前此未
行者諸國皆不敢妄行猶中國之載典也各國之禁令皆以
生殺子奪為賞罰獨公法以榮辱為賞罰以天性為權衡
賢君民士自然從之所謂不賞而勸不怒而威也

　明用

公法之行以彼此交接之道推之一國由一國推之萬國

其利有三有公同約定而遵守者有未經約定而遵行者
有未行而中心信服者益性法酌理準情不偏不倚人之
好惡本於天性性無不善至善之法遵行者固皆信服即
不行者其心未嘗不服也國有二有君主之國權歸於
一立法以當國有民主之國權寄於眾而假手一人以行
法國各有法不能相同惟性法則本於天授發於人心無
不相同可以合萬人為一人合萬國為一國雖因事制宜
稍有損益而其大端終不能越海外先儒海付萍之言曰
公法出於士人其權遵於國主國無大小賴此以自籌我

持此待彼卽持此以待我各行怨道久而相安大國不
至於弱小國不至於亡苟或背此則上干天怒下拂人心
為萬國所不容雖大必危矣公法既立凡有交字通聲教
者莫不遵行惟昏亂之國背不肯行荒僻小島與禽獸相
似者昧不能行若歐羅巴亞美利加亞細亞等洲所屬及
土耳其波斯埃及巴巴里諸國則無不遵行故其國强俗
美不受侵淺

立國

一立國必一國之人其會推戴有城郭土地歸其自始
國者必以公法處置民間之事亦然
一國君行事關係一國者皆用本國律令處置其關涉他
今耳其向皆附英國
不得稱國其有小部落附大國得存者亦不得稱國壮比
得稱國為君若民商自會及盜賊屯聚蠻夷流徒無定皆
一新立之國為他國所立者一切本得自專必諸國其願
引為友邦方得自主後乃自立矣
不得輕加廢滅必待內亂既甚其主權全失或為强敵所覆
乃得視為亡國

一各國遇有內亂其君或死或奔或立其後嗣或別立一
君同盟之國通好如常
一各國有為外國所破更定和約或分讓其半或臣服彼
國半讓則分云其國臣服則一切聽命不得列於友邦干
一各國因亂易主友邦和約係舊君身家私事卽可停止
八百三十年比利時諸省舊與荷蘭王家歸法國統轄至和約一定
大國皆引為與國其時復改和約比利時自立墺法俄普五國
七百九十七年間荷蘭七省有變法國破之因易其國法
為民主與墺國平行諸省舊地遷歸法國比利時省後復
失其地與舊合為
不行若關係一國大局者仍當照前遵守其國債無論應
收應償皆歸新君經理不得稍有含糊易主之後國土歸
君民產仍聽民自管不得因亂稍有侵占惟姦民叛亂始
將其產人公或大亂之後舊君復變亂時民間入官
之產仍還本上新君讓於鄰國之土地仍歸舊君其國土
因國事而或讓或賣民產者皆守原議不得稍
有更易其他國被害應行伸理
之事亦照舊接辦不得稍有推諉諸盟邦與法國舊君巴復那不勒斯
既送與美國以商人債兵所受之書向法郎西荷蘭那不勒斯不勒斯
帳又照舊取償有變亂易主後法三國背亂易主後
諸照原時數代為追贖皆遵公法主後也

一自主之國一切政令皆由巴出盟會禮節與各國平行

卽偶因有事聽命他國或向其請敎皆不爲弱若於和約

載明聽命某國及會盟立約求他國保其事主其議護其

疆者卽爲半主之國一切不得自專卽如波蘭之戈拉告

公議立爲一國偏告諸邦許其承爲自主之國
保俄奧普三國保護故戈拉告常聽命於三國

一國必君臣合德政敎淸明方能自立若賴人保護則其

護几事卽不能自然猶得與諸國盟會列於友邦也若

權漸失久必危亡卽如波蘭之戈拉告俄奧普三國保

一千八百十五年間英墺普俄公議取法國之巴勒城別

立爲國名曰以阿尼合邦許其自主而和約有云此國全

賴大英君主永遠保護又云以阿尼合邦國內之事皆當

聽命英國英國亦當遣人鑒察主持又云此國旣蒙英國

保命當聽英國屯兵駐守本國辮士皆歸英將節制英兵

糧餉皆須本國支應又云阿尼商船旗幟亦當改從英國

款式等語又省伏人保護爲半主之國者摩爾達維幾

塞爾維三國憑俄國保護而就近聽命於土耳其又有摩

納哥爲自主小國前憑法國保護後依巴勒盟約改憑

爾的尼保護波墨薩爲民主之小國繩墨國保護又如埃

及一國本爲土耳其藩屬後浸强大遂不聽土國之命欲

爲自主之國幷欲攻取土國省部經英舉普俄四國公議

始令自治其國仍貢土耳其租稅諸如此類强弱無定鄰

國相待之禮亦隨時勢變更

一貢賦必俟自願土地必俟其或賣或讓鄰國不能强

取國內政事非承受保護者皆聽其自治爲鄰國不得干預

雖弱變小部苟有居處定所刑賞法度皆與國列於盟

會不得輕視又有數國而奉一君者法制禁令各從其國

之舊惟與鄰國交際之事始由盟主酌定

之自用又有一國之民而分屬諸國者政敎法令皆聽民

間自擇而從但定議之後卽不得擅自改易

一各國交涉之事必推强大有德者爲盟主兄事聽其處

斷其因有事會盟立約者則專以主持此事之國爲盟主

一切聽其處斷其各國境內之事仍由國君裁奪槪不外

聞有最善之法同盟議定通行便爲公法則各國法院皆

當遵守

一各國士民設立會堂興辦善事如征賦還債借債通好

通商及外八入籍彌補盈用虧空鑄錢定權量建信局開

驛路著書製器制海盜及海上罪人與夫各國交涉之案
如此國殺披國之人彼評交戰之事賜強償之牌并出境
關欠此國之帳等頃
緝捕暨造兵船機器養水師修礮臺一切事件及各國軍
民爭訟公同議定告之國君即便舉行國君不得牽制
一海船往來必有憑票其憑票必須自主之國方准發給
其附庸小國及未列友邦者不得私自發給各國亦不以
爲憑
一各國於境外開墾及攻取省部既經各國公許或歷年
久遠卽爲此國疆土鄰近之國不得擅爭
一各國濱海之地近岸數十里之洲港皆爲此國疆土以
礮彈所及卽國威所也往有英兵在美國長江口外捕
拿敵船以致與訟經法師斷明遂完此例
一狹港通連兩海者則爲兩國之公地他國不能管轄兵
船亦不得擅自進港
一黑海四圍之狹海向歸土耳其管轄近日多歸俄國英
法墨普俄諸國亦立公約作爲五國公地惟兵船仍不得
擅入土耳其內港其日用國所管之狹海曾於該地設有兵
船捕拿海盜又建立塔標菑引海船避險實於各國商船

有益雖近日將北岸讓於端威敦而往來商稅仍歸丹國
征收
一兩國相連之江河以中流爲界其有向歸此國專管者
則以彼岸爲界不得越爭
一江河流過數國卽爲公地往來商船亦可停泊起卸貨
物遇有危急之事亦可登岸行走但必於本國無礙方可
淮行

○禁令

一國中公業歸國君經理民間私産聽民自管遇有爭訟
仍聽國君處斷他國民商在本國置産寄存貨物者有事
槪依本國法度其人犯事仍依原籍國法凡制度皆可隨
時更改惟已與各國議明立約者不得私改
一各國法度此國之法不能強行於彼國然亦有公法所
民之事可以推行彼國自願舉行者亦公法所不禁)
一民間田産貨物其人死後或付與子孫或付與友朋必
所在地方官驗明遺囑方許承受或無遺囑者聽本國官
長處分
一歐羅巴各國舊法各國人民止許在外國購買貨物不

准自買田產蓋恐民隨產徙易起叛心也其外國人死在
本國一切財產概行入官蓋以地爲畛域也今則大義漸
明此例盡廢矣倡義更改則始於法國惟英美二國至今
不許外人在其國內置產其外人遺留貨物則仍歸其本
國本家

一凡外國民人犯罪皆依所在之國律例處斷其別有公
約及事關公法者則以公約公法處斷

一本國人民案件雖徙居他國仍有用本國之法處斷者
如子孫承襲西人子孫分二種既婚而生者　老幼名分及
而生者爲背生

參用本國律例

一外國人民寄居國內已經入籍入會者卽歸本國管轄

一切賜子差徭與本國民人無異其暫來通商者仍歸原
籍管轄

一凡民人先將財物與人久後家貧負欠不能償還者無
論在本國外國從前受財之人卽當酌量代還

一凡婚嫁年數足否父母許否支派過近與否概從其本
國律法其婚禮則從結婚地方之俗

一凡財產在本國而其人在他國與訟者仍用本國律法
處斷

一凡貨物有彼國所禁而非公約禁止者商人與販遇有
虧欠該國不能代追其在本國交易者本國卽當代追

一凡民間買賣有在此立契而在彼交易者皆依交易地
方律法

一各國君主游行列國者其欲差公使雖在他國皆用其
本國律法或隨帶貨物亦不得禁止其餘民商皆依所在
地方律法

一各國陸兵或經過或屯駐他國必須先有公約或先期
照會取憑票方可准行

一兵船與陸兵不同凡經過地方出入海口各國皆不得
阻攔所在官司幷須委爲保護以全友誼或因有事須封
海口或指名某國兵船不准入口必須先行布告或明立
公約方能禁止

一船隻遇風進口修理各國皆依公法遵行雖有事故不
得乘危禁止

一國君在他國置買私產遇有爭訟仍歸他國律例審斷

若政事兵事關係一國者仍由本國處斷不依他國之法

如西班牙貨荷蘭國債地方官捕拏其兵船是也美國海

船亦有公私二種私船之事聽所在官司處置公船始歸

本國處置

一凡海船經過他國地方船內之人過有事故皆歸本船

之官審辦該地方官不得干預或與彼國人民爭訟則歸

所在官司審斷會有美國兵船停泊法國海口水手相爭

英國領事欲越職管理當經法院議駁

一海船或中途遇盜即告所在地方官拏辦此係干犯公

【法】（上）

法之事無論何國不得推護

一往來船隻非先行約定准其盤查者所在官司慨不得

攔阻稽查往昔英國不許英民逃入他國之船充當水手

遇有經過船隻必行查捕美國不聽爭戰五十餘年屢久

議論尙不能決然各國法院及有德之士皆以爲非亦不

復行矣

一各國通和或有領事官府在彼國駐劄者本國商販及

流寓人民遇有爭訟皆歸領事官審斷其有與彼國人民

交涉者會同所在官司審訊各依本國律例斷案

本國人民寄居他國而犯法者仍歸本國法院審辦以

倘未入籍則非他國之民他國之君不能擅治也近英美

二國多有許寄居之國就近審辦者乃二國之酌宜變法

非鄰國之侵權也

一凡各國人民有在本國犯罪而逃往他國者經本國關

提卽當交付不得祖庇其合盟之國先經立有公約者尤

不得違約隱藏至關提時所在官司必須查明所據確據

再行捕拏交遷捕拏用費槪由該國補出又英美二國立

法凡民人干犯兇殺謀殺強姦私造假票侵吞國帑等重

罪者許本國行文關提其尋常案件不得瑣碎討索其外

國人民在國內謀反及干犯國內大政者卽由犯事之國

懲辦不得討索葢防彼國私愛其民有此寬縱也

一海盜搶劫及海船未領本國憑照與交戰時兼領二國

憑照陰圖兩利乘機搶擄者此爲大千公法萬國之所同

惡無論何國皆可捕拏懲辦其兵船注明專政某國

而乘機搶擄他國者仍歸本國權主審辦

一兵船無論自戰助戰槪不准兼領兩國牌照

一各國律令有他事而此照海盜辦理者止可自治其民

與其境內之案不得行於海上

一船之航海行至空曠之處四無所轄遇有兇殺搶擄等
事無論何國官民皆可捕拿懲辦與海盜同益海面空闊
益無專管官司若不許眾人捕拿恐奸民因此更無忌憚
也

一阿利加洲旁埃及諸國販賣黑人運至他國爲奴從
前視爲常事近經英廪普俄及歐羅巴各大國公約嚴禁
犯者與海盜同科船隻所過各國皆得搜查

一民人身死所留產業並無遺囑交與何人者應歸所在
不得專歸寄產之國

官司管理如有欠債未償即將遺產還債不得入官有寄
產之國有債而本國及他國復有債欠者即斟酌量分償

一凡民間債帳止許在本國控告追索或因事出境在他
國相遇不得追討他國官司亦不得捕拿惟通商公款所
在皆准追討捕拿

一民間債帳之案凡利息多寡物價貴賤雖在他國與訟
必以立契買物之國法律爲憑

一民間詞訟無論在何國法院審斷有既定後更在他國

及歸本國控告者皆當查照原案不得翻易惟西葡俄法
瑞咸敦等國間有不盡遵然者必須審前斷實係不公
民人實有受屈確證方可解斷其有本國所禁他國所不
禁之事本國民人有意避禁徙往他國妄爲及取巧控告
者所在之國查明仍依其本國法令處斷

一國主所有官產皆聽國主動用其民間私產及公會之
產必有公事關係民生國計者方准動用

交接

一自主之國雖小弱皆得與諸國並列或大國無禮侵凌

諸國當其救之如土耳其向爲大國所欺近歐羅巴諸國
公議列爲與國西洋諸國向不與中國通使近亦盟好同
爲與國

一各國所立盟約及通商章程或有不便必俟再會公同
酌定平時不得擅改其有僅與一二國不便者不得以私
廢公輕議更改

一公法各國頒行並宣示司海法院一名戰利法院及巡洋水師
皆令諮習凡有爭論皆以公法斷雖與本國有異一必
唯從或其君與鄰國有爭必聽法院以公法處斷

一國內政令與革君主之國皆國君自主民主之國則公舉之執政議定他國不得干預或其事於我有益為彼所忮必欲令我更改我又勢不能抗則俟公議薇於盟約或方能遵行日後勢強如復舊制亦許改立盟約達拉立法（國許殷頓及耳客破蔓法國與五盟國立約許喪虎蔓蔓臺是也）

一開拓疆土開設馬頭屯兵勇等事皆聽各國自為鄰國不得阻撓惟於彼國有碍者方可聯盟公議酌勸停止

一國君增修德政國勢日強開財源練師旅收屬國等事皆所應為鄰國忌其強盛妄加阻抑著此則不能自強忌

一人之強有乖天性公法所必不許或其國無德恃力侵暴實於小國有得者則當公議阻扼扶弱抑強卽如一千六百年間西班牙於是（牙與日耳曼相合查理第五兼有之諸國恐權合力禦之戰久始立和約於韋似非略近日英）

法諸國以拒俄國以其國內臣民作亂或君民相爭鄰國（保土耳其諸是也）亦得往平其難與鄰國無碍者不得與聞亦有從權往平那（不勒斯之內亂英國會其亦雖得者臨時斟酌不在公法之內奧俄普三國平）

一同盟之國為別國所侵卽當往救不往則為失信或自有書駁之以公法所未救之也

一失政權為民所叛者止許局外旁觀不得干預如希臘為其所

一保護小國無論內亂外患必其國主來請方可前往不得無故干預亦有於已有害及於大局有關又有平時立約議定遇事保護者則不待其請卽當前往

一鄰國交接保護之事必當恪遵公法不可徇一已之私恙我徇私妄行則各國效尤近利甚小後害無窮也

一自主之國本屬平行而禮節名號多有高下不齊者或明立公約或彼此習慣遂成風俗皆由國勢強弱使然非定法亦無定局也

一歐羅巴為自主之國得行王禮行王禮者得遣全權大

臣駐劄他國民主大國亦有各國推首許行王禮者其體
節仍當稍次其他小國皆不得行王禮
一行王禮諸國服天主教者即推首座於羅馬教皇服耶
蘇教者仍屬平行　俄羅斯意大里皆奉耶蘇
一各國照會首座往時多有紛爭至與兵革者近經各國
賢上講明或彼此輪流或臨時掣籤或按照字母所載國
號定坐亦息爭端
一各國照會書信概用本國文字其有他國不能通曉者
附以通行譯本往時歐羅巴洲內通行西班牙文字近日
通行法蘭西文字是也
一自主之國皆可自立尊號頒行境內他國推尊與否仍
聽其便惟皇號非教皇及明立公約推戴者不得擅稱皇　如俄羅斯國是也　約如低羅斯是也
一各國海船往來本國船隻見客船進口即當下旗下錶
放礮以示尊敬又有會議立約此國船隻至彼國境內如
何接待者則照約而行不拘一格
　　受命
一各國公使往來本無君臣之分當待以賓禮不得經授

例

即有罪過亦不得擅加殺辱非惰於心不安亦恐結怨生
輾轉相報復致啟兵戎也
一各國民商有爭公使會同聽斷皆準公法示憑本國律
例
一自主之國皆可遣使至友邦駐劄其屬國及半主之國
則僅可遣使至所倚之大國駐劄不得擅遣公使至他友
邦其合眾之國本屬自主者皆可遣使有
止准總會遣使者則係先立特約不爲常例如美國之合
邦是也

一國有內亂或新君已立而舊君尚在或大邦屬國因強
自立鄰國皆可遣使聘問但不加欽差名號以免爭端
一鄰國遣來之使或接或不接皆由本國酌定願接者必
以公法之禮款待或其人屬係本國臣民或庸鄙奸邪無
足輕重即明言不接并於友誼無傷蓋輕其人非輕其國
也其國因此必反思其故月選賢能以免辱命矣
一各國遣使約有四等第一等名全權大臣乃代主行事
者與其國親來無異有事得與鄰君面議鄰國款待之
禮亦與國君無異第二三等亦奉國君之命領有國書者

但非欽命代主行權止可因事朝見鄰君凡事多與鄰國
大臣面議第四等係國內大臣因公事致書於鄰國大臣
者止與大臣議事不得朝見鄰君接待之禮以次遞降其
民主之國中首領遣使鄰國亦僅與鄰國大臣往來蓋
首領代民行權不能比於欽差也至領事及辦理通商之
官皆不得稱公使
一各國遣使聚會議事者不周國書但繕欽賜全權文憑
付與公使會時或彼此互換或統交器主收掌
一使臣奉命本國給與牌票沿途照驗放行若經過敵國
必須月請牌票方免疏虞其敵國亦不得因爭戰未息藉
有留難
一第一等公使將入鄰國京城即令屬員行文照會鄰國
部臣鄰國依禮接待擇日朝見進呈國書二三等者自行
照會部臣請其稟命國君進呈國書其無國書者但照會
部臣請其擇日面交文書
一國使朝見面呈國書普言稱頌鄰國君主善言慰答
二三等皆同惟一等係代主行權不行君臣之禮民主
之國遣使謁見宰相部院如公使見君之禮

一各國駐京公使皆用其本國法律貨物子女皆屬本國
惟田產及貿易債帳等事仍依所駐之國法律遇所駐之
國有與鄰國交戰等事即給與護身牌票敵國見票即不
得妄加拘殺
一公使所駐館內一切人役皆自行管束其有詞訟與彼
國人民交涉者亦用彼國法律辦理其或事關重大迫不能
所駐之國即照會其國主調回彼臣不良謀害
待者即收其卷冊文憑附使臣送出疆外一面行文照會
或重大之案既經照會而其國君主徇私不問即自行拘
拿懲辦蓋兩國和好互相敬重不許輕辱鄰使敬使即所
以敬君也若彼國徇庇即可自行究辦不許鄰使之有恃而
為惡惡若本國之人服官他國而充使者照公法本不接
待若先時未經明言議已接待者一切禮法皆與公使無
異不得先後兩歧
一公使本身不納丁稅隨帶應用物件進口亦不納稅惟
不得藏匿罪犯自干公法所住公館雖自行置買亦納官
租
一公使遣人齎送公文經過各國無論水陸驗有牌票即

不得稱有阻難卽遇有爭戰而所駐係局外之國亦當一
律放行若兩國交戰而鄰國欲遣使聘問者則當公約給
與白旗牌票以便往來
一公使經過他國先期行文照會如該國不准過境行文
阻之卽便政府倘任意私行遇有事故卽與該國平民同
科若許其過境卽當照公使之例保護款待倘有不知禮
義之國妄加輕慢殺害者與害其國主無異被害之國卽
可興師問罪往時法國公使經過日耳曼地方被殺害法
國興師問罪各國多許幫助各國公師評議皆以日耳曼爲
非蓋既有國卽不能無使公使往來自當互相保護卽或
疑其勾通他國不利我邦儘可明白阻止豈可妄加殺害
人命至重鄰國平民過境尚須加意保護況貴重之公使
乎凡滅禮戕殺使臣者爲萬國所共惡公法所不容其國
必不久存戒哉戒哉
一公使駐劄他國遇禮拜日期仍依本國之禮照常禮拜
所駐之國不得阻撓惟和約載明不許行敎者止可於敎
堂內行禮不得鳴鐘賽會及畢行堂外一切事件
一領事官不在使臣之列駐劄他國必須和約許行方能

前往如不遵理法卽可將文憑收回或照律懲辦或送交
其國均由地主酌量其尋常詞訟與本地民人交涉者槪
依所駐之國律例審斷與民人無異
一公使駐劄他國或遇其國有喪另立新君本國卽當另
付文憑若本國易君卽於通告友邦文內聲明其國使交
卸尙未回國一切權禮與現在無異
或否各依本國律令所定整及美國不准使臣受禮其
一公使或任滿或因事召回卽照會部臣請其代奏面辭
倂將本國詔旨呈驗善辭告謝所駐之國照禮賜錢或受
有因兩國不睦而歸者或面辭或不辭而去皆聽使臣酌
定至各等使臣在任或有升降亦須知會彼國部院呈驗
一公使在任病故賓客丁役槪不得擅預公事一切案冊
交憑皆緘封送回本國如無賓客卽由所在官司封送寡
婦家人均得暫用使臣禮節所遣公館財物均歸寡婦承
受或照遺囑辦理地方官民不得擅行挪動
國書
盟會
一各國盟會自主之國皆可與友邦聚會立約屬國及半

主之國則必以所依之國為主不得擅自立約合眾之國
或歸盟主立約或聽各國自行立約各有不同惟以當日
公約為定焉美國不許所合之國私與各國立約且耳曩則
盟主合約之國苟淮與各國立約但其條約不得與
盟主合約其盟約君主之國歸君收掌民主之國歸首領
大臣或理事部院收掌

一各國盟會議定之事皆載於盟約益用即信以後永其
遵守不得渝遵亦有不載於書而但憑口約者既經允許
即當彼此遵守不得失信以犯公法

一各國盟約必出國主酌定併鈐蓋國璽亦有權宜行事

一各國大臣無立約之權而擅自與八立約者名為私約
者如帶兵官發給牌票准人通商及議換俘虜相約停兵
降城退兵等事皆可由本官酌定不必稟告其君更加重
書
概不為憑但他國既誤聽其言與之立約如覺事有難行
即當急早知會將盟會費用補出毀棄前約否則仍須遵
行不得失信

一盟會係派全權大臣前往者卽與其君親往無異一切
事皆與經商定立約畫押其君必當遵行卽小有不便亦

不得輕議更改蓋君既付權於臣卽不可更奪其權也其
有約內計卽須俟國君酌定者則必俟其君允准方可施
行其巳經議定尚未立約畫押或事關重大於本國及鄰
國皆有不便或國君明有詔旨而使臣違旨擅許者均可
臨時更改

一盟約關涉通商事件者必須公會主事之人允准方可
施行否則雖經使臣議定仍須酌改

一各國盟約有為勢所迫勉強依允如兵敗民飢強敵
入境凡所要挾不得不從此等要盟本非中心所願但既

經立約亦當遵守以息戰爭否則翻雲覆雨日尋干戈各
國更無寧日生靈塗炭性法所不忍卽公法所不與也

一盟約有二曰恆約一曰特約者各國利害相同
歷經公議永遠遵行如讓地換地改立疆界臣服他國及
交戰預定日期准敵國人民攜帶財物出疆等事雖兩國
失和至於用兵此約仍須遵守必國勢大變另會立約
方能更改其特約創者或因一事或因一事而立事有變遷君
有死亡其約創廢惟分疆定樁一事木保恆約近似非利
烏得廢法卽西維也那諸邦併吾鄰國頗有變更非非公法

之本意矣

一盟會有別立保護之約者或大國保護所依之國或鄰國互相保護立約之後遇有患難虧空等事皆當幫助其法有二助財曰保如年饑輸粟貿易借本是也助力曰護如借兵借船代守疆土是也然戰爭之事有應助之國理曲而敵國理直者亦可不必保護非背約也守公法之理也

一立約合兵名曰會盟或助守禦或助攻伐無論從前是否同盟但覺此國理直皆可往助亦有約內載明但助兵糧草船械而不與敵國爲優者則交戰之時仍係局外瑞士合邦多有行之者

一立保護之約遇事互相救助者原指理直當助而言若其國恃勢貪利先啓釁端則不得助其橫行其曲直務須平心較論不得藉口理曲畏難推諉卽事涉疑似未能決定者仍當盡力往助不可失信友邦蓋彼橫行而助之是拂吾性也拂性違天也不敢違天正公法所許非失信也若事涉疑似竝非顯然悖理者既有前盟自當往助若能居間調護不使用兵更爲上法

一兩國立約多有交質以堅信者如一千七百四十八年英國許還法國屬地先遣諸侯數人爲質是也

一盟約遇有詞義未詳以致爭論者須延請名人考證古書細加解說

一兩國失和有他國居間調處者若非邀請及從前立有調處之約者或受或辭均聽兩國之便其行道之士熟習故典明晰是非者雖無調處之責亦無將相之權皆可主持公論所論允當各國皆當聽從蓋尊其道非尊其人也

兵事第一

一兩國交爭或此國與我國通好而彼國向無盟會者卽可助此擊彼如兩國皆係同盟卽當局外旁觀不得偏有所明蓋同盟之情不分厚薄則義不當偏助也

一兩國交戰鄰國必先聲明爲幫助爲局外幫助者封港捉柱掠貨接濟軍糧器械皆得從事局外者一概不得與聞

一各國在海上交戰　止准登敵國之船查捕奸細貨物不得妄登他國之船

一各國或有爭端必憑公法分剖弱而有理者仗以自護

強而有力者亦不得不為理屈執法公議卽可不至用兵

其有因小事忿爭如過詰帳頂捕捉人民彊據田產等事

或調處賠還或已經報復卽不得擅自與兵

一本國人民有受鄰國人侵暴屢次行文照會而彼必

不為伸理者本國君主卽賜強償之牌准受屈之人隨時

自行報復其強償所取入口貨物仍須寬假歲月俟其必

不賠還或至交戰方可沒入本國

一兩國將戰之時攔擄敵國貨物須暫行封存如不戰議

和仍須交還交戰方可入官

一戰有三等遇通國之民隨時隨地皆許公戰謂之全戰

指派某省某部之民公戰謂之暇戰民間互相戰鬬謂之

雜戰皆公法所許惟以曲直為分

一交戰必先時宣示各國并有告知敵國者今則不告敵

國但曉論境內人民毋與敵國往來并宣示所以交戰之

故以便事後評論曲直

一交戰時敵國貨物人民在境內者槪不略取非愛敵也

存友誼也今雖為敵昔日之友誼固在也惟將兵接仗之

入其債帳貨物皆可入公其國君自欠欽人之債仍應償

還以昭信義其與他國交涉者無論國債公債遇有戰爭

暫停追詰俟議和後再行討取

一交戰時敵人在境內所置房屋田產皆不入公惟將租

稅封存聽候處置

一將戰時敵國民人貨物在境內者皆先期宣示限日撤

回過限不搬始行入公盡其入罷本特公信而來旣准其

居住則當戰始亦必准其出疆方為守信

一兩國交戰彼我國先將我國民人貨物在其境內者

略取或將所欠我民之債入公者則彼先失信我亦從而

略之公法所許也近日英國於敵國貨船在其海口者卽

略取歸公有道之士多以為非

一兩國交戰本國民人槪不得與敵往來違者貨物入官

其有國君特詔戰時仍許通商及商人運貨在途未得交

戰之信者不在此例

一數國合兵攻敵鄰國民商有與敵往來者在事之人皆

得查捕鄰國卽行不義本國斷不可以效尤

一敵國民人在彼境者無論流寓土著皆可略取其過境

商船及往來使臣不得稍有所侵犯惟遣往敵國之使臣

可以隨時截阻

一西土人寓居中國及中國人在西土者遇有戰爭亦當
遵照公法辦理不得專用西法亦不得專用中國律例

一本國及他國商貨未戰以前先在敵國者不得略取失
和以後方行運寄者與敵貨無異又有身爲敵人持械接
敵而貨在他國者亦可略取敵國所轄屬國一切事件與
敵國同例

一分別是否敵貨船貨各有不同船係國權以各國牌票
爲憑貨則多有商貨當以商人籍貫爲憑

兵事第二

一兩國既已失和交戰凡火器刀矛斬殺擒擄無不可爲
然亦須存仁義之心陰謀設毒害人不覺之事仍不可爲
誘降殺服尤爲公法所忌

一兩國交戰本非美事必其人萬不可以理論或先來加
害方可用兵兩陣相接勢無兩全方可軌殺或將戰而其
人悔悟或臨戰棄置兵仗或帶兵仗而呼或戰敗被擒卽
不可妄加殺害以傷天地之和蓋戰者謀無道保已身也
非以多殺爲功也苟可全其生命則必全之仁義之道也

一兩國俘虜戰畢互相抵換或用金贖回或問明以後永
不帶兵臨陣加恩釋放凡抵換釋放者以後仍可臨陣恩
釋者以後斷不臨陣國君亦斷不許其再來蓋恐失信於
敵各國效尤也或被俘時自言受恩深重或心不甘服必
當再來雪恥則將其人囚禁無論年歲久暫必俟戰罷議
和方能釋放蓋彼害我之心未已則不得不禁錮以防後
患也

一交戰時惟將兵官及持械兵勇方可盡力攻殺其他如
國君及其家屬文官士人婦女嬰孩農工商賈諸人不關
兵事者皆不可妄加殺害蓋殺人非天地之心非吾心所
忍臨戰而殺者以彼將害我我不得已而殺之也此輩皆若
急切害我之人豈可輕加殺戮

一兵入敵境但係敵國財貨田產皆可入公惟神廟文職
公廨會堂學館併奇異珍寶均不得肆行焚掠若水戰則
岸上之物皆不可取

一攻滅之國其田產皆當入公降服而爲屬國者無論公
私各歸原主

一兵入敵境民間房屋村莊田采樹木斷不可妄加燒燬

其實有攔阻要路妨碍攻取者萬不得已爲之亦當宣示
其故免至後來報復效尤各國受書往時英美兩國交戰
英國曾有此事其水師提督行文宣示謂美國攻我屬部
加拿大時曾行不義故我以此報之美國答書云我攻加
拿大時偶有燒燬出萬不得已非敢背仁義而得罪於
萬國也然非英國先敎紅苗攻我燒我海口市鎭破我京
都我亦斷不出此夫燒燬城邑爲歐羅巴諸國所不敢行
美國向守仁義雖加我不義我終不許我民以不義
報復卽如前次所燬英國小村本非國主之意據總兵官
稟稱此村遮蔽礮臺非燒燬則礮臺斷不能破國君仍不
賞其功將該總兵拿交刑官審死同時又有兵丁擅燒一
村亦將其帶兵官斥革不義之事我所深耻也
一水路交戰敵船貨物在水面者皆可掠取非行不義也
蓋欲絕其餉源使之窮蹙而和也若陸地之戰敵國貨物
交戰時可以掠取若已經攻取則土地人民皆爲我有斷
不可妄加驅掠或支用不足派民間量力助餉何可權宜
而行
一兩國交戰非充當兵勇者概不得妄殺及掠取貨物如

亂民乘機殺掠卽照海盜之例治罪惟敵兵不守公法加
害我民方可盡力抵禦
一海船領有本國牌票攻討某國遇敵船貨物皆准掠取
所得之物槪行入公不得藏匿
一民有賜牌票巡洋截敵人貨物者已成常例然捕
擄之權散寄於民啟愚民借端盜劫之心各國師儒皆以
爲非有道君相務當早禁革一千八百十五年美國與
普國立約曾有禁止民人捕擄之條深可欽佩乃甫及四
年又復刪去良可惜也
一商船被敵國捕擄及被海盜搶劫而他國兵船代爲奪
回者以三分之一充賞二分歸原主盜案奪回之貨限一
年零一月內報官審斷過期不問亦有將奪回盜貨全行
充賞者又有奪回後經過一晝夜卽全行充賞者終不及
三分取一之法最爲允當
一兵船及領牌民船奪回同事友邦貨物者自當立時送
還若所失係屬禁物及販往敵國者不必送還局外之國
被虜經我兵奪回者亦卽送還不得領賞
一本國船貨被敵虜去無論何人奪回皆還原主不得分

賞惟魚船及游麎之船不在此例

一審理奪貨還貨等案皆由用兵之國主政惟止許帶回
本國或停船於合兵之國辦理不得在局外各國境內審
辦其在局外地方搶得及奪囘者卽歸所在法院審斷

一戰利法院審斷戰時奪貨還貨之案如有偏袒不公致
本國兵民受屈者查問的確卽給牌票其自行報復或
事關重大卽與兵問罪蓋君民一體不得因民間稍奪膜
視也

一兩國交戰兵勇占踞民間房產皆准原主討還不得入
公惟國君自置之產必俟和議成後方能讓還又有交戰
日久將占踞田產私行貿賣者日後議利交還其產仍歸
原主買者領回原價

一臨戰時要約如定期遣使摽俘等事尤當堅守信義蓋
戰本不得已之事故雖決命行間亦必彼此相約不爲已
甚正爲他日議和之地也公法一書總以息戰爲主

一交戰時有兩國議明暫停兵者旣經許諾雖有大利
不得失信行詐停兵之約止係一路者由統帥作主各路
全停者請命於君停兵之後有擅擄敵貨者卽將其人治

罪原物登時送還

一交戰業經解說暫時停兵凡屬攻守地方概不得招兵
調兵收糧製造軍器修理城池礮臺接受友國援兵以廝
信義其非攻守之所仍聽照常辦理

一兩國約定停兵若干日限期未滿斷不准違約用兵或
所約日期太遠將戰時併須預行宣示蓋不欲虧已之信
乘人之意也往時羅馬國與費國交戰約日停兵費國不
待期滿與兵偷襲羅馬國仍待以禮遣使討取被虜人物
不許而後戰於是各國皆遵羅馬國而薄費國各公師
評論亦以費國爲非

一交戰力屈情願投降不敢接戰卽謂之降非竟以身歸敵也或讓城池礮
臺者將帥及守土官可以自主若將土地人民全歸與敵
則必請命國君不得擅許昔羅馬國將軍與敵定款歸地
於敵國會恥之卽擒二人付敵廢原約與兵復戰取回
舊地

一交戰時兩國民人不許往來若兩國先經約定非攻戰
地方仍許民商互相往來者必須特賜牌票酌量施行其
牌票必由國君及全權大臣發給方爲憑信

貨被擄仍准川銀贖囘其有已立贖契尚未交價船

甲途失事者贖價仍當交納

兵事第三

一兩國交戰附近之國兩無所助者謂之局外有自主之
國自立於局外者有半主臣服之國兩國約定准其爲局
外者但既居局外則無論借兵借糧斷不可行即是非曲
直亦可置之不論其通商航海無開兵事者亦須先行成
約方可酌行仍須格外謹慎以免連累

一局外之國有與用兵之國先立盟約遇有征戰協助兵
糧若干者臨時仍得照數協濟蓋立約在前不可失信且
不知今日之戰於局外無妨也惟不得於定數之外更加
資助又有先時立約許戰時兵船停泊其海口者屆期亦
可准行惟不得招兵買船致生疑議

一交戰之國不得於局外地方招兵買糧修船製器及辦
理一切軍旅之事亦不許兵船停泊海口妄行妄許者皆
爲干犯公法

一交戰之國經過局外地方必須先期假道或許或否槪
聽局外斟酌戰者不得懷怨但不得偏許一國致生仇也

或有時雖不詢此國可以假道而彼國不可者果係實情
戰者亦不得藉口實

一戰時追捕敵兵敵貨不得擅入局外之境違者即爲干
犯公法所得之物槪行交還總之軍旅之事無論巨細皆
不得行於局外蓋恐倉卒之中誤有傷損既乖信約又啓
兵端也

一戰者經過局外境內當盡力保護或敵人違法捕虜人
財卽由局外之國討取交還不得推諉

一兵船遭風擱淺至局外海口停泊修船買糧及發賣所
得敵貨皆可准行但不得偏准一國若此國先有盟約而
彼國無約者亦可專許一國

一交戰之國有在局外招兵買船買糧製器者准所在官
司查取入公本國民人擅聽招募從嚴治罪益戰者皆有
不平之事局外與兩敵均屬和好而無故准八招兵殺敵
乃殺平人也故公法禁之特嚴

局外之國有於海上衣運局中貨物者准敵國擄取其
惟船隻仍歸原主若局外之貨先時附載敵船者槪不
妄取公法如此亦有以船爲別者在敵船卽爲敵貨在

局外之船卽屬局外以平時立約為準

一交戰時局外之國與戰者仍可通商惟所運之貨有為
軍中所必需者戰者卽可查取仍將價值息銀路費照數
償還如裝載兵丁及代寄信函則為干犯公法船貨一併
入公又有先時立約不准運貨至敵國者則無論何物皆
不得違法擅運

一局外之國原與戰者通和尉有使臣在其國都者遣使
通信仍可照常蓋兩國失和局外之友誼自在故得憑公
法以通好兩國不能異議也

一局外之國於戰者屬國仍可通商其平時立約不許者
仍不得行

一交戰之國業已圍城封港西洋交戰必先用兵把守敵
國海口斷其出入謂之封港局外之國斷不准運貨至彼貿易違者將貨入公其海船
運貨在先或未聞封港之信或遭風入港停避者不在此
例

一交戰時局外商船往來海面戰者皆可登船稽查照驗
牌票有不服稽查恃強爭拒者將船貨一併入公

一局外之貨寄載戰者船內被敵擄取船主不認賠償亦

不得藉口局外向敵國討取

一局外商船有借戰者兵船保護者敵國皆可擄取入公
此例始於丹國一千八百零四年丹英交戰丹國立法局
外之船不得藉敵船保護美國商船適借英船保護丹國
擄取入公美國不服各國公師許以此例先未通行不
為公法斷丹國賠還前貨此後局外不得借敵船保護定
為公法

和約

一自主之國凡議戰議和其權皆操於國君而籌備糧餉
則權在國會及議政大臣必上下會議方可舉行

一國君與鄰國立約無論君主民主及合眾之國遇有割
地讓城等事必國會士民公許方可施行倘國會不願雖
已立約仍作廢紙往時法國君主被擒與日耳曼立約分
讓國土國會不願其事竟寢

一兩國和好立約則以前仇怨一概捐除所有戰時受害
受屈一切交角之事皆不得理論惟民間錢債詞訟交涉
兩國者仍照常清理

一兩國議和既無讓地之約所有占據民間房產皆應退

遝各歸原主其被擄貨物過一晝夜卽不得討還其在海

土者并法院斷明大公之物無論久暫皆可討還守貨之

人酌量酬謝

一和約以畫押之日為定以後卽不得再有爭論境內民

人亦須宣示一體遵守其未經宣示以前兵民或有戰爭

不為犯法或擄有則物卽查明交還

一和約議明交還原物自當遵行名物巳毀壞一時不能

復原如城池礮臺房屋等項許其隨後修理賠償不為失

信若本未毀壞而本國私自拆毀索令敵國賠償及敵國

於未經交還以前乘機拆毀礮臺焚掠地方皆為失信于

犯於法

一和約所載如有違犯卽為背約受害之國責其遵守或

將本條廢棄亦不遵行或竟棄全約絕其和好均不為過

一和約所載之事小有參差及誤有違犯當遣使自行解

說或講友邦評議不可輕棄前好